中国城市研究丛书

集群创新与高新区转型

滕堂伟　曾　刚等　著

科学出版社

北　京

图书在版编目（CIP）数据

集群创新与高新区转型/滕堂伟，曾刚等著．—北京：科学出版社，2009
（中国城市研究丛书）
ISBN 978-7-03-022591-7

Ⅰ．集…　Ⅱ．①滕…　②曾…　Ⅲ．①产业经济学－研究－中国　②高技术产业－经济发展－研究－中国　Ⅳ．F121.3　F279.244.4

中国版本图书馆 CIP 数据核字（2008）第 104891 号

责任编辑：侯俊琳　宋　旭　牛　玲　沈晓晶／责任校对：钟　洋
责任印制：吴兆东／封面设计：无极书装
编辑部电话：010-64035853
E-mail：houjunlin@mail.sciencep.com

科学出版社出版
北京东黄城根北街 16 号
邮政编码：100717
http://www.sciencep.com
北京厚诚则铭印刷科技有限公司印刷
科学出版社发行　各地新华书店经销
*
2009 年 4 月第　一　版　开本：B5（720×1000）
2025 年 4 月第三次印刷　印张：21 1/2
字数：407 000

定价：108.00元

（如有印装质量问题，我社负责调换）

“中国城市研究丛书”编委会

丛书序

城市是人类创造的一种具有高度文明的聚居形式，她在人类活动的历史长河中很早就占有一定的地位。但因生产力发展长期处于落后的水平，农村一直是人类的主要聚居形式。直至进入工业化时代，城市化进程才开始加速。20世纪后半叶起，发展中国家城市化进程开始加速，促使世界城市化水平逐步提高。根据联合国经济和社会理事会人口部《世界城市化展望》（2005年版）的预测，2008年世界城市化水平将首次达到50%，人类从此将进入城市时代。

中国是公认的世界上少数几个城市发源地之一。考古显示，早在5000年以前，城市的雏形——古城就已出现在从内蒙古高原到长江流域的广阔地区。约4000年前，在中国国家的形成过程中，城市也相伴而生。汉唐以后，中国曾出现规模巨大的城市和灿烂的城市文化，使中国古代城市在世界城市发展史上占有重要地位。但1840年鸦片战争后，中国的城市化进程停滞不前，1949年城市化水平仅为10.6%，与同期世界城市化28%的平均水平相差甚大。新中国成立后，中国的城市化又经历了曲折的过程。1978年实施改革开放政策后，融入全球化时代的中国城市开始进入快速发展时期，面貌日新月异，在世界城市体系中的地位也不断上升。2006年，中国的人口城市化水平已接近44%。预计2010年后，中国的城市化水平就将超过50%，进入到以城市为主导的社会。

但是，在中国城市化快速推进的过程中也出现了一系列经济、社会和环境问题，主要表现在：①中国的快速城市化总体上是建立在经济快速增长的基础上的，但长期以来我国经济增长方式尚未得到有效转变，创新型社会、信息化社会的建设任重道远；②由于户籍等制度的制约，城乡二元结构的矛盾仍然存在；③在城市化的迅速发展过程中，资源和环境受到巨大的压力，城市的后续发展受到严重制约；④城市化发展的区域差异有所扩大，沿海地区部分城市现代化、郊区城市化、国际化进程加速，出现了规模巨大的都市连绵区，但中西部部分地区城市化的进程相对滞后。以上所举问题表明，未来中国城市化面临的任务和压力要比西方国家大得多，走有中国特色的可持续城市化之路也更为迫切。

作为一种复杂的社会经济现象，城市化是经济、社会、政治、历史、自然、技术等多因素综合作用的结果，没有哪一门学科能够独立解释城市这一复杂的系统。只有从整体和系统的高度，突破学科边界，整合城市研究的各个学科，集中多学科的合力共同研究城市，才有助于更深刻地了解和认识城市发展的规律，促进城市化的健康发展。为此，华东师范大学整合校内地理、经济、社会、历史、城市规划等学科中的城市研究力量，于2003年成立跨学科的中国现代城市研究中心。2004年11月，该中心被教育部批准为普通高等学校人文社会科学重点研究基地。近年来，中心科研人员承担了数十项国家级和省部级研究项目，取得了丰硕的成果，中国现代城市研究中心也成为国内知名的城市研究机构。

为繁荣中国的城市研究，华东师范大学中国现代城市研究中心从2007年起编撰“中国城市研究丛书”，分批出版中心研究人员在中国城市研究领域的代表性成果。此套丛书的出版得到了科学出版社的大力支持，在此我代表中国现代城市研究中心表示衷心的感谢。

中国城市化的进程任重而道远，其健康发展不仅有助于中国现代化目标的顺利实现，也是对世界和平发展的重大贡献。就此而言，中国城市研究的意义已尽在其中，而中国城市科学的发展前景也必将更加美好。

宁越敏

华东师范大学中国现代城市研究中心主任

2007年3月

前 言

发展高新技术产业是世界各国充分利用科技革命成果、加快国民经济结构调整与升级、培育新的经济增长点、提高国际竞争力的战略决策。经过15年的高速发展，53个国家级高新区已经成为我国高新技术产业的培育基地、高端研发和产业人才的集聚基地、创新创业的基地、自主研发的基地，是国家创新体系的重要组成部分，也是建设创新性国家的关键环节。

以温家宝总理在北京中关村高新区发表讲话为标志，我国高新区进入了以提高自主创新能力为核心任务的“二次创业”全面提升期，从主要依靠土地、资金等要素驱动向主要依靠技术创新驱动的发展模式转变，从主要依靠优惠政策、注重招商引资向注重优化创新创业环境、培育内生动力的发展模式转变，从发展大而全、小而全的产业向发挥地域优势、重点发展特色产业转变，从注重硬环境建设向注重优化配置科技资源和提供优质服务的软环境转变，从注重引进来、主要面向国内市场向注重引进来与走出去相结合、大力开拓国际市场转变，我国高新区正处在战略转型、转轨时期。

在全球化、信息化快速深化的时代背景下，全球价值链的空间分化进一步加速，产业链、价值链的全球化与产业链、价值链的片段化成为新一轮全球产业分工的新特点。作为全球价值链中的一部分，国家级高新区的战略转型必须着眼于全球价值链治理结构，集中力量发展最有竞争力的战略环节，实现高新技术产业的技术升级、产品升级、过程升级、功能升级，而建设高新技术产业集群、创新集群则是其有效的组织形态和发展模式。

为了探索我国高新区二次创业、战略转型的一般规律，在上海市科技发展基金重点软科学研究项目“张江高新技术产业区产业布局规划研究”（编号：076921010）、上海市张江高科技园区建设领导小组重点研究项目“张江高科技园区产学研一体化模式研究”（编号：48058567）、上海重点学科建设项目华东师范大学人文地理学（编号：B410）及张江（集团）有限公司的支持下，在借鉴国内外相关研究成果以及大量实地访谈工作的基础上，笔者对基于全球价值链的产业集群、创新集群进行了比较系统的理论分析，并以上海张江高科技园区为例，揭示了国家高新区转型的共性规律，希望能为管理学、经济学、地理学领域的学者，相关政府管理部门、企业管理者提供一点参考。

本书共11章，曾刚负责写作大纲的制定、各个章节内容的讨论修订以及全书的统稿编纂等工作，滕堂伟负责完成了第一章、第二章、第三章、第四章、第五章、第九章的撰写工作，林兰与滕堂伟、滕堂伟与王飞、王灏、滕堂伟与陈阳、廉军伟分别负责完成了本书的第六章、第七章、第八章、第十章、第十一章的撰写工作。张云逸、孙鹏、朱少鹏、司月芳、薛文理、毛宽、王艳等则参与了研究项目的资料搜集、数据处理分析等工作。

在研究项目的实施和本书的撰写、出版过程中，上海市科学技术委员会、上海市浦东新区政府、上海市教育委员会、华东师范大学、张江高新区行业协会、园区企业等单位的领导和工作人员给予了大力支持，张江（集团）有限公司的刘小龙总经理、汪新野总规划师、何大军副总工程师、唐莺主任以及原科技部副部长惠永正教授、中国科学院上海药物研究所所长陈凯先院士、华东师范大学软件学院院长何积丰院士、中芯国际董事长张汝京先生为本项目的顺利开展给予了热情的关怀和指导，科学出版社的宋旭、侯俊琳也为本书的顺利出版付出了艰辛的劳动，在此一并致谢！

建设创新型国家，尽快实现我国高新区的二次创业、战略转型是一项艰巨的任务，理论研究和实践应用还存在很多问题。受笔者时间、精力和学识的限制，书中一定还存在不少疏漏和不足之处，恳请读者批评指正！

滕堂伟　曾　刚

2008 年元月于华东师范大学丽娃河畔

目　录

第一章

国家高新区：

国家创新战略的重要载体

20世纪90年代初，为了迎接新技术革命的挑战，加快国民经济结构调整与升级，培育新的经济增长点，中国政府作出了加速发展高新技术产业的战略决策，国家高新技术产业开发区（简称国家高新区）应运而生。作为中国高新技术产业布局的重要区域空间载体和高新技术产业发展的关键平台，国家高新技术产业开发区通过产业、财税、土地、人才、投融资等一系列优惠政策和管理体制与机制的创新，为高新技术产业的发展提供了良好的外部环境条件，使得一大批年轻的高新技术企业，在短短的几年里，迅速成长为国民经济发展中的重要力量，充分显示了中国高新技术产业发展的巨大潜力。一大批国家高新区也日益成为区域高新技术产业发展的高地，成为区域经济发展过程中极为重要的龙头和引擎，成为区域创新系统的有机或关键组成部分。

在国家高新区从无到有、从小到大的发展过程中，有些是依托所在地区的优势条件，通过高端要素与高新技术企业的快速集聚而崛起，有些是在技术交易市场的基础上发展裂变而来，有些是在已有的若干技术含量较高的企业的基础上通过产业链条的不断延伸扩展形成的。国家高新区的发展不断体现着政府和市场有机结合的资源配置优势，在发展实践中表现出各具特色的园区成长模式。国家高新区的创立和发展，成为我国改革开放过程中的又一个发展奇迹。面对新的发展背景和机遇，中央政府于2000年对国家高新区的发展提出了“二次创业”的要求。

“十一五”期间，在实施国家创新战略的过程中，国家高新区的建设面临着比较复杂的国际国内环境。国家自主创新战略的实施和创新型国家奋斗目标的提出，对国家高新区的发展提出了全新要求。《国家“十一五”科学技术发展规划》、《国家高新技术产业开发区“十一五”发展规划纲要》明确赋予了国家高新区“四位一体”的功能定位和国家使命，即进一步发挥高新技术产业化重要基地的优势，努力成为促进技术进步和增强自主创新能力的重要载体，成为带动区域经济结构调整和经济增长方式转变的强大引擎，成为高新技术企业走出去参与国际竞争的服务平台，成为抢占世界高技术产业制高点的前沿阵地。

进入“十一五”规划以来，在实施自主创新战略、建设创新型国家的进程中，国家高新区正在向以应对市场需求、突出自主创新为主要特征的“内生式”增长转变，国家将在营造创新环境、探索高新区内生增长机制、加强高新区产业组织创新、积极推进产业形态演变、落实高新技术产业政策、建设和谐园区及可持续发展等方面，积极推进高新区发展新模式的探索。

国家高新区正在从高新技术转化基地和高新技术产业高地向国家自主创新战略的重要载体转化；正在从产业集群向创新集群方向迈进；从政策推动型向自主创新第一动力型成长模式转变；从以外部投资、增量式发展为主向外部投资与内生式并重并逐渐以内生衍生为主的方向转变。

高新技术产业的发展需要以先进的技术和持续的创新为基础，并将知识迅速转化为产品，构成了现代知识经济中最具活力的部分，代表了未来发展的方向。20 世纪 90 年代初，为了迎接新技术革命的挑战，加速发展中国的高新技术产业，国家在全国条件较好的一些地区设立了国家高新技术产业开发区，为加快国民经济的结构调整和培育新的经济增长点积累了宝贵经验。经过短短的 15 年的发展，迅速成为区域经济发展中的亮点，成为区域创新体系乃至国家创新体系的重要有机组成部分甚至是关键节点，成为国家自主创新战略实施的重要空间载体。

第一节　上下求索中的一次创业

科技工业园区从 20 世纪 50 年代起步以来，在促进科技成果的转化、培育创新型的高科技企业和企业家、孕育新的技术革命和新兴产业、推进新经济的发展进程等方面发挥了根本性的推动作用，成为一个国家和地区实现高新技术产业化、促进经济增长和社会持续发展的有效方式和重要手段。

1988 年 8 月，中国国家高新技术产业化发展计划——火炬计划开始实施，创办高新技术产业开发区和高新技术创业服务中心被明确列入火炬计划的重要内容。在火炬计划的推动下，各地纷纷结合当地特点和条件，积极创办高新技术产业开发区。1991 年以来，国务院先后共批准建立了 54 个国家高新技术产业开发区。在成长过程中，国家高新区先后被赋予了众多的职能，主要体现为：建立和发展高新技术产业的基地；加速成果转化和科技创新创业的示范区；深化改革和加快体制创新的试验区；实施科技兴贸战略和对外开放的展示区；培养、造就高新技术企业和企业家的学校；用高新技术改造传统产业的辐射源；体现社会主义现代文明的新社区。国家高新区重点发展的高科技产业领域主要包括：电子与信息技术，生物工程和新医药技术，新材料及应用技术，先进制造技术，航空航天技术，海洋工程技术，核应用技术，新能源与高效节能技术，环境保护新技术，现代农业技术，其他在传统产业改造中应用的新工艺、新技术等。自1997年至今，国务院先后批准北京、西安、苏州、合肥、烟台、武汉、上海、深圳、成都和杨凌10个高新区为向APEC成员特别开放的科技工业园区，以促进APEC成员与中国在高新技术产业领域的合作与交流，显示出国家高新区走向世界的决心。为了集中地方软件产业优势，创造适合软件产业发展的优化环境，推进软件技术创新、产品开发、企业孵化、人才培训和出口创汇，促进中国软件业的快速发展，科技部自1995年开始依托国家高新区组建国家火炬计划软件产业基地。到2000年，先后认定东大软件园（1995年），齐鲁软件园、西部软件园、湖南创智软件园（1997年），北京软件园、天津华苑软件园、武汉软件基地、杭州高新软件园（1998年），福州软件园、金庐软件园、西安软件园、大连软件园、广州软件园（1999年），上海软件园、南京软件园、长春软件园、厦门软件园（2000年）17个园区为国家火炬计划软件产业基地。目前，这些基地已经成为全国软件产业的支柱力量。

一、国家高新区一次创业的成就

从1991年到2000年，分布在各地的国家高新区主要致力于夯实硬件基础，通过体制、机制和政策的创新来营造良好环境，园区发展目标大多是产业发展与经济规模的扩张。

（一）企业数量迅速增加

国家高新区坚持“以自主研发创新为主，以引进吸收创新为辅”的产业发展方针，在加强与境外机构合作的同时，重点扶持具有自主知识产权的高新技术企业。园区内诞生了一批以联想、方正、海尔、长虹、华为、远大等为代表的著名高新技术企业集团，形成了具有各自优势和特色的支柱产业。1991年高新区内年技工贸总收入上亿元的企业还只有7家，到2000年已增加到1252家，其中超10亿元的143家，超50亿元的17家，超100亿元的6家。一大批机制灵活、适应市场经济需求、技术创新能力强的中小高新企业在园区内迅速发展。通过孵化培育、外引内联等途径，国家高新区企业数量快速增长，由1991年的2587个增加到2000年的20 796个，增长了7倍多（图1-1）。

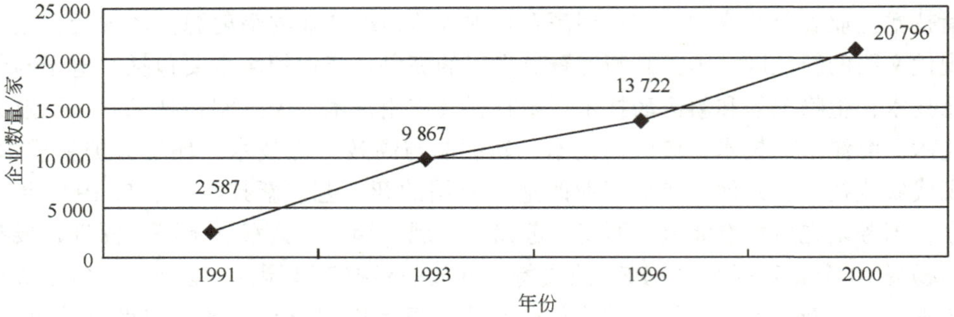

图 1-1 国家高新区 1991 ~ 2000 年企业数量增长状况

资料来源：科技部火炬中心统计处

(二) 产业规模迅速扩张，显著改善了国民经济产业结构

从工业总产值和技工贸总收入看，1991 ~ 2000 年，国家高新区工业总产值由 71.2 亿元增长为 7942 亿元，增长了 110.5 倍；2000 年人均工业产值 31.6 万元，是 1991 年的 5.1 倍，是当年全国平均值的 10 倍多；技工贸总收入由 87.3 亿元增加到 9209.3 亿元，增长了 104.5 倍，年平均增长率达到 67.8%（图 1-2）。

国家高新区高科技产业的发展显著地促进了中国产业结构的优化升级。我国高新技术产业产值占工业总产值的比重已由 1991 年的 1% 左右提高到 10% 以上，其中 50% 左右是由高新区贡献的；国家高新区通过强化技术创新使产业层次逐步提升，2000 年，电子信息、生物、新材料、新能源、环境保护、光机电一体化六个技术领域的产品产值占高新区工业总产值的 73%。此外，国家高新区工业增加值在所在城市中所占的比重迅速提高。1999 年，苏州为 46%、吉林为 39%、绵阳为 31%、北京为 27%、南京为 27%、西安为 22%、武汉为 21%、深圳为 11%，有效地改变了当地的产业结构。

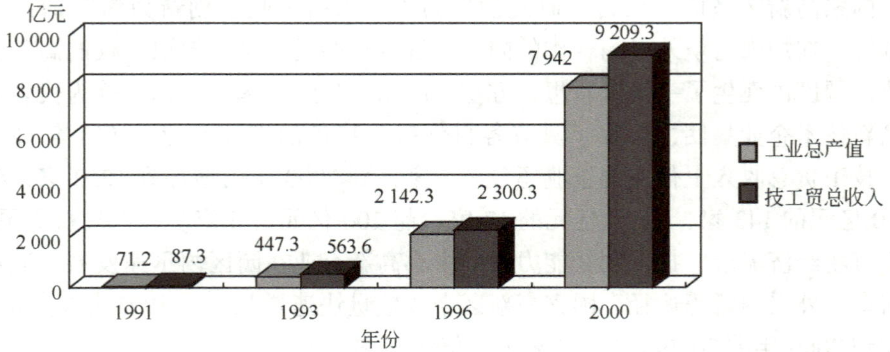

图 1-2 国家高新区 1991 ~ 2000 年工业总产值、技工贸总收入增长状况

资料来源：科技部火炬中心统计处

（三）就业贡献日益提高

截至2000年底，国家高新区共聚集了56万科技人员，吸纳了52 103名硕士、9358名博士和5615名留学人员，建立了一批博士后流动站和250余家高新技术创业服务中心。一批批经过拼搏创业，专业技能强、有创造性、有经营管理经验、志向远大的复合型人才和职业企业家在高新区茁壮成长。伴随着产业规模的不断扩大，国家高新区对就业的贡献也日益增强，园区从业人员由1991年的13.82万快速增长到2000年的250.91万，增长了17.2倍（图1-3）。

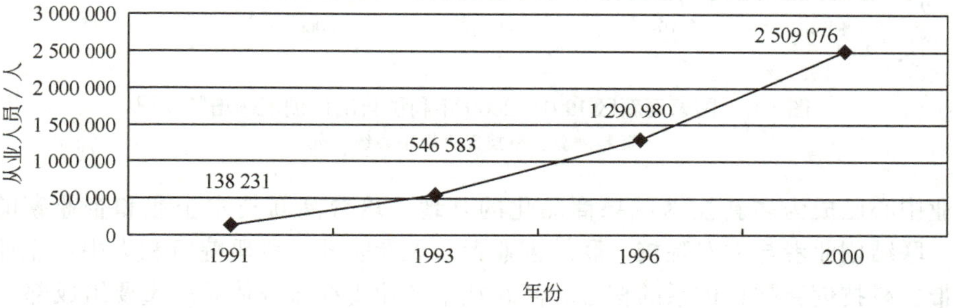

图1-3　国家高新区1991～2000年从业人员增长状况

资料来源：科技部火炬中心统计处

其中，大专以上学历人员占33%，具有中高级职称的人员有41万。国家高新区不仅为企业家创业提供了良好的空间和平台，也为一大批高素质的劳动力就业创造了条件，“干中学”培养造就了一大批专业化劳动力，为高科技企业的发展、新企业的创办以及园区的可持续发展提供了良好的条件。与此同时，由高新区拉动的区外就业人数是直接就业人数的5倍。

（四）利税与出口创汇能力日益增强

国家高新区税收优惠政策有力地促进了园区内企业的创业与成长，企业的税收与出口创汇能力不断增强。1991～2000年，国家高新区提供的利税额由11.9亿元增加到1057亿元，增长了87.8倍；实现出口创汇由1.8亿美元增加到185.8亿美元，增长了102.2倍（图1-4）。

此外，国家高新区从一开始就着力于园区科技创新孵化体系的培育和建设。其中，包括中国高新技术创业服务中心、科技企业孵化器等重点环节。中国高新技术创业服务中心是在吸取国外孵化器成功经验的基础上，结合本国国情建立的一种以促进科技成果转化、培训高新技术企业和企业家为宗旨，为科技企业创业发展提供必需的各项服务，推动科技企业快速成长的社会公益性科技服务机构。

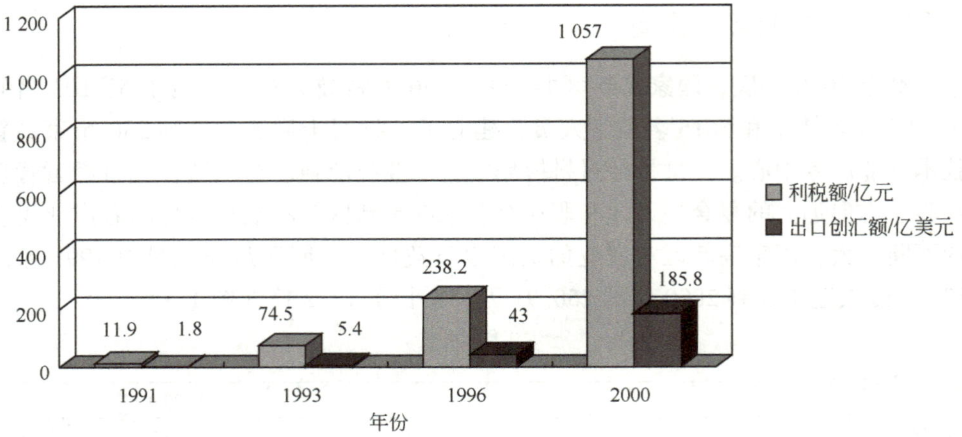

图 1-4 国家高新区 1991～2000 年利税与出口创汇额增长状况

资料来源：科技部火炬中心统计处

创业中心已成为高新技术成果商品化的基地，培育高新技术企业和企业家的学校，联结创业者与大专院校，联结创业者与大专院校、科研院所和大中型企业的纽带，科技创新孵化体系的核心和高新技术产业支撑服务体系的重要组成部分。

高新区以各种类型的科技企业孵化器为核心，不断建立和完善相应设施与机构，提供包括研发、信息、投融资、贸易、法律、担保、财务、评估、人才资源、国际交流与培训、产权及技术交易等多种创业发展所需要的服务，初步建立了具有中国特色的科技创新孵化体系。随着近 200 家高新技术创业服务中心、大学科技园、留学人员创业园、软件科技园、专业技术孵化器、国际企业孵化器、国有企业孵化器、博士创业园等创业孵化机构的建立，为科技成果转化和科技人员创业提供了良好的环境和条件。2000 年，131 家创业服务中心建设了 272 万 m^2 孵化场地，设立孵化基金 7.4 亿元，在孵企业 7693 家，累计毕业企业 2770 家，为社会创造了 17.7 万个就业岗位。

在行政管理体制改革方面，高新区按照社会主义市场经济规律和高新技术产业发展要求，积极推进以管理体制为核心的综合配套改革，初步建立了“小政府、大社会”的行政管理体制，创造了规划、建设、土地、工商、税务、项目审批等“一站式”管理的政府服务模式，较好地实现了政府职能由管理向服务的转变。

经过 10 年的创业，多数国家级高新区基本上完成了初创时期的主要任务，建立了能够适合高新技术产业发展的管理体制与市场推进机制，奠定了产业发展基础，实现了初始资本的积累，为在新形势下推动高新区的进一步发展创造了良好条件。

二、一次创业过程中的问题与不足

由于受自身所处的发展阶段以及既有的增长模式等众多因素的综合影响，国家高新区在发展过程中也存在着一系列突出的问题，多是在我国市场机制不完善的情况下，通过政府建立开发园区，以税收、土地等优惠政策，甚至是靠“政策倾斜”来吸引高新技术企业特别是国际著名的跨国公司入驻而形成的企业空间集聚。高新区的成长在很大程度上表现为要素投入推动型而非创新驱动型；表现为外生招商引资型而非内生自我裂变扩展型；表现为优惠政策扶持型而非公平竞争型；表现为产业孤岛嵌入型而非地方根植型；表现为 GDP 导向下的工业园区型，而自主研究开发的科技创新园色彩比较薄弱。在高新区发展初期，依靠政府的支持和政策优惠，甚至选择政府主导型的发展模式，不仅符合高技术产业“高风险、高投入”的发展规律，也是一些成功科技工业园区的发展经验，但却不利于高新区长期持续发展。这种以税收、土地等优惠政策驱动的发展模式使我国高新区自身的发展缺少自主的产业集群机制和内生创新机制。此外，国家高新区的创新创业环境建设急需进一步完善；特色产业不突出，企业规模偏小，市场覆盖为区域性；区域嵌入性较突出，与地方产业关联度偏低；国际化水平较低；发展极不平衡，有效竞争机制尚在形成之中；辐射带动能力还没有发挥，对传统产业改造贡献较小。

（一）粗放式的外延发展，集约度不够

国家高新区第一次创业阶段“以地引资、以地养区”的粗放发展制约了高新区内生发展的水平。这种粗放性表现在：单位土地产出率低、高新技术产品附加值低、高新区企业的利润率低且出现下降趋势、高新区合理规划土地发展面积与集约利用土地资源的矛盾突出。

（二）自主创新能力不强

国家高新区的创新机制有着政府主导的深深烙印，相当多的高技术企业忽视自主创新能力的提高，贸而不工，科而不研，研而无果（辜胜阻，2005）。相当多的企业主要致力于高技术产品的贸易，进行低层次的、重复性的经营竞争，缺乏现代技术内涵，企业应具有的创新主体地位未能形成。企业和园区的研发投入和研发能力较弱。国家高新区 R&D 经费支出占营业性收入的比例只有 2% 左右，低于发达国家 3% 以上的标准。创新性产品、具有自主知识产权的产品数量很少，所占比例很低。高新区创新能力不足与提高竞争力需求之间的突出矛盾，已经成为制约高新区持续增长的主要因素。

（三）优惠政策密集，空间扩张冲动，竞争力较低

在国家级高新区发展初期给予一些优惠政策具有一定的合理性，但也会造成一些弊端：重视竞争规模而忽视竞争水平；重视即期效应忽视远期效应；重视空间扩张忽视竞争力的形成；政策太过优越，削弱了高技术企业做大做强的压力。获取优惠政策收益成为许多企业进入园区的重要决定因素。

（四）产业缺乏关联度，集群性不高

在市场机制不完善、长期“条块分割”的外部环境和高新产业群的发展法规不健全的情况下，高新区内各企业长期以来各自为战，彼此之间低水平的恶性竞争时有发生，群内企业和机构彼此之间的产业和技术关联不强，有些企业甚至以牺牲地方利益来换取技术上并不先进、又不能与区内产业配套的外商投资企业，不仅交易成本高，还降低了高新产业群的集体与合作效率。大部分国家级高新区虽然已形成一定规模的企业空间集聚，但这仅仅是“地理”上的集中，尚未形成建立在专业化分工基础上的良好互动的创新合作网络。企业与高校、科研院所等科研组织的合作机制不完善，风险投资体制机制不健全以及区域创新文化未形成等不足，限制了产业集群的发展。高新区封闭的管理模式导致区内与区外、区与区之间创新活动分割，资源配置效率不高，难以建立有机融合和良性互动的机制，无法形成整体的区域竞争能力。同时企业缺乏创新的活力和地区优势，也不利于产业群整体竞争力的提高。

（五）产业结构具有高度的趋同性，各园区比较优势不明显

在规模扩张的冲动下，许多高新区产业功能定位和发展目标导向不明确，各高新区之间缺乏有效的产业分工和产业特色，产业趋同现象比较严重，传统上国家产业经济发展中长期存在的重复建设现象在高新区内屡有发生。许多开发区片面追求产业结构的高度化而忽视了产业结构的合理化，产业之间缺乏合理的分工，在经济技术起点不同的高新区生产相同的产品，导致产业结构雷同，各区比较优势不明显。如53个国家级高新区都把电子信息和生物医药作为支柱产业，但没有进一步细分。实际上，电子信息和生物医药是大的产业门类，从大的原则来讲，重点发展电子信息和生物医药两大产业没有错。但是，具体到高新区这样的小区域，必须对两大产业进行细分，否则难以形成自身特色，区域发展就缺乏竞争力。在产业细分的基础上，发展其中一个很小的产业链，都可能形成上百亿元的产业聚集。

（六）有利于创新和创业的文化环境尚没有形成

在高新区的发展环境上，园区管理和政府战略的重点被放在扩大规模、提高园区内基础设施水平等硬环境的建设上，企业发展的软环境建设力度偏小，使得园区还没有形成一个鼓励冒险的企业家精神和重视合作与非正式交流的社团及区域文化环境，园区缺乏创业文化氛围和创新精神。高技术企业中存在的“宁为鸡头，不为凤尾”的文化现象，“师徒店”经营和家族制、家长制管理，作坊式的生产模式，以及故步自封、因循守旧、互不合作、不讲信用等负面文化，对培育园区创业和创新文化环境形成了较大的桎梏（辜胜阻，2005）。

以上问题的存在，显著制约着国家高新区的可持续高速发展，限制了国家高新区自身职能的发挥。

第二节 “十五”期间的“二次创业”

进入21世纪，全球科技经济发展正在发生着日益深刻的变化。经过近30年的改革开放，高速成长的中国经济社会也面临着新的国际国内背景和形势。

21世纪是科学技术主导的世纪，许多国家都把支持科技创新作为提升国家竞争力的重要战略选择。尤其是发达国家，普遍改变了过去长期采取的对科技发展不干预的政策，而把争夺科技制高点作为国家发展战略的重点。如美国政府把保持美国在科学知识最前沿的领先地位作为国家目标，英国政府把创新作为提高生产效率和加快经济增长的核心。2003年美国安排了历史上最大规模的联邦政府研究开发支出，欧盟国家提出到2010年将研究开发经费占GDP的比重提高到3%。发达国家科学技术对经济增长的贡献率已达到约70%。目前，跻身世界创新型国家行列的国家有20个左右，它们的创新综合指数明显高于其他国家，如R&D占GDP的比重都在2%以上，技术对外依存度都在30%以下，所拥有的发明专利占世界总量的99%（徐冠华，2005）。全球科技经济发展新态势在进一步加速世界两极分化、加深后进国家后发劣势的同时，也为后进国家和地区的赶超提供了一系列后发优势和条件。由技术创新引起的产业突破性发展，有可能使后发国家利用经济技术范式变化的机遇，通过技术的学习和赶超，实现生产力的跨越，实现发展的后来居上。

从国内情况看，靠大规模要素投入的粗放式经济增长模式日益暴露出其不可持续的弊端，基于比较成本优势和“市场换技术”的传统增长道路受到越来越多的挑战。这种发展模式在很大程度上也影响着国家高新区的可持续发展。科教兴国战略、可持续发展战略、国家创新体系建设得到了中央和社会各界前所未有的高度重视。

一、“十五”期间“二次创业”的内容与举措

针对国家高新区发展过程中存在的比较优势弱化、体制回归、过度注重依靠优惠政策招商引资、重视经济扩张而技术创新能力不足等新问题、新情况，2001年9月，科技部在武汉召开了国家高新区所在市的市长座谈会，在总结国家高新区十年发展经验的基础上，提出要以“三个代表”重要思想为指导，推动国家高新区实现“二次创业”。在科技部的倡导下，各个国家级高新区纷纷制定了“二次创业”的发展战略与对策。学术界从国家高新区“二次创业”的背景、内涵、发展思路与途径等不同的角度进行了积极的研究与探索。有些学者从全球制造业转移对中国高新区提出的新要求的角度出发，认为创新服务和产业配套能力对高新区“二次创业”至关重要，提出了利用全球制造业转移的契机推动中国高新区的“二次创业”的思路（唐风泉，王昌林，2002）。有些学者通过建立中国高新区阶段发展理论框架及分析模型，认为可以将国家高新区发展历程划分为要素群集、产业主导、创新突破、财富凝聚四个阶段，高新区由“产业主导”阶段向“创新突破”阶段转换的核心能力指自我发展、全面创新和与国际接轨的能力（周元，王维才，2003）。有些学者认为，“二次创业”意味着国家高新区需要从产业主导阶段向创新突破阶段转化，而体制惯性、对原有发展路径依赖、价值链低端锁定、企业简单扎堆、边界阴影构成了阶段转换的障碍，“二次创业”的实质是如何突破这些关键障碍。为此需要以体制创新与高新区立法打破体制惯性，以转变资源供给方式，扭转发展路径依赖，以差异化、特色化定位取代同质化定位，以专利和技术标准战略冲破价值链低端锁定，以培育集群式发展机制替代企业“扎堆”式集中，以搭建创新中介服务网络、增加社会资本排除边界“阴影”（吕政，张克俊，2006）。有些学者强调，推进“二次创业”的关键是要解决好高新区“二次创业”的体制、机制和政策问题，大力发展具有自主知识产权的高新技术产业，把高新区建设成为区域创新体系的核心（巫英坚，李楠林，2004）。有些学者认为国家高新区“二次创业”的途径在于创新管理体制与运营模式、创新产业政策与园区功能、产业集聚与产业结构优化、知识溢出与创新体系建设等（韩伯棠等，2005）。这些不同角度的研究具有重要价值。

（一）“二次创业”的内容

要通过实现以“五个转变”为基本内涵的“二次创业”，使高新区的产业发展跨上一个新的台阶。国家高新区要从注重招商引资和优惠政策的外延式发展向主要依靠科技创新的内涵式发展转变；要从注重硬环境建设向注重优化配置科技

资源和提供优质服务的软环境转变；要努力实现产品以国内市场为主向大力开拓国际市场转变；要推动产业发展规模由小而分散向集中优势发展特色产业和主导产业转变；要从逐步的、积累式改革向建立适应社会主义市场经济要求和高新技术产业发展规律的新体制、新机制转变。具体任务包括：

第一，积极营造好区域产业化环境，造就一支高科技产业化大军。

鼓励和发展风险投资，完善局部的投融资体系；大力发展服务于创新和产业化的中介机构组织，建立创业孵化体系和公共创新服务体系，加强管理和引导，提高服务水平和质量；加强人才队伍的建设；以发展先进文化为总要求，大力营造有利于创新创业的文化氛围。

第二，结合社会主义市场经济体制的改革和完善，大力推进国家高新区管理体制的改革和创新。

第三，支持国家高新区加强“四个能力”的建设。

一是加快实施知识产权战略，提高企业的自主创新能力；二是大力发展多种类型的科技企业孵化器，强化国家高新区内存在的创新创业孵育能力；三是提高国家高新区对传统产业的辐射能力；四是提高国际化能力。2000 年以来，科技部和对外贸易经济合作部联合认定了北京、天津、上海、深圳、苏州等 20 家国家级高新区为“国家高新技术产品出口基地”。

（二）“十五”期间“二次创业”的主要举措

“十五”期间，国家高新区高举“发展高科技，实现产业化”的旗帜，积极推进技术、体制和环境创新，长春会议下发的《关于进一步支持国家高新技术产业开发区发展的决定》和《国家高新技术产业开发区技术创新纲要》，对高新区的“二次创业”提出了重要的指导性意见。总体上看，“十五”期间国家在促进国家级高新区“二次创业”的进程中重点采取了以下举措。

第一，强化高新区宏观调控机制。

将高新区作为国家技术创新体系的核心、调整国家产业结构和实施西部大开发战略的关键措施予以战略性定位，并将高新区发展规划列入国家“十五”总体规划之中，以国家意志强化规划调控的力度。

依照按类指导、层次推进的原则，作为重点示范，以北京为主，中央支持为辅，推进中关村科技园区的发展；依靠地方，结合国家支持，推动上海、深圳、西安和杨凌 4 个示范高新区的建设；各有关省、市政府抓好当地示范高新区的建设，在国家宏观政策和专项资金的支持下，推动高新区的发展。

由科技部完善高新区的资源调控、政策调控与考核措施，形成动态管理和竞争发展机制。

第二，优化园区体制。

强化高新区管理制度创新，依靠地方政府，深化体制改革，处理好区域行政管理与园区管理之间的关系，建立有利于科技创新创业、符合高技术产业发展的园区管理制度。

建立科技产业化创新体系，在加速创办各种类型企业孵化机构和为中小科技企业服务的中介服务机构的基础上，建立以企业孵化服务机构为核心、以创业资本市场和信息网络为主要组成部分的高新区创业孵化体系，并以此为基础，建立官、产、学、研、资、介、贸诸方面相互融通、有机结合的公共创新服务体系。

扩大高新区的自主权，加大对产权制度、分配制度、劳动人事制度、社会保障制度、行政管理制度、建立以人为本的现代企业制度的改革力度，按高技术产业发展和市场运行规律，完善高新区的发展机制。

推动高新区企业制度改革，通过产权制度和激励与约束机制的建设，增强企业技术创新的内在动力，促进高新技术企业实现规范化、现代化、规模化、国际化的发展。

第三，完善政策措施。

完善政策法规体系是实现高新区发展目标的根本保证。为使高新区的产业发展站在同一条国际竞争起跑线上，应制定税收、信贷、基建、进出口等优惠政策。

税收优惠政策：高新区内各类企业孵化机构一律免征各种税收。在孵企业三年内所上缴的各项税收全部返还孵化机构，用于增加孵化资金。

对软件、归国创业等科技人才提高个人收入调节税起征点，降低留学人员回国创办企业注册资金的底线。

制定风险投资机构的税收优惠政策，鼓励民间资本向高新技术产业投资。

资金信贷优惠政策：将高新区的基本建设，特别是信息网络工程的建设纳入国债项目计划；由政策性银行安排高新区开发、生产、建设专项资金；允许外资银行全面进入高新区，并逐步开展人民币业务。

基本建设优惠政策：高新区基本建设项目按统一规划安排建设，优先纳入当地固定资产投入规模；高新技术企业仪器设备可加大折旧率。

进出口优惠政策：高新区要进一步加强高新技术产品出口基地建设和研究建立实行特别优惠政策的出口工业园，促进高新技术产业国际化的发展。

其他优惠政策：国家示范园区和 APEC 科技工业园区享有独立的外事审批权、侨居和外籍人士居留审批权。国家高新区享有省级外商投资项目审批权和土地征占审批权。为鼓励科技创业，对留学人员、大学生等在高新区内创办科技企业的适当放宽工商注册限额。

二、“十五”期间“二次创业”绩效

在“二次创业”的推动下，“十五”计划期间国家高新区保持了持续快速增长的态势，成为带动国民经济增长、推动产业结构优化的重要力量，已成为高科技企业与产业培育的战略性基地（王树海，2007）。国家高新区的成就源于自主创新推动发展，市场机制提高效益，资源集聚形成特色，产业集群增强核心竞争力。

（一）园区经济快速增长

根据科技部火炬中心统计处公布的数据，“十五”期间国家高新区实现营业总收入110 075.4亿元、工业总产值102 024.6亿元、工业增加值22 631.5亿元，实现利润5601.1亿元，上缴税额5252.2亿元，出口创汇3232.9亿美元。2001～2005年，6项主要经济指标的平均增长速度分别为30.3%、30.1%、27.0%、25.6%、26.0%和49.0%（表1-1）。“十五”末期主要经济指标增长分别是“十五”初期的2.9倍、2.9倍、2.6倍、2.5倍、2.5倍和4.9倍。

表1-1　“十五”期间高新区主要经济指标及其增长情况

年份	营业总收入/亿元	工业总产值/亿元	工业增加值/亿元	净利润/亿元	上缴税额/亿元	出口创汇/亿美元
2001	11 928.4	10 116.8	2 621.3	644.6	640.4	226.6
2002	15 326.4	12 937.1	3 286.1	801.1	766.4	329.2
2003	20 938.7	17 257.4	4 361.4	1 129.4	990.0	510.2
2004	27 466.3	22 638.9	5 542.1	1 422.8	1 239.6	823.8
2005	34 415.6	28 957.6	6 820.6	1 603.2	1 615.8	1 116.5
“十五”年均增长速度/%	30.3	30.1	27.0	25.6	26.0	49.0

资料来源：科技部火炬中心统计处。

（二）成为新型工业化进程的重要推动力

中共“十六大”报告提出，要坚持以信息化带动工业化，以工业化促进信息化，走出一条科技含量高、经济效益好、资源消耗低、环境污染少、人力资源优势得到充分发挥的新型工业化路子。“十五”期间，国家高新区在新型工业化进程中发挥了重要作用，成为区域新型工业化进程的重要推动力量。

国家高新区工业增加值占全国工业增加值的比重持续提高，2001年为

5.3%，2003 年达到7.1%，2005 年进一步提高到9%，比 2001 年增加了 3.7 个百分点。2005 年，高新区工业增加值的增长幅度（23.1%）高出全国工业增加值的增长幅度（11.4%）11.7 个百分点。2005 年，相当一批国家高新区的工业增加值在其所在城市的工业增加值中占有较大份额，成为带动当地工业增长的重要力量。区内工业增加值最高的是上海张江高新区，达到 486.1 亿元，其次是中关村科技园区，达到476.9 亿元；工业增加值达到 100 亿元以上的高新区共有 29 个，其工业增加值共计达到5415.7 亿元，占总量的79.4%。2005 年统计数据显示，53 个国家级高新区中工业增加值在所在城市的比重达到 20% 以上的高新区有 31 个，分别是杨凌高新区（93.5%）、西安高新区（60.6%）、海口高新区（55.0%）、合肥高新区（49.1%）、太原高新区（44.8%）、威海高新区（44.5%）、吉林高新区（40.0%）、珠海高新区（39.0%）、成都高新区（37.8%）、长春高新区（37.7%）、常州高新区（36.6%）、宝鸡高新区（33.8%）、南宁高新区（33.6%）、潍坊高新区（33.2 %）、武汉高新区（32.3%）、襄樊高新区（32.2%）、长沙高新区（30.7%）、南京高新区（30.3%）、桂林高新区（29.2%）、贵阳高新区（29.0%）、苏州高新区（28.8%）、包头高新区（28.2 %）、北京中关村科技园区（27.0%）、石家庄高新区（27.0%）、株洲高新区（26.7%）、淄博高新区（25.0%）、惠州高新区（24.6%）、中山高新区（22.9%）、哈尔滨高新区（21.9%）、济南高新区（20.8%）、南昌高新区（20.1%）。

（三）国家高新区对区域经济发展贡献显著

高新区的生产总值占全国国内生产总值的比例由“十五”初期的3%上升到“十五”末期的5%，5 年上升了 2 个百分点。人均 GDP 由 2001 年的 1.2 万美元，上升到2005 年的2.2 万美元。2005 年，高新区生产总值最高的是上海张江高新区，达831.7 亿元，排在第二位的北京中关村科技园区为760.9 亿元，最小的杨凌高新区也达到了7.2 亿元。从高新区生产总值上看，上海张江高新区和北京中关村科技园区占全部高新区经济总量的22.2%。此外，生产总值超过200 亿元的高新区还有 8 家，分别是无锡高新区、苏州高新区、南京高新区、成都高新区、深圳高新区、长春高新区、武汉高新区、西安高新区。这 8 家高新区的生产总值共计 2154.4 亿元，占到高新区总量的30% 。根据 2005 年统计数据显示，2005 年高新区生产总值占当地城市的比重达到 20% 以上的有 10 个，分别为杨凌高新区（76.9%）、威海高新区（39.7%）、潍坊高新区（32.8%）、苏州高新区（25.9%）、西安高新区（24.9%）、常州高新区（24.5%）、吉林高新区（24.0%）、惠州高新区（22.6%）、武汉高新区（22.2%）、珠海高新区（20.0%）。

（四）高新区实现了较高的人均经济产出水平并得以快速提高

“十五”期间，国家高新区人均营业总收入、人均工业总产值、人均工业增加值、人均净利润、人均上缴税费额以及人均出口创汇额等主要经济产出均达到了较高的水平并得以快速发展。2005 年的以上指标分别为 2001 年同类指标的 1.6 倍、1.6 倍、1.5 倍、1.4 倍、1.4 倍和 2.8 倍（表 1-2）。区内企业平均营业总收入达到 8196 万元、工业总产值 6896 万元、工业增加值 1624 万元、利润 381.8 万元、上缴税额 384.8 万元、出口创汇 265.9 万美元，分别为 2001 年同类指标的 1.7 倍、1.7 倍、1.5 倍、1.4 倍、1.5 倍和 2.8 倍。

表 1-2　“十五”期间高新区人均主要经济指标及其增长状况

年份	人均营业总收入/万元	人均工业总产值/万元	人均工业增加值/万元	人均净利润/万元	人均上缴税费/万元	人均出口创汇/万美元
2001	41.10	34.86	9.03	2.22	2.21	0.78
2002	45.10	38.07	9.67	2.36	2.26	0.97
2003	54.60	45.00	11.40	2.90	2.60	1.30
2004	63.50	52.30	12.80	3.30	2.90	1.90
2005	67.50	56.80	13.40	3.10	3.20	2.20

资料来源：科技部火炬中心统计处。

（五）国家高新区资产迅速攀升

2005 年，国家高新区年末资产比 2001 年净增加 19 608.2 亿元，增长了 2.1 倍。企业平均年末资产达到了 8767 万元，是“十五”初期的 1.2 倍。资产上亿元的企业由“十五”初期的 2220 家增加到“十五”末期的 4225 家，增长了 1.9 倍。企业的净资产由“十五”初期的 8614.3 亿元上升到“十五”末期的 17 021 亿元。高新区的资产负债率 2001 年为 50%，2005 年为 54%（表 1-3）。

表 1-3　“十五”期间高新区资产变动状况

年份	企业年末资产合计/亿元	企业平均年末资产/万元	资产上亿元企业		
			企业数量/家	年末资产总计/亿元	企业平均年末资产额/亿元
2001	17 205.1	7 082.3	2 220	14 794.8	6.7
2002	21 069.4	7 435.0	2 668	8 188.9	6.8

续表

年份	企业年末资产合计/亿元	企业平均年末资产/万元	资产上亿元企业		
			企业数量/家	年末资产总计/亿元	企业平均年末资产额/亿元
2003	26 430.8	8 044.2	3 202	23 067.4	7.2
2004	31 044.5	8 050.0	3 683	27 144.6	7.3
2005	36 813.3	8 767.0	4 225	32 334.9	7.6

资料来源：科技部火炬中心统计处。

（六）企业制度建设取得较大进展

“十五”期间国家高新区内发展较快的企业群体主要是有限责任公司和私营企业。这些企业具有民营的特点，并带来了企业制度方面的改革、企业经济性质方面的改革、企业管理制度方面的改革，这些成绩已成为过去十几年发展变化的重点内容。“十五”期间，有限责任公司和私营企业发展较快，具有市场发展的灵活性，体现了企业和企业家的作用，涌现了一批有名的企业家（表 1-4）。

表 1-4 “十五”期间按登记注册类型分类的高新区企业数 （单位：家）

企业	2001 年	2002 年	2003 年	2004 年	2005 年
国有企业	2 154	1 946	1 742	1 664	1 607
集体企业	1 439	1 257	1 025	949	825
股份合作企业	783	827	804	749	702
联营企业	204	170	135	103	146
有限责任公司	8 778	11 016	13 056	21 397	20 596
股份有限公司	1 158	1 327	1 368	1 488	1 524
私营企业	5 622	7 176	9 556	6 203	10 073
港澳台投资企业	1 395	1 481	1 553	1 705	1 823
外商投资企业	2 647	3 061	6 488	4 004	4 446
合计	24 293	28 338	32 857	38 565	41 990

资料来源：科技部火炬中心统计处。

（七）高新技术企业快速发展

经过十几年的发展，特别是“十五”期间，高新区内已成长起一批有竞争力、有创新活力的高新技术企业群体，这些高新技术企业对高新区的建设与发展起到了重要的作用。高新技术企业的特点是企业注重产品的研究与发展，提高企业竞争力和保障经济持续发展的关键是企业对研究开发活动的经费持续投入。高新技术企业从“十五”初期的16 507家增加到“十五”末期的27 293家，增长了65.3%（表1-5）。2004年，国家高新区内有企业38 565家，其中经认定的高新技术企业占67%。国家高新区规模以上高新技术企业占全国一半。

表1-5　“十五”期间高新技术企业数量的发展情况

指标	2001年	2002年	2003年	2004年	2005年
全部企业/家	24 293	28 338	32 857	38 565	41 990
高新技术企业/家	16 507	19 352	22 238	25 824	27 293
高新技术企业比重/%	67.95	68.29	67.68	66.96	65.00

资料来源：科技部火炬中心统计处。

从高新区高新技术企业R&D投入上看，“十五”初期高新技术企业有16 507家，企业的R&D经费投入达到193.6亿元，R&D经费投入占产品销售收入的比重从“十五”初期的2.3%增长到“十五”末期的3.3%，高出高新区全部企业1个百分点，并且以年平均38.7%的速度增长。2004年，园区内高新技术企业R&D投入占全国工业企业一半以上，人均R&D比全国工业平均水平高6倍。

（八）亿元企业在高新区的作用明显

“十五”初期营业总收入在亿元以上的企业只有1539家，而到了“十五”末期，营业总收入在亿元以上的企业发展到了3389家，是“十五”初期的2.2倍。亿元企业营业总收入在高新区中的比重从“十五”初期的83.1%增长到“十五”末期的88.6%。

亿元企业是企业规模发展、市场规模发展、专业规模发展的综合。管理这一批大企业的新的企业家群体丰富了高新区的企业家队伍，丰富了高新区的企业家经验。这些数据充分证明，经过“十五”期间的发展，高新区及区内企业已经具备了一定的经济基础和规模，成功地度过了初创期，开始向创新发展期迈进（表1-6）。

表1-6　“十五”期间亿元企业数量的发展情况　（单位：家）

指标	2001年	2002年	2003年	2004年	2005年
全部企业	24 293	28 338	32 857	38 565	41 990
亿元企业	1 539	1 874	2 360	2 844	3 389

资料来源：科技部火炬中心统计处。

(九) 高新区已经成为高新技术产业化和技术创新的聚集区

企业的创新能力显著增强。“十五”末期，高新区企业的科技经费支出总额为1338.9亿元，比“十五”初期增加了808.7亿元，是“十五”初期的1.7倍。5年的年均增长达到了13.4%。特别是企业的R&D经费支出，“十五”末期为806.2亿元，是“十五”初期的4倍。我国约有近1/3的R&D活动资金投入到了国家高新区各类创新项目上，高新区内企业对研发的投入越来越重视，更多的企业开始注重研究创新项目。2005年R&D投入超过上年50%的企业就有6000多家（图1-5）。2005年高新区R&D经费占到营业总收入的2.3%，研发经费支出占产品销售收入的比重达到2.8%。

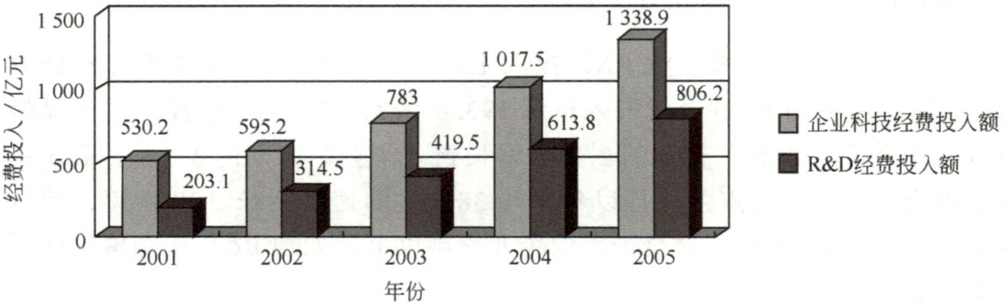

图1-5 “十五”期间国家高新区企业科技经费投入与R&D经费投入状况

资料来源：科技部火炬中心统计处

科技活动人员和研发人员的比例不断提高。作为高技术人才最密集的地区之一，“十五”初期，高新区企业的科技活动人员和研发人员的比例占到高新区从业人员总量的15.6%和6.7%。“十五”末期，高新区企业科技活动人员和研发人员占高新区从业人员总量的比例分别提高到16.7%和10%，这支研发大军是高新区发展高新技术产业和企业自主创新、技术创新的主导力量（图1-6）。

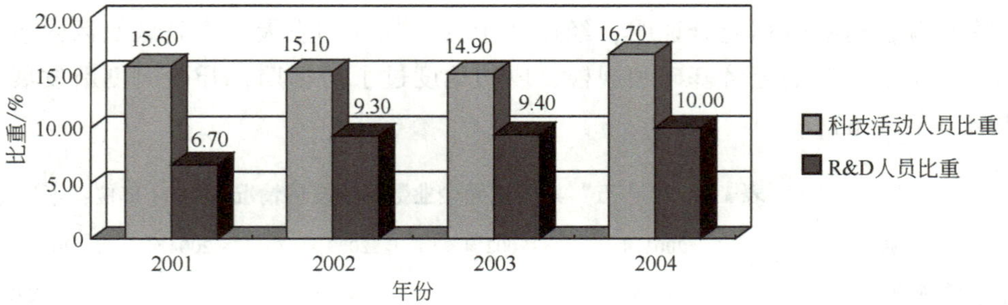

图1-6 “十五”期间国家高新区企业科技活动人员与R&D人员占从业人员比重

资料来源：科技部火炬中心统计处

内资企业研发人员投入比例高于三资企业。内资企业是高新区经济发展的重要力量，在研发与创新领域也占据着一席之地，它们也是实现园区内生型增长的关键力量。“十五”期间，内资企业研发人员占从业人员的比例由最初的7.3%（高于三资企业2.6个百分点）提高到2005年的14.1%，提高了6.8个百分点，外资企业只提高了2.9个百分点。内资企业研发人员占从业人员的比例历年都比外资企业高。在内资企业逐渐加大对研发人员投入的同时，三资企业对这一投入的比例变化不大。由此可以看出，内资企业对研发投入的重视程度，不论是从经费上还是在人员的保障上，均占有较大优势。

R&D经费支出侧重试验发展。从高新区的研发活动情况看，2005年，高新区企业R&D经费支出的77.1%用于实验发展活动，比2001年提高了7.1个百分点；用于基础研究的经费减少到只占3.7%，比2001年减少了5.3个百分点；用于应用研究的占19.2%。从高新区企业的研发情况可以看出，高新区企业更加注重产品的质量、创新和研发的过程，立足于从创新的实验发展的研究成果做起，为高新技术的产业化奠定坚实的基础。

高新区企业产品获得的专利数大幅度增加。2001年国家高新区内24 293家企业拥有产品26 314种，其中拥有专利的产品达到了5749种，包括发明专利的产品1840种，这些产品的技术来源于企业自有技术的超过65%。到2005年，在高新区内的41 990家企业拥有的产品达到43 812种，是2001年的1.7倍；拥有专利的产品增长到了10 506种，是2001年的1.8倍；其中，有发明专利的产品达到3733种，是2001年的2倍，来源于企业自有技术的产品超过70%，体现了高新区各经济类型企业申报专利意识的增强和对知识产权保护的重视，同时也显示出高新区企业自主创新能力在不断提高。

（十）高新区已经成为稳定就业、吸纳创新创业人才的富集地

“十五”期间，高新区年末从业人员的数量从294.3万增加到521.2万，增长了1.8倍；高新区企业提供的就业岗位占全国就业岗位的比重由2001年的0.4%增加到2005年的0.7%。2001年，高新区从业人员中大专以上学历人员达109.7万，占从业人员的37.3%，吸引了近1万名留学回国人员。2005年，高新区从业人员中大专以上学历人员数量增长到了211.7万，占到从业人员的40.6%，是2001年的1倍多；吸引留学回国人员2.1万，是2001年的2.1倍（表1-7）。此外，高新区已经吸引了近500万名各类人员投身到创新创业的事业中，很多都成长为科技型企业家、科技专家和熟悉高新技术企业孵化、风险投资和高新区管理等方面的专家。

表 1-7 “十五”期间高新区企业从业人员状况 （单位：万人）

年份	从业人员数	大专以上人员	硕士	博士	留学归国人员
2001	294.3	109.7	6.9	1.2	1.0
2002	348.7	127.1	8.1	1.4	1.2
2003	395.4	147.5	9.0	1.6	1.4
2004	448.4	176.0	10.6	2.0	1.6
2005	521.2	211.7	14.0	2.3	2.1

资料来源：科技部火炬中心统计处。

“十五”期间，高新区从业人员增长了2倍多，大专以上人员占从业人员的比例始终保持在1/3以上，远远高于制造业从业人员中同类指标的比例。博士、硕士和留学人员在高新区内从业、创业的人数增长迅速，充分体现了高新区高素质人才聚集的优势。

（十一）税费贡献逐年增大

“十五”期间，高新区每年上缴的税费总额从640.4亿元增加到1615.8亿元，5年间共增长了2.5倍，累计为国家创造税收5252.04亿元。同期，国家共为高新区企业减免税金723.4亿元，企业累计获得净利润5601.1亿元。企业获得减免的税额与企业实际上缴的税额及企业获得的净利润比例大约为1: 7.3: 7.7。也就是说，国家每减免1元税金，政府可以多获得税收大约7元，同时企业获得净利润8元。

（十二）多渠道、多形式的资本集聚及其快速增长

“十五”期间，高新区的发展培育了自我发展的资本市场。法人资本从2001年的629亿元到2005年3340亿元，增长了431%；外资资本从2001年的659亿元到2005年2010亿元，增长了205%；国有资本从2001年的1103亿元到2005年1997亿元，增长了81.1%；个人资本从2001年的1594亿元到2005年1482亿元，下降了7%；港澳台资本从2001年的265亿元到2005年558亿元，增长了110%；集体资本从2001年的138亿元到2005年177亿元，增长了28.3%。

可见，资本量方面增长最快的是法人资本、外资资本和港澳台资本。资本量方面发展最大的是法人、外资、国有、个人、港澳台和集体资本。资本在性质、规模和属性上的变化，将对资本运作的高新区各项事业的决策发展产生深远的影响。

（十三）高新区已经成为高新技术产品的集聚区

高新技术产品开发步伐加快：国家高新区企业产品领域的发展，表现出高新

区企业重视产品的创新，加大对新产品的投入，使企业的产品在市场上占有一席之地。2001 年，在高新区 24 293 家企业中共有产品 26 314 种，实现产值 7986. 6 亿元，实现销售收入 7867. 1 亿元。到 2005 年，在高新区内 41 990 家企业中共有产品 43 812 种，实现产值 22 083. 6 亿元，实现销售收入 22 195. 2 亿元，比“十五”初期分别增长了 66. 5%、176. 5% 和 182. 1%，高新区企业的产品呈现出快速发展的良好势头。

高新技术产品的销售收入情况：“十五”期间，国家高新区各高新技术产业的发展中，电子信息技术独占鳌头，其占高新区产品销售收入的比重始终保持在 43. 2% 以上。生物技术领域、新材料领域和光机电一体化领域的产品销售收入在“十五”期间得到长足发展，特别是光机电一体化领域发展速度最快，已经跃升到第二位。这四大产业 2005 年的产品销售收入占总量的 33. 6%。

高新技术产品的出口增长速度较快：2005 年，国家高新区产品实现出口创汇 760. 7 亿美元，是 2001 年的 342 倍。2005 年出口创汇上亿美元的企业达到 138 家，比 2001 年增长了 3 倍多。

“十五”期间，国家高新区内企业主要的产品出口市场表现出从港澳台地区向美国转变的明显趋势，出口额则一直以美国为首，与其他国家（地区）间的距离逐渐拉大，到 2005 年对美出口额已经占到全部产品出口额的 38. 2%。另外，对日本、东南亚和欧洲的出口呈现稳定增长的态势。电子信息领域的出口创汇在九大领域中遥遥领先，光机电领域也实现了较大幅度的增长。

2005 年 8 月 26 日，科技部原部长徐冠华在国家高新技术产业开发区工作会议上指出，随着建设创新型国家战略目标的提出，国家高新区将进入“二次创业”的全面提升期。在“二次创业”全面提升期，国家高新区将着力推进并持续深化“五个转变”：一是要加快实现从主要依靠土地、资金等要素驱动向主要依靠技术创新驱动的发展模式转变；二是要从主要依靠优惠政策、注重招商引资向更加注重优化创新创业环境、培育内生动力的发展模式转变；三是要推动产业发展由大而全、小而全向集中优势发展特色产业、主导产业转变；四是要从注重硬环境建设向注重优化配置科技资源和提供优质服务的软环境转变；五是要从注重引进来、面向国内市场为主向注重引进来与走出去相结合、大力开拓国际市场转变。

徐冠华要求国家高新区进一步增强创新优势和竞争优势，努力实现《2006 ~ 2010 年国家高新技术产业开发区发展规划纲要》所提出的预期目标。到 2010 年，要有两三家国家级高新区跻身国际一流高技术产业园区行列，建设 10 ~ 15 个自主创新能力强、主导产业突出、集群化发展的创新型园区，形成 5 ~ 10 个销售收入过 100 亿美元的大型高技术企业，十万余家富有创新活力的科技型中小企业群体。

第三节　国家高新区“四位一体”的新使命

2005 年温家宝总理在视察中关村园区时指出，国家高新区建设正步入一个崭新的发展阶段，正面临着第二次创业。他还强调，国家高新区要承担起新的历史使命。在 2006 年全国科技大会上，温家宝总理再次强调，“国家高新技术开发区建设正步入一个新的阶段，面临着以增强自主创新能力为重点的第二次创业”。大幅度提高自主创新能力是新时期高新区的中心任务。

一、国家高新区新的发展形势和背景

“十一五”期间，在实施国家创新战略的过程中，国家高新区的建设面临着比较复杂的国际国内环境。国家自主创新战略的实施和创新型国家奋斗目标的提出对国家高新区发展提出了全新的要求。新的形势和时代任务要求作为高新产业发展的战略高地的国家高新区肩负起义不容辞的历史责任和时代使命。

改革开放以来，我国通过大规模的技术、外资引进及“以市场换技术”等方式，促进了传统产业的技术改造和结构调整，取得了很大成绩。但是，随着国民经济的不断发展，一些新的问题和矛盾开始突显：一是随着劳动力成本的逐步提高，传统的比较优势也将逐步丧失，我国越来越难以从单纯的劳动力比较优势中获得应有的利益。二是由于收益率过低，广大劳动者的工资水平也很难得到提高，使得建设社会主义新农村、扩大内需、促进现代服务业发展等国家重大战略难以顺利实现。三是一些重要的产业领域出现了对外技术依赖，大到飞机、汽车、制造装备，小到服装、日化用品，国外品牌和技术主导的格局日益显现。在 WTO 规则下，知识产权、技术贸易壁垒和反倾销已成为我国众多企业参与国际竞争所面临的重大障碍。四是随着我国经济实力的不断增强，美国等西方国家对技术出口的控制日趋苛刻。近年来，针对我国连续发生的美国劳拉公司和休斯公司火箭发射事件、以色列预警机事件、捷克维拉（VERA-E）无源监视系统事件、美国 SMIC 公司投资建设芯片生产厂受阻事件、欧盟对华军售解禁问题等，都反映出西方国家把对华技术控制作为扼制中国崛起的一个重要手段。真正的核心技术很难通过正常贸易得到。在全面建设创新型国家的历史新阶段，国家比以往任何时候都更加迫切需要增强自主创新能力，大幅度提升科技竞争力和产业竞争力（徐冠华，2005）。在这方面，作为发展高新技术产业的重要基地，高新区无疑是一支可以发挥关键性作用的有生力量。

国家高新区经过 10 余年的建设和持续积累，目前在自主创新方面已经具备

了一定的基础和能力。区内高新技术企业总数是区外的两倍，吸引了近400万人就业，其中大专以上学历的人才达211.7万人，初步显现出对企业、人才、资金、技术等创新资源的集聚效应。我们知道，高新技术产业的集聚和创新资源的集聚达到一定规模，就会形成专业化的网络创新体系，这是高新区持续增强创新能力的重要基础。目前，区内高新技术企业已经具备了一定的自主创新能力，据统计，国家高新区科技活动经费支出总额已经超过了全国科技活动经费支出总额的1/5，企业80%的技术来自国内自主创新，这在很大程度上弥补了我国企业研发投入不足的问题。而且从企业收入的结构看，产品销售收入是核心增长源，这也说明企业从技术中获得的增长动力已经超过了从贸易中获得的增长动力，颠覆了高新区发展初期的“贸工技”发展路径。此外，在引导企业走自主创新道路方面，高新区也积累了许多经验，逐步形成了以武汉长飞光纤光缆为代表的“引进消化、吸收创新”发展模式，以石家庄华北制药为代表的“产学研合作创新”发展模式，以清华同方为代表的“创新孵化器”发展模式等。这些有益的探索进一步拓展了加快实现自主创新成果转化为现实生产力的途径和方法。

但是，目前国家高新区的发展水平距离国家赋予的历史使命和紧迫要求还有相当大的差距。一些高新区盲目追求经济指标，过分依赖招商引资、以地生财的发展模式，甚至出现相互之间恶性竞争的现象。以承接国际产业转移为主而形成的高新技术产业处于全球价值链的中低端，分工地位和利益分配地位较低，导致中国的高新技术产业不仅不具备高收益的特征，而且收益下降趋势明显，中国高新技术产业的利润率从2000年的6.71%下降到2005年的4.22%（潘锡辉，魏谷，2007）。在科技创新方面的投入和要素引入方面，高新区与世界一流科技园区相比差距也十分显著。目前我国高新区企业R&D经费支出占营业性收入的比例只有2%左右，而20世纪90年代末期，大部分OECD成员国高技术产业的R&D强度已经超过20%（1997年美国为27.6%，1999年法国为27.5%，1997年日本为20.3%，1997年加拿大为31.7%，1998年英国为19.1%）。我国台湾新竹科技工业园区1999年企业研究开发投入经费占到当年总产值的5.94%，几乎是大陆的3倍。由此可见，高新区要真正成为促进技术进步和增强自主创新能力的重要载体，还必须做出更大的努力。

作为国家级的高新区，必须以承担历史使命、实现国家战略为己任，在转变增长方式、增强自主创新能力、提升产业竞争力方面走在全国的前列。但是，从全国各个高新区“二次创业”的发展思路和目标来看，不少高新区存在目标高、空间扩展迅速、招商引资“热度”不减、政策优惠比赛等倾向，表明原有的发展路径仍然在起很大作用，存在阶段转换的界面障碍（吕政，张克俊，2006）。

与其他的开发区、工业区和经济技术开发区显著不同的是，国家高新区应当具有强大的内生增长和分裂机制、发展自我的创新能力和可持续建设的创新创造力，能聚集创新资源，汇集专业领域的高级要素资源，是新产业和新业态的发源地，是高端技术由核心向边缘延伸和辐射的动力源，能引领产业与技术趋势，至少在高新技术产品生产链的某一环节或部位拥有国际领先水平的技术，应用最前沿的科技成果（潘锡辉，魏谷，2007）。

二、国家高新区新使命

《国家“十一五”科学技术发展规划》、《国家高新技术产业开发区“十一五”发展规划纲要》明确了国家高新区“四位一体”的功能定位和国家使命，即进一步发挥高新技术产业化重要基地的优势，努力成为促进技术进步和增强自主创新能力的重要载体，成为带动区域经济结构调整和经济增长方式转变的强大引擎，成为高新技术企业走出去参与国际竞争的服务平台，成为抢占世界高技术产业制高点的前沿阵地。

作为中国经济发展“奇迹”之一的国家级高新技术产业开发区，目前正在向以应对市场需求、突出自主创新为主要特征的“内生式”增长转变。国家将在营造创新环境、探索高新区内生增长机制、加强高新区产业组织创新、积极推进产业形态演变、落实高新技术产业政策、坚持可持续发展与建设和谐园区等方面，积极推进高新区发展新模式的探索。

国家高新区“十一五”发展的目标是：到 2010 年，高新区内高新技术企业成为园区创新的主体，企业 R&D 投入占产品销售额的比例达到 4%（其中高新技术企业为 5% 以上）；R&D 人员占从业人员的比例争取达到 20%，聚集 R&D 人才 120 万人；力争使微电子、系统软件、中药现代化、生物工程、纳米技术、通信技术、新材料、先进制造技术等领域的自主创新技术达到国际中等或先进水平，产品占有较大市场份额；通过技术创新的重大突破，培育若干新型产业；力求使若干重点高新区的部分细分产业在国际上享有重大声誉；成功建设一批产业特色明显、上下游联系紧密的产业与技术联盟。到“十一五”规划末期，国家高新区高新技术企业要达到 4 万家，其中每年新增高新技术企业 1 万家，高成长性中小企业每年新增 1000 家；着力培育一大批国内高新技术企业，形成经济实力 100 强、发展速度 100 快、经济效益 100 佳、自主创新能力 100 新企业，造就一批有国际影响力的创新企业和知名品牌。

进入“十一五”规划期间，国家高新区将进一步发挥高新技术产业化重要基地的优势，通过努力营造良好的创新创业环境和产业发展环境，鼓励中小企业技术创新，充分发挥创新集群的功能，推动以提高自主创新能力为核心的“二次创业”战略的实施，实现提升自主创新能力、国际竞争力、辐射带动能力和可持续发展能力的历史性新跨越。

三、世界一流园区建设目标

2005年，以北京、上海、深圳、西安、武汉、成都等为代表的国家高新区，已经发表了建设世界一流高科技园区的创新宣言，提出了建设世界一流高科技园区的行动方案，标志着我国的高科技园区开始了携手共创世界一流高科技园区的新征程。

根据《国家高新技术产业开发区“十一五”发展规划纲要》，到2010年，要有两三家国家级高新区跻身国际一流高技术产业园区行列。要建成具有强大综合竞争力的世界一流高科技园区，就要在下列10个指标领域达到世界先进水平：

（1）园区单位土地增加值接近世界一流高科技园区；

（2）发展成为国内最主要的集成电路产业基地，国内研发实力最强的现代生物医药基地，具有世界竞争力的软件基地；

（3）以一批获得长足发展的新兴产业和新业态作为园区未来经济的重要增长点；

（4）培育出世界知名的自主品牌；

（5）拥有一定数量的本土成长的跨国大公司，形成一批成长快、效益好的高成长性企业和“小巨人”企业；

（6）年新增企业数力争达到园区企业总数的15%以上；

（7）创业风险投资成为园区内中小企业的主要资金来源；

（8）获得硕士以上学位的高端人才的比重达到国际一流园区的水平；

（9）每万人拥有专利超过60件；

（10）通过中介服务与综合配套服务的大发展为园区内的人才成长与集聚、研究开发、产业发展、居住休闲提供一流的环境。

四、国家高新区新的发展成就与新起点

在“十一五”规划开局之年和全面贯彻实施《国家中长期科学和技术发展规划纲要（2006～2020）》的第一年，国家高新区迎来了自己的第十五个生日。国家高新区高举火炬旗帜，积极推进体制机制创新和产业组织创新，坚持走内涵式发展道路，加快以增强自主创新能力为核心的“二次创业”步伐，在区域经济发展中发挥了重要的作用，为我国高新技术产业发展提供了强有力的支撑。

（一）国家高新区企业创新活动活跃

国家高新区从业人员和科技人员持续增加。2006年，国家高新区吸纳了

22.5 万名应届高校毕业生前来就业，至 2006 年底，国家高新区从业人员达到 573.7 万。其中，科技人员 98.6 万，占高新区从业人员总数的 17.2%，女性科技人员 20.8 万，占科技活动人员总数的 21.1%。

科技活动经费支出增幅明显。2006 年，国家高新区科技经费支出总额为 1584.5 亿元，比上年净增加 245.6 亿元，增长了 18.3%。北京中关村科技园区、上海张江高新区、深圳高新区、西安高新区、成都高新区的科技经费支出额居 53 个国家高新区的前五位。高新区企业的 R&D 经费投入达到了 1054 亿元，比上年增加了 247.8 亿元，增长了 30.7%。R&D 经费占高新区营业总收入的 2.4%，占高新区生产总值的 8.7%，占全国 R&D 总支出的 35.1%。

科技活动产出良好。2006 年，国家高新区的新产品产值达 8456.5 亿元，新产品销售收入为 8119.8 亿元，占产品销售总收入的 22.5%，新产品的出口达到 195.2 亿美元，占高新区出口创汇总额的 14.3%。高新区企业已拥有发明专利数 32 600件，比上年增加了 16 188 件，同比增长 101.4%。其中外商投资企业 10 169件，有限责任公司 7255 件，股份有限公司 4918 件。按当年申请专利的总数来看，高新区 2006 年申请专利数量为 37 872 件，占全国申请专利数量的 1.1%，其中申请的发明专利数有 20 707 件，占全国申请发明专利数量的 1.9%。

（二）国家高新区经济稳定持续发展

2006 年，53 个高新区实现营业总收入 43 319.9 亿元，工业增加值 8520.5 亿元，分别比上年增长了 25.9% 和 24.9%。2006 年，国家高新区实现生产总值 12 048.7亿元，比上年高出 2018 亿元，占全国国内生产总值（209 407 亿元）的 5.8%；工业增加值 8520.5 亿元，占全国所有工业企业创造的增加值 90 351 亿元的 9.4%，其增长幅度高出全国工业增长幅度 12.4 个百分点。根据对 2006 年全国高新区 45 828 家企业的统计，实现营业总收入 43 319.9 亿元，工业总产值 35 898.9亿元，工业销售产值 34 624 亿元，工业增加值 8520.5 亿元，实现利润 2128.5 亿元，实现上缴税额 1977.1 亿元，实现出口创汇 1360.9 亿美元，分别比 2005 年增长了 25.9%、24.2%、24.0%、24.9%、32.8%、22.4%、21.9%。其中出口创汇占全国外贸出口的 14%。

自 1992 年以来，高新区的营业总收入、工业总产值、实现利润、上缴税额、出口创汇五项经济指标年均增长率分别为 45.3%、45.6%、37.8%、46.0%、51.4%，分别是 1992 年的 187.6 倍、192.2 倍、89.1 倍、199.7 倍、331.9 倍。

在所有国家级高新区中，有 28 个高新区的营业总收入超过高新区平均增长率，其中增长幅度最大的是宝鸡高新区，达到 61.0%；有 31 个高新区的工业总产值超过了高新区的平均增长率，其中增长幅度最大的是昆明高新区，达到

65.8%；有30个高新区的工业增加值超过高新区的平均增长率，其中增长幅度最大的是厦门高新区，达到73.6%；有23个高新区的实现利润超过高新区的平均增长率，其中增长幅度最大的是惠州高新区，达到576.5%；有25个高新区的上缴税额超过高新区的平均增长率，其中增长幅度最大的是兰州高新区，达到92.0%；有28个高新区的出口创汇超过高新区平均增长率，其中增长幅度最大的是宝鸡高新区，达到254.9%。

从分区域情况来看，2006年西部地区13个高新区发展形势较好，各项主要经济指标的增长速度都高于全国高新区的平均增长水平。其中营业总收入、工业总产值和出口创汇3项指标的增长幅度最大，主要原因是包括乌鲁木齐高新区和宝鸡高新区等基数较小的高新区发展速度快，西安、重庆、成都3个高新区发展比较平稳。

2006年东北地区7个高新区的经济发展总体好于去年，6项主要经济指标都高于高新区的平均增长速度，特别是营业总收入、工业总产值和上缴税额都远远高于高新区的平均水平，出口创汇最为明显，高于高新区平均增幅达2.2个百分点。

2006年，长江三角洲地区6个高新区的主要经济指标只有净利润和出口创汇增长速度高于高新区的平均增长速度，其他各项指标低于高新区的平均增长速度，但出口创汇占到了高新区近一半的份额，达到46.2%。

2006年，珠江三角洲地区6个高新区只有工业增加值和净利润高于同期全国的增长速度，其他指标均低于高新区的平均增长速度。

2006年，中部地区9个高新区除净利润略低于高新区的平均增长速度外，其他指标都高于高新区的平均增长速度。

（三）国家高新区资金筹措能力进一步增强

高新区在吸引各类资金方面较上年又有了较大的增长。政府用于对科技型中小企业创新基金配套的资金已达到13.6亿元，用于扶持创业投资机构的资金已达到37.8亿元，用于扶持担保机构的资金已达到46.3亿元，上述三种资金共计97.7亿元，是高新区设立15年来吸引资金最多的一年，较大地推动了企业的创业与创新。

2006年，高新区累计外商合同投资额为1431.4亿美元，年末累计实际投资额为760.8亿美元。

（四）国家高新区对区域经济发展的贡献巨大

国家高新区对当地城市发展的作用依然显著，成为当地经济发展的一个闪光点。高新区创造的经济效益，特别是创造的工业增加值在其所在的城市中占有的份额越来越大，有21个高新区的工业增加值已占到所在城市的30%以上，有11个高新区的生产总值占所在城市的20%以上。

（五）国家高新区企业成长绩效显著

企业数量尤其是来自于各类孵化器的企业不断增加，表现出良好的内生增长性。2006年入驻高新区的企业不断增加，达到45 828家，其中2789家企业来源于各类孵化器，比上年增加3838家。在所有企业中，营业收入超过100亿元的企业创历史最高达到60家，50亿元以上有76家，30亿元以上有101家，10亿元以上有426家。收入超过亿元的企业累计已达3466家，比上年增加740家，占高新区企业总量的9.0%，但创造的营业收入却占总量的89.8%。

企业税收贡献持续稳定增长。2006年高新区45 828家企业共上缴各类税金1977.1亿元，同比增长22.4%，占全国税收总额37 636亿元的5.3%。其中，营业总收入超亿元企业的缴税额达1748.5亿元，占高新区上缴税额总量的88.4%；年销售收入在500万元以上的工业企业共上缴税额1604.3亿元，占到高新区上缴税额总量的81.1%；外商和港澳台投资企业的缴税额697.2亿元，占高新区上缴税额总量的35.3%。2006年经认定的30 403家高新技术企业共上缴税额1345.9亿元，占高新区上缴税额总量的68.1%。

规模以上工业企业贡献显著。2006年，高新区产品销售收入在500万元以上的规模工业企业有12 494家，占到高新区企业总量的27.2%，其中高新技术企业7689家，上市企业390家。规模以上工业企业实现营业总收入35 171.5亿元、工业增加值7937.8亿元、工业总产值33 722.7亿元、工业销售产值32 606.9亿元、利润1616.8亿元、上缴税额1604.3亿元、出口创汇1311.9亿美元，分别占高新区总量的81.2%、93.2%、93.9%、94.2%、76.0%、81.1%、96.4%。

上市企业大幅增加，园区所有制结构和公司治理结构趋向多元化、社会化、科学化和现代化。2006年统计显示，在45 828家企业中，已有上市企业573家，占高新区企业总数的1.3%，比上年增加了219家。在573家上市企业中有507家是高新技术企业，占到上市企业总量的88.5%。上市企业营业总收入7519.7亿元、工业总产值6220.5亿元、利润485.7亿元、上缴税额412.7亿元、出口创汇122亿美元，分别占高新区总量的17.4%、17.3%、22.9%、20.9%、9.0%。

573家上市企业中，在国内两个交易所上市的企业有412家，在海外上市的企业仅有91家，占上市企业总量的15.9%。

（六）国家高新区高新技术产业发展

高新技术产品销售收入不断提高。2006年在各高新技术产业领域中，电子信息领域继续领先，产品销售收入大大高于其他领域达10 060.7亿元，比上年多出1125.1亿元，占全部产品销售收入的37.1%；新材料领域比去年增加了791.3亿元，达到3975.2亿元，占到14.7%；光机电一体化达3281.8亿元，比上年增加了617.8亿元，占到12.1%；生物技术领域为1944.2亿元，占到7.2%；新能源及高效节能技术1435.4亿元，占到5.3%；环境保护技术256.5亿元，占到0.9%；航空航天技术121.1亿元，占到0.4%；地球、空间、海洋工程20.8亿元，占到0.1%；核应用技术21.7亿元，占到0.01%。

高新技术产品出口创汇稳步增长。2006年高新区以高新技术产品实现的出口创汇产品品种达48 372种，比上年增加4560种，实现出口创汇849.6亿美元，比2005年增长了11.7%，占高新区全部出口创汇总额的62.4%。

高新区企业的出口创汇规模增长快速，出口额超亿美元的企业已有172家，比2005年多了34家。出口额达1024亿美元，比上年多184.4亿美元，增长了22.0%。

第四节　国家高新区园区多元化转型日益明显

由于园区的发展基础、发展模式、产业重点以及内外部组织联系等不同，必然导致国家高新区模式类型、建设重点与目标取向不同。国家高新区正在由原先的大同小异向分类化、多元化方向发展。

一、园区模式类型多元化转型

国家高新区模式类型正在由单一模式向多元化方向发展。由于受不同的功能定位、形成诱因、区位选择等多方面的综合影响，全球已经形成了多种类型的高新科技园区。纵观世界高新科技园区的发展，比较公认的主要有以下5种模式：①科学园模式。一般在大学、科研院所比较密集的地方建立园区，目的是加强大学与工业的合作，主要以研究开发为主。这种模式目前在世界上由大学举办的园区比较普遍，如英国剑桥科学园就属于这种模式。②科学城模式。即国家为提高本国的科技水平而营建的科研机构、大学、人才的集结地和多学科的综合性科学中心，将科研、教学、生产、管理、社会服务和居住设施有机结合为一体的新型城市。与科学园相比，科学城的人为色彩比较突出，它往往用国家意志把科研机构和大学进行集结，以利于科研与生活服务基础设施的共享，有利于科学技术的交流与合作，提高科研效率和投资效益。国际上比较成功的科学城发展模式，有俄罗斯的新西伯利亚科学城、日本的筑波科学城、法国的索菲亚·安蒂波利斯科学城、韩国大德科学城等。与技术城相比，两者都是高新技术密集型城市，但科学城投资巨大，多数为政府兴办；技术城则是在政府指导下，由地方联合企业自己建设；科学城以基础性和应用性研究为主，而技术城则致力于开发地区特色技术；科学城不仅孵化高新技术企业，为高新技术产业发展提供科技资源，还借此树立“科技大国”的形象；技术城则是振兴地方产业、实现地方经济腾飞的据点；科学城往往设立在要素富集的大都市附近，而技术城则分布在全国各地。③高新技术加工区模式。即指在园区内很少或不进行科研开发工作，而是利用既有的外来高新技术生产高新技术产品的新型园区。如日本的九州硅岛，其研究机构和开发部门仍集中在东京、大阪等大城市。高新技术加工区是出口加工区由劳动密集型向技术密集型转化过程中出现的新型加工区，其发展趋势是不断加强研发能力。④技术城模式。技术城的称谓来自于日本，日本“九十年代技术城建设设想研究委员会”委员长石井威望先生提出，技术城是产（集成电路及电子计算机等尖端技术产业）、学（工科大学、民间及中央研究所等研究设施）、住（建设舒适的城镇）各功能的有机结合，将丰富的地区传统、绮丽的大自然与现代文明融合为一体的，扎根于技术和文化的崭新的“城镇建设”。技术城一般由一两个母城和周围一些村镇组成，要求对产业区、教育区、住宅区、服务区以及环境进行全面规划。技术城的建设要求以高新技术为发展支柱，以地方为开发主体，充分发挥地方积极性及原有基础，以最少的投资、最佳的途径来实现整个地区向高新技术新型城市的转化。实际上，技术城与科学城并无根本的区别，都是产、学、研、住结合在一起的新型城市。两者最大差异在于技术城追求一种理想的城市发展形式，它不单纯以追求高技术公司和研究机构的集中为目的，而是追求在未来社会中高技术机构与根植于高技术的文化和谐发展的理想状态，如日本宫崎 SUN 高技术城市等。宫崎位于九州岛东岸，风景秀丽，日本政府将其规划建设成为 S（science）、U（urbanity）和 N（nature）三结合的新型高技术城市。⑤高新技术地带模式。即指由若干规模较大的各种类型的高新区和科研机构、高科技企业群体连成一片所组成的科技产业地带，往往没有具体的边界或区域界限，没有事先规划，主要是因某些优越条件而自然形成的高新技术研究、开发、生产集中区域，一般是由科技工业园（或科学园）以及大量独立的高技术小公司在地理上集聚而成的高技术集中区域。美国硅谷、128 公路就是高新技术地带模式的典型代表。此外，加拿大北硅谷（渥太华市中心至西郊卡尔顿、卡纳塔、尼比安约 20km 长的地带）、英国苏格兰硅谷（爱丁堡与格拉斯哥两市之间高速公路地带）等也是较为典型的高新技术地带。高新技术地带地域宽广，企业多，从业人员密集，是大学、科研机构、高新技术企业的大规模集结地。高新技术地带已大大超过高新科技园区的范围，是部分高新科技园区未来发展的趋势（陆利华，张克俊，2007）。

比较以上几种模式，明显存在一定的包容关系，如科学园是科学城、技术城的组成部分；科学城或技术城又往往是高新技术地带的组成部分。从最新的发展动态来看，国外高科技园区的这几种模式正呈现相互融合之势。

我国高新区如按以上国际惯例划分，绝大多数是高新技术加工区类型，尤以东部沿海的高新区最为典型，少数是科学园、科学城或技术城类型，如北京中关村是典型的科学园、安徽合肥高新区是典型的科学城。从发展态势来看，我国相当一部分城市正在规划建设科学城或技术城，已经突破了原来高新区确定的开发范围，原来的高新区只是作为现在科技城的一个重要组成部分。另一方面，高新区内又包含有大学等各种科学园、软件园等各种专业园、创新园、产业园、孵化器等，也就是说高新区的区域范围一般大于科学园区。京津唐地区、沪宁杭地区、珠江三角洲、成德绵等正在致力于或着眼于高新技术地带目标方向发展。

总体上看，我国高新区正在坚持因地制宜、突出特色的原则，进行自身发展模式类型的再定位与再选择。一般而言，在智力资源密集、大学和科研机构集中的区域建设高新区，选择科学园模式；在基础设施条件好、国家重点发展的科技、工业基地建设高新区，选择科学城模式；外向型经济发达、对外联系多，建立的高新区选择高新技术加工区模式；有条件的若干个高新区集聚的大范围，可发展为高新技术产业带。

二、园区发展目标的多元化

《国家高新区"十一五"发展规划纲要》提出，"十一五"期间，我国将建成三类园区。

一是要以世界一流高科技园区为目标，以创新要素大量集聚、创新文化氛围浓郁、创新成果不断涌现、产业积极对接国际市场、产业组织和发展模式创新、具有较强的区域辐射带动能力、有一批世界知名创新企业和区域性的特色产业集群以及自主创新技术能引领或紧跟国际发展前沿为标准，重点支持两三个国家高新区，使之率先进入世界一流高科技园区行列，成为引领我国高新区发展的旗帜和实施国家自主创新战略的重要载体。

二是建设一批自主创新能力较强的创新型园区。以增强企业创新能力为核心，通过大力加强园区的科技基础设施建设，吸引国家重大科技项目入户，建设一批国家级重点实验室和工程技术中心等有力措施，将部分中心城市的国家级高新区建设成为自主创新能力和产业竞争能力较强的创新型园区，使其成为区域经济增长和结构调整的重要引擎，成为引领科技创新和技术进步的重要载体。

三是要积极扶持一批基础条件完善、产业特色鲜明、发展前景广阔的国家级高新区，培育和发展特色产业集群，快速提高它们的综合实力，使其在地方产业升级、调整经济结构、转变经济增长方式和培育产业集群中发挥辐射带动作用。

第二章

产业集群：

国家高新区产业发展之基

伴随着全球经济一体化进程的不断加快，特定产业在特定地域内快速集聚，进而建立起一个个产业关联要素相对齐全、产业协作功能有机配套、内部互动交流频繁高效、外部联系畅通的新型产业形态日益普遍，这就是20世纪90年代以来在全球兴起的产业集群现象。学术界普遍认为，当今全球竞争不仅仅是企业与企业之间的竞争，更是产业集群之间的竞争。产业集群不仅能通过传统的外部经济降低集群内企业的成本，提高产业整体竞争力。更重要的是，在新经济时代，产业集群化发展能够促进默会知识和信息的有效交流沟通，促进新知识、新观点的创造，促进产业创新，通过创新而增强产业的竞争优势。集群便于厂商接受更多的供应商和专业化支撑性服务、有经验的技能劳动力以及必要的知识连接，这种知识来源于人们与经营活动面对面的实地交流。集群的优势不仅在于能吸引相似的产业，而且也能吸引互补性的企业。产业集群除了追求外部经济、规模经济、范围经济外，更重要的是为了追求一种特别的区域创新环境，以增强企业的学习创造能力，从而造就静态经济运行的高效率和动态创新发展的集体效率。

产业集群理论是高新技术园区建设和发展的理论基础。作为高技术产业化运行机制有效实施的产业制度安排和社会组织安排，高新区本身为人才、知识、信息、技术、新型资本等高端专业化要素的聚集提供了良好的空间载体和基地，与传统产业集聚形成的农业园、工业园相比，高新技术产业园区是一种现代的产业集聚形态。高科技产业集群发展是高新技术园区发展的基石。

国家高新区在短短十几年内已经成长起一批具有高竞争力的产业集群，如北京中关村的信息技术、上海张江的微电子、深圳的通信技术、长春的光电子和汽车及零部件、西安的通信及软件、武汉的光电子、天津的绿色能源等产业集群已经或正在形成。然而，目前我国1300多个产业集群还主要集中在加工领域，依然处在全球价值链的低端。如何鼓励产业集群从低端走向高端，全面打破全球价值链中对中国的低端锁定，已成为中国发展高新技术产业亟待破解的一道难题。

《国家高新区"十一五"发展规划纲要》明确提出，各国家高新区要积极创造条件，努力在创业孵化、招商引资、专业服务平台搭建、专业化的地理空间规划中有意识地促成产业集群发展，重点推动特色企业在物理空间上的专业集聚，实现信息共享、互通有无；通过大力发展产业集群，使产业技术的重大突破成为可能；鼓励有条件的国家高新区建立基于多种目的的产业联盟；在推进产业联盟过程中探索政府支持企业从点到面的转变。同时，要把公共财政科技投入和产业化资金重点投向支持产业发展的国家重点实验室、国家工程技术中心、检测测试平台、开放式实验室、专业服务体系等，提升产业技术的竞争能力。

寻求整体突破，力争产业上游，正成为高新区产业集群的集体冲动。突破产业集群的低端锁定，向高端集聚，已经成为国家高新区在新时期的一项重要工作。

第一节　产业集群研究综述

经济发展中的产业集群问题曾经是新古典经济学一个比较重要的研究对象。但从20世纪40年代后将近半个世纪的时间内，产业集群问题长期游离于主流经济学视野之外。1990年，迈克尔·波特（Michael E. Porter）在《哈佛商业评论》（1990年第2期）发表的论文《论国家的竞争优势》以及同年出版的专著《国家竞争优势》中，引入了"集群"概念，揭示了产业发达国家的普遍现象——产业集群，并高度评价了其在形成与提高产业竞争优势中的重要性。波特认为，集群即指某一特定区域下的一个特别领域，存在着一群相互关联的公司、供应商、关联产业和专门化的制度和协会。"各国竞争优势形态，都是以产业集群的面貌出现。这种相关产业集聚在一起的现象十分普遍；这显示，它是产业发达国家的核心特征。"①

由此在国际学术界引发了产业集群研究的热潮。产业集群理论自20世纪90年代中后期被引入中国以后，已经成为区域产业经济研究中获得广泛共识的重要学说。20世纪70~80年代以来，无论在传统产业还是高技术产业领域，集群研究和集群政策扮演着越来越重要的角色。到了80年代后期，集群更成为学术（经济地理学、产业经济学、区域经济学等）和政策上的（经济促进及区域发展政策等）时尚名词。波特学派和经合组织（OECD）学派为西方研究集群的两个主要流派。学术界对产业集群的研究视角比较全面，涵盖了集群的概念、类型、

① 迈克尔·波特.2002.国家竞争优势.邱如美，李明轩译.北京：华夏出版社.140。

条件、构成要素及集群效应、产业集群升级、集群政策等众多方面。其中，既包括众多的理论规范性研究，也有大量的产业集群案例实证研究。

一、产业集群概念检视

虽然对产业集群的研究自20世纪90年代以来已成为学术界的一大热点问题和众多国家经济发展的现实实践，但学术界对产业集群的概念到目前为止仍然是含混不清的，无法形成一个统一的、能为各方所普遍接受的定义。

（一）波特学派的研究

从理论渊源来看，产业集群不是一个全新的概念和理论。目前学术界普遍承认的是由美国哈佛商学院的著名管理学家迈克尔·波特教授于1990年在《国家竞争优势》一书中提出的产业集群（industrial cluster）概念，并从增强国家竞争力角度予以系统探讨。波特认为产业集群是指在某一特定区域下的一个特别领域，存在着一群相互关联的公司、供应商、关联产业和专门化的制度和协会[①]。

1998年，在《哈佛商业评论》上波特发表了“产业集群与新竞争经济学”一文，进一步系统完善了产业集群理论。他认为，产业集群是在某一特定领域中，在地理位置上集中且相互联系的公司和机构的集合，并以彼此的共通性和互补性相联结。在当年的另一篇论文中，波特对产业集群作了类似的定义，即特定行业内的，相互间既竞争又合作的企业、专门化供应商、服务商、下游企业及支撑组织机构（如大学、行业协会等）的空间集聚。

该学派集群的概念起源于国家竞争力的研究。传统交易理论和区位论在研究区域竞争力中，均着眼于价格优势和区位因子分析，而忽略了对区域竞争优势演化过程的分析。波特据此强调了产业发展的外界环境的重要性；其竞争力钻石模型指出，一国的产业国际竞争力不可能仅依靠单一行业获得，而是取决于由产品横向的和纵向的密切联系而生成的、传送着物质流、服务流及信息流的产业集群。由钻石模型而演绎出来的集群的概念强调了区域竞争力的环境。这个概念被诸多国内外区域政策制定者或多或少地未经深思熟虑便用于指导政策的制定和执行过程中。

集群的基础是企业间的紧密联系以及由此而引发的累积的学习效应和对总体的外部经济最优化的追求。必须说明的是，在波特关于集群的早期研究中，尽管集群成员间的合作交流已被认为对增强竞争力起到决定性作用，但这一过程究竟是如何产生及进行的却没有得到深度探讨。而且这段时期，在波特对各国的研究

---

① 迈克尔·波特．2002．国家竞争优势．邱如美，李明轩译．北京：华夏出版社．2。

案例中，忽视了集群成员间的空间关系的作用；在其对各行业的研究案例中，空间因子也只扮演着边缘化的角色。换言之，空间集聚只被认作构建竞争优势的补充条件。此外，制度因素、社会发展进程等的作用也较少涉及。

随后，波特将其早期的集群理念延伸至区域层面，并强调了公共机构（大学、培训机构和科研成果转化机构等）对激发集群创新能力和竞争力的重要性。在其近期的研究中，波特注重于探究集群内制度因素、成员间合作与交流的方式及内涵、集群的动态发展过程等。

总之，波特（Porter，1998a，1998b）、奥德斯（Audretsch，1998）、克鲁格曼（Krugman，1998）等的研究结论切合了区域科学家如斯科特（Scott，1993）等早期关于集群的研究假定，即集群内单个企业经由与集群其他成员纵向的和横向的联系而得到的竞争优势主要体现在三个方面：

一是提高企业生产力。企业生产力可以通过外部规模经济效应和企业间相互作用产生的共振效应而得以提高。

二是激发创新活动。不同的知识载体之间的知识交流促进了创新活动的发展。波特将集群激发创新的现象也归因于上述的生产力效应。

三是促进新企业的创建。集群环境下生成的咨询、学习、合作及交流等功能有利于新企业在集群内的萌芽和发展。

波特的产业集群理论主要是在总结发达国家特别是美国的比较成熟、有竞争力的产业集群基础上提出的，对发展中国家或区域如何促进产业集群的形成和成长，缺乏深入的研究，因而使发展中国家难以从波特的理论中寻求答案。此外，该理论较多地关注集群的内生力量，忽视了开放的全球经济，即产业集群的产业网络或社会网络等区域创新网络的全球联结及不同国家或不同形式的产业集群之间的协作或互动问题。实际上，在经济全球化环境下，不同区域之间的产业网络联结或协作，对产业集群形成与发展的作用也是不容忽视的，如美国硅谷—台湾新竹—广东东莞等产业集群之间的协作与创新网络联结，对于各自区域经济发展的推动作用都非常大。尤其是伴随价值链理论的兴起，进一步说明地方产业集群之间存在着深刻的内在联系。

（二）经合组织学派的研究

经合组织（OECD，1999，2001）给集群做了补充定义，强调了价值链的含义，尤其着重于特定行业价值链上的成员相互依赖的纵向的合作。

经合组织的集群观念可以追溯到其早期的研究。当波特学派对不同国家内成功的区域集群进行探讨时，经合组织的学者也对经合组织国家的集群展开研究并得出结论，即新技术及全球性竞争导致了集群里私立的和公共的部门间紧密合作。需要强调的是，产业的和制度的默会知识（tacit knowledge）塑造了发达国家的竞争优势。当企业与供应商、客户、教育研究及技术机构等之间生成长期导向的紧密合作联系时，相对独立的企业实体间的市场导向性联系亦逐步增强。企业间以及企业与机构间的联系不仅建立在经济效益积累的基础之上，而且同时也根植于各成员对于互惠行为的期待及相互信赖中。

随后经合组织将集群作为分析方法应用到案例分析和政策指导中。经合组织（Brown，2000）将价值链集群概念定义为：产业集群是扩展了的投入－产出链或购买－供应链，包括最终市场产品的生产者以及一级、二级等直接或间接介入产品交易的供应商，由多重部门或行业组成。价值链集群易于借助传统的对产业的分类及对相关部门的分析而辨认。

经合组织（OECD，2002）对集群的研究焦点进一步得到拓展，更多的是研究集群在创新过程中的功能，而不是研究集群的本质。

（三）西方学术界对集群概念观点的评判

对集群理论最主要的争议点是其在很多方面表述的不精确性和模糊性，一些学者（Barjak，2004；Martin，Sunley，2003）认为这使得其实用性受到很大的限制。集群理论的含糊性体现在以下四方面：

首先，在波特的定义中，集群为成员间相互紧密联系的网络，但联系程度应达到多强，以及应如何测定这些联系等问题都有待进一步说明。

其次，集群理论被应用到从地方性的到国际性的所有的空间层面，这样作为集群理论的一个重要因子——地理空间就被赋予了过于扩散的内涵，以至于极大地削弱了集群概念的经验性和分析性意义。

再次，集群能在何种程度上解释企业或区域的经济增长。案例研究中为辨明地方经济系统而采用的各种各样的研究方法，更加剧了生成于地方经济系统的集群的难以琢磨性（Malmberg，Maskell，2002）。

最后，由于案例考察与理论间的失调，导致大部分的集群研究文献的理论性较为薄弱（Humphrey，Schmitz，2002）。

总体来说，从目前各类文献中对于产业集群概念不同的界定方式来看，大多都在基本概念——空间集中的企业致力于外部效应和互动——之上增加一些其他要素（Tilman et al.，1999）。其中，空间界限是可变化、多孔型的（variable and porous）；内部的成员是基于相互关系而结网互动，而不是基于成员资格，这种关系可以建立在共同或互补性产品、生产过程、核心技术、资源需求、技术需求和（或）分销渠道等之上的。成员相互之间存在着相互依赖和相互重叠的现象。这些要素包括：

（1）积极的外部性源于当地高素质的劳动力蓄水池和对购买者的吸引；

（2）集群内厂商间的前向和后向联系；

（3）集群内厂商、机构和个人间密集的信息交流，使创造性环境得以形成；

（4）切合区位优势创造的联合行动；

（5）支撑集群专门活动的一种多样化的制度性基础设施的存在；

（6）存在于当地便利于信任环境中的当地主体的一种社会文化的同一性，它由共同的价值和根植性组成。

除了集群内各种互动的复杂性和集群文献对不可衡量的、多样化的“软要素”如信任、社会根植性或创新性环境的强调外，对集群进行准确定义看起来是不可能的，或者说在复杂的带有强烈外部性的集群和单纯的集聚之间划出一条明确的界限是不大可能的。

基于学术界的研究成果，我们认为，产业集群是指企业在一个特定的区域内通过纵向和横向层面所展开的经济技术合作和竞争所形成的、空间邻近的产业群体。集群内部是一个资源合理配置、技术相互协作、经济活动密集的企业网络，包括专业化投资商、专业化基础设施供应商、销售渠道和客户、辅助性生产供应商、员工培训与研发机构等。曾刚和文嫤（2004）特别强调指出，产业集群是经济全球化背景下地域重要的产业空间集聚形态，是影响区域经济竞争力的关键因子。产业集群有利于促进创新，提高劳动生产效率，提高区域就业机会，刺激区域内企业家精神和能力的培养与提高，从而有助于实现区域的可持续发展。

一般而言，产业集群具有以下四个显著特征：

第一，空间集聚性（或空间临近性）。即相似和相关的企业、机构在空间上高度集中于某一地域，呈现彼此相邻的状态。这是产业集群的基本性质，使企业之间的联系成为可能。

第二，网络性。产业集群内的企业及相关机构不是孤立存在的，而是整个联系网络中的一个个节点。产业集群的本质特征在于集群内企业间、企业与相关机构间通过交流与合作，建立了紧密的网络联系。这一网络包括垂直和水平两个层面。垂直联系，即价值链上下游企业之间的联系；水平联系，主要指企业与同一区域内提供的产品和服务类似、相互竞争的一组企业之间，以及相关支持的企业之间的联系，主要表现为从业人员之间的非正式交流。这种交流可以促进区域内企业之间建立相互信任的关系，加强集群内知识的流动和沉淀，加速不同属性知识之间的转化，提高不同知识源的知识的碰撞、整合频率，最终提高集群整体的创新水平。

第三，根植性。又称为本地化，指企业扎根于本地的性质，体现了产业集群对特定区域环境关系（如制度安排、社会历史文化、价值观念、风俗、隐含经验类知识、关系网络等）的依赖性。这些本地的社会经济因素，特别是劳动力、顾客和供应者关系的本地化，对于产品和服务的创新至关重要。全球经济中持久的竞争力就来自于竞争者无法匹敌的当地要素。

第四，开放性。产业集群并不是孤立的，它常常依赖于外部市场、信息和技术。特别当区内不能满足其业务要求时，企业会在区外寻求更多的合作伙伴，扩大外部的创新网络。通过区际劳动力、技术和资金等生产要素的流动和交换，从而获得远距离的知识和互补性的资源、资产。产业集群的成员资格不是排他性的俱乐部式的，而是基于合作关系而建立起来的开放的交往系统。

二、集群起源和发展的条件分析

许多学者认为，集群的产生和发展是个多维现象。

斯迪尼尔和舒勒（Steinle，Schiele，2002）认为，从产业的角度看，不是所有的产业部门都受到集群化过程的影响，即集群仅起源和发展于特定的产业部门（例如，包含着产品多样性的价值链长的产业行业，以及具有较高创新能力的产业行业）；珀瑞沃（Prevezer，1997）强调指出一个集群内的正反馈机制不会延伸到其他产业部门。

诺然和菲利普斯（Ryan，Phillips，2004）从区域和社会的角度分析认为，那些促进和支持知识扩散的区域更易于产生集群。Bathelt（2002）和 Silvell 等（2003）的研究发现，当集群所根植的社会拥有较高的相互信任氛围，而且供应商、生产商、客户及各机构间具有稳定的社会网络关系时，集群便能得以更好的发展。在这样的社会环境下，列夫涅尔（Liefner，2004）认为默会知识在相互信任的成员间更易于传播。区域成员间正式的与非正式的合作联系，促进了集体学习效应，降低了社会经济行为的风险。

经合组织专家巴家克（Barjak，2004）研究了与集群的产生和发展高度相关的以下八大因素：集群成功的发展模式基于创新的引发或变革、知识的积聚，基于竞争的淘汰机制；市场是集群发展的重要推动者；集群内的企业高度相互依赖；强大的对外服务功能；包容并支持创新的融资系统，尤其是风险投资；完善的教育及培训支撑系统；市场导向型的科技和创新政策；区域专门化和参与国际产业价值链分工，它们支撑着国家层面集群的发展。

许多学者如司徒阿特和罗森菲尔德（Rosenfeld，2002）认为，世界上大部分成功都是环境和特定事件的偶然产物，而大型产业集群的成长是由市场需求和企业家精神所驱动的。集群成长的动因取决于两大要素：①模仿、创新与企业家的能力是所有有竞争力的集群的核心。与单一企业成功的秘诀不同，集群的成功需要创新的大范围扩散、新信息的及时获取和新企业的溢出。集群内的创新源于广商与用户、厂商与厂商间的关系，模仿和竞争对于集群成长而言同样重要。企业家能力是驱动集群成长扩张的燃料，能够保证集群的内生扩展。②成功的集群都建立起了能够加速观点、创新、信息在厂商间运动的机制，具有广泛结网的能力，创造出学习型区域。学习和知识扩散转移是集群的生命线。

三、集群的生命周期划分

斯特恩博格、克瑟和斯卡（Sternberg et al.，2004a）认为集群像整个区域一样也具有生命周期。波特（Porter，1998b）将集群的发展过程描述为一个累积的过程，与之相伴随的是集群成员间的正反馈作用和集群对外界企业的积极吸引作用。波特将集群的衰落归因于内部机制的僵化和外部环境的变化造成了集群竞争力的丧失。

欧盟委员会（European Commission，2002）将区域集群的生命周期分为6个阶段：创立先导企业，所谓先导企业往往是基于地方特定知识文化基础而衍生出的新企业；产生了一系列专门化的供应商、服务支撑公司及劳动力市场；形成支撑集群企业的新组织机构；吸引外部的企业、人才等资源，并给本地新企业的发展提供肥沃的土壤；培育成员间非市场机制的联系交流，促进本地的知识信息循环；集群发展出现抑制状态，进入衰退阶段。

斯特恩博格、克瑟和斯卡（Sternberg et al.，2004b）则认为，集群的重要组成部分——创新的网络，不可能无条件地、永久地保持创新活力。一旦网络处于维持现状而缺乏创新的状态，就有发生锁定（lock in）效应的危险，对区域发展产生负面推动作用。相对老龄的集群在经历过初期的快速增长后出现停滞，最终将失去经济竞争能力。那些以地方性的传统产品为优势的高度专门化的集群，比基于城市规模经济的集群以及区域内多样化的集群，更易老龄化。

罗森菲尔德（Rosenfeld，2002）将产业集群划分为孕育期（embryonic stage）、成长期（growth stage）、成熟期（maturity stage）以及衰退期（decay stage）四个阶段。其中，产业集群在孕育期，起源于创新、发明或内向投资；在成长阶段，市场充分发展至溢出并吸引模仿者、竞争者等加入，最终激发企业家精神；在成熟期，集群发展过程或服务呈现常规化，更多的模仿者进入，成本成为关键的竞争优势；当产品完全能够被成本更低或更有效率的替代者所复制时，集群即进入了衰退期。

四、集群产生和发展机制理论

克鲁格曼（Krugman，1991）认为，集群的外部效应、集聚优势或地方化效应的作用局限于一定的空间范围内。波特（Porter，1998a）将上述局限性的影响归结为，集群成员在地理空间上的、文化上的和制度上的接近，给企业提供了特殊的途径和渠道，以促进彼此间的紧密联系、汲取更多的信息、获得强大的创新激励等，这些优势在超出了一定距离的区位是很难获得的。

地理空间的接近能激发创新活力，这里的空间是蕴涵着经济意义的空间概念而不是纯物理的空间。除了空间上的距离，成员间心理上的隔阂也是影响集群发展的原因之一。集群成员在地理空间上的接近而产生的面对面的交流则可以削弱这些障碍。

波施马（Boschma，2005）认为不能将地理空间的接近孤立地来分析，而是要综合考虑成员间在认知上的、组织管理上的、社会文化上的及制度上的接近。托瑞等（Torre，Rallet，2005）则主张研究集群成员间地理空间的接近和组织管理上的接近，而且强调了组织管理上接近的重要性。他们认为组织管理上的接近是促进成员在日益扩大的空间范围内的社会经济相互作用的有效调节机制。

总体而言，产业集群是一个具有不同空间尺度的复杂的产业组织形态。从其产生和发展过程来看，产业集群受到下列因子的强烈影响。

（一）内部水平效应

集群的水平尺度是由位于同一区域内生产产品类似、相互竞争的一组企业组成的。对水平尺度的分析以往主要集中于集群的形成及专业化过程，因为激烈的竞争被视为推动技术创新和生产差别化的主导力量。尽管这些企业之间并不一定存在着频繁的交流关系，但它们共用同一区域内相同的基础设施和环境条件。它们很清楚自身所拥有的生产条件、自身产品的市场竞争力以及同类企业的基本情况。这种竞争环境推动了企业生产的差别化，为营造技术上相互学习的环境创造了条件。建立这种良性互动关系的基础和前提条件则是企业间具有类似的知识基础以及对彼此生产条件的相互了解。集群内的水平联系得益于地理位置临近、文化制度相似。集群内的企业之间可能没有直接的往来，但由于它们受区域相同规则的约束，从而对各自的经营策略、发展态势也有相当程度的了解和熟悉。

（二）内部垂直效应

从垂直方向看，集群是由一组在供货、服务、客户等方面紧密合作的企业组成。当一个专业化特色鲜明的产业集群形成后，在集群内就会产生与之相关的特殊商品和服务需求，从而吸引一批相关供应商就近布局，以便充分分享规模收益和低交易成本带来的便利。克鲁格曼（Krugman，2000）认为区域特殊人才的聚集以及对特殊人才的需求会吸引更多的人才和企业聚集。产业集群的垂直效应是推动现有集群、区域经济继续发展的重要驱动力。但斯托尔伯（Storper，1997）等学者则认为，产业集群的形成并不完全取决于节省费用和强化贸易联系，社会制度环境、企业间交流状况、企业之间的相互学习是保证区域旺盛创新和经济增长的关键。

广义的创新过程与生产者、供货商、客户及其学习过程等所组成的系统密切相关。创新是社会关系及其反馈行为方式的产物，经济活动是社会系统的组成部分，公司与其所处的社会经济环境有着千丝万缕的联系。很多企业与供货商、老客户之间建立起了长期紧密的、根植于相互信任的关系。但这并不是说，一个区域临近的公司之间会自动地发展相互信任与协作的关系。

企业竞争力的大小取决于一系列特殊的生产、管理技术以及企业根据现实要求对生产、管理技术进行调整的能力。这些技术和能力受地方配套条件、特殊资源的数量和质量以及建立在区域道德标准、行为规则、制度环境基础之上的诚信氛围的深刻影响。如果企业利用地方资源和企业技术发展了特色生产，那么随着时间的推移，企业所在的区域就会形成富有特色的劳动力市场、组织方式、办事作风，区域的配套条件因此将得到进一步的改善和优化，从而营造出区域特有的竞争优势。这样就会吸引更多的相关供应商、生产商、销售商入驻，从而形成良性循环，产生集聚效应。

随着地方各企业劳动协作链条的完善，这种集聚效应将不断增强。企业间分工越细，水平集群扩大的可能性就越小，垂直集群发展的空间就越大。只有通过集聚过程，才能使集群内的垂直分工和水平分化同步发展，能避免水平和垂直集群之间的此消彼长。

（三）内部制度环境

制度环境是保持同一产业集群内企业之间的合作关系以及维持集群长期正常运作的重要条件之一。区域集中和专业化过程造就了特殊的有形和无形的道德、行为规范体系，为体系内各利益主体之间团结协作、相互学习、共同解决面临的困难和问题奠定了良好的基础，从而使体系内的交易可预见性增强、风险降低。离开了区域制度的保障，企业之间的分工合作将十分困难。区域制度捍卫区域共同利益，维护共同的价值观念，维持企业之间稳固的合作关系，营造区域内的相互信任。

产业集群内的公约、关系并不是源于数字的统计联系，而主要是相关企业之间相互关联、相互依赖现实的归纳和总结。也就是说，集群内的公约、关系也将随着相关利益主体之间关系的发展而变化，具有强烈的时代特征。公约、关系的调整要求相关利益主体共同讨论、协调，一起寻求充分利用区域条件、获取最大经济利益的途径。由于产业集群具有系统内各主体分工明确、联系紧密、相距不远、相互学习的特征，因此机构设置完备、专门服务机构密集的集群具有强大的生存及竞争能力。另外，由于产业集群的地域特色鲜明，因此无法简单地把一个地方集群发展的成功经验移植到另一个社会文化环境不同的地区。

（四）外部联系

产业集群并不是孤立的，它需要依赖于外部市场和外部技术。企业之间的密切关系也会产生负面影响，特别是当很多供应商仅为一个共同的客户服务时，这些供应商可能会因此而对市场现实需求特别是长远需求判断失误，进而导致经营的失败。产业集群内部的地域社会制度与外部世界之间应该存在着交换关系。如果集群内企业之间的关系过于紧密、封闭和僵化，那么集群内企业可能会对集群外部重要的技术创新麻木不仁而错失技术改进良机，从而对区内企业发展造成巨大的危害。总之，一个健康的产业集群不仅应该充分利用地区长期积累而形成的互动互荣的地域关系，而且同时还应该保持一定的开放性，以便能充分利用区外技术创新成果，充分了解并开发区外市场。

（五）平等和依赖并存的权力结构

地域内各经济主体之间的权力关系也是产业集群发展的重要条件之一。各个企业权力完全平等的企业网络一般很少存在，而企业之间不对称的、分级分等的权力结构在一定条件下能较好地解决集群中各利益主体之间的矛盾，加快决策进程，节省解决问题的时间，能较好地根据外部市场变化的要求来调节生产。但这种非对称的权力结构也存在着对合作企业、特别是主导企业过分信任、过分依赖、缺乏独立思考和判断的危险，特别是当合作企业进行了不当技术项目开发的时候更是如此。因此，产业集群内各企业应当坚持一定的独立性，以减少合作伙伴错误决策所带来的影响，避免区域发展的巨幅震荡。

五、集群的空间维度观

研究集群的空间维度通常从水平和垂直两个角度来着手（表 2-1）。在早期针对集群产生和专门化问题的研究中，集群水平维度的研究占主导。巴泽尔特、摩尔姆博格和马斯克尔（Bathelt et al.，2004）认为，集群的水平维度指产品相似并相互竞争的企业，通过变化、观察、比较、选择、竞争等机制达到促进企业创新能力的效果。集群的垂直维度指互补的，由供应商、服务商和客户组成的网络关系而相互联结的合作企业，通过相互作用、信息交流、调和、协作等机制达到促进企业创新能力的效果。巴泽尔特（Bathelt，2005）强调集群垂直维度展示了价值链（或价值链的一部分）的地方化。

表 2-1　集群的空间维度及集群的学习动力机制

维度	地方企业的能力	企业环境的制度基础	促进企业学习的机制
水平	相似	认知上的接近	观察、比较、选择、竞争
垂直	互补	社会信赖	相互作用、信息交流、调和、协作

资料来源：Tichy G. 1997. Cluster-konzepte：Ihre bedeutung für die österreichische wirtschaftsund technologiepolitik. Wirtschaftspolitische Blätter，44（3～4）：249～256。

六、集群的类型观

从不同的分析角度可以总结出不同的集群类型。Tichy（1997）从组织管理的角度，按照集群的内部组织结构及生产系统内各部门的连接情况，将集群分为网络集群、星状集群和假性集群（图 2-1）。网络集群（模式 A）由大量的、平等的相互联系的企业组成，表现了集群的集聚优势。星状集群（模式 B）中则有一主导企业，企业只能部分地享有集群潜在的优势，而且如果主导企业的供应商间未能建立足够的相互联络的话，集群就倾向于不稳定的发展。在等级式的假性集群（模式 C）中缺乏全面的企业间的相互联络，故其间的企业只能享有很有限的集群优势。奥地利产业经济研究所的佩耶（Payer，2002）指出，其实这里所谓的网络集群才能被认为是真正的集群。集群成员间的互惠使得集群更具有弹性，也增强了风险规避能力。

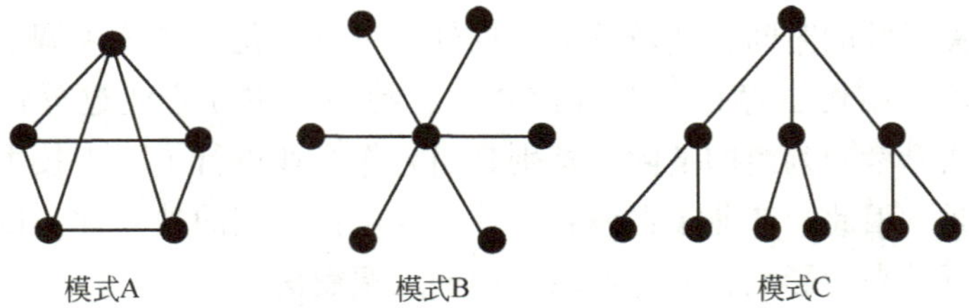

图 2-1　集群内的联系模式

资料来源：Tichy G. 1997. Cluster-konzepte：Ihre bedeutung für die österreichische wirtschafts-und technologiepolitik. Wirtschaftspolitische Blätter，44（3～4）：249～256

此外，罗森菲尔德（Rosenfeld，1997）、恩莱特（Enright，2003）等从集群内部发展条件与外部政策措施影响的相互作用角度，提出集群分类的方法；佩耶（Payer，2002）则建议从集群实践验证的角度进行分类。

根据区域企业组织形态，有些学者将发展中国家的产业集群划分为无核式产业集群、轮轴式产业集群和卫星平台式产业集群三大类（表2-2）。无核式产业集群、轮轴式产业集群和卫星平台式产业集群的构成示意图分别见图2-2（a）、（b）、（c）。

表2-2　对发展中国家产业集群的三类划分法

项目		无核式产业集群	轮轴式产业集群	卫星平台式产业集群
主要特征	企业规模分布	以中小企业为主；随机分布	一个或多个大企业支配，小企业位于外围；明显的等级制度	少数大企业
	企业联系强度	集群内部联系紧密，合作网络基于信任的关系，与区外企业合作和联系程度低	主要为核心公司和小公司之间的联系；大公司与外部联系较紧密	集群内部联系较弱；与外部企业特别是母公司联系紧密
	联系指向	内	外	外
	集聚经济	高：当地劳动资源库；专业化分工；知识共享	高，但集聚经济内部化	低：公司位于集群内，主要是为了获取区域低廉的劳动成本优势
	劳动力流动性	区域内流动频繁，区域间较少	大公司之间流动较少；劳动对公司而不是区域承诺	低，劳动市场在集群外部，在一体化的企业中
主要优点		柔性专业化；产品质量高；创新潜力大	经营成本低；柔性生产；大企业作用重要	成本优势；技能/默认知识成本
主要弱点		产业路径依赖；对经济环境和技术突变适应缓慢	整个集群依赖少数大企业的绩效	依赖外部参与者；有限的本地企业行为影响了竞争优势
典型发展轨迹		停滞/衰退； 内部劳动分工的变迁； 部分活动外包给其他区域； 向轮轴式产业集群演变	停滞/衰退（如果大企业停滞/衰退）； 升级，内部分工变化，大企业将工序外包给当地企业	停滞/衰退； 升级，前向和后向工序的整合，提供客户全套产品或服务
政策干预		加强行业协会作用；公共部门和私营部门合营	促进大企业之间的合作；商业协会和公共机构增强了中小企业的实力	强化人员培训、技术扩散，促进中小企业升级

资料来源：王缉慈.2001. 创新的空间——企业集群与区域发展. 北京：北京大学出版社.154～171；Knoninga P, Stamer J M. 1998. New Dimensions in Enterprise Cooperation and Development: From Cluster to Industrial Districts. ATAS. Bulletin Ⅺ, 10。

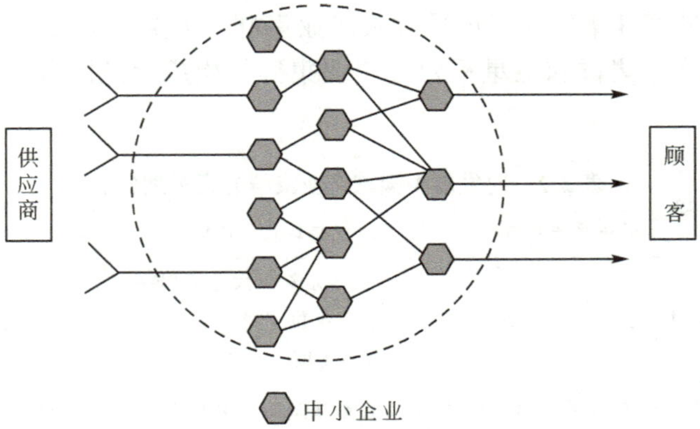

（a）无核式产业集群

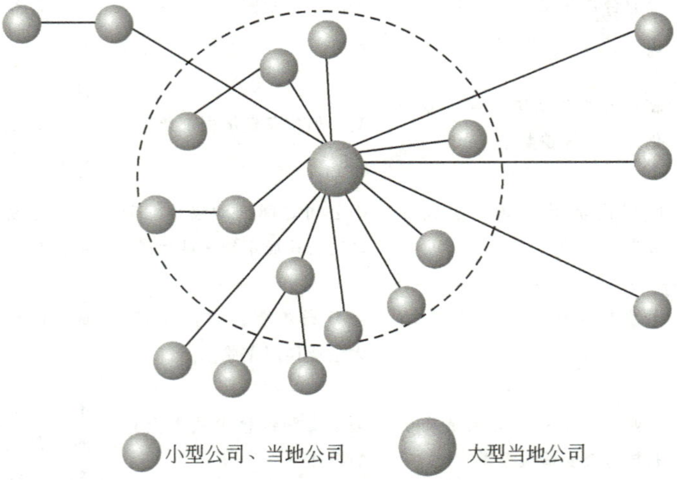

（b）轮轴式产业集群

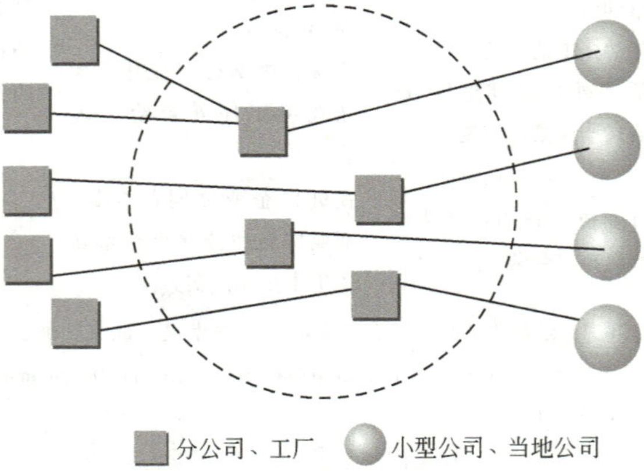

（c）卫星平台式产业集群

图 2-2　发展中国家产业集群构成示意图

迈尔·斯太麦（Stamer，1999）根据集群内核心成员的发展状况将发展中国家的集群分为三类，即基于地方小企业的集群、以福特式大企业为核心的集群和以跨国公司为引擎的集群，其研究揭示出这些集群的产生环境、动力机制等都不能直接从主流集群理论中找到答案。

也有一些学者如哈姆夫瑞、舒密茨（Humphrey，Schmitz，1995）根据集群内产业技术层次的不同，把广义上的产业集群（即产业的地理集中）区分为基于创新的集群和低成本的集群两种类型。其中，高端道路和基于创新的集群以在欧洲成功的工业区为典型，其特征是创新、高质量、功能的灵活性以及良好的工作环境，在良好的法规制度下企业间自觉地发展合作关系；而对于低端道路和基于低成本的产业集群，其参与竞争的基础是低成本，在很多情况下，企业间的合作只是一种偶然现象，甚至不存在，集群信任度低下，企业间容易发生恶性竞争。

七、西方集群政策设计

库克、麦姆杜威克（Cooke，Memedovic，2003）研究认为，在全球经济自由化的大环境下，西方经济政策争论的首要问题不再是保障和改善产业的区位，通过经济补贴吸引企业入驻的传统措施已难以为继。集群的研究方法以其集中于产业发展、与政府管理系统交叠的特征而有别于传统的偏重产业分析的方法。亨德瑞等（Hendry et al.，2003）分析后认为，继波特的集群理论提出之后，创建、促进集群的政策几乎在世界范围内得到推广。尤其是在高新技术领域，相当一部分的产业促进政策在近20多年内已由国家创新系统的思路转向构建区域集群的思路。集群政策包含了促进产业界、科学界、政治界之间网络生成和深化的所有政策措施。海登赖希（Heidenreich，2000）从国家的（宏观）、区域的（中观）、企业的（微观）三个层面描述了西欧国家集群政策的政策措施、产业发展优势、网络结构及存在的问题等，并强调中观层面为集群政策的核心：集群政策的宏观层面寻求的是，通过行业综合性政策措施使得国家科技基础设施满足企业的需求；中观层面的目的是通过科技中心及其他的技术转化中心等，促进企业间合作与创新网络的发展；微观层面着眼于促进并维护企业间的合作联系。

近十几年来，无论在发达国家还是在发展中国家，集群的促进作为一个地方化和区域化的经济发展概念，均日益受到重视，出发点是集群能激发更高的竞争优势潜能。不过，也有很多学者质疑集群思路作为区域经济发展政策手段的实施有效性。马耳伯格等认为集群政策的思路——即为了赢得和支持竞争优势，就应促进区域产业专门化，促进区域集群的活力——是僵硬的教条学说（Malmberg，Maskell，2002）。布莱斯纳汉等通过大量的案例研究揭示出，新建一个集群或维持现已存在的集群是出于完全不同的环境和机制下的决策，因此很难通过集群政策自上而下地制造出集群（Bresnahan et al.，2001）。

总之，区域经济发展政策应避免发生这样的错误，即政策措施导致已有的集群消失或停滞而积极推进追求尚未生成的新集群。另外还要防止的是，由公共资金资助的集群政策，成为致力于特定行业利益的产业部门政策的借口。

美国著名的公共政策研究机构——全国州长协会（National Governors Association，NGA）竞争力委员会在2007年完成的研究报告“集群为基础的国家经济增长战略”（*Cluster-Based Strategies for Growing State Economies*）中强调指出，虽然案例研究表明，集群的起因往往是运气性事件而非严谨设计的结果，但它们的形成往往受助于其所处的商业环境，包括支持性公共政策、有吸引力的当地资源、创造性的技能劳动力储备、强大的教育力量以及一流的研发机构等。该报告认为，在所有成功集群的发展过程中，公共政策通过填补关键性要素的空白，弥补环境条件的不足与弱点、缺陷，通过为创新提供激励、招商引资新成员等而发挥着关键的作用，认为集群的形成是运气和战略政策有机结合的产物。发展中国家和地区可以借助得当有力的战略政策培育和促进地方产业集群的发展。该报告建议，政策制定者可以至少从以下五个方面采取积极的政策举措：从教育、基础设施、对创新性人才的吸引力、区域内教育、人力、经济机构之间的联合能力等方面建设一个稳固而完整的基础；通过建立集群领导委员会、支持集群协会等方式促进集群内公司间的联合协作，以促进关系构建；与民间机构进行联合创新投资；鼓励企业家的成长；促进区域向全球市场的开放等。

第二节　国家高新区产业集群发展的路径与模式

产业集群化发展是高新技术产业发展的重要规律，在高新技术产业中或新兴产业发展的初期，集群更是具有重要的意义。高新技术产业的知识高度密集性和知识溢出的空间局限性是各国建立高科技园区、高新技术产业集群化发展的内在动因。高新技术产业大多在大公司研发部门、大学和公共研究机构密集的地区才能发展，这不仅与高素质专业人才的密集存在和研究发明成果的产生有关，更重要的是其中的知识流动与知识溢出。集群内相关主体的频繁交流互动能形成知识和信息的传播交流机制，及时收集、反馈市场的需求和发展趋势，形成产学研一体化运转的理想架构。

继20世纪90年代国内学者开始对集群研究进行跟踪研究之后，政府在产业政策中也逐步导入产业集群的思路。连接着企业、科研教育机构及孵化器的高新技术园区的建设就是集群政策的一个例证，因为政府通过高新技术园区的建设，期待产生区域集聚和部门集聚（如软件园、生物技术园等），暗合了集群的概念。产业集群化发展已经成为众多高新区转型发展过程中的客观趋势，围绕着产业集群战略而制定园区产业发展政策已经成为大多数国家高新区发展政策的首选。

一、著名高新区产业集群发展实践扫描

硅谷、剑桥、班加罗尔以及我国台湾新竹是当今世界上发展较为成功、著名的高科技园区，其发展既有共同点又有差异。在这些高新区的发展过程中，诸如政府管理，高校、科研机构，风险投资，各种社会中介服务，园区文化等都起到了重要的作用，同时表现出各种要素高度集聚的特征，因此园区的成功不能归结为任何单一要素，而有赖于这些要素的有效整合，即适合该地区的高新技术产业协作创新网络。这一网络包括产业中的企业相互竞争合作所形成的产业网络组织，包括产业与政府等公共部门、教育科研机构、风险投资等金融机构、各种社会中介机构等协作创新过程中所形成的各种社会协作网络，以及协作过程中所形成的特有的区域文化。成功的高新技术产业集群的发展在以下这些方面都表现出了共同性。

（一）良好的区位环境和软硬件基础设施条件

从国外高科技园的区位条件来看，智力密集程度、开发性技术条件、信息网络、基础设施、生产和生活环境等是高新科技园区选择区位的基本因素，国外高新科技园区大多指向智力密集程度高、开发性技术条件好、信息网络发达、基础设施质量高、生产和生活环境优越的地区。具体的区位选址一般有如下特点：靠近自然科学水平很高的大学或研究机构附近，如美国硅谷、128 公路地区、英国的剑桥科学园；布局地段应当是大都市区域内的城市化地区，既不远离也不太接近大城市，如美国高新科技园区往往出现在现有大工业化地区的边缘；充分考虑所在城市的工业基础、劳动力素质及供给水平；地势要比较平坦，容易建设基础设施，并可以与周围交通运输干线连接形成网络，使高新科技园区对外联系方便；自然条件要好，适宜人们工作和生活；考虑科技园区对临近区域的影响程度及专业化分工的需要。

除了良好的区位环境外，高新区还建立了良好的硬件基础设施，提供了完善的生活服务设施。

（二）基于网络的产业组织形式

传统的工业体系建立在一些独立公司的基础上，这些公司试图把各种生产活动内部化，企业之间只有基于贸易等的正式联系，公司文化保守阻碍了信息在各公司、各部门间的流动，不适应高新技术产业由多个行为主体相互协作共同创新

的网络化要求。硅谷等地区则形成了以网络联系为特征的产业体系，这是保持区域竞争力的基础和关键。在这一网络内公司内各部门职能相互融合，公司与贸易协会和大学等机构之间的界限也被打破。尽管公司之间同样存在激烈竞争，但同时它们又通过非正式交流与合作，共同创新。

区域内企业之间合作网络关系的表现形式存在差异。虽然各个高新区都形成了区内企业的密切合作关系，但这些关系的形式是不一致的。剑桥工业园区主要是大量中小企业的集聚，区内几乎没有大规模的技术企业，各中小企业形成了平等合作的共生关系；在美国的硅谷和印度的班加罗尔，大企业在区域中地位重要，其他小企业充当了大企业的分包商，成为大企业生产、技术链条上的辅助环节。

（三）智力资源密集，教育科研机构与产业关系密切

世界主要的科技园区大都位于大学和科研机构比较集中的地区，这是科技园区分布的一项最为基本的规律。据美国、法国、英国、日本等 9 个国家（地区）226 个科技园区的统计，依托理工科大学和科研机构创建的科技园区占其总数的 86.36%。如硅谷是在斯坦福大学工业园基础上发展起来的，据统计硅谷内 60% ~70% 的企业是斯坦福教师与学生创办的。几乎是与硅谷同时发展起来的 128 公路高技术产业地带，则依靠著名的麻省理工学院和哈佛大学。被称为我国台湾地区“硅谷”的新竹科技园区，则紧邻台湾清华大学、交通大学、工业技术研究院、中山科学研究院、食品工业技术研究所、“交通部”电讯研究所、精密仪器发展研究中心等著名的教育和科研机构。印度“硅谷”班加罗尔高科技城，有百年历史且被称为印度高校王冠的印度理工学院和班加罗尔大学；还有作为世界知名科学院之一的印度科学院，它是印度基础科技和应用科技领域的领头羊，其所属的各类研究中心沟通着学术和产业，成为科技转化为生产力的桥梁。此外，班加罗尔还有如下一些研究机构：国防研发机构、遥测追踪指挥网络、人工智能和机器人开发中心、尖端科技开发中心、国家尖端技术研究机构、数学建模和计算机模拟中心和尖端计算机技术发展中心等。英国的剑桥科技园区则以剑桥大学为智力资源依托。大学和科研机构为高科技企业的发展提供了强大的智力支持和丰富的人力资源，是其重要知识和人力来源。

（四）风险投资为主的新型金融体系是高科技产业集群发展的重要支撑力量

高新技术企业作为一种全新的产业形态，高新技术产业集群作为一种全新的产业组织形态，传统的以资本为中心的经济运行方式难以满足其顺利发展，传统的银行间接融资和证券市场直接融资都无法保障其快速成长。资本相对过剩背景

下的高投入、高风险、高回报、智力密集型高新技术产业的发展催生出风险投资这种全新的金融形式。风险投资促进了创新发展和高技术产业的壮大，是一种适合高技术、高风险企业的融资方式。风险投资改变了产业的发展方式，传统生产要素组合方式是资本－劳动力－技术－生产，这种机制的核心和起点是资本，谁拥有资本，谁就可以选择劳动力和技术。而高新技术产业的发展重心偏向于技术，符合市场的技术吸引资本，技术所依托的智力资源成为高新技术产业和企业发展的最重要资源，以技术为核心而聚集资本。硅谷地区聚集了数千家风险投资公司，拥有完善的创业服务体系。风险资本成为硅谷成长的“发动机”，是硅谷高科技产业发展的推进器。从某种意义上说，硅谷是由风险投资缔造的。在硅谷的起步阶段，风险投资比较薄弱，主要是依靠政府投资。从20世纪60年代末开始，风险投资在硅谷的发展中逐渐起了主要作用。例如，1977年硅谷的风险投资额为5124亿美元，1983年猛增到36 156亿美元，占全美风险投资的30%。1995～1999年，硅谷风险投资总额已占全美风险投资总额的15.2%，目前世界上著名的微软、惠普、思科、英特尔、网景、苹果、雅虎等大型跨国公司都是在风险资本的注入下成长起来的（郭建国，孔凡娜，2007）。

（五）完善的社会中介服务体系

世界上成功的高科技园区，均围绕着产业网络形成了比较完善的社会服务体系。其中包括商业服务机构如管理咨询、会计、法律、培训机构等，行业协会和创业服务机构。硅谷拥有完善的创业服务体系，为每个创业公司提供了必备的设施和服务。这些服务体系包括会计事务所、律师事务所、猎头公司、市场营销、租赁公司以及中介、咨询机构和商业协会等与高技术公司营运有关的完善配套服务机构。这些机构形成了创新网络发展所需的社会协作群网络，促进了本地区域文化的形成，增进了各机构之间的信息交流，加速了区域的创新。

德国尤其强调高新科技园区对中小型科技企业的孵化功能，因而其创新与创业中心等科技中介服务体系的建设最为成功也最具有代表性。科技中介服务机构极大地促进了技术扩散、技术创新活动，进而促进了创新型区域的建设。巴登－符腾堡地区集中了众多的高校和研究机构，中小企业密集，科技中介服务机构活跃，技术交易、交流频繁。技术扩散的外部环境条件十分优越。此外，该地区的技术转让、成果转化和商业化水平较高，拥有世界著名的科技中介服务机构，如史太白基金会（Steinbeis Foundation for Economic Promotion，STW）、弗劳恩霍夫应用研究促进协会（FhG）、德国工业研究联合会（AiF）和德国工程师协会（VDI）等，其中史太白经济促进基金会历史最为悠久。目前该基金会在巴登－符腾堡地区建立了300多家技术转让中心，占德国总数的60%，这些技术转移中心在科技成果转化中发挥着重要作用。总而言之，从其实践效果来看，该地区发达的科技中介组织为技术提供了扩散渠道，是中小企业重要的技术供给者，激活了区域内生的技术扩散与创新活动。

在园区内建设完善的社会服务体系，目的不在于将园区打造为现代商务区，不是追求短期的急功近利的商业利益，而是为园区内高科技产业集群的孕育、成长、壮大创造优越的外部环境和条件。

（六）形成了创新和创业的园区文化

世界上成功的高新区都立足于所在国家和区域的文化特质，在社会资本积累过程中形成了适合本园区发展的区域文化，从而反映出鲜明的文化根植性。这种文化是在高技术产业发展的特殊环境中逐步形成的，一旦形成，它就对高新技术产业的发展产生巨大的影响，特殊的文化也是其他高新区难以在短期内建立和模仿的重要资源，是一个高新区区别于其他高新区发展的最重要资源。

总体上看，世界上成功的高科技园区产业集群的发展在遵循以上普遍规律的同时，均植根于当地的经济和社会环境，因此必然表现出较为鲜明的特征而相互区别。美国硅谷是在发达的自由市场经济体制背景下，在大学工业园区的基础上发展起来的，可以说是市场自发引导下的产物，政府所起的直接作用很小。政府是硅谷产品的采购者和宏观政策的制定者，而不是领导者、组织者和规划者。而政府实行的软件产业的优惠政策和当地政府的扶持是印度班加罗尔产业集群成功发展必不可少的因素。

在其他方面如风险投资、教育科研机构、中介服务、园区文化等也有差异。三个典型高科技园区——硅谷、剑桥工业园区、班加罗尔产业集群发展的个性对比见表2-3。

表2-3 三个典型高科技园区产业集群发展比较

指标	园区		
	硅谷	剑桥工业园区	班加罗尔
产业内协作网络	小的设计商和专业化设备生产商之间形成动态联盟；大企业和小企业之间存在分包关系	大量的中小企业专业化于同一类产品的生产部门或专业化的市场	企业之间存在着分包关系，彼此提供服务；供应商高度竞争以至于对合作的认识不足
科研力量	本地的大学、研究机构特别是斯坦福大学作为重要的创新力量，衍生企业、提供毕业生或技术成果	大学研究机构实力强，特别是剑桥大学，提供技术人员、毕业生、培训	集聚国内著名大学和研究机构，输送技术人才，提供可转化的技术成果

续表

指标	园区		
	硅谷	剑桥工业园区	班加罗尔
政府作用	政府部门不重要，促进企业诞生和增强其他服务性组织机构，如风险投资公司、大学等	联邦政府支持研究开发和技术扩散。地方政府推动教育、培训和网络发展等	政府发挥着举足轻重的作用，提供优惠的税收、进出口等政策以及产业支持政策
金融组织与服务	集聚大量风险投资公司，提供资金支持机构，作用至关重要	有效地帮助当地中小企业解决资金问题	与本地企业建立紧密的关系，帮助中小企业解决融资问题
中介服务	行业协会有效地制定产品的技术标准，搜集加工并及时提供技术和新产品信息等	本地行业协会提供一定的技术、信息、教育培训等服务	行业协会、服务中心等作用非常重要
区域文化特征	鼓励冒险、创新、容忍失败、乐于合作	相同的教育和社会文化背景、价值观念，信任度高	对外开放度高，区内行为主体间的合作多，信任度相对高

资料来源：根据相关文献整理。

二、国家高新区产业集群发展的路径与模式

我国国家高新区产业集群发展的路径带有较为明显的一致性特征。概括而言，全国54个国家高新区产业集群的形成与发展都带有显著的政府主导型、政策推动型、招商引资型特征，走的是一条政府主导下的优惠政策推动、外部招商引资、外生发展的道路，充分发挥了我国中央政府和地方政府在主动利用后发优势、优化基础设施与发展环境、快速集聚专业化生产要素、集中力量发展高新技术产业的特殊优势。

我国国家高新区产业集群是在市场化改革不断深入、社会主义市场经济体制逐渐建立的过程中摸索前行的。国家高新区的创立和发展与我国从计划经济体制向社会主义市场经济体制大规模、急剧转轨的过程是相伴随的，因此不可避免地表现为计划逐渐淡出、市场引导快速增强的演化特征。

税收、土地、投资、用工等优惠政策的区域排他性供给是中国高新区产业集群快速发展的强大推动力，由此形成了产业发展的低成本发展路径。

充分抓住位于技术和产业国际转移大通道的良好区位优势，通过优惠政策积极吸引外资进入是国家高新区产业集群发展的一大路径。招商引资在很长时间内是各高新区管理部门的一项重大或主要工作，并成为考核园区发展绩效的一个非

常重要的指标。中国成功的集群发展模式更多的是基于国外科技知识的引进和吸收，目前自主研发仍然有限。而且集群内的淘汰机制，与其说是竞争导向型的，不如说是政策驱动型的。

由于基础薄、底子差，我国国家高新区产业集群的成长大多走的是外生型成长道路。即资本和企业从园区外部入驻，而不是通过现有企业的扩展、衍生、培育和繁殖，不是通过产业网络内在的扩张，而是通过增量式扩张方式进行的。

中国国家高新区产业集群在发展过程中很少表现为原生型，更多的带有嵌入型特征，也有一部分表现为原生型和嵌入型相结合的混合成长模式。在以上总体发展路径，中国国家高新区产业集群发展过程中也出现了一些比较有代表性的集群成长模式。例如，以高校科研机构知识溢出为特征的北京中关村计算机产业集群模式，依托浦东新区优势而兴起的、以外部高端投资嵌入带动的上海张江集成电路产业集群、软件业产业集群等。这些具体的高新技术产业集群，都较好地综合集成利用了各自的优势条件，取得了显著的发展成效。而且就同一产业集群而言，不同园区的发展模式也表现出鲜明的区域特点，如北京中关村、上海张江、广东深圳三地的信息产业集群发展（表2-4）。

表2-4　中国不同区域信息产业集群的特点对比

区域	特点	发展方式	现状
上海张江	有利的地理位置；雄厚的工业和商业基础；管理人才充足；充足的资金和有效的资本管理	外商投资企业为主，兼有国内的大型企业	产值规模最大，微电子产业集聚度最高
北京中关村	智力密度第一，充满活力的中小企业创新群体；良好的自然环境和人文环境；我国最大的技术交易中心；雄厚的信息产业发展基础；拥有一大批成为中国信息产业发展的风向标的企业和国内知名网站（联想、北大方正、清华同方、长城电脑、新浪、搜狐）；走在全国前列的体制和机制改革	包含较大的国有企业，大量的民营中小型企业为主，兼有大型的外商投资企业	创新能力最强
广东深圳	政策上的全力支持；良好的知识产权保护；“深圳虚拟大学园”强力的知识支持；良好的融资支持；一套以市场为导向，以企业为主体，以全国大专院校、科研院所为依托有“深圳特色”的技术创新体系	民营的中小企业为主	成长速度最快

资料来源：文嫮，曾刚．2005．上海浦东信息产业集群的升级研究．经济问题探索，1：72～77。

第三节　国家高新区产业集群发展中的突出问题

虽然国家高新区在特色化、集群化进程中已经认识到高新技术产业集群的重要性，而且在近几年的发展中通过政策、税收、土地、投资等方式部分地实现了高新技术产业的集聚效应，如北京的计算机及软件、上海的集成电路、深圳的电信设备、长春的汽车及高端零部件、成都的生物医药、西安的通信及软件、武汉的光电子、天津的绿色能源等特色产业集群。但国家高新区产业集群的速度还不够快，效果还不明显，参与国际分工和产业转移以及产业链配套的深度还有待加强。国家高新区虽然产业集聚众多，但多以“人工林”为主，没有真正形成扎根于区域创新体系的创新集群，技术创新能力薄弱，产业发展有被锁定在全球价值链的低端的危险，产业辐射带动和向传统产业渗透的能力都较弱。

中国国家高新区高新技术产业集群的这种生成路径和模式，对产业集群内部的信息交流、知识外溢、技术扩散等产生了初始性的重大影响，导致众多国家高新区内的产业集群形似而神异，表现出比较典型的集群制造而非集群创新的特征，形式上的产业“扎堆”并没有碰撞出创新的火花，产业集群的创新功能不足。

政策推动型集聚色彩浓厚，集群特征不明显

通过政策方式，可以在局部地理空间形成“企业、产业聚集”，但是聚集不等于集群。只有使企业与企业之间、企业与科研院所之间以及企业的上下游之间形成合力，才是真正意义上的产业集群。然而目前很多地方虽然聚集了大量的企业，但是这些企业之间往往有一道“篱笆墙”，企业相互之间因缺乏有效的互动而难以激发创新思维。

（一）产业关联度低

大多数高新技术企业与高新区内或者附近的地方企业的后向联系较少，即使与本地的供应商联系也不多。跨国公司所需的零配件特别是关键性的配件大多数是从国外进口的。

（二）产学研合作机制运转不畅

产学研一体化是高校等科研机构知识溢出、企业创新重要的机制保障，也是高科技园区能够成功地实现内生型持续成长的关键条件和显著特征。但由于种种机制和体制的障碍，目前大多数国家高新区产学研合作机制不完善，高校及科研

机构与工商业缺少有效的双向联系，科研成果转化率较低，阻碍着园区高科技产业集群的健康发展。

针对这一问题，不少国家高新区企业已经尝试通过建立标准或者产业技术联盟来促进企业之间、企业与研发机构之间的交流与合作。

发达国家已经把产业技术联盟作为提高产业竞争力的重要手段。在高新技术产业中，运用联盟加快技术研发、组织技术学习和技术积累，促进产学研结合，成为日益普遍的选择。作为中国最具创新活力的国家高新区，产业技术联盟开始崭露头角。中关村科技园区已有由企业牵头组成的第三代移动通信（TD-SCDMA）、宽带无线接入（SCDMA）、下一代互联网（IPV 6）等 20 个产业技术联盟，逐渐从单个企业的独立创新走向了联合创新，并向创新集群升级。在上海张江、武汉东湖等高新区也有若干产业技术联盟在努力寻求产业的整体突破。不过，目前这些产业技术联盟大多还停留在共同开发市场的初级阶段，如何转向产学研相结合、整合有效资源的创新型联盟还有很长的路要走。

（三）高新技术产业集群低端化

在政策优惠、低成本优势下发生的国际产业大规模转移承接虽然使中国的高新技术产业高速增长，从规模上有了大幅度扩张，但主要表现在某些制造环节上。即使是园区内承接的一些著名跨国公司的研发部门，其业务着眼点也主要是利用中国廉价的研发人才，导致中国高新区高新技术产业集群的低端化。在国际高新技术产业链中，中国高新技术产业的分工地位和利益分配地位较低，基本上处在产业价值链的中低端，利润率较低，已从 2000 年的 6.2% 下降到 2005 年的 4.1%。高新技术产业主要以加工装配为主，缺乏具有自主知识产权的高新技术产品，或是自主知识产权的产品在国际上不具备竞争力，许多高新技术产品的关键技术或零部件依赖进口。在高新技术产业中，外国公司拥有的知识产权占有绝对优势，在通信、半导体、生物、医药和计算机等行业，外国公司获得授权的专利数达 60% ~90%。

此外，有效的风险机制尚未建立，缺乏非正式交流社团、区域文化以及中介服务机构等，这些也是目前高新区产业集群发展过程中存在的问题。高新区产业集群发展的雷同现象较为突出，大多集中在电子、信息、生物医药等有限的几个高新技术产业领域。

第三章

创新集群：国家高新区发展之魂

在创新驱动型经济形态下，社会经济发展在很大程度上摆脱了对自然资源的过分依赖，以资源为依托的传统经济逐渐让位于以知识为基础的经济。在此背景下，以追求生产和服务供给中的外部经济、规模经济、范围经济等为主要目标的产业集群，其功能正发生着快速的演化，产业集群在创新方面的功能日益突出，并逐渐衍生出创新集群这一新现象。创新集群成为创新驱动型经济中作为国家与区域竞争力的有力武器。产业集群与创新集群之间存在着某些方面的一致性，但创新集群更具有自身鲜明的特色和内涵。

对于正致力于增强自主创新能力、实现创新驱动型内生增长、肩负国家自主创新战略高地任务的中国国家高新区，创新集群的培育是其实现以上目标的必由之路。可以说，创新集群是中国国家高新区发展之魂。能否成功地培育出一批与园区经济社会条件高度耦合、集群创新能力突出的创新集群，事关国家高新区"二次创业"的成败，关乎中国高新技术产业发展的成败，并在很大程度上影响着国家自主创新战略的顺利实施和创新型国家建设目标的如期实现。

第一节　创新研究的演进

关于创新的研究最早可以追溯到熊彼特（Schumpeter，1912）提出的创新理论。随着理论的不断深入和完善，创新的研究逐渐出现分化。创新内容（包括技术创新、组织创新、市场创新、金融创新和制度创新等）的变化拓展了创新研究的视野。然而技术创新研究仍然是最基本的内容。技术创新行为由"线性范式"向"网络范式"的转变昭示着企业创新优势不断从单个企业转向以创新体系为载体的新组织形式。企业间的创新网络研究也因而成为创新研究的重要部分。高技术园区作为高技术企业聚集和潜在的创新空间，区内企业的结网状况与创新活动之间的关系如何，何种状况更适合企业的创新，或者说如何实现高新技术产业集群的创新功能，实现高新技术产业集群的升级等，正在成为学术界研究的热点问题。

一、创新研究范式的转变

自熊彼特提出创新的概念以后，创新研究分为以索洛（R. M. Solow）为代表的技术创新学派和以诺斯（D. North）为代表的制度创新学派两个基本分支。20 世纪 80 年代末到 90 年代，以英国弗里曼（Freeman，1987）和美国纳尔逊（Nelson，1993）为代表的学者综合了技术创新和制度创新的理论，提出了国家创新体系（national innovation system）理论，进而在该理论内部也产生了微观学派和宏观学派的差别。波特（Porter，1990）又综合前人的观点，在《国家竞争优势》一书中指出国家创新体系中仍然需要综合考虑宏观和微观因素。

技术创新的研究经历了从“线性范式”向“网络范式”的转变。以熊彼特的创新思想为指导形成的“线性范式”主要关注企业单体内部的创新过程，具有浓郁的个人英雄主义色彩；而“网络范式”的研究则始于对企业和外部环境互动关系的研究。国家创新体系概念的提出就是“网络范式”思想的具体体现。阿歇姆（Asheim，1998）对线性范式与网络范式的特征进行了系统比较分析（表 3-1）。

表 3-1 阿歇姆对创新的线性范式与网络范式的系统性比较

项目	创新的线性范式	创新的网络范式
创新主体	大企业和研发机构	小企业和大企业、研发机构、客户、供应商、大学、公共机构
创新投入	研发	研发、市场信息、技术竞争、默会知识
空间分布	创新活动主要发生在中心区域	创新活动在地理空间上扩散
典型工业部门	福特时代的制造业	柔性工业部门

资料来源：Asheim T. 1998. Interactive, Innovation systems and SME Policy. EU Commission on the Organization of Industrial Space residential conference, Gothenburg, Sweden , August。

二、创新研究进展的脉络

全球化导致了经济意义上的“国家状态”日益让位于“区域状态”，区域成为真正意义上的经济利益体，关键的商业联系集中于区域范围内（Ohmae，1993；Cooke et al.，1998）。进一步的研究发现，由于地理邻近带来了可以维持并强化创新网络的支撑因素，如文化认同和相互信任等（Baptista，Swann，1998），决定了创新网络的成效与创新主体的空间分布之间的显著正相关，地方化的创新网络似乎比跨国技术联盟更能持久。美国硅谷和欧洲产业集群的研究为上述观点提供了强有力的支持。因此，随着经济发展区域化趋势的出现，国家创新体系逐步地被区域创新体系所取代，进而，区域内部所存在的各种产业集聚区或产业集群成为了实现区域创新的组织形式。由此，研究产业聚集区或产业集群的技术创新机制和内部企业结网情况对于提升该地区的技术创新能力至关重要。罗斯菲尔德（Rosefield，1997）认为，区域创新系统可以首先通过区域集群定义来界定，也就是地理上的相对集中、相互独立的企业群；阿歇姆（Asheim，2002）则认为，区域创新系统就是由支撑机构环绕的区域集群。

制度创新的研究自诺斯创立的新制度经济学派之后，分析的重点从制度创新是由于新的制度安排可以获得更高的预期收益，发展到了卡米恩（M. Kamien）、施瓦茨（N. L. Schiwarts）和谢勒尔（Soberer）对于市场结构（制度安排）和技术创新关系的研究，强调大企业会促进创新而小企业则会妨碍创新，不完全竞争的市场比近乎完全竞争的市场更有利于技术的变革，拉坦（V. W. Latan）进一步说明了制度变迁和技术创新之间存在着相互促进的关系。

综上所述，创新研究的历史脉络见图3-1。

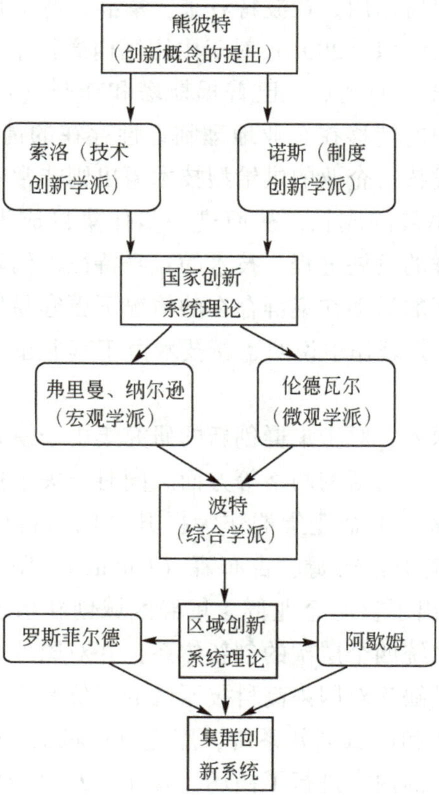

图3-1　创新研究的历史脉络

资料来源：根据相关资料整理绘制

第二节 产业集群创新问题的研究述评

区域发展与创新研究总是结合在一起的。当学者们对于区域研究的尺度逐步从国家、区域转移到更小的集群的时候，创新学派也在发生着不断的分化，更多的学者开始关注集群创新问题。

一、产业集群创新问题研究脉络

研究产业集群与创新的相互作用，以及这些作用实现的机制和方式是十分重要的。

波特（Porter，1998）对美国加利福尼亚州的葡萄酒业、家具制造业、好莱坞的娱乐业和意大利的制鞋业集群研究后指出，集群的存在能够促进创新的产生，具备完善的科层制度的大企业出于对维护现有资产和生产过程的考虑，往往形成了对创新行为的阻碍作用。在波特看来，集群，特别是中小企业集群成为推动创新的组织形式。王缉慈（2001）对于中国国内高技术产业和传统产业的企业集群的研究也支持了波特的观点。巴普提斯塔和斯旺（Baptista，Swann，1998）指出，如果技术性知识的转移在企业地理临近性存在的情况下得到最好的发挥，那么来自于生产和研发核心企业的供给型技术溢出则非常容易发生。这些不断出现的技术溢出有助于集群的成长，从而进一步使集群成为了技术创新的组织形式。他们还认为，集群的发展进程、技术的自身特征、创新的过程和经济增长的本质均决定了技术创新的活动在集群存在的情况下更容易发生。实际上，庞维特（Paivtt，1982）早就在其著作中说明了新技术由于其非正式和非编码化的特征更加适合于短距离扩散。

随着研究的逐步深入，对于集群创新的研究集中于模式和模型设计、创新动力与机制、创新的主体、创新的网络等方面。同时，关于集群创新的理解常常和区域创新体系结合起来，把企业集群作为提升区域创新行为的有效途径。王春梅、袁继祖（2006）基于帕德姆、吉布森（Padmore，Gibson，1998）的集群创新体系的 GEM 模型提出了核心企业群、集群区域创新系统、集群外部支持创新系统和社会文化创新系统四个层次的创新体系，并对国外以硅谷为主的高科技产业区进行了印证，但是缺乏对国内高科技园区的评价和描述。

关于集群创新系统和区域创新系统，库克（Cooke，2002）提出了区域创新体系的概念，并对体系的内容进行了描述。魏江（2004）对企业创新系统、集群创新系统和国家创新系统进行了比较，并描述了分属于三个不同的空间范围的创新系统之间的逻辑关系。同时，区域创新系统由于其不确定的范围而有可能和上述三者存在着重合或交差。丘海雄、徐建牛（2004）转引了阿歇姆（Asheim，1998）关于创新由“线性范式”向“网络范式”转变的观点，认为创新空间会由国家创新系统向区域创新系统和集群创新系统转变，进而在实证研究中描述了珠江三角洲集群创新中地方政府主导设立的“创新中心”在创新中的重要作用，并在“后法团主义”理论框架下说明了该“创新中心”所起作用重要的原因。

戈登、麦坎农（Gordon，McCann，2003）根据对伦敦地区高科技产业密集区的观察，认为大企业更易于进行创新，比较符合阿尔钦（Alchian，1957）对市场领导-跟随者模型的描述，但与作者事先依据为大多数人所接受的观点——创新往往由中小企业推动——相反。同时，在城市内的创新活动似乎可以解释为集聚的正的外部性，但似乎城市化的作用对于创新的促进作用更明显些。另外，尽管企业的创新活动大多集中于产品生命周期的前段，但其中老企业的创新活动却多于新生企业。而基于信任基础的社会网络也似乎并没有对创新有更多的促进作用。戈登、麦坎农的研究更多地是否认了产业集群中的企业网络对创新的重要性，至少，在他们所研究的具体领域内是这样。

卡鲍纳若（Carbonara，2004）根据尤尼卡米尔（Unioncamere，1995）创建的意大利产业区生命周期模型，将产业区分为形成、发展和成熟三种类型，它们的创新模式各有不同。在形成期，产业区内各个小企业间普遍存在的创新能力成为推动集群发展的重要力量；在发展期，领导企业的创新能力逐步显现；而在成熟期则是以大企业的R&D为主。决策者在制定政策时应更多地考虑该产业区所处的阶段和关键的影响因素。

刘锦英、聂鸣（2006）在说明集群创新的主要原因来自于经济利益、集群文化和规则约束的同时，提出了以政策、法律规定和文化建设为基本方向的创新动力形成机制，但并没有指出在形成机制的作用上不同时期是否应该有所偏向和选择。冯德连（2006）把集群的创新机制分解为主体机制、动力机制和协调机制，并认为集群内部的各项创新，包括制度、产品、工艺、组织、管理和营销的创新，如果缺乏内部的协调机制，则容易引起混乱，导致创新效率降低。胡恩华、刘洪（2006）对于近年来国内外关于集群创新动力机制、集群创新扩散与溢出机制、集群创新绩效的文献进行了综述。王琳、曾刚（2006）在对上海浦东中小型高科技企业的调查时发现，由于企业聚集的时间较短，聚集的原因各异，企业和高校、科研机构的创新合作还处于初级阶段，本地创新网络的建设还有待加强。

特别是在创新动力的外在环境方面，有利于创新思想传播的宽容的社会文化、积极进取的企业家精神等促进创新的非正式制度性因素是研究最多的内容领域。另外，创新型人才的合理流动机制（Fallick et al.，2005）也正在进入研究的视野。

对集群进行研究的学者们普遍认可集群对于创新的推动作用，对于创新的类型也做了相应的研究。然而，对于在产业集群生命周期的各个阶段中是否存在不同的创新类型以及面临这种状况应该进行何种安排才能更有效地促进创新仍然没有更多的研究。从丘海雄、徐建牛（2004）研究的成功案例中可以发现政府的重要作用，但其方式是否具有代表性仍然需要更多的研究来支撑。

二、产业集群创新问题研究文献基本评价

回顾文献可以发现，产业集群作为学者们眼中区域创新体系的有效载体成为支撑区域创新和发展的重要手段。尽管最新的文献在一定程度上否定了产业聚集区内社会网络对于创新的巨大促进作用，但不足以减弱对于在产业集群内部建立相应社会网络的重要性的信任。然而，国内外学者在集群创新能力的实现方式上仍然存在着不小的差异。究竟集群是否具有创新能力，大小如何以及创新的机制和环境等应该如何安排仍然没有统一的意见。

以往对于集群创新进行研究的文献具有以下一些基本特征：首先，在描述集群的创新机制时没有更多地考虑集群所处的发展阶段，更多的是将成熟阶段的集群作为研究对象来讨论。其次，国内的文献有相当一部分仅仅进行了理论的描述而缺乏实地验证，因此理论是否具有普适性仍然需要进一步探讨。再次，集群创新的探讨较少结合不同的产业特征来具体分析。

本书认为，集群可以推进创新行为的出现。但是，在集群成长的不同阶段，创新的内容和主体应该不同。各种类型创新的最终目的都是要提高生产效率。因此，对于创新的内容、影响因素、创新主体有必要进行清楚的认识，对于不同产业的特征也要进行充分的认识，这样才可以在不同的阶段给集群创新注入新的活力。单纯抽象地对产业集群的创新行为进行分析而不加任何实证性的检验，似乎缺少了理论的信服力。同时，创新在不同产业里的产生方式、激励原则是否相同，是否可以把创新一概而论，这些都是需要深入研究的问题。

第三节　集群创新机制再认识

一、几个基本概念辨析

关于集群创新机制的研究非常多。在这些文献中，出现了许多和集群创新机制（冯德连，2006）很相似的概念，如集群创新体系（系统）（Cooke，Schienstock，2000；Asheim et al.，2000，2002；王缉慈，2001；魏江，2002）、集群创新网络（黄坡，陈柳钦，2006；王琳，曾刚，2006）、集群创新环境等。和创新

机制比较接近的概念还有创新网络和创新体系（系统）。当然，创新机制更多地是强调创新各个相关主体之间在特定环境下的互动机制，创新网络强调的是创新主体间所形成的各种联系，创新体系（系统）主要是说明与创新相关的各个主体以及相应的结构特征。严格地讲，创新体系应该包括创新机制。综合这三个概念，基本上可以对集群创新获得初步的了解。

按照一般系统论的观点，通常把系统定义为若干要素以一定结构形式联结构成的具有某种功能的有机整体。在这个定义中包括了系统、要素、结构、功能四个概念，表明了要素与要素、要素与系统、系统与环境三方面的关系。

按照《现代汉语词典》（第5版）对于机制的解释："机制泛指一个工作系统的组织或部分之间相互作用的过程和方式。" mechanism 指机械和机能的互相作用、过程、功能等。社会科学也常使用，可以理解为机构和制度。

网络概念的应用最早出现于人类社会学的研究，最初的网络主要用来描述跨界的社会成员之间的关系。经济学家和经济地理学家将网络的概念引入到企业经济活动的研究中，形成了企业网络的概念。一部分经济学家把企业网络看做是介于市场和企业之间的一种制度安排，或者指那些和企业活动有关的一切相互关系及其所有信息单元所组成的 n 维向量空间①。经济地理学家对企业网络的研究则主要从企业的根植性（embeddedness）展开，并且分析网络内部组织的空间分布及其与当地经济发展的关系等。创新网络概念则是在企业网络的基础上提出的，将企业的创新（主要是技术创新）行为所涉及的各个主体以及相应的层次关系和互动模式作为研究对象。

可见，集群的创新机制和创新系统在很大程度上可以认为是同一事物，只不过在研究的角度上稍有偏差。创新系统的研究更多地是关注创新主体及其相互关系，创新机制则更多地强调主体之间互动的方式和过程。而创新网络则在分析创新主体和互动方式的同时，更多地侧重于网络的文化特征和社会属性的研究（图3-2）。

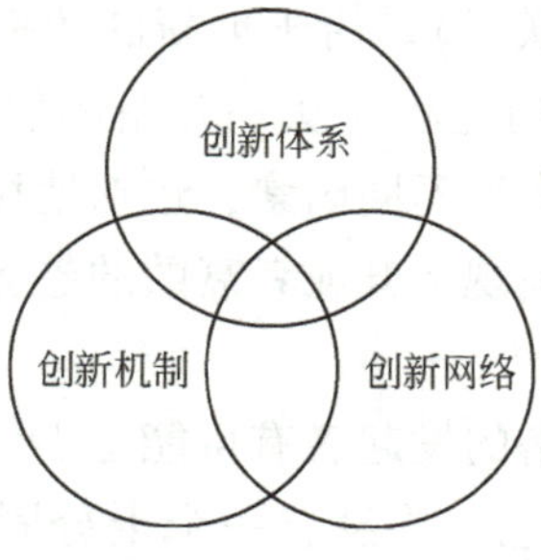

图3-2 三个概念之间的关系

① 黄泰岩，牛飞亮. 1999. 西方企业网络理论述评. 经济学动态，4：63～64。

关于创新网络的研究，观点不是十分统一。弗里曼（Freeman，1991）认为创新网络是“处理系统创新的制度安排而且包含了非正式和隐含特征的联系”。奥利弗（Oliver，1998）认为网络既可以看作是一种新的组织形式，又可以看作补充内部能力的一种管理方式。盖文启、王缉慈（1999）通过对中小型高技术企业发展的研究，认为区域创新网络是指地方行为主体（企业、大学、科研院所、地方政府等组织及个人）之间在长期正式或非正式的合作与交流关系的基础上所形成的相对稳定的系统，把创新网络与创新系统视同一种事物。魏江（2004）提出了集群创新体系的构成包括核心网络、辅助网络和外围网络，其中核心网络又包括水平网络和垂直网络。王琳、曾刚（2006）在对上海浦东新区中小高技术企业的研究中总结了中小高新技术企业创新合作网络由三个子创新网络构成：垂直型创新合作网络，水平型创新合作网络，辅助型创新合作网络。三个子网络分别代表有业务联系的企业间，企业与科研机构和竞争对手之间，企业与中介机构之间所形成的创新网络。这里，网络的概念更加集中，属于狭义的地理范围内对创新网络的理解。

二、创新网络的基本框架

根据现有文献的讨论，本书认为不管是创新系统、创新网络，还是创新机制，其实质都是针对集群和创新这两个概念关系的一种辩证认识。虽然说这些概念在侧重点上存在一定的偏差，但其目的是相同的，都是为了去描述特定的事物——集群中的特定行为——创新。

本书选择创新网络的概念，侧重于去发掘创新活动中所涉及的各个主体之间的联系和结网情况。创新网络属于一个进行系统性创新的制度安排。从哲学层面上讲，任何事物的构成都可以分为主体、客体和联系机制。就创新网络而言，一般包括网络节点（联结）、创新的资源（技术或者人力）、联系（包括企业间联系和企业与其他机构之间的联系）。由于创新的频率和内容不同，网络也存在着由简单到复杂、低级到高级的过程。从一开始的偶然联系到以后的有意识的合作，需要经过很长的时间。多种不同因素，包括地域文化的培养和市场压力的提升等的综合作用，使得网络呈现上升或者衰败的趋势。因此，创新网络也存在生命周期的问题。

在网络形成的初期，网络的发起者有可能是不同的主体。政府、企业或者科研院所都有可能承担这个角色，并没有一个十分固定的模式。丘海雄、徐建牛（2004）的调查说明了政府或者政府主导的创新中心的重要性，而国外，IBM、惠普、西门子等大公司主导的技术联盟，以及联想等国内企业发起的闪联则属于企业为主导发展起来的创新网络。随着网络的发展，客观上需要更多的机构加入，包括一些中介机构如信息中心、交易中心、风险投资服务等。更有学者的研究发现，在相对高级的创新网络中存在着金融、政府、科学、专业等子网络（Estates，Ramani，1998）。对比已有的研究成果，本书认为，创新网络存在生命周期性特征。同时，创新活动的不同内容和网络创新行为的周期性特征导致了不同阶段的创新网络差异。另外，网络创新的核心在于其网络性，而不在于究竟什么机构成为网络的核心节点或网络领导者。在网络创新的初期，很多创新活动属于自发的、零星的行为，创新企业间出于业务优势互补和应对市场竞争的考虑进行创新合作。然而，随着企业的规模出现分化以及创新行为的多样性，创新中心出现了。创新中心既可以是技术联盟中的核心企业，也可以是由政府部门组织建立的机构。随着创新中心的发展，其功能也不断得到深化，因而出现更多的专业创新中心。各个中心之间业务分工不同如金融、技术交流、政府、培训等，互相保持着合作的关系（图3-3）。

网络型创新特别是技术创新更多存在于上下游企业间的技术互补或者替代，以及由于这种关系而产生的企业间的技术竞合。这种竞合是产生网络型创新的基础。另外，企业与科研机构、企业与用户之间也会产生不同类型的互动与合作关系，从而形成区域内各个部门和机构乃至于自然人之间的关系网络。这种网络的形成对于产业集群的形成、发展和竞争力的提高大有裨益。

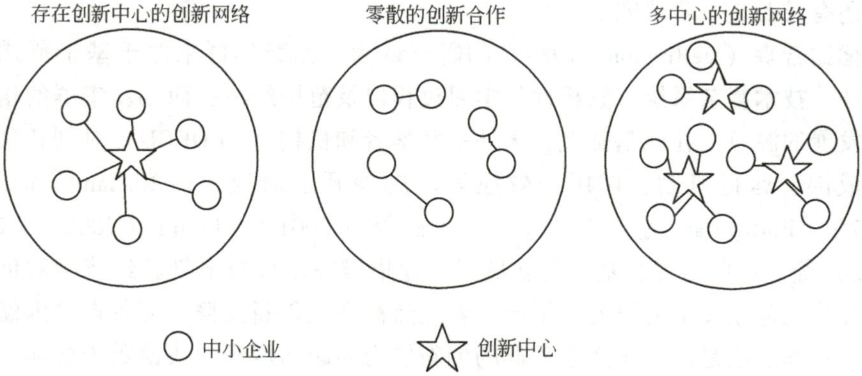

图3-3　创新网络的生命周期

三、从产业集群到创新集群

开放经济条件下特定企业的地理空间集聚和相互共生依存形成了产业集群现象，产业空间集聚成群的初始目的是追求降低交易成本、提高运营效率。随着集群的发展，产业集群的功能在不断地增强，新的集群效应不断出现，如信息的交流与创造、专业化制度供给、市场声誉塑造与共享等。产业集群也能够改善集群内企业创新的条件，在知识经济条件下，产业集群的创新功能被高度重视，集群的创新功能探讨成为产业集群理论研究的一个热点问题。在此背景下，一系列新的集群概念如“创新集群”（innovation cluster）、“创意集群”（creative cluster）产生了。创意集群的内涵与特征相对而言已经比较清晰明确，本书将在第九章对其进行详细分析。但对于创新集群的内涵、特征、组成要素及其与产业集群的关系等问题，学术界目前还存在着不同的认识。

第四节　创新集群的内涵与特征

作为全球经济一体化不断深化过程中创新型经济发展的产物，创新集群与全球价值链的不断深化与再造过程紧密相连，是产业链各环节中研发要素集聚整合的结果。与传统的产业集群相比，创新集群具有相对确定的内涵与鲜明的特征。

一、创新集群研究现有文献述评

从现有研究进展看，虽然以“创新集群”为主题的文献较多，但大部分文献或者没有对创新集群的内涵进行界定，或者直接从产业集群的创新功能角度展开研究。因此，在创新集群的内涵界定、创新集群与产业集群的内在关系等问题上，还有必要进一步研究。

德比若森（DeBresson，1989）的研究认为，创新集群来源于基于范式的不连续性、技术复杂系统、累积性的学习过程以及范围经济，而创新集群的培育是动态发展的源泉。在此基础上，国外一些学者和机构（如 OECD）对创新集群形成的成因、运行机制、作用与效应等问题展开了研究，如 Roelandt 和 Hertog（1997）、Bortagaray 等（2000）、Hertog 等（2001）、Porter（2002）、OECD（2002）等。这些研究，基本是立足于产业集群并结合技术创新经济学对创新集群展开或规范或实证的研究，不同学者虽然都在谈创新集群，但各自的内涵差异较大。基本上还是着眼于产业集群的创新能力问题而展开，或偏重于如何通过产业集群实施创新战略与创新政策。Meng（2005）强调了创新集群是创新驱动型经济中国家竞争力的有力武器，分析了创新集群的 4 个关键特征等，并就新竹的创新集群模式进行了分析。但该研究是基于特定的技术领域展开的，其理论结论的普遍性不足。

波特（Porter，2001）在《创新集群：大学在经济发展中的作用》研究报告中根据其“钻石模型”，强调创新在实现经济繁荣过程中的关键作用，认为创新能力决定着竞争优势（生产效率），进而决定着繁荣与否。繁荣的基本源泉是创造出来的而非可继承而获得的；生产效率不取决于一个地区发展何种产业，而在于如何发展产业，如何竞争；地区的繁荣取决于其所有产业的生产效率；创新对区域生产效率的持续增加至关重要。在该研究中，波特虽然仍旧强调产业集群的创新，但与以往不同的是，高度强调了大学与研究机构的重要性，认为大学和专业研究中心几乎是所有区域创新背后的驱动力；而商业化机制则是将技术创新转化为经济成功的关键；认为大学和研究机构的角色作用在于发明和支持技术转移、在课程设置上与当地产业集群需求保持一致、积极参与集群的发展活动、支持教授和学生的创业行为等。

也有一些学者从高技术产业集群、知识产业集群角度研究创新集群问题，如罗杰（Roger，1997a，1997b）等。美国州长联盟竞争力委员会（2007）在其研究报告基于集群的发展中的各州经济发展战略中对“知识集群”（knowledge cluster）进行了界定，即一群相互关联的创新性厂商间的专业化网络，这些厂商的竞争优势来自于当地经济主体之间关于高度专业化的技术、工序和（或）市场等知识的累积、嵌入和引进。

国内一些学者强调创新是产业集群的本质功能，创新集群是产业集群的升级或高端化，强调创新集群是科技政策的术语，强调创新集群是区别于低成本的产业集群（或低端道路的产业集群）而言的，即创新性的产业集群或基于创新的产业集群，代表性的学者有王缉慈（2001，2004a，2004b，2006）等。

有些学者虽然直接以创新集群为研究对象，但其研究内容主要是围绕如何完善创新环境、建立创新体系与集群内部创新机制、增强产业集群内部的自我创新能力等问题而展开，这类研究在国内相关研究中居大多数。有些学者强调创新集群的相对独立性及其创新网络性质，如李琳（2004）等。创新集群是高科技园区快速发展的根本驱动力，是由资源变动而产生的以知识为纽带的创新系统。产业集群为创新集群的形成创造了条件，而创新集群创造了区域优势。杜国贞、肖广岭（2006）借鉴OECD的研究，强调创新集群是国家创新系统的具体化，主要着眼于产业发展和由产业发展所需求和带动的技术的与非技术的创新，并与国家创新系统存在着密切的联系。他把创新集群定义为由供应商、客户和各种知识中心形成的链条。在这种链条中，各个参与者之间有相互补充的能力；各个参与者通过生产链或价值链被相互连接起来；各个参与者能够共同改进工业过程和最终产品；各个参与者可能参加创新和技术发展网络。张海生、林芸（2007）认为，创新集群不同于企业集群，其表现从经济形态上是一个经济复合体，是技工贸的一体化。而且它的要素聚集不是简单的相加，而是发展要素的叠加。在创新集群里面，创新主体之间的关联、互动和竞合是创新体系的根本标志，国家高新区将是集群和创新要素的集合。

马颂德（2006）高度强调了创新集群对国家高新区发展的重要性，并将创新集群定义为由基于一定地域的企业、大学、研究机构、专业科技服务机构等组成的，并能通过畅通的渠道聚集、开发、利用地域内外各类创新资源，不断向外转移高新技术和推出高新技术产品、服务的网络。此外还分析了高新区创新集群化的条件和路径。这一判断与创新集群的内涵接近，尤其是在其产出结果方面。但就基本内容而言，仍然看不出其与产业集群有哪些实质性区别。

二、创新集群的实质内涵

在以上学者研究的基础上，我们认为创新集群与产业集群在内涵、构成主体、形成条件、组织结构等方面存在着显著不同的经济范畴，有着各自相对对立的形成逻辑、组织方式和运行机制。

（一）创新集群的构成主体

我们认为，一般而言，创新集群是由基于一定地域的大学、研究机构、专业科技服务机构、企业等组成的，并能通过畅通的渠道聚集、开发、利用地域内外的各类创新资源，不断向外转移高新技术和推出高新技术产品、服务的网络体系。

从构成主体来看，由大学与科研院所等机构结网而形成的知识中心（knowledge center），包括公共实验平台、公共创新服务中心、技术转化、专利管理代理、技术咨询、技术评估等在内的创新商业服务机构（Mizzo，Soete ，2001），研究与技术开发公司（RTD company）。产业是创新集群的基本活动主体，所谓的创新服务产业和技术持有型公司是创新集群的关键组成部分。由于知识经济时代创新的重大战略性、基础性、风险性等特点，包括中央和地方政府在内的政府部门也是创新集群不可缺少的构成主体，在创新战略制定、政策支持、创新环境优化、财政支撑等方面发挥着其他机构难以替代的职能。

从创新机制来看，创新集群创新的机制是集群创新，即在科学进步的基础上，围绕着核心技术实现众多技术的同步创新（创新集）、协同创新；知识与创新能够直接通过制度化专业设施和机构被转化为生产或进行商业化，科学与技术、科技与生产之间的联结更加紧密；大学在创新过程中的位置更加重要，或者说处于核心地位。

一般而言，创新集群可以通过图 3-4 表示。

其中，研究与技术开发公司、大学、研究机构等，尤其是研究与技术开发公司，集中从事科学研究与技术开发活动，甚至可以成为类似金融控股公司一样的经济实体。通过专利技术等无形资产的运营获取利润，如 IBM2002 年通过知识产权运营实现了 1.1 亿美元利润，Canon2004 年通过专利授权实现了 1.68 亿美元利

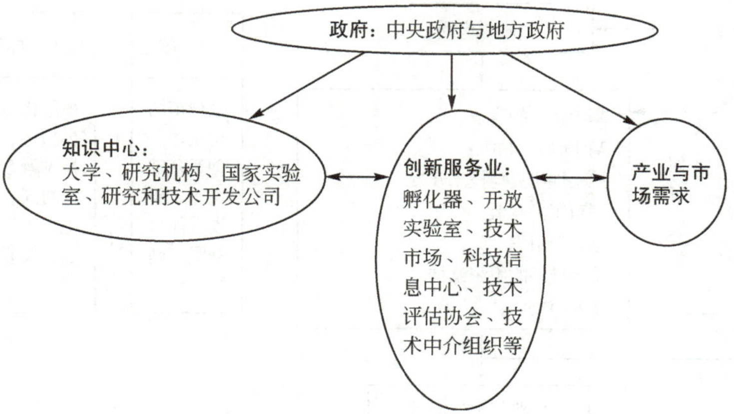

图 3-4　创新集群示意图

润，这种趋势在跨国公司（MNE）中已经较为普遍。研究与技术开发公司在特定的创新环境下集中负责新技术的生产，并以技术持有公司的角色提供技术专业化技术服务。这对于以中小企业为主、处于发展过程中的经济而言极其重要，能够将技术与经济的追赶与模仿有效地变为创新和并行。在创新集群中，研究与技术开发公司（技术持有型公司或某些大学及研究机构）的商业运行模式如图 3-5 所示。

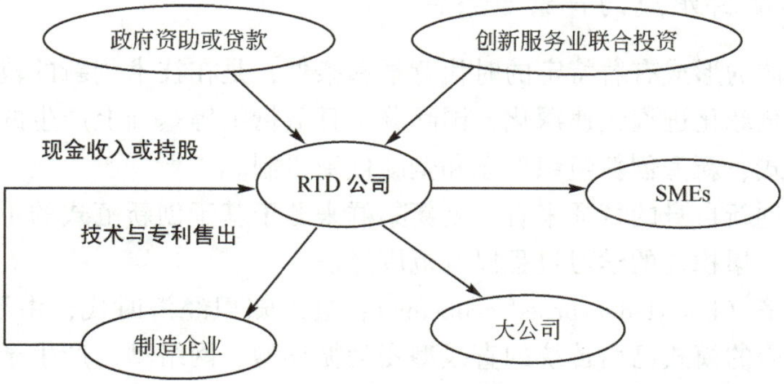

图 3-5　创新集群中研究与技术开发公司商业运行方式

在创新集群内，从创新到商业运营之间的关系由传统的直线型变为循环型。创新的过程如图 3-6 所示。

在创新战略一体化中，企业能够将集群内的研发公司和技术服务厂商视为能在市场中购买到的技术供应商，从而改变了传统的水平一体化模式。在一个特定的创新基础设施之下，创新集群内的创新活动通过各种类型的研发合作、协作、联盟、同盟、网络等与技术供应商和需求方实现外部有机联结；同时通过基于技

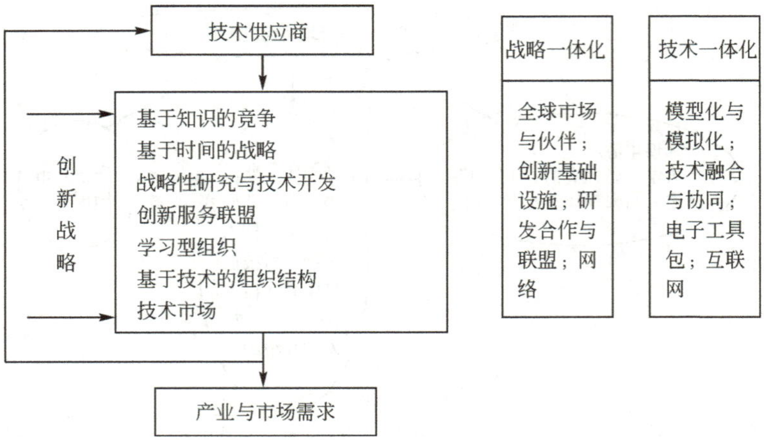

图 3-6　创新集群内的创新过程

术的组织结构、研究与技术开发企业、各种创新服务商等形成内部有机联系。创新的进程不仅基于制造过程中的技术创新，也基于商业活动。因此，作为创新结果的无形产品，除了服务并满足于需求方外，也反馈于技术供应商，以形成一个外部循环圈。由此，内外部一体化以及创新战略应成为创新集群创新过程的关注点。

（二）创新集群形成的背景与条件

创新集群的形成有着特定的时代背景和条件，是在技术创新的范式调整、知识经济时代全球化进程快速深化、国际分工日益精细等基础上产生的一种创新资源配置新方式、新型创新组织形态和全新创新机制。

从技术创新自身的特征来看，创新集群来源于基于创新范式的不连续性、技术复杂系统、累积性的学习过程以及范围经济。

知识经济（knowledge-based economy）：进入知识经济时代，由于知识流入，创新系统发展的模式已由传统的直线型变为循环型、网络型，产生于大学的知识能够被直接转化为生产，能够被直接商业化，由此导致了科学与技术之间的联系更加紧密，大学在创新中的分量更加重要，它们与公共或民间研究机构以及民间研究与技术开发活动的结网，形成了创新集群中的“知识中心”（knowledge center）。

全球化（globalisation）：经济全球化不仅深刻地改变了资源配置的范围、方式与绩效，也引发了跨越边界的创新活动，深刻地改变了创新进程、创新基础设施和创新战略。经济运行与企业竞争的国际化要求技术创新和企业运营必须及时跟上国际技术的发展步伐和市场趋势，始终知晓潜在的竞争者。创新运行的全球化要求一个国家、一个区域的创新主体必须能有效利用全球范围内的创新资源以推进创新进程，提高创新效率。全球化也促进了全球价值链、全球研发链的形成，使跨国公司能够根据不同国家或区域的比较优势，在最合适的区位上布局其特定的产业环节，科技创新资源在全球范围内的整合和有效配置，使得传统的科研组织结构和创新方式发生了重大变化，跨国公司加速在不同国家建立研发机构，以充分利用全球科技资源，充分利用不同国家、不同区域创新体系的产出优势，在最合适的区位上布局其研发环节，以获得更强大的竞争力。

电子时代（E-age）：借助于ICT技术，信息和知识的传播、扩散极其便捷，速度空前提高，范围空前扩大，由此极大地提高了创新主体的学习能力。电子时代对创新基础设施、创新组织机制和创新进程等提出了全新的要求，深刻地改变了人类社会技术创新的模式和过程。

时间因素的空前重要性：20世纪80年代以来，技术商业化的速度得到前所未有的提高，由于技术的快速进步和商业化，产品和技术的生命周期越来越短，时间因素显得比以往任何时候都关键。技术的快速创新与创新驱动型经济的发展在很大程度上改变了传统的经济周期、产品或集群生命周期模式，使发达国家乃至全球经济增长相对平稳，历史上曾频繁发生的大起大落的经济危机已经基本不复存在。基于时间的战略（time-based strategy）在创新过程中显得无比重要，也成为决定竞争力的一个基本要素。不仅技术创新的速度日益重要，技术商业化的速度也同样如此。这就需要对创新要素进行高效高速优化配置以加快创新的效率，其最有效的途径就是创新的产业化、市场化，以高效地管理运营日益复杂与庞大的创新资源、创新成果。创新成果的产业化、商业化需要在日益完善复杂的知识产权保护和管理制度体系中进行，转化过程涉及众多的环节，要经过众多的法定程序，办理各种必需的手续，由此需要耗费较多的时间，必然要求以专业化的创新服务方式来完成。创新服务业的发展就成为创新驱动型经济发展过程中极其关键的产业依托。

分工的进一步精细化：与全球化地不断深入紧密相连，全球产业链在一个地区内的延伸已经不是发展趋势，趋势是其在特定地区的缩短。在全球背景下，产业链是完整的，且越来越长，但是在特定区域内，产业链呈现出越来越短的趋势。一般而言，特定区域很难在地区内构筑起完整齐全的产业链条。为了最有效地形成并可持续地增强自身的产业竞争力，特定地区正在集中发挥自身的比较优势，选择最有利、最可行的产业环节，只做自己最为精通的一方面。同时，地区产业链的升级则是摒弃原有的低端环节，进入高端环节，而不是在低端保留的基础上再开辟高端。

（三）创新集群的特征

1. 动态性

时间因素的空前重要性决定了创新集群必须保持动态性，以有效应对快速变化的外部环境，制定并实施基于时间的创新战略，以跟上创新的步伐，引领产业的发展。

动态性也意味着经济发展追求需要从静态效率（当前效率）转向创新。静态效率并不能保证未来的经济运行绩效，只有创新才能够达到这一效果。

2. 国际化

全球化决定了创新的国界日益模糊，创新的成果可能在一个特定的国家或区域内最终产生，但创新的要素配置、创新的过程可能是在全球范围内展开的。更有甚者，许多创新的成果可能失去了传统意义上的国别色彩，成为人类共同的创新财富，如人类基因图。国际化也导致了全球范围内的创新集群共性多于个性。

3. 科学与技术间联系的紧密性

创新集群内，科学与技术之间的传统距离被尽可能地缩短，两者之间的互动得到空前加强。突出表现为大学、研究机构等知识创造部门与研发机构、企业之间的联系更加紧密而有效。

4. 强网络化

创新集群的成员之间基于技术创新的需要结成了一个紧密的网络体系，网络为集群成员提供了低成本、高效率的专业服务，并不断将所需要的专业化服务吸引到一个区域之内；这种网络关系，不是严格的成员资格性质的，而是一个开放的系统。创新集群成员之间的网络关系既可能是建立在正式的合同化约束之上的，也可能是一种非正式的业务合作关系。创新集群的强网络化不仅表现在集群内部的网络关系，也表现在集群与集群之间的网络联系。若干创新集群共同构成了区域创新体系甚至国家创新体系。

（四）创新集群的形成方式与类型

从形成的方式来看，可以把创新集群划分为产业集群衍生型、价值链分工集聚型和研发资源自主生成型三种基本类型。

1. 产业集群衍生型

一般而言，高新技术产业集群的发展会具有创新集群创造效应，集中表现在以下几个方面。第一，高新技术产业集群的发展，能够促进集群内企业研发部门的不断成长壮大，使研发能力逐渐增强；集群内企业之间的网络连接能够有效地促进创新的集群化和创新效率。第二，集群内的大学、研究机构随着产业集群的发展而不断集聚衍生，形成相互连接紧密的知识中心。第三，由高新技术产业集群发展所引起的强劲的技术需求吸引外部相关的研发机构大量进入，不断融入集群之中。第四，高新技术产业集群的发展和创新资源的大量集聚引发了对创新服务业的需求，促进了创新服务业的快速发展。第五，创新资源与创新成果的密集化促成了区域内技术交易市场的形成，为创新资源的配置与创新成果的及时转化提供了高效率的市场机制。第六，高新技术产业内的一些大型企业在发展过程中，将其在全球价值链中的位置不断提升，从起初的以加工制造为主逐渐向研发设计环节攀升，并最终将加工制造环节外包，企业则主要从事研发创新、技术转让与技术许可、品牌运营等高端业务，由此逐渐演变为研究与技术开发公司或技术持有型企业。

通过以上几个方面的效应，高新技术产业集群的发展不断创造、派生出创新集群的构成要素，从而衍生出创新集群，并与创新集群相互交叉、互为依托，形成一个创新驱动强劲、竞争优势突出的区域创新型经济系统。目前，世界一流的高科技园区基本上都表现出产业集群与创新集群并行发展的现实趋势，高新技术产业集群的发展成就了美国硅谷、英国剑桥工业园、印度班加罗尔、中国台湾新竹等著名的高科技园区，而其发展则无不促进了园区内创新集群的形成，形成了高科技产业集群与创新集群相辅相成、互为支撑与依托、齐头并进的良性互动格局，成为维系园区作为产业高端、行业创新潮流引领者地位的强大动力和保障。也正因如此，一些学者才把高新技术产业集群直接等同于创新集群，把创新性的产业集群或基于创新的产业集群直接等同于创新集群。

2. 价值链分工集聚型

全球化导致了全球产业链、价值链的形成，而知识经济时代全球化进程的进一步快速深化，导致了全球价值链战略环节的分化与重组，全球价值链的治理方式发生了深刻的变化。跨国公司基于全球竞争战略的现实需要，积极利用各国或地区创新体系的比较优势，在全球范围内选择最适宜的区位布局建设各自的研发中心或技术中心，将跨国公司研发中心、技术中心与本土型研发机构、创新体系有机结合在一起，集聚发展并最终成为创新集群。

3. 研发资源自主生成型

以重要研发机构为核心，依托良好的公共研发创新服务平台，实现研发资源的自主集聚，是创新集群形成的一种重要途径和方式。世界上众多著名的科学园区实际上就是采取这样一种创新集群发展模式。新西伯利亚科学园区是俄罗斯的综合性联合科研基地，集中了20多个国立科研机构，科技人员有2万多；筑波科学园区拥有日本国立研究所和46所大学，汇集了1万多名科研人员；慕尼黑科学园区是德国电子科学研究中心，拥有数百家电子公司；法国格勒诺布尔科学园区拥有8000多家生产高技术电子产品的企业，是法国电子科学技术开发中心，也是法国电脑、电子产品的研制基地；加拿大卡尔顿科学园区专门从事半导体器件产品的研究开发，现有高级工程技术人员约2.5万；蒂布尔蒂纳科学园区位于意大利罗马东北部，曾参与世界上60多颗通信卫星的生产和70多个地面站的建设；1994年建成的新加坡科学园区已有科研人员1万余人，主要从事生物科技、微电子学、机器人学等方面的研究开发工作。

以上对于创新集群形成类别的区分主要是就其主导因素而言的，在创新集群的实际形成过程中，特定的创新集群可能同时拥有三种成因，是多因素共同作用的最终结果，彼此之间可能不存在非常鲜明的类型区分。

（五）创新集群与产业集群的关系

创新集群与产业集群之间除了共同的集群特征（如地理临近性或空间集聚性、网络性、根植性、开放性等）外，两者在外部环境、构成主体、基础设施、集群产出等方面均存在着显著的不同。

从产生的背景和条件看，创新集群是知识经济时代创新驱动型经济中作为国家竞争力或竞争优势的有力武器，是国家或区域创新体系的关键组成部分；是全球价值链高端分化集聚的产物。而产业集群在很久以前就存在于经济发展的过程之中，只是在全球化进程中作为一种有竞争力的产业组织形式而得以凸显，全球有代表性的产业集群大多具有非常悠久的发展历史。

从构成主体及其内部关系方面看，创新服务产业和所谓的技术持有型公司是创新集群的关键组成部分，由大学与科研院所等机构结网而形成的知识中心（knowledge center）、创新商业机构和产业是创新集群的基本活动主体。在创新集群内，知识中心是核心，创新服务业是支撑和保证，政府是重要的战略促进者，具体的产业是创新成果的最终购买者、接受者与转化者。而在产业集群内，引领企业是集群的核心，围绕着供求链或价值链等垂直或水平联系，众多同类企业或相关企业集聚结网而成群，政府和大学、科研部门等是集群核心成员的支撑，为产业集群内的核心成员服务。

从目标追求和产出形式来看，创新集群的产出目标不再是生产出更好的产品（物美价廉）以及生产效率的提高，其基本的产出是无形产品，如知识产权和新技术。创新集群的基本目标在于追求创新能力的提高以及及时商业化创新成果。

从集群运行机制来看，创新集群的创新的机制是集群创新，知识与创新能够直接被转化为生产或进行商业化，科学与技术、科技与生产之间的联结更加紧密，大学在创新过程中的位置更加重要，从创新到商业运营之间的关系由传统的直线型变为循环型。

从组织结构来看，创新集群是一种基于技术的组织结构，而不是像一般产业集群那样是一种基于进程（供求链、价值连与产业内上下游关系）的组织结构。

从根植性角度来看，创新集群的国际化特征与创新自身的规律结合在一起，共同决定了创新集群的根植性已经不如产业集群那样显著了。例如，最关键的创新要素——研发人才的培养越来越趋于国际化，从而使全球研发人才在教育模式、知识结构、行为特征等方面表现出国际趋同现象。产业集群在很大程度上具有鲜明的地方性或地方产业集群，创新集群更加具有全球性和国际性。

产业集群强调产学研一体化，也强调创新，但这种创新主要着眼于产业集群内的主体成员——企业的创新；重点突出如何通过学、研部门的创新为企业的发展服务，如何通过学、研部门的其他专业服务为企业的创新与发展服务，学、研被置于一个配套支撑、相对辅助和外部的环节中。创新集群则将学、研、产一体化，大学、研究机构及研究与技术开发公司是集群内的核心主体，具体的产业是作为创新结果的市场需求者、购买者而出现的。

在创新集群强调中大学和研究机构在创新过程中的核心地位，并不是否定企业作为技术创新主体的作用。以往长期存在的科研机构研究开发活动所表现出来一些局限，如单纯技术导向倾向，注重技术参数、指标的先进性，但对市场需求和规律缺乏把握，其成果往往不具有市场能力；有的成果技术水平高，但成本也很高，缺乏市场竞争能力；有的成果技术水平高，但达不到产业化生产的要求等，都是由没有有效的创新服务业保障及产、学、研分工水平低下等导致的。创新集群在不否定企业自主创新的同时，为企业委托、外包、外部购买所需要的新技术、新工艺提供了便捷可靠的市场通道。

第五节　国家高新区创新集群发展

增强自主创新能力、建设创新型国家是国家发展战略的核心，是提高综合国力的关键，是实现国民经济可持续发展的关键所在。作为建设创新型国家的战略载体，国家高新区正面临着深刻的转型，要切实肩负起新的战略使命，实现园区创新驱动型可持续发展，需要采取新的战略举措和发展模式。在通过产业集群促进高新技术产业发展的同时，需要着力优化园区创新要素的高效配置，改进创新的组织方式，积极建设创新集群，走产业集群与创新集群有机结合的发展道路。产业集群是国家高新区发展之基，而创新集群则是其发展之魂。只有成功发展出一大批富有活力的创新集群，才能从根本上摆脱自主创新能力不足、对国外技术过分依赖的困境，才能在一些重大核心关键技术上尽快实现突破，才能真正实现科技进步对产业发展的引领。自主创新能力才能够得到切实增强，创新型国家建设也才能够真正得以实现。

一、国家高新区创新集群建设的基本条件

经过 15 年的大规模开发建设，国家高新区已经具备了建设创新集群的基本条件。科教兴国战略和创新型国家建设战略的实施，在政策、体制、人才、研发基础设施等方面为国家高新区创新集群的建设创造了良好的支撑条件和外部环境。

（一）国家科技发展战略的深入实施

2006 年 1 月，党中央、国务院召开了新世纪的第一次科学技术大会，其后《国家中长期科学和技术发展规划纲要（2006 ~ 2020 年）》（以下简称《规划纲要》）正式对外发布，党中央、国务院做出了《关于实施科技规划纲要增强自主创新能力的决定》，并且颁布了《实施〈规划纲要〉的若干配套政策》。中央在《决定》中强调，必须从财税、金融、政府采购、知识产权保护、人才队伍建设等方面制定一系列政策措施，加强经济政策与科技政策的相互协调，形成激励自主创新的政策体系。2006 年 2 月 27 日，国务院正式颁布了《规划纲要》配套政策，形成了包括科技投入、税收激励、金融支持、政府采购、引进技术的消化吸收等 10 个方面、60 条政策的体系。

科教兴国、自主创新战略两面旗帜已经落实到实际行动当中，成为行动的指南。加大对基础研究和前沿技术的支持力度。基础研究是自主创新的源泉，是科技人才培养的最有效途径，也是支撑创新型国家发展的关键因素。《规划纲要》从学科发展、科学前沿问题、面向国家战略需求的基础研究和重大科学计划四个方面部署了未来基础研究的任务，并通过国家自然科学基金和国家重点基础研究发展计划（“973”计划）予以实施。国家财政将进一步加大对基础研究的投入，支持基础研究稳定持续发展；在支持项目的同时，着力加大对基地和队伍的稳定支持，根据国家的重大需求，填补交叉学科、前沿学科领域的研究空白，建设若

干国家实验室、国家重点实验室、国家工程技术中心等高水平的国家研究基地。

前沿技术研究的任务是要抢占未来科技的战略制高点，主要通过实施国家高技术研究与发展计划（“863”计划）落实。今后，“863”计划将更加注重发挥部门、地方在重大项目组织管理中的作用，发挥高等院校和科研院所的骨干和引领作用，逐步在重要领域努力形成一批产学研联合的优秀创新团队。“十一五”期间将“863”的领域调整为信息技术、生物和医药技术、新材料技术、先进制造技术、先进能源技术、资源环境技术、海洋技术、现代农业技术、现代交通技术、地球观测与导航技术、航天航空技术、先进防御技术12个高技术领域，47个重点研究专题，40个重大项目和一批重点项目。力争突破一大批核心的前沿技术，着力培育新的产业增长，引领高技术产业和新兴产业发展。

围绕着科教兴国和自主创新，国家科技发展战略也在发生着深刻的转变。在发展路径上，从以跟踪为主向加强自主创新转变，努力获得更多的科学发明、科学发现和技术发明，在国际科技竞争中掌握更多的主动权；在创新方式上，从注重单项技术的研究开发，向加强以重大战略性产品和新兴产业为中心的集成创新转变，形成具有较强技术关联性和产业带动性的重大战略产品，在此基础上实现关键技术的突破和集成创新；在创新体制上，从注重以科研院所的改革为主，向建立以企业为主体、市场为导向、产学研结合的技术创新体系为突破口，整体推动国家创新体系建设转变；在对外科技合作上，从一般性科技交流向全方位主动利用全球科技资源转变，在更大范围、更深层次上学习世界先进科技成就，分享研究开发资源和管理经验。

（二）大学的研发能力显著提高

近年来，在国家科教兴国战略的支持下，大学特别是教育部直属重点大学在办学条件、科研经费、研究力量等方面获得了长足的发展，“211”工程、“985”工程的实施为相关高校的学科建设、人才培养、科研基础设施等方面提供了宝贵的发展机遇和政策平台，一大批优势学科得到不断加强；一大批研究能力突出、年富力强的中青年学者脱颖而出，特别是吸引了大批海外留学人员纷纷回国创业；众多国家重点实验室、教育部直属重点实验室、研究基地等纷纷成立，科研条件得到前所未有的改善，许多实验室硬件设施达到或比较接近世界一流水平；国内高校与发达国家的人员交流及科研合作日益频繁深入。通过以上建设，大学成为知识创造中心、高质量学术研究中心、创新成果辐射中心的条件日益具备，能力越来越强。

而大多数国家高新区都已经与高校形成了不同程度的产、学、研连接互动机制，许多高校或高校分支机构本身就处于国家高新区之内，或一些国家高新区就是依托高校而发展壮大起来的。如张江高科技园区内分布着中国科技大学、上海交通大学、复旦大学、中国科学院等在园区设立的研发中心、培训基地和研究生教育基地；中国美术学院上海艺术分院、上海中医药大学、上海交大信息安全学院、软件工程学院、复旦微电子学院等院校也将落户张江。2004 年国内运算速度最快的超级计算机——曙光 4000A 在园区超级计算中心落成启用。这些机构已经具备了较强的研究与开发能力。在张江高科技园区，已有博士后流动站、工作站设站 20 个，有两院院士 20 多名，博士生导师近 500 名，在站博士后 100 多人，他们正在成为张江高科技园区一支重要的研发力量，在张江自主创新过程中发挥着越来越关键的作用。

（三）研究中心、研发总部开始呈现集聚态势

随着全球价值链的进一步深化调整，中国正在成为新一轮跨国公司研发环节国际转移与全球重新布局的一大重要目的地。国家高新区高素质人力资源的密集分布、高科技产业的快速成长、不断优化的创新服务体系等正在成为吸引国外研发机构、跨国公司研发中心等研发力量布局的理想场所。如果说自 20 世纪末高新区对集成电路、软件等高新技术产业国际转移的大规模吸收成就了其高新技术产业规模高速发展的话，那么近年来全球价值链中研发环节的大规模国际转移与重新布局则为国家高新区创新集群的建设与发展提供了难得的历史机遇。由此造就了国家高新区创新集群建设的重大战略机遇。

以张江为例，在高端研发上，园区累计引进国内外研发机构 200 多家，集聚了一大批国家级研究中心和大型跨国研发中心；通用电气研发中心、罗氏研发中心、AMD 研发中心、杜邦研发中心、霍尼韦尔研发中心等大型跨国研发中心都向张江整合，张江已成为全球研发链的重要组成部分。跨国公司研发中心与国内研发机构向张江加速转移的趋势在 2004 年以后显得越来越明显。2004 年 10 月，罗氏集团全球第五个、亚洲第一个研发中心在张江高科技园区投入运营。从 10 年前在张江设立生产基地到建立研发中心，罗氏在华投资实现了战略升级。2005 年 6 月，美国罗门哈斯公司中国研发中心在张江高科技园区奠基。2005 年 11 月，杜邦中国研发中心开业。2006 年 6 月，上药集团上海雷允上药业有限公司旗下上海市中药研究所入驻张江高科技园区生物医药基地。2006 年 8 月，陶氏化学研发中心签约入驻张江生物医药基地；AMD 公司在美国本土以外最大的研发中心，也是其全球研发体系中最重要的中心之一在张江高科技园区正式投入运营；浦东新区政府与军事医学科学院签订合作协议，同时，为推进该协议的贯彻落实，军事医学科学院、张江生物医药基地公司、海泰药业三方签订了共建“军事医学科学院张江研发中心”的协议。2006 年 9 月，复旦大学张江校区（二期）开工；

投资预计6000万美元的罗门哈斯中国研发中心在张江开业。2006年11月，世界领先的多元化技术和制造企业霍尼韦尔公司亚太技术中心扩建项目正式启动；瑞士制药巨头诺华公司高调宣布，其计划投资1亿美元的全球第八大研发中心落户张江高科技园区。

（四）中介服务体系不断优化

中介机构是技术创新服务体系的一个重要内容，各类信息服务机构、企业孵化器、知识产权机构、资产评估机构、投融资机构、技术服务机构等科技中介服务机构，是促进科技与经济的结合，将企业和大学、研发机构联系起来的桥梁和纽带。经过“十五”时期的重点建设，国家高新区中介服务体系得到较大程度的完善。目前国家高新区内的孵化器有184家，占全国的39.7%。许多高新区还积极探索建立多元创新服务体系，设立了毕业企业孵化基地，营造了从企业初创、成长到产业化等不同发展阶段的“接力式”创新服务环境，为企业提供全过程服务。这在本书第一章中已经进行了详细分析。以张江高科技园区为例，2006年，园区已构建起了一个包括行业协会（7家）、律师事务所（10家）、注册登记代理（6家）、人事代理（7家）、财务代理（5家）、知识产权服务（4家）、生物医药临床服务（6家）、咨询管理（6家）、保险机构（2家）、基金服务机构（10家）、翻译机构（3家）、会展服务机构（3家）、综合服务机构（5家）等在内的较为完善的中介服务与代理服务体系。张江高科技园区创业创新服务已经形成了高效、快速的“点对点”式的服务特色，其中介服务体系类似于现代滴灌服务系统，能够准确知道企业在什么时候需要服务支持，需要什么样的服务。早期的时候，企业最需要的是小的资金支持；当企业发展到中试阶段的时候，它需要一个大的测试平台；当企业进入到后期研发的时候，它可能需要风险资金的支持，还需要为上市做准备；所有这些工作可以通过社会中介组织和张江集团有限公司来提供。

（五）园区投融资服务体系逐渐完善

由科技开发周期较长、风险较大、信息不对称等特性所决定的高新技术产业的成长规律要求有新型融资渠道和融资方式来保障其创立、成长、壮大，健全的风险投资体系和完善的资本市场是高新技术产业发展的基本要素，这是高新技术产业集群发展的必备条件，并与高新技术产业集群的发展相辅相成。此外，没有一个包括各种现代投融资方式在内的强大的资本市场，也就不可能有一个非常繁荣的高科技市场，创新集群的有效运转也就无从得到保障。

《规划纲要》的配套政策对发展促进自主创新的风险投资和资本市场提出了

明确的要求。中国人民银行、证监会、银监会、国家发改委、财政部、科技部等多部门正在国务院的领导下，加快研究提出发展我国风险投资和资本市场的具体政策措施。科技部正在积极推动多层次资本市场体系建设、有限合伙制法律的制定和对风险投资的税收优惠政策尽快出台，同时，将按照“加强引导、密切合作，完善基础、积极服务”的指导思想，进一步集成资源，出台相关措施，引导风险投资参与自主创新战略的实施，鼓励和支持风险投资机构参与国家科技计划项目的产业化，帮助和推动具有较强自主创新能力的高新技术企业上市融资。为加强风险投资发展的引导力度，科技部正会同有关部门，对设立国家风险投资引导基金即“母基金”进行研究。对高新区来说，国家已经给予了在发展风险投资方面先行先试的必要条件。作为落实《规划纲要》的60条配套政策之一，非上市股份制高新技术企业股权报价代办转让系统，即所谓的“三板”已经在中关村园区率先启动试点，目前已经有三家企业在深交所挂牌交易，还有一些企业正在进行股改，准备挂牌。

经过多年持续建设，许多国家高新区目前已经初步形成了多种融资方式相互补充的、紧密服务园区高新技术产业与研发机构发展的投融资服务体系。以张江为例，截至2006年底，园区已经建立起来包括投资管理与咨询（65家）、各级商业银行机构（13家）、担保机构（4家）、投资银行（4家）、技术转移机构（5家）、融资租赁机构（2家）等在内的现代投融资服务体系。此外，园区内已经成立了58个基金，背后资金有250亿~300亿元，这些基金每天都在寻找和发现优秀的创新企业。园区根据科技型企业发展不同阶段对资金的具体需求，分别成立了针对初创阶段的引导基金（或称天使基金）和成长阶段的高速成长基金，借助于园区企业数据库，园区相关部门对这些企业进行系统的分析和评估，然后确定支持的重点。当它在“死亡谷”的时候，如果是一个好企业，即通过早期的所引导资金予以帮助，帮其度过困境。当企业高速成长时，在必要的时候提供高速成长基金扶持。截至2006年底，园区高速成长基金已达到14亿元人民币，其背后还有100多亿元的跟进捆绑资金，可以保证这些企业安全上市。今天张江很多创新企业能够跨越“死亡谷”，正是得益于张江“以政府基金为指导，充分发挥社会资金积极作用”的创业投资和融资服务格局。园区内的展讯、中芯国际、微创、中信国健等一批著名创新型企业，都先后受益于科技发展基金。中信国健药业是1998年由几个年轻人集资300万起家的，8年后，这家公司已经发展成产值10亿元的国内生物制药行业龙头之一，公司正在研制、销售的各类新药达10多种，其研发水平和生产能力已经处于国际领先地位。该公司累计获得了一个亿人民币左右的基金扶持，相当于其近50%的研发投入。

（六）高科技产业集群为研究与技术开发公司的发展提供了坚实的基础

高新区一大批高新技术产业集群的形成与不断发展，为产业链内的研发环节的相对独立运营提供了坚实的基础。以张江高科技园区为例，由"硅谷"留学人才回国创业成立的华亚微电子（上海）有限公司（以下简称华亚）借助于张江园区内相对完善发达的集成电路产业集群，很容易明确企业可以和谁的产品搭起来，形成一个完整的方案。作为一家芯片设计企业，华亚本身并不具备规模生产能力。但是在张江，华亚却能便捷地找到产业链的上游。也就是说，他们自主研发的芯片可以委托园区里的芯片制造企业生产，这种芯片制造企业，在张江就有三家，然后再直接把产品销售给终端客户。而华亚本身就可以集中精力进行科研创新，实现核心技术的突破。华亚的主要产品就是电视机里的芯片，他们将原来6块的芯片整合成一小块，不仅画质更好而且价格也比原来便宜了三四百元。而华亚在芯片设计上的创新，其更大的意义在于，使得国产电视实现了主控芯片国产化，让国产电视具有了真正中国自主知识产权的"中国芯"。

依托高科技产业集群，张江高科技园区内的许多中小型科技企业快速成长，在一些核心技术领域取得了较大的突破，成为拥有核心技术的研发实体。2007年2月，园区内的展讯通信、微创医疗等企业分别荣获"国家科技进步奖"一等奖和二等奖。

（七）大部分高新区具备了较强的创新能力

据统计，截至2005年底，国家高新区已经聚集了56万科技人员，吸纳了52 103名硕士、9358名博士和5615名留学人员，在400万就业人员中，大中专以上学历的高素质人才占1/3以上；建立了一批博士后流动站和250余家高新技术创业服务中心；国家高新区科技活动经费支出总额已经超过了全国科技活动经费支出总额的1/5，53个国家高新区研究开发占工业增加值的比例是9.5%，研究开发投入的强度高于全国平均水平8倍，人均研发投入高于全国平均水平6倍。

二、国家高新区创新集群建设路径

创新集群是一个复杂的系统工程，创新集群的建设需要从观念认识、政策手段、创新主体培育、机制创新、外部环境优化等方面采取综合措施。在通过产业集群建设持续提高产业能级与规模的同时，整合优化园区创新体系和创新要素，建设创新集群。

(一) 形成创新集群共识

虽然目前政府决策部门、园区管理部门以及学术界都高度重视国家高新区创新集群的建设，并基本形成了创新集群是国家高新区自主创新的必由之路的认识，但不可否认的是，在什么是创新集群、创新集群建设需要哪些适宜的或必需的条件、创新集群的内部运行机制等关键问题上还需要进一步深化。对国内外实践过程中创新集群建设的成功经验与教训还需要深入系统挖掘。国家高新区创新集群的建设，首先要求对创新集群的理论问题进行明确阐述，并在理论解释的基础上形成实践共识。通过科学的理论指导我们的实践，在实践中形成加快发展创新集群的共识，在共识的基础上使创新集群的建设成为相关主体的自觉行动。

如何形成创新集群共识是一个操作性极强的问题，除了理论上的科学认识外，现实中有许多措施可供选择。例如，可以通过园区的一些交流平台、交流机制、现实利益机制等加以实现。以交流协商机制为例，2006 年 12 月，由 51 家所在行业内的代表性企事业单位联合组成的“张江高科技园区发展事务协商委员会”成立，对园区、行业、企业发展过程中的一些基础性、普遍性、重大性问题进行自主充分协商交流，以便及时形成有效的解决办法。这样一个有广泛代表性的交流机制，可以成为园区如何发展创新集群的讨论平台，在有效的交流沟通过程中实现分工与协作的有效组合。通过有效机制，组织集群成员对集群的竞争地位进行集体诊断，探讨促进集群发展的新举措等。

(二) 发挥大学与科研机构的知识中心功能

有效依托并进一步发挥大学和研究机构作为知识中心在科学进步和技术创新方面的合作作用。作为高智力聚集中心的研究性大学和科研院所既是技术创新的开发者，又可为集群提供大量思想活跃、技术熟练的工程技术人才，同时也可作为企业成长的孵化器并为之提供中介服务，从而为提升集群创新水平提供了重要动力。特别是充分调动大学和科研机构内高素质创新人才的科研积极性，提高实验室与实验设备的利用效率。建立良好的外部联系通道，在鼓励大学、科研机构研发创新的同时，使之与企业和风险资本合作，从而形成技术转移的便捷通道，成立并支持技术转移机构，建立起大学知识产权商业化机制以促进知识的高效传播和扩散。大学和科研机构要积极参与到创新集群的各种发展活动之中，结合所在集群发展对技术和人才的现实需求，将大学的课程设置、研究方向与集群的发展需求有机结合起来。大学和研究机构要通过创业指导、企业家能力教育、融资等有效方式支持大学教授、研究人员、学生所进行的科技创业活动。

（三）发展创新服务业

国家高新区创新创业服务体系已经初步形成并正处于不断完善之中，市场经济体制的不断完善为创新创业服务体系的完善创造了一个比较有利的体制环境，国家高新区人才密集的优势也为其创新服务业的发展提供了得天独厚的条件。但是，作为现代新型服务业，创新服务业的发展是一个非常复杂的系统工程，涉及面很广，受制于众多因素，木桶效应非常显著。例如，就电子商务而言，其发展离不开电信、铁路、民航、电力、邮电等服务部门的业务支持，而这些部门的垄断经营成为电子商务业发展的一大障碍，垄断经营下的低效率、高成本，严重阻碍了该行业的健康发展。

（四）发展产业联盟

产业联盟的本质是，以企业为主体，各类市场主体广泛参与，以契约关系为纽带，通过资源共享和创新要素的优化组合，围绕国家战略性产业的关键共性技术进行协同创新。目前，许多国家高新区如北京中关村等正在着力促进产业联盟的发展，产业联盟将具有共同目标的企业、大学、科研院所等主体聚集在一个组织中，广泛而有效地促进技术和市场信息的交流，显著地提高创新效率。同时，企业之间以及产学研之间的协同创新实现了各方的优势互补，最大限度地整合和共享资源，形成创新能力和创新网络，围绕价值链形成合理有效的专业化分工与协作，实现产业的整体提升，促进创新集群的形成和发展，进而提高区域的自主创新能力。

促进企业间、产学研之间、联盟之间的合作与交流，形成创新网络和创新集群，鼓励产业联盟开展各类活动。将具有共同目标的企业、大学、科研院所等主体聚集在一起，通过学术会议、工作会议、对外的展览、论坛等方式有效促进产业的技术和信息的交流，也可以通过聚餐、员工聊天等非正式的渠道建立起良好的互动氛围，通过不断的信息交流和思想碰撞迸发出创新的效果，可以显著地提高创新效率，进而形成协同创新的网络平台，推动创新集群的发展。

（五）促进外部制度环境优化

国家高新区创新集群的建设，离不开众多外部制度环境的优化，必须深化相关制度改革以形成有利于创新的行政管理体制和资源配置机制。以医疗器械创新中的行政审批制度为例，我国现行的医疗器械注册管理与监督管理制度与医疗器械创新周期之间存在着突出的矛盾，成为制约我国医疗企业研发创新的主要因素。医疗器械领域的技术革新越来越快，以前 5～8 年的器械更新周期，现在已经缩短到了 3~5 年。技术带动下不断缩短的产品市场生命周期和审批时限的矛盾已然显现。按照 2000 年 4 月 1 日起施行的《医疗器械监督管理条例》和 2004 年施行的《医疗器械注册管理办法》，国内需要 8~10 个月的注册周期。按照我国目前的注册审批流程，一个产品从最初的设计到随后的临床试验，直至最终的注册，没有一年通常是无法上市的。从法律上说，产品没拿到新注册证是不可以销售的。但是由于注册时间偏长，往往是注册工作还没有完成，又推出了技术进一步更新的产品。这样无形中限制了新产品的上市，对用户和行业发展都不利。国外企业和合资企业往往每年都推出一个新产品，更多的时候，这种不断地推陈出新已经超越了技术创新本身的意义，而被视为企业竞争优势的有效指征。按照《医疗器械注册管理办法》，产品上市 4 年后必须进行再注册，4 年来产品反馈、使用等问题必须在再注册中加以改进，所需的临床试验也要重新进行。

当前我国医疗器械审评的现状是，地方技术审评机构过少，且技术力量不足，一些地方对器械注册无法做到审查到位，有些地方甚至没有经过技术审评就对产品进行注册。因此，当务之急是健全省、市级的技术审评机构，加强对技术审评人员的业务培训，尽可能将繁重的器械技术审评任务分解开并落实到位。此外，企业生产质量体系考核是产品注册审查的一个环节，但是由于境内产品注册和境外产品注册的程序不一样，对在什么时候插入此项审查还存在疑惑。

第四章

全球价值链：

国家高新区集群发展定位

全球价值链理论是一个融合了宏观和微观两个视角，抓住全球经济一体化和具体产业分散化相辅相成这一根本特点，全面审视全球化下经济组织和发展的新兴理论。全球价值链视角下的价值链不同驱动模式、不同治理方式对产业升级的不同影响方式，对国家高新区产业集群化发展与集群升级具有重要的指导意义。肩负着“四位一体”的功能和国家使命的高新区，只有紧紧瞄准自身所处的全球价值链，实现全球价值链准确定位，确立自身产业升级的路径与方式，才能成为促进技术进步和增强自主创新能力的重要载体；成为带动区域经济结构调整和经济增长方式转变的强大引擎；成为高新技术企业走出去参与国际竞争的服务平台；成为抢占世界高技术产业制高点的前沿阵地。

第一节　全球价值链理论

全球价值链理论起源于20世纪80年代国际商业研究者提出的价值链理论。其中，波特（Porter，1985）的价值链理论最为流行，不过对全球价值链理论贡献最大的则是科洛特（Kogut，1985）的理论。

波特（Porter，1985）在分析公司行为和竞争优势时，提出公司的价值创造过程主要由生产、营销、运输和售后服务等基本活动以及原材料供应、技术、人力资源和财务等支持性活动完成，这些活动在公司价值创造过程中是相互联系的，由此构成公司价值创造的行为链条，这一链条就被称为价值链。企业的各种生产经营活动都是围绕企业创造价值的最大化这一目标展开的。每项价值活动根据其在企业生产经营活动中的不同位置被划分到一个个生产环节中，企业所有的生产环节共同构成企业的价值链，因此价值链包括企业内部生产经营活动的整个过程；波特进一步指出，在企业众多的价值活动中，并非每个环节都在创造价值。企业的主要价值创造，实际来自企业价值链上某些特定的价值活动，这些真正创造价值的经济活动，被称为企业价值链上的“战略环节”。波特的价值链研究主要是从企业层面上进行的，而现实中参与全球价值链各个环节的一般并不是单个企业而是地方产业集群，各个价值环节之间的联系基本可以归结为地方产业集群之间的联系。企业能力并不能等同于集群能力，由此导致波特价值链理论分析的某种局限性。

凯波林斯卡（Kaplinsky，2000）在波特价值链模型基础之上又进行了扩展，把公司间的联系也考虑进去。即所谓的产业间价值链和产业内部价值链，不同产业的价值链各不相同，其创造价值的环节亦不相同，因此，不同产业间的企业核心能力的来源环节也各不一样：在高档服装业，企业的核心能力一般来自设计环节和品牌经营环节；在大众消费品行业，企业的核心能力主要来自广告宣传和公共关系策略；在专用设备制造业，企业的核心能力主要来自设计和工艺技术；在餐饮业和零售业，企业的核心能力主要是地理位置的选择。

科洛特（Kogut，1985）则认为，价值链基本上是技术与原料、劳动融合在一起形成各种投入环节的过程，然后通过组装把这些环节结合起来形成最终商品，最后通过市场交易、消费等完成价值循环过程。在这一价值链条上，单个企业或许仅仅参与了某一环节，或者企业将整个价值增值过程都纳入了企业等级制的体系中。他认为，国际商业战略的设定形式实际是国家比较优势和企业竞争能力之间相互作用的结果。当国家比较优势决定了整个价值链条各个环节在国家或地区之间如何进行空间配置时，企业的竞争能力就决定了企业应该在价值链条上的哪个环节和技术层面倾其所有，以确保竞争优势。与波特强调单个企业竞争优势的价值链观点相比，这一论述更能反映价值链的垂直分离和全球空间再配置之间的关系，对全球价值链理论的形成至关重要。他对价值链的分析从过去单纯地局限于一个地区或一个国家扩展到全球，强调不同国家在全球贸易中的价值链合作的重要性及其关联。

现代经济的两个重要新特征就是生产贸易的全球化与跨国公司的垂直一体化。与全球化对应的却是生产过程的“片断化”（Arndt，Kierzkowski，2001），生产过程全球性的分离是一种全新的现象。片断化使得位于不同国家的生产形成了一个公司跨国界的生产网络，它可以在一个企业内部完成，也可以由许多企业分工合作完成。在价值链的片断化和空间重组方面，克鲁格曼（Fujita，Krugman，1995）也探讨过企业将内部各个价值环节在不同的地理空间进行配置的能力问题。随着贸易的发展，全球市场一体化的进程不断加深，发达国家发现如果将一些非核心的生产和服务业务分离出去进行全球采购效益会更高。由此使得发展中国家有了融入全球价值链条中的机会，只不过这种融入一般都是从介入全球价值链中低附加值环节的低端道路开始的。

联合国工业发展组织（UNIO，2002）在《2002～2003 年度工业发展报告——通过创新和学习来参与竞争》中指出，全球价值链是为实现产品或服务价值而连接生产、销售、回收处理等过程的全球性跨企业网络组织，涉及从原材料采集和运输、半成品和成品的生产和分销，直至最终消费和回收处理的整个过程。它包括所有参与者和生产销售等活动的组织及参与者间的价值、利润分配。目前，散布于全球、处于全球价值链上的企业进行着设计、产品开发、生产制造、营销、出售、消费、售后服务、循环利用等各种增值活动。

全球价值链被分为三大环节：其一是技术环节，包括研发、创意设计、提高生产加工技术、技术培训等环节；其二是生产环节，包括采购、系统生产、终端加工、测试、质量控制、包装和库存管理等分工环节；其三是营销环节，包括销售后勤、批发及零售、品牌推广及售后服务等分工环节。当国际分工深化为增值过程在各国间的分工后，传统产业结构的国际梯度转移也因此演变为增值环节的梯度转移。就增值能力而言，以上三个环节呈现由高向低再转向高的 U 形，或曰“微笑曲线”状（图 4-1）。

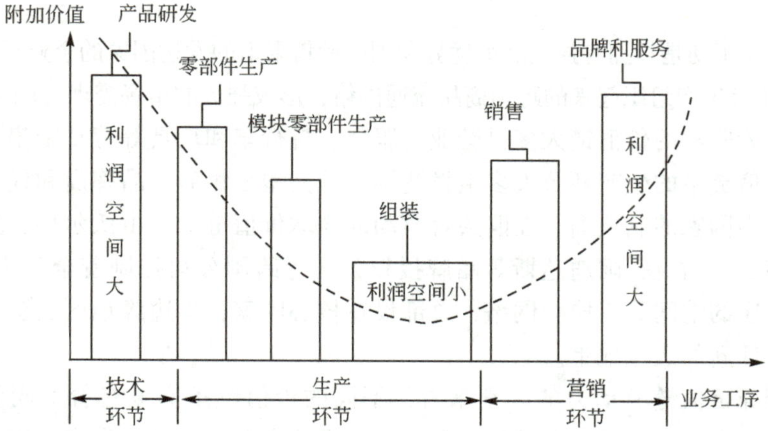

图 4-1　微笑曲线示意图

在价值增值链的“微笑曲线”上，研发与服务处于高附加值水平，一般加工制造处于低附加值水平，处于中间水平的是关键零部件的加工和销售。因此，由生产制造环节向研发和营销环节的转移是增值能力和分工地位提升的显著标志。而生产环节中又可区分为上游的关键零部件生产与设计和下游的加工生产，越接近于上游的生产因其与技术研究的相关性越强，从而增值能力越强；反之，越接近于下游的生产因其与技术研究的相关性越弱，增值能力有限，角色易被替代。

全球跨国公司决定着各分工环节的选址和定位，其母国多集中在知识密集型产品的设计研发、管理服务及营销和品牌管理等高增值环节，而将可替代的低增值环节移至海外，保证发达国家始终处在有利的分配地位，这也正是众多东道国积极吸引跨国公司研发中心和地区总部的动因所在。

一、全球价值链的驱动模式

在全球价值链的各个环节中，哪些环节是决定、驱动整个链条运行的关键环节？不同的驱动模式对产业升级的影响不同。杰瑞夫等（Gereffi et al.，1994）在全球商品链研究中提出的生产者驱动和购买者驱动两种模式，为全球价值链的驱动模式给出了一个初步有效的答案。

生产者驱动是指由生产者投资来推动市场需求，形成本地生产供应链的垂直分工体系，投资者通常是拥有技术优势、谋求市场扩张的跨国公司（图 4-2）。生产者驱动的价值链大多是汽车、航空、计算机、半导体和装备制造等技术、资本密集型产业或一些新兴的现代制造业。生产者驱动的全球价值链中，大部分价值流向了生产领域，波音、丰田那些拥有核心技术的厂商，它们是链条的核心和动力之源。

购买者驱动是指拥有强大品牌优势和国内销售渠道的发达国家的企业通过全球采购和 OEM 等生产组织起来的跨国商品流通网络，形成强大的市场需求（图 4-2）。

购买者驱动的价值链大多是鞋业、服装、自行车和玩具等劳动密集型的传统产业。价值链中的生产环节大多由发达国家的大型零售商、品牌商和代理商等外包给发展中国家的制造商。在购买者驱动的全球价值链下，由沃尔玛、家乐福等大型零售商，耐克、阿迪达斯等品牌授权公司等跨国公司控制着全球生产网络，并形成有序的空间分工协作网络，总部设在核心国家，半边缘地区负责协调，生产集中在低薪的边缘地带。

从全球价值链驱动力的区别来看，不同的价值链条应该有着不同的游戏规则。在参与全球竞争的产业发展过程中，如果该产业参与的是生产者驱动的全球价值链条，那么以增强核心技术能力为中心的策略就是合乎全球竞争规则的正确路径。同样，那些参与采购者驱动的全球价值链的产业，就应更强调“销售渠道”等的拓展，来获取范围经济等方面的竞争优势。

然而，随着研究的深入，二元动力机制逐步受到置疑。实际上，同一产业部门内可能存在两种动力机制，甚至同一产业部门内不同价值环节的动力机制也可能不同。例如，在服装产业中，GAP 是典型的没有自身生产体系的购买者驱动价值链中的品牌商，然而 Levis-Strauss 则有自己垂直一体化生产体系的生产者驱动

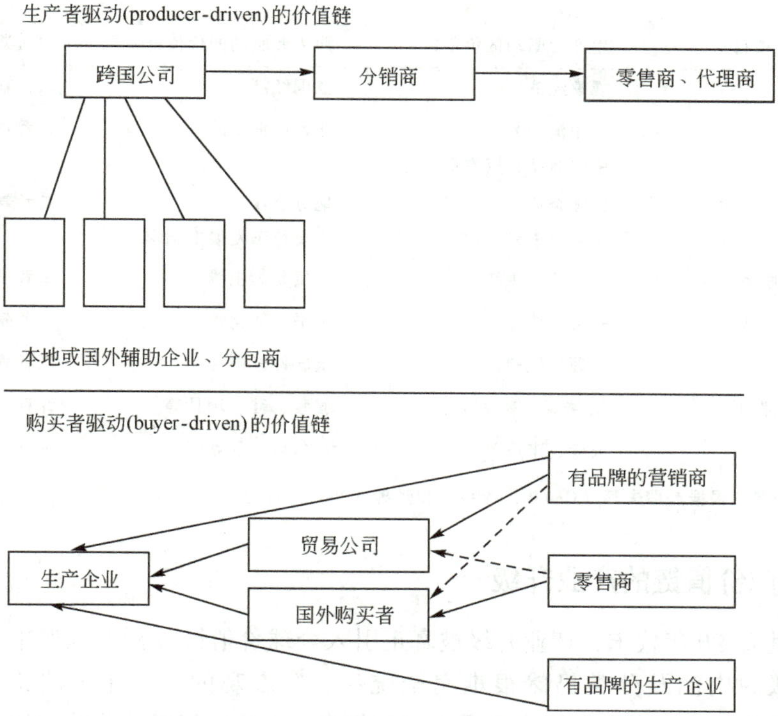

图 4-2　生产者驱动价值链和购买者驱动价值链的运行模式

资料来源：根据杰瑞夫等（Gereffi et al.，1994）整理

价值链中的品牌商；汽车产业也存在类似的情况，福特就不断向购买者驱动的价值链转型，而丰田则仍然坚持采用生产者驱动的价值链条。再如 IT 行业，普遍认为核心竞争力来源于 CPU 和操作系统等生产环节，不过 DELL 等企业在流通环节的出色表现也说明了该行业中也存在购买者驱动的特征（Kaplinsky，Morris，2002）。从驱动力方面说，可以将其看做是兼具生产者驱动和购买者驱动的中间类型。中间类型的全球价值链在全球价值链的动力根源、核心能力、进入门槛、产业分类、典型产业部门、制造器企业、主要产业联系、主导产业结构和辅助体系 9 个方面，多兼具生产者驱动全球价值链和购买者驱动全球价值链的特征（表 4-1）。

表 4-1　生产者、购买者和中间类型驱动的全球价值链比较

项目	生产者驱动的价值链	购买者驱动的价值链	中间类型
动力根源	产业资本	商业资本	二者兼有
核心能力	研发；生产能力	设计；市场营销；品牌	二者兼有
价值环节分离形式	海外直接投资	外包网络	二者兼有

续表

项目	生产者驱动的价值链	购买者驱动的价值链	中间类型
进入门槛	规模经济	范围经济	二者兼有
产业分类	耐用消费品 中间商品；资本商品等	非耐用消费品	二者兼有
制造企业的业主	跨国企业 主要位于发达国家	地方企业 主要位于发展中国家	二者兼有
主要产业联系	以投资为主线	以贸易为主线	二者兼有
主导产业结构	垂直一体化	水平一体化	二者兼有
辅助体系	重硬件轻软件	重软件轻硬件	二者兼有
典型产业部门	航空器、钢铁等	服装、鞋、玩具等	计算机等
典型案例	波音、丰田等	沃尔玛、耐克等	Intel、DELL

资料来源：根据杰瑞夫等（Gereffi，1999）和张辉（2006）整理。

二、全球价值链的产业升级

20 世纪 90 年代末，产业升级被真正引入全球价值链分析的框架中，但至今产业升级的内涵及分类仍然很难完全统一。在宏观的层面上，波特（Porter，1990）认为，产业升级是当高素质人力和物力资本相对于廉价劳动力和其他的资源禀赋更加充裕时，国家转而发展具有比较优势的资本和技术密集型产业。在中微观的层面上，鲍恩（Poon，2004）认为产业升级是制造商成功地从生产劳动密集型低价值产品向生产更高价值的资本或技术密集型产品转移的过程。不论是宏观层面还是中微观层面，产业升级有共同的内涵，即产业由低技术水平、低附加值状态向高技术、高附加值状态演变的过程。

（一）产业升级的层次

杰瑞夫（Gereffi，1999）较早地认识到产业升级分析的问题，他将产业升级分为四个层次：一是产品的升级，即从简单到复杂的同类型产品；二是经济活动上的升级，包括不断提升的设计、生产和营销能力；三是部门内的升级，如从最终环节的制造到更高价值产品和服务的生产；四是部门间的升级，即从低价值、劳动密集型产业到资本和技术密集型产业。

在以上研究的基础上，汉弗莱和施密特兹（Humphrey，Schmitz，2002）提出的以企业为中心，由低级到高级的四个层次升级分类方法，得到了学术界较为广泛的认可。产业升级的四个层次包括：一是流程升级，即通过降低成本、增进传输体系，引进新的组织方式，获取更多的价值。二是产品升级，即通过扩充新产品市场份额、增大新品牌市场份额，改进商品市场份额增加，获取更多的价值。三是功能升级，主要是通过提升在价值链中的地位，专注于价值量高的环节，而把低价值的活动外包，获取更多的价值。如从基本加工到贴牌生产（original equipment manufacture，OEM），再到自己设计制造（own design manufacture，ODM），最后到自有品牌的制造（own brand manufacture，OBM），这一系列转换常常被视为功能升级。四是部门间升级，也称为链的升级，即通过涉足高收益的相关产业领域、相异产业领域，获取更多的价值。如中国台湾地区企业从晶体管收音机生产转到计算器再到电视机、电脑监视器以至掌上电脑的一个过程。不过，这种转换一般都来源于突破性创新（表4-2）。

表4-2　产业升级四个层次的本质与表现

升级类型	升级的本质	升级的表现
流程升级	过程更加有效率	通过降低成本、增进传输体系，引进新的组织方式，获取更多的价值
产品升级	比对手更快的产品研发	通过扩充新产品市场份额、增大新品牌市场份额，改进商品市场份额增加，获取更多的价值
功能升级	在价值链中的位置改变	通过提升在价值链中的地位，专注于价值量高的环节，而把低价值的活动外包，获取更多的价值
链条升级	移向新的、价值高的价值链	通过涉足高收益的相关产业领域、相异产业领域，获取更多的价值

资料来源：根据 Humphrey，Schmitz（2002），整理。

（二）价值链治理与产业升级

在全球价值链治理研究的早期阶段，其关注点在于全球价值链整个链条的外部制度环境建设即外部治理问题，随后关注点转移到关于各个战略环节中地方产业集群治理模式的研究，当前研究的重点则在于通过地方产业集群治理模式之间的相互关系来研究全球价值链整个链条的内在治理机制和运行模式。学术界对关于全球价值链各环节之间治理模式研究的深入进行，在很大程度上为后续的全球价值链下地方产业集群的产业升级研究提供了一个重要的理论支撑。

汉弗莱和施密特兹（Humphrey，Schmitz，2002）认为价值链治理，是通过价值链中公司间关系安排和制度机制实现价值链由不同经济活动和不同环节的非市场化协调，价值链的治理结构决定着价值链的运行机制。根据领导公司对价值链的控制程度，将价值链治理结构分为准层级型、网络型（具体又进一步划分为模块型、关系型和领导型三种）、市场型三种。他们认为，不同的价值链治理结构，使得发达国家领先公司在市场准入、技术门槛、利润流向等方面，对发展中国家产业升级的影响不同，主要表现在：

第一，能否获得市场准入。

发展中国家的生产商要想进入发达国家，必须与价值链中的领导公司建立联系。后者负责对价值链中分散在世界范围内的经济活动进行统一的整合与协调，在价值链的众多参与者中处于主导地位。这些领导公司的决定往往会对发展中国家的生产商产生重大影响。

第二，能否迅速提升企业能力。

由于价值链中的领导公司对产品的质量、生产成本、交货时间等方面要求很苛刻，同时他们也向供应商传授先进的生产技术，监督生产过程，并对如何改进工艺、提高质量等提出建议，促使发展中国家的供应商迅速提高生产能力。然而，这种治理程度高的价值链在提高供应商的生产能力的同时，也为其向设计和营销等环节迈进设置了障碍，将供应商的功能牢牢限定在生产这一环节。

第三，利润如何分配。

研究全球价值链的治理结构有助于理解利润如何在价值链的不同环节间分配。凯波林斯卡（Kaplinsky，2002）认为领导公司对价值链的治理能力通常依赖于其所掌握的无形的竞争力资源（研发、设计、品牌和营销等），这些环节进入壁垒高、利润丰厚。相反，发展中国家往往被锁定在进入壁垒低、利润低、竞争激烈的生产环节，造成发达国家与发展中国家间利润分配的不公平。

1. 准层级型全球价值链下的产业升级

准层级型全球价值链，即发达国家的采购商与发展中国家的制造商之间的控制与被控制关系。准层级治理模式是发展中国家企业和发达国家企业之间关系的常态，是研究的重点。

大多数学者都认为进入准层级全球价值链有助于流程和产品升级，因为当地制造商从全球购买者那里学到了大量的提升生产流程、提高生产连续性和产品质量，以及提高对客户订单反应速度的知识。杰瑞夫和麦默道韦克（Gereffi，Memedovic，2003）通过研究全球服装产业价值链发现，为美国采购商进行生产的东亚国家供应商处于一个从 OEM 到 ODM 再到 OBM 的升级轨迹。他们认为，进入准层级全球价值链的发展中国家以及新兴工业化国家制造商在生产方面会得到较大的提高，实现流程和产品的升级，之后将进入到设计、营销和品牌建立阶段，实现功能升级。他们将这一过程解释为“干中学”和“组织演替”，认为在与采购商的互动中，制造商的技术水平和生产能力会得到较大的提升。

但关于进入准层级全球价值链是否有助于功能升级的问题还存在很多争议。霍布玳（Hobday，1995）对从 OEM 到 ODM 再到 OBM 的转换进行了最为全面的分析，结果发现从 OEM 转向 ODM 比从 ODM 转向 OBM 要容易。施密特兹和诺瑞

（Schmitz，Knorringa，2000）的研究也表明，中国、印度和巴西的制造商在向设计和营销环节发展时遇到了障碍。

以上研究说明，在准层级全球价值链中，功能升级受到了不同程度的阻碍。这些障碍主要有两类：首先是购买者势力，全球价值链的力量源泉越来越多地集中于非生产性活动，尤其是品牌、营销、研发以及公司间关系的协调，全球价值链中的主导企业的投资也越来越集中于这些被视为核心能力的活动，供应商很难有机会与主导企业分享这些核心能力；其次是资源要求，对发展中国家的制造商而言，在国外市场拓展自有品牌产品的投资较高，承担的风险较大（张向阳，朱有为，2005）。巴尔和杰瑞夫（Bair，Gereffi，2001）研究了墨西哥牛仔裤产业，发现墨西哥制造商要在美国市场上拓展一个自有新品牌，投资很大，而且风险也很高。不过，汉弗莱和施密特兹（Humphrey，Schmitz，2002）认为，在准层级全球价值链中，功能升级的可能性在某些条件下也会提高，如发达国家的主导企业可能会转移在全球价值链上的非战略能力，或是重新界定其自身能力并放弃某些环节。美国的许多品牌制造商就已经开始外包制造功能和部分设计功能，甚至把它们直接转移给发展中国家的制造商。

2. 网络型全球价值链下的产业升级

企业间的网络治理关系，有利于企业间的相互学习和创新，它比准层级治理的关系更加对称，而且还包含了比市场关系更强的相互承诺和信任。因此，如果发展中国家地方产业能够嵌入这类全球价值链，是比较理想的情况。发展中国家地方产业一般很少有机会嵌入这类全球价值链。不过，实证分析并未完全否定这样的机会。一般认为，发展中国家制造商不可能在产品生命周期的早期阶段嵌入网络型全球价值链。在早期阶段，新产品主要通过发达国家制造商和客户之间的密切合作来开发。但随着模块化制造网络的出现，发展中国家制造商也可以与客户发展网络关系。我国台湾地区电脑产业与美日电脑产业之间紧密分工的事实就表明，新兴工业化国家或地区以及发展中国家也可以进入网络型全球价值链。我国台湾地区电脑产业集群已经基本形成了一种模块化生产网络。集群企业拥有紧追行业发展的最新生产能力，在当地招聘到各种专家，生产满足顾客所要求的各种性能组合的产品，并进行调整性和应用性的研发。在不断提高设计和生产开发能力以后，这些企业就更易从硅谷获得新的生产思想和技术并快速进行大批量、低成本生产和产品集成。

3. 市场型全球价值链下的产业升级

关于市场型全球价值链下发展中国家产业升级的问题，学术界还没有形成一致结论。汉弗莱和施密特兹（Humphrey，Schmitz，2004）认为，市场型全球价值链对发展中国家制造商的升级既无帮助也无阻碍。既然产品可以在市场上自由获得，购买者就没有必要控制供应商，供应商也不会受制于购买者，升级的阻碍也不会从链中产生。但不少实证研究却得出了不同的结论。贝赞和纳沃斯阿勒默（Bazan，Navas-Alemán，2003）通过对巴西等地市场型价值链的研究发现，这种治理结构更有利于功能升级，但流程和产品升级不明显。施密特兹（Schmitz，1995）通过对巴西Sinos谷进行调查发现，大量小型鞋类制造商通过小型贸易商与欧洲和北美市场建立关系，但他们并没有创立自己的品牌，也没有实现功能升级。可见，如果说市场型全球价值链有助于功能升级的话，可能更多地是针对规模较大的发展中国家制造商而言的。

（三）全球价值链中战略环节的识别

全球价值链是由众多的价值环节构成的，但每个环节创造的价值不同，某些辅助性环节并不创造价值，而高附加值的环节一般就是全球价值链上的战略环节。准确判断出全球价值链中的战略环节，为企业在全球布局不同的生产环节提供了依据，也指出了产业发展或升级的目标。同时，要保持企业或产业的竞争优势或核心竞争力，关键也是要抓住此战略环节。

战略环节有可能与产品直接相关，如可口可乐公司的饮料配方，也有可能是在价值链的“辅助性增值活动”环节上，如IBM在计算机行业中的竞争优势就来源于其覆盖全球的强大的组织体系，即其组织管理能力。在分析战略环节时，全球价值链理论弱化了传统分析中的市场销售比重和利润率等指标，采用了一些动态指标，以此可判断战略环节的变化，更突出了产业的动态改善过程和发展的治理理念。这对于企业适时调整战略和选择潜入全球价值链的切入点尤为重要。如汽车、电信等行业的战略环节明显地向产品使用和维护等下游环节转移，下游环节的增值呈现上升趋势。那么，企业通过降低生产成本，经营主导产品，开发差异性产品来维持竞争优势的传统战略就显示出局限性。在这种情形下，企业（尤其是对一些生产环节技术壁垒较高行业的企业）应积极开拓下游环节的增值业务，如多元化的客户服务、提供产品本土化方面的服务等，以使其逐渐融入全球价值链之中。

第二节 国家高新区集群发展定位

全球经济发展的实践表明，特定国家、地区或区域发展的关键不仅在于特定产业的选择，更重要的是特定产业内的特定环节、链条的发展状况，或者说其在特定产业全球价值链中的战略环节定位。这样一种客观经验与现实趋势对于致力于高新技术产业发展的国家高新区来说同样适用。高新技术产业同样存在着价值实现能力与价值分享能力高低不同的众多战略环节问题，国家高新区在产业集群化发展、产业集群升级与创新集群构建的“二次创业”进程中，需要及时转变产业发展观念，变强调笼统的高新技术产业引入和（或）发展为强调适宜的产业节点或全球价值链战略环节的选择与发展。国家高新区集群发展必须在全球价值链中实现准确定位，将集群嵌入到全球价值链中，在量力而行、循序渐进的同时，确立产业与研发价值链上的高端战略环节，在与全球产业体系互动交流中不断提高竞争力并促进产业升级。而且，通过对园区内特定产业全球价值链战略环节的细分和准确把握，努力实现全球价值链战略的高端切入，引领未来发展。

一、嵌入全球价值链

全球价值链理论为产业集群的研究提供了新视角。产业集群不能在封闭和孤立中发展，而必须积极加强外部联系。企业和产业集群嵌入到全球价值链中，可以促进自身竞争力的不断提高，加快产业升级，产业集群在全球价值链中的定位如果科学合理，还可以促进相关产业得到发展。联合国工业发展组织（UNIDO，2004）公布的《2002～2003 年产业发展报告》强调指出，地方产业集群参与全球竞争的发展战略就是提升和支持地方产业集群融入全球价值链，与国外业务伙伴、技术与知识源建立紧密联结，通过该联结通道引入国外技术和知识，最后学会适应、使用并改进获取的外部技术，并由此获取沿着全球价值链不断向上攀登或升级的机会。

2003 年以来，国内越来越多的学者在全球价值链与地方产业集群发展关系问题上形成了普遍共识——地方产业集群的发展与升级必须与全球价值链有机地联系在一起。王缉慈（2004b）认为在地方产业集群研究中要强调非本地联系，强调本地集群发展的路径应该是沿着全球价值链向上攀登的。姜继娇和杨乃定（2004）认为，对产业集群进行内部关联机制和效率问题研究的同时，还应借助全球价值链来分析产业集群的外部关联机制和升级问题。一些学者，如王力军（2004）对国内某些内生型地方产业集群融入全球价值链的主动与被动之分进行了探讨。文婷、曾刚（2004）对全球价值链中各个地方产业集群的关系进行了研究，发现以集群为发展模式的地方经济已逐渐纳入全球生产网络，其竞争力的提升不仅需要挖掘集群的内部联系，更需要在全球价值链中与区域外的经济主体积极互动，不断调整自身嵌入全球产业价值链的方式，创造、保持和捕捉价值。他们研究对比了意大利、西班牙和中国等地方陶瓷产业集群的动态，进一步确认了地方产业集群系统的开放性质，指出了建筑陶瓷产业的世界价值分工体系。其中，意大利 Sassuolo 建筑陶瓷集群控制着全球陶瓷产业价值环节的两个最高端环节，即生产环节的建筑陶瓷研发设计、机械装备和流通环节的品牌化。全球建筑陶瓷价值链的中上段，则分别被以釉材和瓷砖设计为核心能力的西班牙 Castello 陶瓷集群和巴西 SC 陶瓷集群所控制。中国佛山等地方陶瓷产业集群则处于建筑陶瓷全球价值链的最低端。

从一般经验来看，地方经济加入到全球生产体系，往往会根据自身的竞争优势形成一些专业化的产业集群，依靠特定商品的出口嵌入到全球价值链之中，赢得并巩固地区在国际劳动分工体系中的位置。产业集群通过改变自身在全球价值链中嵌入的位置和组织方式，可以改变价值活动之间的关系，提高生产效率，降低成本，从而达到促进产业集群升级、增强区域经济竞争力的目的。

受历史、制度、地区和社会背景、游戏规则、路径依赖等很多因素的影响，单独的企业或产业集群嵌入到全球价值链中有着许多不同的形式，但最终目的都是为了进行产业升级和提高自身竞争力，不同产业的价值链采用不同的应对方法。

（一）促进产业升级

我国的很多企业及时把握住产业全球大转移的机会，纷纷进入了全球价值链，但是基本上集中在劳动密集型产业或是劳动密集型与技术密集型相结合的组装加工业，嵌入的也都是这些产业价值链中附加值低、非核心的加工环节，只起到了“生产车间”、“世界加工厂”的作用，远未掌握核心技术、拥有自主知识产权。在这种情况下，产业升级就成了增强国际竞争力的必经之路。

按照价值链理论的分析思路，我们不仅可以发现本国某一产业在国际化生产链条上的定位，即现有的国际竞争力状态，从而成为同类产品或企业国际竞争力水平的参照系；而且可以发现距离本国该产业竞争力水平最近的高一级的分工定位，进而找到和积累进入这种生产经营活动领域的竞争优势的途径和方法，为国际竞争力的递进跃迁指明了新的目标。由于地方产业集群一般是全球价值链片段化的结果，那么其最终的发展或提升也应该是沿着全球价值链一步步来完成的。升级的途径多样，既可把传统意义上的劳动密集型产业升级到资本技术密集型产业，也可以从低附加值的生产环节，逐渐向高附加值的研发、设计和销售及售后服务转变。谋求产业升级的前提是要融入全球价值链中，不要太介意是高端融入还是低端融入。融入方式多种多样，但结果都是为了产业升级。

（二）提高竞争力

嵌入全球价值链有助于提高企业竞争力、集群竞争力和产业竞争力。世界经济的全球化趋势已经将产业的价值链细分到空前的程度，跨国公司越来越多地将其生产过程细分为小的片断，分别布局在世界上能够降低生产成本，使增值效率达到最优的地点，然后把那里的增值活动作为全球价值链的整体来管理。经济全球化与经济活动片段化如影随形，这种延长了的价值链模式恰恰赋予了包含在其中的技术以更丰富的经济含义。一个企业往往只需要在某一个环节上领先，不一定是核心技术，从而在国内或国际市场上获得巨大成功。

与国外企业相比，我国企业的优势主要集中在土地、劳动力等廉价生产要素方面，以加工制造见长，但这些都位于全球价值链的低端，是附加值很低的环节，与发达国家或地区企业相比竞争力很低。而且大部分的优势，包括生产技术和管理的优势都掌握在全球价值链的高端环节的控制者——跨国公司的手中，因此，企业如果不进入到全球价值链当中，就很难学习和掌握这些知识技能，也很难实现升级和提高竞争力。因此，加入全球价值链，依靠特定环节的竞争力赢得在国际劳动分工体系中的位置，是现阶段我国产业集群和企业升级的关键。

就产业集群而言，产业集群对某一地区乃至一国的竞争力的提高有非常大的作用，这一观点已被大家接受。但事实证明，经过一段时间的发展之后，产业集群一方面表现出正效应，发挥规模效应和示范效应，如通过地理区位集聚降低交易成本及生产成本，获取专业化分工基础上的报酬递增，促进新企业的衍生和创新的扩散，推动地方经济发展等。另一方面，某些地方产业集群发展到一定阶段后所呈现的负效应也不容忽视，主要体现在集群的锁定（lock-in），正如德国学者拉伯赫（Crabber, 1993）在对德国鲁尔工业区产业集群的研究中发现的那样，功能锁定造成本地产业集群失去活力，认识锁定则使得集群内部企业间的关系僵化，政治锁定及路径依赖对创造力形成了制约。除此之外，集群升级能力的缺失，企业集中引发的地价提升和劳动力短缺，进而表现为企业转移，甚至出现产业空洞化、集群衰退。

为了克服这种情况，产业集群不能在封闭和孤立中发展，而必须积极加强外部联系，在升级中求得发展。因此，产业集群嵌入到全球价值链中，对克服集群负效应，推动集群向附加值更高的环节升级或是跃迁起到积极的作用，对单独的企业更是如此。一个产业集群的竞争力取决于其在全球价值链中的地位、集群内部企业以及集群与相关产业之间合作的宽度和联系的强度。如果这个产业集群处于全球价值链的战略性环节也就是核心环节，则能控制住价值链上游和下游的企业或集群，大大提高竞争力。不同类型的产业，其核心环节所处的位置也不一样，因而不同国家或地区的产业竞争力通常就体现在产业层次和分工上的差异。其主要特征是，发展中国家或落后地区通常从事资源类初级产品和劳动密集型产品的生产，如服装、玩具、鞋帽等，这些产品大都属于制造业中“低附加值、低技术含量”的低端产品；而发达国家或先进地区则主要生产以“高附加值、高技术含量”为标志的高端产品，如机械、电子产品等。

进入全球生产体系本身并不意味着产业集群在能力阶梯上将自动得到提升，但嵌入全球价值链和全球生产体系通常是企业获得竞争优势的一条捷径，可以给企业和产业集群提供创新和学习的机会。因此，竞争力可以通过产业集群的升级来获得，也可以由产业集群在全球价值链的某一价值环节具有无可替代的作用或是优势而获得。

二、全球价值链下高新技术产业发展

国家高新区高新技术产业及其集群发展，同样需要有效融入全球价值链之中。吕斌超、任荣明（2001）通过对世界各国高技术产业发展历史的追踪分析发现，作为后来者，赶超世界技术先进水平的途径基本有两种。第一种是核心技术模式，即通过自主研发、收购或技术转让等方式，以掌握世界领先的尖端技术为突破口，然后通过技术的商业应用、产品设计、产品生产、市场营销等一系列活动，最终建立起自己的高技术产业模式。运用这一模式的主要代表为韩国和日本。第二种模式则是优势产业模式，即运用自身的优势，首先在世界高新技术产业链中的一环或几环中建立优势产业（通常是下游环节），然后运用在该优势产业形成过程中所积累的经验和能力，逐步向产业链的两端发展（通常是向上游发展），直至完全具备自主开发的能力，从而形成自己的高新技术产业。这种模式的成功典范包括台湾和新加坡等地区。核心技术模式难有可为，而基于国内庞大的市场、要素比较优势等基础之上的嵌入全球价值链的优势产业模式才是中国高新技术产业快速成长的有效而可行的路径。

关于全球价值链下高新技术产业集群的内外关系方面，盖文启等（2004）对英国剑桥工业园、美国硅谷和印度班加罗尔等高新技术产业集群进行了比较研究，发现高新技术产业要求在全国乃至全球范围内组织资源和开拓市场，特别是在网络、交通和通信技术等领域的技术革命和经济全球化的强劲推动下，高新技术产业发展的全球化趋势日益明显。在这个过程中，无论是大型高新技术企业还是中小型企业，都必须根植于当地特殊的经济、技术和社会文化环境中，从中汲取营养，不断增强企业和园区的国际竞争力。

任家华、王成璋（2005a）研究了个人计算机产业，认为全球价值链为中国高新技术产业的升级指明了方向与路径。他们强调，高新技术产业各个环节的特性非常不同，对要素条件的需求存在较大的差异性，导致了高新技术产业价值链上的各个环节可能在全球范围内寻找最佳的地点发展，从而形成全球性的产业布局。目前，高新技术产业正面临以全球价值链重构为主题的“大洗牌”。在价值链分解的基础上，每一企业只能根据自己拥有的核心能力和关键资源，从事价值链上的某一环节。高新技术产业在全球价值链中的升级呈阶梯状演进：最终产品的加工、组装和出口，零部件的分包生产和出口，中间产品的生产和出口，国外品牌产品的生产和出口（OEM 和 ODM），自创品牌的生产和出口。在最初的组装生产阶段，发展中国家利用劳动力比较优势，与跨国公司的技术、资金和营销优势相结合，参与国际分工，获取加工贸易利益；随着资金、技术优势的逐步积累和关联产业的形成与工艺升级，即在全球价值链中由零部件的生产和出口渐次向中间产品、整件产品的生产和出口阶梯提升，逐渐实现产品升级。他们陈述了全球价值链下高新技术产业升级的思路，提出企业主动嵌入全球化生产体系并在全球价值链中升级是中国高新技术产业发展的战略路径，最后以联想集团收购IBM 个人电脑事业部（PCD）为例进行了实证分析。任家华、王成璋（2005b）进一步在以中关村电子信息企业集群演进与升级实证分析的基础上，认为技术贸易是嵌入全球价值链的初级阶段，中国高新技术企业应抓住国际产业转移的机会，在全球价值链中进行战略收购与联盟，逐步实现我国高新技术企业集群的工艺升级和产品升级。

文婷、曾刚（2005）研究发现，集群的发展不仅受诸如基于血缘、地缘、业缘这些非正式联系产生的集体学习、地理临近性、社会文化所产生的相互信任和非贸易的相互依赖等“内生成长因素”的影响，同时受全球外部联系、集群间互动、全球价值链分工、全球产业价值链管制等这些“外生因素”的影响。强调区域经济的发展往往表现为地方产业集群积极挖掘区域内生优势，并在全球价值链中创造、增加、保持和捕捉价值，同时不断升级的过程（图 4-3）。集群升级表现为，区域内的产业集群利用各自区域特有的内生优势，发展和完善地方产业网络，并积极回应全球产业网络的变化，嵌入全球价值链的某个或某几个“战略性环节”，利用一种价值活动与另一种价值活动之间的关系，创造、保持和捕捉价值。同时，它们通过改变自身在价值链中的嵌入位置和组织方式，改变价值活动之间的关系，提升产品、改变效率或迈入新的价值链，进而提升产业集群的能级，增进区域经济的竞争优势。

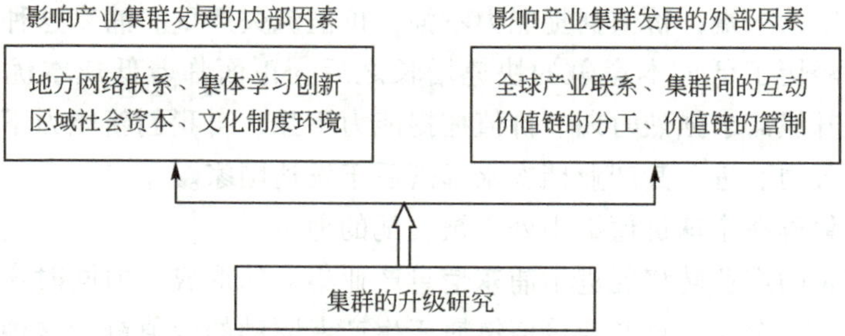

图 4-3　集群升级研究的基本框架

在发展中国家产业集群研究中，FDI 和跨国公司的全球联系对集群的影响一直备受关注。在我国，处于沿海地区的、外向出口加工型中小企业集群，是地方产业集群的一种典型类别。其一开始就嵌入了全球价值链，成为全球产业网络中的一部分。跨国公司的大举进入，一方面对地方经济发展产生巨大的推动作用，另一方面也使在 FDI 模式下成长起来的经济系统产生严重的脆弱性。快速的经济增长背后，潜藏致命的危机。因此，挖掘集群内部产业网络的创新潜力，同时从全球价值链角度整合集群的发展，形成集群成功升级的动力机制。

伴随经济发展的全球化，信息产业的发展更是走出了国家与区域的范围，进入全球产业网络。信息产业的全球化意味着信息产品与服务的跨国界生产与生产组织在全球范围内的分布。跨国公司丰厚的投资、技术的扩散、管理知识的外溢，刺激了浦东新区信息产业的快速成长。数据表明，浦东新区已基本形成以微电子制造业为主体，包括设计、封装、测试、原材料等环节在内的较为完备的产业链，成为国内微电子产业聚集度最高、技术水平最先进的产业群。同时，软件产业的快速发展使浦东成为与北京中关村、广东深圳齐名的我国三大信息产业集群之一。

然而，随着全球化程度的加深，浦东新区信息产业集群受外商直接投资和跨国公司的影响日益深刻，尤其是对后者的技术依赖性增大。信息产业集群发展出现一系列的问题，承受着强大的升级压力。

第一，集群处于全球信息产业链末端，创造价值有限。

浦东信息集群主要依托中国庞大的消费市场、良好的信息产业发展基础和相对于全球其他信息产业发达地区较低的劳动力价格，来吸引跨国公司和相关配套企业的进驻。从信息技术产业的国际分工体系现状来看，浦东信息产业集群目前处于信息设备制造、封装这种劳动力密集、产品技术含量低、附加值少的环节(图 4-4)，集群没有整体进入设计、知识产权经营，这些知识密集、技术密集型信息产业环节。集群内信息服务业在资金、技术、人才和产业规模上均大大滞后于信息制造业，信息产业发展存在“重硬轻软”现象。集群内企业明显处于全球信息产业链的末端，价值捕捉能力不强，价值流失严重。浦东这种外向型制造业积聚区在经历了低成本竞争的快速增长之后，正面临着低成本优势减弱的局面，而进入升级需求强烈时期。价值捕捉能力不强、自我创新能力不足，如果单纯依靠跨国公司引进，其产业档次永远落后于发达国家。

第二，集群在全球价值链中处于被支配的地位。

发达国家的产业转移促进了浦东信息产业集群的形成，但同时这也制约了其进一步的发展。全球信息产业价值链属于生产者驱动的价值链。这种价值链常常指向资本密集和技术密集型产业，并在设计和研发等环节，形成对价值链后来者

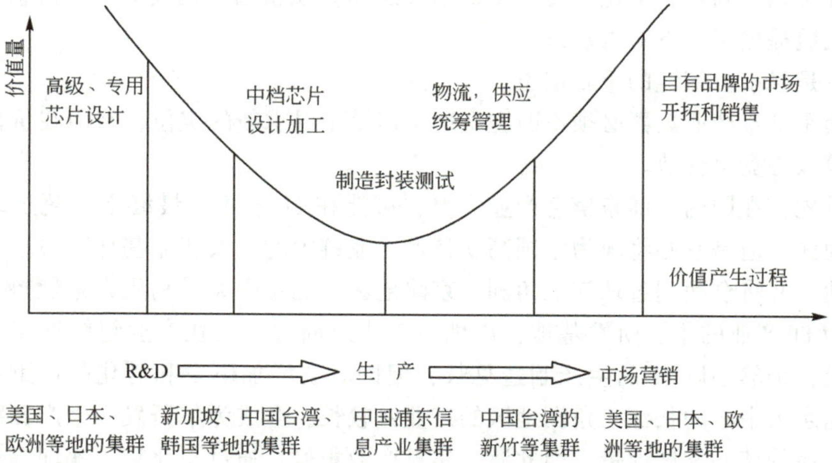

图4-4　浦东在IC全球价值链中的定位

的进入高壁垒。掌握关键技术和R&D能力的跨国集团在价值链中占支配地位，他们协调价值链各环节的活动，并获取了价值创造的绝大部分。

由于浦东信息产业集群处于生产者驱动型全球价值链当中，因尚未掌握核心技术而受制于人。在信息设备制造领域中，美国、日本和欧洲公司凭借垄断计算机硬件生产的核心技术CPU和存储器及其关键材料单晶硅的制造，独占该行业利润的绝大部分，落户浦东的集成电路企业没有一项主要技术或设备是国产的。浦东集群中的计算机制造企业成为国外公司的"协作厂"，并非真正意义上的高新技术企业。同时，信息产业技术发达国家为了保持自己对技术的垄断地位和较强的产业竞争力，对出口技术和设备都进行了严格的限制标准控制。例如，美国对销往中国的半导体制造设备，特别是光刻设备与掩膜制版设备还存在许多不合时宜的限制；我国台湾当局对台商在祖国大陆的商业行为也附加了很多限制条件，并通过法案对包括半导体晶圆厂半导体设计人才在内的高科技人才赴祖国大陆发展进行管制。因此浦东信息产业集群的发展，依托于集群内中小企业围绕大型跨国公司，从事OEA和OEM生产活动，较少拥有自主的知识产权，因此往往被动受控于全球资本和技术密集型的大型跨国公司，一旦信息产业发达国的跨国公司向浦东出口的信息产品征收各种名目的专利费用或不准许我国使用其专利和产权，就会增加浦东信息产品的知识保护成本，在全球市场上失去价格竞争优势，从而迫使某些信息产品不得不退出已占有的市场，或者使浦东信息企业官司缠身。在全球化的今天，集群没有挖掘自身优势，占领住价值链中的高壁垒环节，就意味着永远受制于人，永远处于被动和跟随的地位。集群的进一步发展面临升级的压力。

针对以上问题和不足，文婷、曾刚（2005）从价值链角度对浦东信息产业集群的发展提出了以下对策建议。

一是寻求价值链的重新定位。

浦东信息产业集群必须不断在全球价值链中寻求新的定位，努力在价值链高端构筑核心竞争优势。

首先，在国内，浦东信息产业集群，可能在IT人才上最终不会超过北京中关村地区，但是它必将成为中国高新技术产业链中的最大产业基地和最重要的孵化基地，并将全面超过珠江三角洲、京津地区。北京中关村利用人才优势，可能会成为IT产业的主要研发基地；深圳、广州及周边地区在产业组织逐步完善的基础上，仍然会以IT的生产制造见长，但同时会增加研发和孵化的比重；而以上海浦东为中心的长江三角洲地区的产业链较长，会成为集研发、生产和孵化基地为一体的核心发展地带。因此浦东信息产业集群，通过与北京、深圳等地的国内集群间发生优势互补，要通过改变各自在价值链中的嵌入位置和组织方式，改变价值活动之间的关系，从而改变效率和成本。同时浦东信息产业集群要积极发展技术含量高、附加值大的设计和信息密集服务行业，而把技术含量低、附加值小、劳动密集的信息设备制造业向上海周边地区如昆山、苏州、无锡等地进行梯度转移和扩散，积极把网络延伸到周边。树立强大的区域品牌，成功地创造价值和捕捉价值。

其次，在全球产业链上，浦东信息产业集群要积极朝全球价值链高端设计和营销环节扩展。努力实现从接单产品组装OEA（original equipment assembling）到接单加工生产OEM（original equipment manufacturing），然后到设计生产加工ODM（own design manufacturing），转向自有品牌生产加工OBM（own brand manufacturing）。或者借鉴我国台湾信息产业的发展模式，从OEM转向工程生产性服务EMS（engineering manufacturing service），进而实现集群的“功能性升级”。

二是积极把握产业发展的主动权。

浦东信息地方产业集群应该继续保持和提升与全球发达集群的联系与互动，通过频繁的正式和非正式联系，克服区域的锁定。同时应积极开辟新的市场，介入相关产业的新的价值链，通过广阔的产业间网络获取知识、信息和资源，克服产业锁定，激发持续的创新，实现集群“链的升级”。在交流过程中以平等的身份出现，避免形成对价值链其他环节集群的过分依赖，以主动的姿态加入到全球产业网络中。

第五章

南中国模式：

张江高科技园区发展评价

1992年7月，国家科学技术委员会（现科学技术部）发文，同意将张江高科技园区列入上海高新区，规划面积$5km^2$。2005年9月将园区规划面积调整为$25km^2$，已开发面积$17km^2$，分为技术创新区、高科技中试产业区、科研教育区、居住区和科技产业区6个功能小区。

经过15年的建设，特别是1999年“聚焦张江”战略实施以来，张江高科技园区取得了令人瞩目的成就。在发展过程中，张江园区已经形成了一套切实有效的发展模式。“北有中关村，南有张江园”，张江园区已经成为国内著名、国际知名的高科技园区，其品牌能力已经被市场普遍认可并享有较高声誉。2006年，上海高新区正式更名为上海张江高新区，就是对张江品牌的高度肯定。其科技水平、研发能力、产业规模、综合实力位居国内高科技产业园区领先地位，且已初步形成以集成电路、软件和生物医药产业为主导，金融服务、文化创意等相关衍生产业蓬勃发展的产业格局。2006年底，园区注册企业4862家，其中累计批准外商投资企业1981家，园区完成工业总产值302.63亿元，同比增长26.94%；实缴税费39.64亿元，同比增长35.14%；工业出口交货值179.15亿元，同比增长35.29%；经营总收入达到531.83亿元，同比增长62.53%。目前，园区内经认定的高新技术企业有300多家，累计申请专利达到4032项。

然而，与国际知名高科技园区相比，张江高科技园区的产业仍存在一系列问题，如集成电路、软件和生物医药产业链条短，链条各环节互动和合作少，在全球价值链中的地位不高，自主创新能力尚需加强，产学研一体化程度较低，服务功能不足，体制与机制建设有待完善等。同时，园区产业的发展还面临着土地稀缺、能源紧缺、环境污染等诸多限制。在经济全球化不断发展、国际竞争日趋激烈的背景下，张江高科技园区面临着在有限的资源和空间里，要实现“打造产业链，提升产业结构、完善服务功能、提高自主创新能力”的艰巨任务。因此，十分有必要对园区产业进行深入系统的剖析和研究。

在提高自主创新能力、深入推进园区二次创业的过程中，张江高科技园区正在经历着深刻的转型提升，正在向自主创新推动、内生增长、产业高端、技术前端、科学社区方向转变。努力建设成为国家自主创新示范基地，具有国际竞争力的科学城。

第一节　张江高科技园区发展与转型评价

历经 15 年的开发建设，张江高科技园区由昔日寂寥冷清的乡间旷野一跃而成为国内最具实力的高科技园区之一，成为我国 54 个国家级高新技术开发区中国际知名度较高的园区。这一了不起的成就是张江成功发展的最好注脚，也充分证明了“聚焦张江”战略是成功的。在进一步向拥有强大综合竞争力的世界一流高科技园区迈进的新阶段，在进一步提高园区产业能级、增强园区产业核心竞争力的过程中，对张江高科技园区的发展实践进行准确、科学把握是必要的。

一、发展模式较为成功并日益完善

1999 年，上海市委、市政府“聚焦张江”战略的实施，直接实现了张江由初期打基础阶段向高速发展阶段的飞跃。张江的开发与建设采取的是政府主导与市场配置紧密结合的发展模式，其中政府的主导在园区规划、产业导向、固定资产投资、人才聚焦、项目引进、园区服务支撑保障体系建设等方面发挥了关键性作用。其中固定资产投资额、吸引项目投资额、引进项目数、工业总产值、税收收入等重要指标的对比见表 5-1。

表 5-1　聚焦张江战略实施前后主要发展指标对比

年份	固定资产投资额/亿元	吸引项目投资额/亿美元	引进项目/个	工业总产值/亿元	税收收入/亿元
1992～2005	695.49	105.55 其中外资：81.01	1064	838.93	
1992～1999	43.03	10.30 其中外资：8.50	88	86.12	2.90
2000～2005	652.44	95.25 其中外资：72.51	976	752.83	

资料来源：历年上海市张江高科技园区统计年报。

张江高科技园区领导小组及其办公室有效地发挥了领导、组织、协调的功能；政府服务比较高效，优惠政策的落实比较充分，企业发展环境比较宽松；张江集团作为园区开发商、服务集成商和战略投资商的定位清晰明确，在园区发展过程中发挥了至关重要的作用；公司建设—政府回租—授权经营的开发模式满足了园区快速发展的需求。

二、固定资产投资来源日益多元化、社会化

在固定资产投资来源中，中央投资微不足道，在1992年以来的固定资产投资总额中仅占1.24%；市属占8.32%；区属固定资产投资一直占主体地位，平均达到81.41%；其他和无主管类占9.03%。其中，其他和无主管类投资整体上所占比重较小，但从动态上看则呈现出不断上升的态势，1992~1999年，两类所占比重平均为13.56%，2002年为3.42%，2004年为13.74%，2005年为28.53%（图5-1）。表明园区固定资产投资来源日益多元化、社会化。

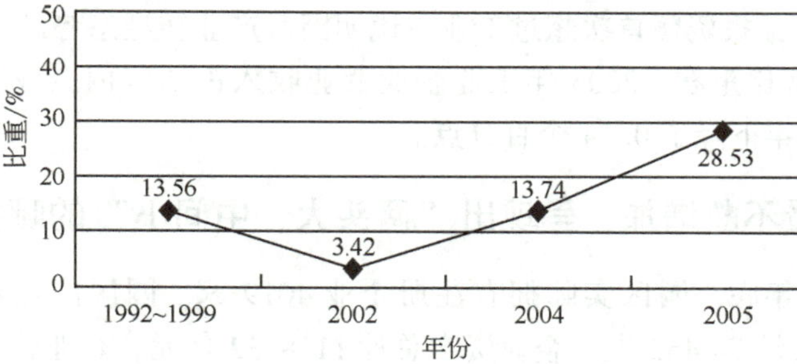

图5-1　其他、无主管类投资比重变动趋势

资料来源：历年上海市张江高科技园区统计年报

三、工业型园区特征突出，转型态势明显

张江作为一个工业园区的特征比较显著，表现在工业固定资产投资比重高、工业在园区经济中的比重高等方面。

从按三次产业结构划分的固定资产投资结构看，第二产业占72.70%，第三产业占27.30%；其中，第二产业中工业占71.88%。工业固定资产投资所占比重在1992~1999年平均为57.35%，2000年、2001年、2002年、2003年、2004年、2005年分别为64.99%、80.38%、76.78%，74.66%、79.39%和48.08%，2006年上半年为47.12%，可见该指标在2001年达到峰值，其后经过持续3年高位运行于2005年迅速下降，2006年上半年继续维持2005年态势（图5-2）。

工业固定资产投资比重状况表明，张江目前是一个比较典型的生产型工业园

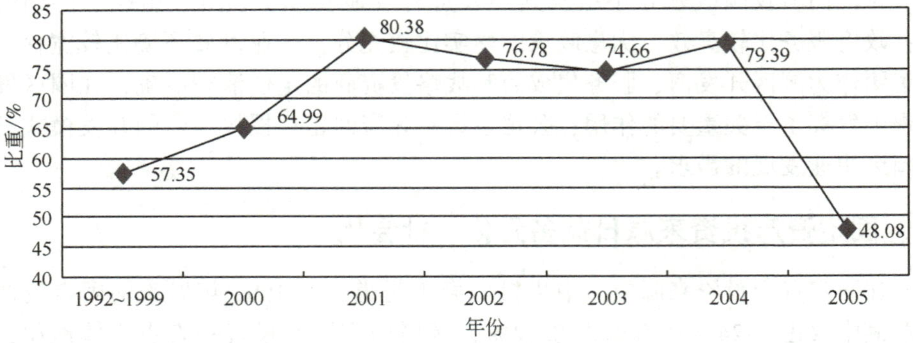

图 5-2　1992～2005 年工业固定资产投资占园区固定资产总投资比重变动情况

资料来源：历年上海市张江高科技园区统计年报

区；工业固定资产投资比重大幅度降低的趋势则意味着园区内工业发展趋于平稳运行阶段，第三产业固定资产投资比重相应地呈现出大幅度上升的态势，2005 年达到 51.79%，投资额首次超过工业，说明园区产业转型态势已经初步显现。

从工业经济比重看，2005 年工业企业营业收入占园区内企业营业总收入的 59.83%，比上年下降了 0.74 个百分点。

四、企业数量不断增加，呈现出“两头大、中间小”的哑铃型结构

截至 2005 年底，园区实际拥有注册企业 4019 家。园区内经营的企业达到 872 家，从业人员 74 462 人，企业资产总计 1128.32 亿元，企业营业收入 392.24 亿元。2005 年，园区完成税收收入 29.93 亿元。

从结构上看，园区企业表现为“两头大、中间小”的哑铃型格局。所谓“两头大”，其一是指大企业数量较少，但其产值大，在园区发展过程中处于举足轻重的地位。例如，2005 年，109 家工业企业主营业务收入达 234.66 亿元，占园区企业营业收入的 59.83%；区内 159 家重点外资企业实现营业收入 267.81 万元，占园区企业营业收入的 68.28%。其二是指小企业数量众多。所谓“中间小”是指中型企业数量偏少。

张江园区内大中小企业结构需要进一步完善，大企业的带动性、支撑性作用显著，小企业成长的速度比较缓慢，成长的空间较大；园区内外资企业占据主体地位，对园区的外向型增长特别是与国际市场接轨的效应显著；有效促进内资企业的发展是进一步充分体现园区自主创新功能的抓手。

五、高新技术企业成为园区的主体支撑力量

高新技术企业是张江高科技园区的灵魂和主体，高科技企业发展状况决定着

园区的发展前途，决定着张江在全国乃至世界高科技园区中的地位和影响。高新技术企业的发展是张江能否成为“国内一流、世界知名”高科技园区的关键所在。

（一）企业数量稳步增加，在上海地位不断提升

张江园区经上海市科委认定的高新技术企业从2001年的79家发展到2005年的242家，占全市高新技术企业总数的比重由5.65%上升到10.51%，占上海市“一区六园”高新技术企业总数的比重由22.64%上升到的45.23%（表5-2）。

表5-2　张江高科技园区经认定的高新技术企业数

指标	2001年	2002年	2003年	2004年	2005年
上海市/个	1 398	1 743	1 917	2 161	2 303
其中：“一区六园”/个	349	444	486	525	535
其中：张江高科技园区/个	79	136	182	227	242
张江占上海市比重/%	5.65	7.80	9.49	10.50	10.51
张江占“一区六园”比重/%	22.64	30.63	37.45	43.32	45.23

资料来源：历年上海市张江高科技园区统计年报，张江园区办。

2001～2005年，张江高新技术企业数年均增长率为34.33%，比全市平均水平高出20.84个百分点，比“一区六园”高出22.68个百分点。历年增长率如图5-3所示。

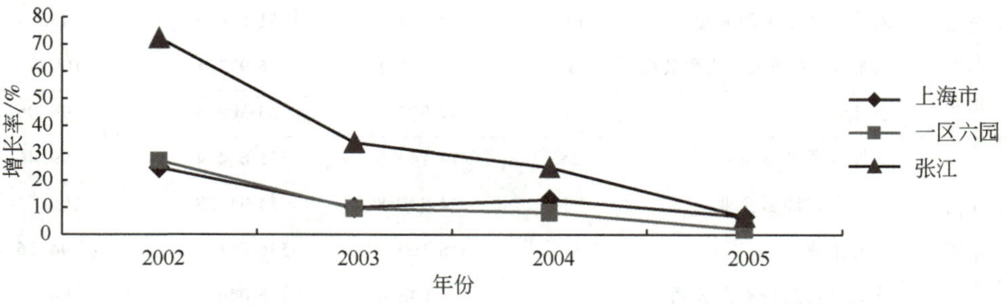

图5-3　2002～2005年张江高新技术企业数量增长率对比
资料来源：历年上海市张江高科技园区统计年报

张江高新技术企业数量近年来高速增长，“聚焦张江”的战略效应得到了充分体现。但从增长变动趋势看，虽然高新技术企业总量仍然持续增加，但增长速度却呈现出急剧下降的态势。这一方面与园区发展进入一个新的阶段有关，也与长三角甚至更广范围内其他高新技术园区的竞争分流密切相关，此外也受22家

企业未能通过2005年复审、4家企业外迁的影响，该因素将增长速度直接降低了11.45个百分点。22家未通过复审的企业基本与自身经营状况密切相关，或主动放弃，或因产值规模未达到认定标准。2005年新迁入园区的5家高新技术企业原先都在上海，且集中在电子信息与技术领域。其中，上海华虹（集团）有限公司与上海华虹集成电路有限责任公司作为集成电路产业的领军企业，它们的入驻将进一步完善集成电路产业链，显著提升园区的整体实力。

（二）注册类型"外强内弱"、国际化程度高

从高新技术企业所有制性质看，园区外资企业实力强劲，内资企业数量最多，但实力欠佳，自主创新能力较弱。这一状况也说明张江高科技园区高新技术企业国际化程度高，基于全球视野的创新资源丰富（表5-3）。进一步增强内资企业的实力，是增强自主创新能力、促进园区深入发展的关键环节。

表5-3 2005年张江高新技术企业注册类型

企业注册类型		企业数	注册资本/万元	实收资本/万元	资本到位率/%
内资	国有企业	4	177 221	177 221	100
	有限责任公司	113	801 836	796 953.1	99.39
	股份有限公司	9	373 078.7	373 078.7	100
	私营企业	26	22 990	22 990	100
	其他企业	3	7 200	7 200	100
	小计	155	1 382 325.7	1 377 442.8	99.65
港澳台商投资企业	与港澳台商合资经营企业	3	6 810.9	6 810.9	100
	港澳台商独资经营企业	12	54 194	51 506.5	95.04
	港澳台商投资股份有限公司	1	6 992.1	6 992.1	100
	小 计	16	67 997	65 309.5	96.05
外商投资企业	中外合资经营企业	25	277 140.6	275 634.4	99.46
	中外合作经营企业	3	74 945.8	74 945.8	100
	外资企业	40	1 618 100	1 536 751.6	94.66
	外商投资股份有限公司	3	126 046.4	126 046.4	100
	小计	71	2 096 232.8	2 013 378.2	96.05
合 计		242	3 546 555.5	3 456 130.5	97.45

资料来源：上海市张江高科技园区2005年统计年报。

（三）在重点行业内的优势地位突出

2005年，在张江园区242家高新技术企业中，电子信息与技术类企业175家

（其中软件企业 84 家，集成电路企业 17 家），占总数的 72.3%，生物医药类企业 36 家，占总数的 14.9%，新能源与高效节能技术 6 家，新材料及应用技术类企业 5 家，环境保护新技术 4 家，先进制造技术类企业 3 家，航空航天技术企业 1 家。现代农业技术企业 1 家，此外，在传统产业改造中应用的新工艺企业 8 家，投创类企业 3 家（表 5-4）。

表 5-4　高新技术企业产业分布

技术类别	企业数/个	比重/%
电子信息与技术	175	72.31
集成电路	17	7.02
软件	84	34.71
生物医药	36	14.88
新能源与高效节能技术	6	2.48
新材料及应用技术	5	2.07
环境保护新技术	4	1.65
先进制造技术	3	1.24
航空航天技术	1	0.41
现代农业技术	1	0.41
传统产业改造应用新工艺	8	3.31
投创类	3	1.24

资料来源：张江园区办。

高新技术企业的产业分布表明，园区电子信息和现代生物医药产业优势在不断突显，新材料、新能源等产业的实力得到一定加强，为园区内新兴主导产业的发展奠定了一定的基础。

（四）知识产权优势明显

张江专利数快速增加，“含金量”高的发明专利增长尤为迅速，技术专利主要集中在电子信息和生物医药两大领域，张江科技投入开始步入“收获期”。

2005 年，张江高新技术企业共拥有专利 410 个，比上年增长了 29.34%，而 2004 年则比 2003 年增长 159.84%；户均拥有专利数 1.69 个，比上年增长了 20.71%（表 5-5）。从产品分布来看，电子信息产品拥有专利数 265 个，其中生物医药 74 个、新材料 8 个、光机电一体化 36 个、其他 27 个。

表 5-5　高新技术企业拥有专利数

年份	拥有专利/个				高新技术企业数/家	户均拥有专利数/个
	总数	其中				
		发明	实用新型	外观设计		
2003	122	60	45	17	182	0.67
2004	317	237	65	15	227	1.4
2005	410	342	59	9	242	1.69

资料来源：上海市张江高科技园区 2003 年、2004 年、2005 年统计年报。

此外，2005 年，园区内集成电路产业链、软件业共新增授权软件著作权 160 个，比 2004 年减少了 183 个。其中，集成电路产业链 4 个，比上年减少 13 个；软件业 156 个，比上年减少 170 个。集成电路布图设计授权 23 个，比上年增加了 1 个。

园区高新技术企业研发能力在快速提高，但 2005 年增长速度比较缓慢，户均拥有专利数偏少；技术专利主要集中在电子信息和生物医药两大领域，其中电子信息领域户均技术专利数（1.51 个）少于生物医药产业（2.06 个）；软件著作权大幅度减少。

（五）高新技术企业效益指标提高，部分企业开始向“大、强”迈进

占张江园区企业总数不足 1/3 的高新技术企业，2005 年实现的技工贸总收入占园区总收入的 82.87%。户均实收资本持续扩大，部分企业规模快速扩大。

2005 年，园区高新技术企业主要经济技术指标总体完成较好，总收入、增加值、工业增加值、出口创汇、实际上交税费等指标均比 2004 年有不同程度的增长（表 5-6）。总收入 5000 万元以上企业达 60 家，比 2004 年净增 7 家，增幅达 13.21%，大于高新技术企业数的增长速度；实现的技工贸总收入占园区总收入的 82.87%，技工贸总收入比上年增长了 7.19%，高于企业数量的增长速度；增加值增长速度较快，但实现的利润总额出现大幅度降低（表 5-7），这与国际市场晶圆片价格下滑、抗生素类药受国家价格调整等因素有关。

表 5-6　高新技术企业经济总量指标

指标	2003 年	2004 年	2005 年	2005 年增长速度/%
企业数/家	182	227	242	6.61
技工贸总收入/亿元	184.58	301.36	322.70	7.19
增加值/亿元	65.22	124.60	143.49	15.16
利税总额/亿元	20.64	64.21	42.50	-33.81
出口创汇/万美元	55 179.30	134 377.80	137 836.60	2.57

资料来源：上海市张江高科技园区 2003 年、2004 年、2005 年统计年报。

表 5-7　高新技术企业户均经济指标完成状况

年份	企业数/家	户均技工贸总收入/万元	户均增加值/万元	户均出口创汇/万美元	户均实缴税费/万元	户均净利润/万元	户均实收资本/万元
2003	182	10 142.01	3 583.65	303.18	596.32	537.65	10 344.11
2004	227	13 262.55	5 488.92	538.86	680.99	2 147.82	12 372.45
2005	242	13 334.64	5 929.28	569.57	614.55	1 141.85	14 281.53

资料来源：上海市张江高科技园区 2003 年、2004 年、2005 年统计年报。

张江高科技园区内的高新技术企业在数量上不及全部企业总数的 1/3，在数量上没有占优势，但已成为园区经济规模的主体支撑力量（2005 年实现的技工贸总收入占园区总收入的 82.87%），园区要在规模上实现新的跨越，进一步突显高科技园区的特征，就必须在引进和培育高科技企业方面下大力气。园区高新技术企业利润处于不稳定状态，说明利润来源相对单一，市场风险较突出。户均实收资本持续扩大，表明企业在持续扩大。

六、引进项目与投资进入新阶段

引进项目是推动园区可持续发展的重要力量，当前张江引进项目工作已进入平稳地自主理性筛选项目的新阶段。总体上看，园区引进项目数量开始缓慢下降，年度引资总额下降显著，但单个项目规模呈上升趋势。项目行业分布呈现多元化发展态势。

2005 年，张江引进项目的数量同比减少了 3 个，但吸引投资额同比增长了 40.84%，从发展趋势看，1992～1999 年、2001 年、2002 年、2003 年、2004 年、2005 年张江吸引投资额分别为 10.3 亿、34.38 亿、17.5 亿、27.83 亿、8.17 亿、3.06 亿和 4.31 亿美元，呈现严重下降态势；2005 年外商投资所占比重比国内投资高出 4.42 个百分点，从 1992 年以来的变动趋势看，2002 年以前外商投资一直占绝对比重，1992～1999 年、2000 年、2001 年、2002 年分别为 82.52%、92.12%、78.86%、72.84%，2003 年、2004 年则下降为 48.96% 和 16.99%，这种趋势说明园区项目和投资引进进入内外资相对均衡的阶段，内资逐渐成为新引进项目的重点；从产业分布看，电子与信息、生物医药所占比重基本持平，两者之和与金融信息服务业基本相当（表 5-8）。

此外，从 2005 年批准注册外资项目投资来源地看，北美、欧洲占 22.90%，日本和港台占 20.03%，但技术水平相对较高的日本仅占其中的 3.43%。

表 5-8　2005 年张江项目引进基本情况

指标	项目数量/个	同比增长/%	结构/%	吸引投资额/千美元	同比增长/%	结构/%
按投资来源分						
外商投资	62	37.78	42.91	224 789.2	335.07	52.16
外商独资	57	90.00	45.24	218 112.2	430.11	50.61
国内投资	64	-23.81	50.79	206 168.3	-18.85	47.84
按产业分						
电子与信息	63	-13.70	50	81 452.6	48.24	18.9
生物医药	32	-28.89	23.33	81 017.8	14.87	18.8
金融信息服务	3	0	2.4	163 034.3	-6.68	37.83
文化产业	8		6.35	59 754.7		13.86
其他	20		15.87	45 698.1		10.61
总计	126	-2.33	100	430 957.5	40.96	100

资料来源：上海市张江高科技园区 2004 年、2005 年统计年报。

七、人才高地颇具规模，结构需要优化

人才是高科技园区发展的根本依托。2005 年，张江园区共有从业人员 74 462 人，其中工业从业人员为 34 972 万，信息传输、计算机服务和软件业 19 198 人，科学研究 9770 人，其他为 10 522 人；人均薪酬 5.53 万元，其中计算机服务业最高，集成电路制造最低，科学研究次之；博士、硕士、大学和大专人才分别为 1713 人、8079 人和 37 042 人；拥有高级职称和中级职称的员工分别为 3713 人和 8202 人，主要集中在工业和科学研究领域（表 5-9）。

表 5-9　2005 年人力资源规模

行业	从业人员/人	薪酬/万元	按学历分			按职称分	
			博士	硕士	大学和大专	高级	中级
工业	34 972	4.51	319	1 847	12 537	1 355	3 482
生物医药制品	7 994	5.32	58	290	3 560	138	539
集成电路制造	12 420	4.21	183	1 097	4 645	923	1 875
信息传输、计算机服务和软件业	19 198	7.48	376	2 535	13 821	524	1 107
计算机服务	3 748	8.69	215	828	2 091	71	151
软件业	14 876	6.93	155	1 649	11 257	433	908
科学研究	9 770	4.63	774	2 896	5 201	1 165	2 205
其他	10 522	6.22	244	801	5 483	669	1 408
总计	74 462	5.53	1 713	8 079	37 042	3 713	8 202

资料来源：上海市张江高科技园区 2005 年统计年报，张江高科技园区网站。

从就业结构看，工业与信息传输、计算机服务和软件业是就业的主渠道，两者占就业人数的72.75%；在性别比方面，园区从业人员男女比为141:100，服务业的性别比则高达184:100；全园区博士、硕士学历者占总人数的13.15%，科学研究领域比重最高，计算机服务业次之；高中级职称者占园区总从业人数的16.01%，科学研究领域比重最高（表5-10）。

表5-10 2005年人力资源结构

指标	从业比	性别比	学历比例			职称比例	
			博士	硕士	大学和大专	高级	中级
工业	46.97	107	0.91	5.28	35.85	3.87	9.96
生物医药制品	10.74		0.73	3.63	44.53	1.73	6.74
集成电路制造	16.68		1.47	8.83	37.40	7.43	15.10
信息传输、计算机服务和软件业	25.78	184	1.96	13.20	71.99	2.73	5.77
计算机服务	5.03		5.74	22.09	55.79	1.89	4.03
软件业	19.98		1.04	11.08	75.67	2.91	6.10
科学研究	13.12		7.92	29.64	53.23	11.92	22.57
其他	14.13		2.32	7.61	52.11	6.36	13.38
总计		141	2.30	10.85	49.75	4.99	11.02

资料来源：上海市张江高科技园区2005年统计年报，张江高科技园区网站。

园区内三大支柱产业是就业的主渠道，从业人员结构中存在的突出问题是薪酬结构合理化程度，男性远高于女性的性别比不利于园区的和谐发展，将对区域社会产生多重消极影响。

八、产学研体系已形成，关键环节需要加强

产学研一体化是张江园区发展的目标取向，是园区实现以自主创新为主要推动力的核心内容。目前，张江产学研一体化进展较快，产学研体系初步形成，但关键环节需要加强。例如，园区内的高校、科研院所、博士后流动站（工作站）在量上已经初具规模，但研发能力、技术外溢、成果转化、人才培养等方面的作用尚未充分发挥。

（一）园区内高校院所师资力量与学生结构需要优化

2005年7月，张江研究生联合培养基地的启动是张江在产学研平台建设方面采取的创新性举措。截至2005年末，张江园区内共有大学及相关院所14家，其中国外大学有杜兰大学商学院上海分院、新加坡南洋理工大学上海办公

室两家。在14所机构中，有6家在张江开展了全日制在读学生教学（表5-11和表5-12）。

表5-11 园区内高校教职员工状况

高校院所名称	教职工规模	教职工学历结构							
		博导		博士		硕士		大学本科	
		规模/人	比重/%	规模/人	比重/%	规模/人	比重/%	规模/人	比重/%
上海中医药大学	1 251	181	0.88	119	9.51	271	21.66	424	33.89
复旦大学软件学院									
复旦大学微电子研究院	133	13	9.77	35	26.32	25	18.80	42	31.58
上海交大信息安全工程学院	53	2	3.77	21	39.62	10	18.87	20	37.74
中国美术学院上海设计学院	83	0	0	4	4.82	33	39.76	46	55.42
上海电影艺术学院	175	0	0	4	2.29	38	21.71	115	65.71
合计	1 695	196	11.56	183	10.80	377	22.24	647	38.17

资料来源：张江园区办。

表5-12 园区内高校在读学生状况

高校院所名称	总人数	学生类别							
		博士生		硕士生		大学本科生		专科生	
		规模/人	比重/%	规模/人	比重/%	规模/人	比重/%	规模/人	比重/%
上海中医药大学	5 883	348	5.92	864	14.69	3 845	65.36	826	14.04
复旦大学软件学院									
复旦大学微电子研究院	857	28	3.27	225	26.25	604	70.48	0	0
上海交大信息安全工程学院	25	5	20.00	20	80.00	0	0	0	0
中国美术学院上海设计学院	1 269	0	0	19	1.50	1 250	98.50	0	0
上海电影艺术学院	2 063	0	0	0	0	0	0	2 063	100
合计	10 097	381	3.77	1 128	11.17	5 699	56.44	2 889	28.61

资料来源：张江园区办。

张江园区内的高校师资力量需要继续加强，特别是拥有博士、硕士学位的教师比重有待提高。在读学生人数已经达到相当规模，但博士生、硕士生所占比重偏低，与研究型大学相比存在较大差距。

（二）博士后科研工作站、流动站（分站）数量较多，但利用不充分

截至2006年上半年，张江园区内设站单位共有20个，博士生导师486名，在站博士后共112人（表5-13）。

表5-13　园区博士后流动站、工作站（分站）状况

单位名称	批准日期	博导	在站博士后
上海市张江高科技园区	2002.10.16	1	1
国家人类基因组南方研究中心	1999.12.16	3	3
中科院上海药物研究所化学流动站	1985.11.10	48	30
中科院上海药物研究所药学流动站	2003.10.23		
上海中医药大学中医学流动站	1995.2.24		
上海中医药大学中药学流动站	1995.2.24	181	9
上海中医药大学中西医流动站	1998		
上海生物芯片有限公司	2001.12.11	2	2
上海杰隆生物工程股份有限公司	2001.12.11	1	1
上海通微分析技术有限公司	2000.11	1	4
上海复旦张江生物医药股份有限公司	1999.5.4		
普元软件技术（上海）有限公司	2003.12.26	3	1
上海中信国健生物技术研究院	2003.12.26	2	3
上海宏力半导体制造有限公司	2002.11.4	1	1
中芯国际集成电路制造（上海）有限公司	2002.11.4		
威宇科技测试封装有限公司	2002.11.4		
上海奇码数字信息有限公司	2002.11.4		
上海新生源生物医药有限公司	2006.5.23		
微创医疗器械（上海）有限公司	2006.5.23		1
上海市计量测试技术研究院	2006.5.23	243	56
合计		486	112

资料来源：张江园区办。

在站博士后主要集中在生物医药和计量测试技术领域，博士后流动站、工作站利用不充分，许多流动站、工作站需要进一步发展和充实。

九、产业结构以工业和第三产业为主

园区产业结构主要由第二产业、第三产业组成，其中第二产业则主要包括工业，2005 年工业和第三产业经营状况可通过表 5-14 简要反映。

表 5-14　2005 年工业与第三产业对比

工业					第三产业				
企业数/个	资产总额/万元	营业收入/万元	利润总额/万元	应交税金/万元	企业数/个	资产总额/万元	营业收入/万元	利润总额/万元	应交税金/万元
109	585.30	234.66	11.03	9.73	702	487.74	138.88	14.83	7.92

资料来源：上海市张江高科技园区 2005 年统计年报。

2005 年，工业企业的资产总额为 585.30 亿元，营业收入（主营业务收入）234.66 亿元，但实现利润总额和应交税金仅为 11.03 亿元和 9.73 亿元。第三产业拥有资产总额为 487.74 亿元，是工业的 83.33%；实现营业收入 138.88 亿元，是工业的 59.18%；实现利润 14.83 亿元，是工业的 1.34 倍；应交税金 7.92 万元，是工业的 81.46%，但 2005 年第三产业实交税金达到 8.30 亿元。

以上数据说明，工业发展对园区经济规模的扩张作用显著，但工业利润率相对较低，在 2002 年、2003 年曾出现较大规模的亏损（分别亏损 26 381 万元、40 565万元）。从近年来工业利润额的变动状况看，工业利润处于非常不稳定状态，2001 年实现工业利润 7140 万元，但 2002 年、2003 年则出现较为严重的亏损，2004 年实现利润则高达 367 803 万元，到 2005 年又急剧下降为 110 344 万元（图 5-4）。包括信息传输、计算机服务和软件业，房地产业，批发和零售贸易、住宿、餐饮业，仓储业以及其他行业在内的区内第三产业发展稳健，特别是信息传输、计算机服务和软件业，盈利能力较强。

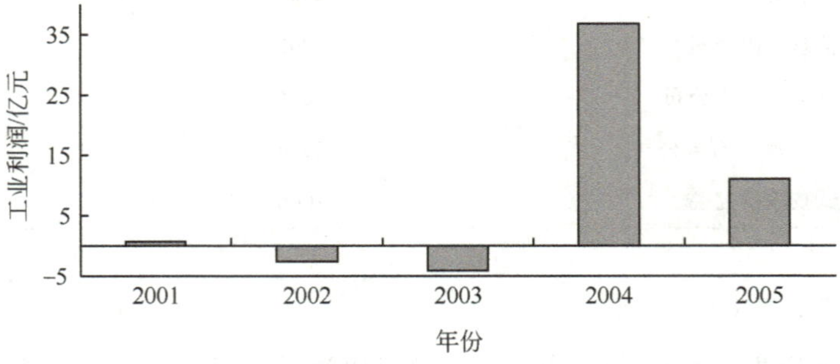

图 5-4　2001～2005 年工业利润变动

资料来源：上海市张江高科技园区 2001～2005 年统计年报

十、三大支柱产业成为主导力量

电子信息产品制造，信息传输、计算机服务和软件业，生物医药已经成为园区三大支柱产业，2005 年三大产业经营收入占园区企业营业收入的 60.79%。三大支柱产业的企业数量、总产值、经营收入及相应比重见表 5-15。

表 5-15　支柱产业规模与结构

行　业	企业数量		总产值/万元	经营收入	
	绝对量/个	比重/%		绝对值/万元	比重/%
电子信息产品制造	40	8.40	1 318 831	1 237 757	51.90
集成电路制造	9	1.89	1 171 131	1 079 593	45.27
信息传输、计算机服务和软件业	305	64.08		741 087	31.09
软件业	223	46.85		522 184	21.90
生物医药	131	27.52	440 701	405 697	17.01
三大支柱产业总计	476	100		2 384 541	100

资料来源：上海市张江高科技园区 2005 年统计年报。

“聚焦张江”战略决策确定了张江园区以生物医药和信息技术两大高科技产业为主导产业，集中体现园区创新创业的主体功能。表 5-15 表明，园区信息技术产业发展迅猛，生物医药产业发展相对薄弱。今后，在促进园区信息技术产业发展的同时，需在促进生物医药产业发展方面采取更加有效的措施。

十一、社会服务体系已经形成，创新创业环境不断优化

社会服务体系是园区和谐、持续发展的重要保障。张江目前已初步建立起了包括投资管理与咨询（63 个）、商业银行（14 个）、担保结构（4 个）、投资银行（4 个）、技术转移机构（3 个）、融资租赁机构（2 个）等在内的投融资服务体系。2005 年，园区中介服务体系由行业协会（7 个）、律师事务所（6 个）、注册登记代理（5 个）、财务代理（4 个）、知识产权服务（4 个）、生物医药临床服务（5 个）、咨询管理（5 个）、综合类服务机构（5 个）组成。中小学包括华东师范大学第二附属中学、上海外国语大学附属浦东外国语学校、上海市民办中芯学校、张江高科区实验小学等。

随着张江园区内支柱产业与新兴产业的快速发展，为之服务的社会服务机构数量也得到了较快的增加（表 5-16），为创新创业提供了较好的环境和条件。总体上看，张江社会服务机构的发展呈现出以下几个特点。

（一）中介机构有所发展，但发展不平衡

张江社会服务机构数量从2003年的85个增加到2005年的138个，两年内年均增长28.20%。但内部发展不平衡，社会服务机构的增量主要来自于投资管理与咨询类，担保机构、投资银行、技术转移、融资租赁机构3年内没有发生数量变化，其他服务机构只有少量增加。

（二）多样化的服务机构格局已经形成，但关键性部门发展乏力，服务能力较低

社会服务机构作为联结产学研的桥梁，功能不同的中介类型可以为园区的发展提供所需的服务。世界知名高科技园区内中介机构的多样化服务，满足了不同主体的发展需求。张江多种服务机构共同发展的格局区基本形成，但专业化程度参差不齐，服务能力高低不一，特别是关键性服务部门发展不力，如风险投资、信息服务、孵化器服务等明显缺乏，不能有效地满足发展的要求（表5-16）。对于高新技术产业而言，融资渠道是产业发展的重要环节，园区虽然有比较多的投资管理与咨询服务机构，但就园区本身发展来讲，难以满足企业解决资金瓶颈的需求。另一方面，关键性的服务机构如信息服务机构、孵化器服务等缺失。对园区企业而言，需要通过对企业的培育，将知识转化为生产力，而张江孵化服务不足，中小企业孵化的服务环境不完善。

这些关键性服务部门的缺失或发展不力，直接制约着张江高科技园区高科技产业的发展与园区转型，制约着园区内研发成果的产业化进程和创新型本土企业的成长，制约着入驻的跨国公司的本土化进程。

表5-16 2003～2005年张江社会服务体系机构数量变动状况（单位：个）

类别	2003年	2004年	2005年
投资管理与咨询	30	57	63
各级银行机构	11	11	14
行业协会	6	7	7
律师事务所	5	6	6
注册登记代理	4	5	5
人事代理	4	5	5
担保机构	4	4	4
投资银行	4	4	4
财务代理	3	4	5

续表

类别	2003 年	2004 年	2005 年
知识产权服务	3	4	5
技术转移	3	3	3
生物医药临床服务	2	3	5
咨询管理	2	3	5
综合类	2	3	5
融资租赁	2	2	2
总计	85	121	138

资料来源：上海张江高科技园区 2003 年、2004 年、2005 年统计年报。

此外，“现代科学城”的发展定位对园区内的生活居住环境、人文环境建设与优化工作的需求越来越迫切。这些方面无疑会对园区的创新创业产生基础性的影响。

十二、土地资源约束明显，空间产品及其布局需要调整

目前，张江集团系统（不包括中区）共有土地 5 265 424m^{2}①。其中，产业用地 4 220 243m^2，占土地总量的 80.15%；商业配套用地 151 742m^2，占土地总量的 2.88%；住宅配套用地 849 238m^2，占土地总量的 16.13%；另有未计划使用的综合性用地 44 201m^2，占土地总量的 0.84%。园区（除中区外）建筑总量已达 2 387 402m^2；同时目前在建及计划建设的建筑量为 3 133 406m^2；暂时未计划建设面积 1 931 190m^2，已开发房产占总建筑量的 32%（表 5-17）。

表 5-17　2005 年各功能性物业建筑量

类别	面积/m^2	比重/%
产业	5 923 716	79.49
商业	320 625	4.30
住宅	1 119 257	15.02
空置综合用地	88 400	1.19
合计	7 451 998	100

资料来源：张江高科技园区招商中心。

目前，园区物业类型包括标准厂房、孵化楼、办公楼和研发楼四种。四类物

① 以上数据不包括用作大学学院以及宗教用途的土地，另附列入计算中的土地及建筑明细，同时缺乏集团本身掌握土地情况的数据。

业的比例结构如图 5-5 所示。

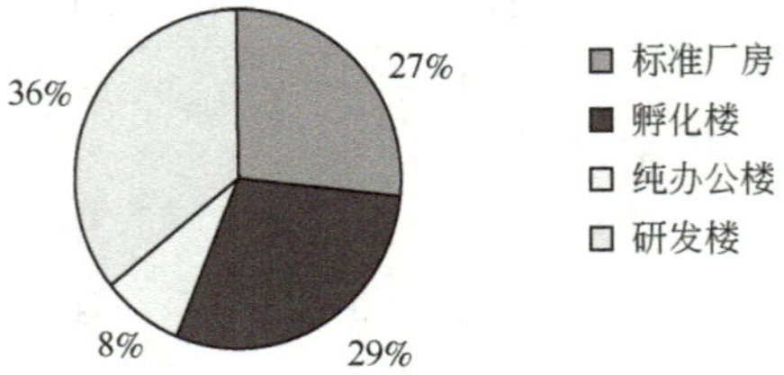

图 5-5　园区物业类型构成

资料来源：张江高科技园区招商中心

截至 2006 年 5 月，属于张江集团系统拥有的产业物业总量为 936 124m²。其中，已出租面积达 672 357m²，已出售面积达 177 565m²，空置物业为 86 202m²，平均空置率为 9.21%。总体上利用比较充分，但所占比重最大的研发楼利用率偏低（表 5-18）。孵化楼对创新创业的支持方式也需要调整优化。

表 5-18　张江系统内各类型物业出租状况

指标	标准厂房	孵化楼	办公楼	研发楼	总量
总量/m^2	161 655	259 635	73 594	361 617	856 501
空置/m^2	0	5 617	1 590	45 173	50 791
出租率/%	100	97.84	97.84	87.51	94.07

资料来源：张江高科技园区招商中心。

第二节　张江模式的核心特征

张江通过聚焦高端产业、高端人才、高端研发，已经形成以集成电路、生物医药、软件、文化创意、金融信息服务等主导产业为代表的集群优势和创新优势。高端产业上，张江集成电路产业以晶圆制造和芯片设计为龙头，一手抓设计公司的快速引进和大力扶持，一手抓芯片代工企业做大、做强；在国内拥有最完善的集成电路产业链及最先进的集成电路制造、设计和研发工艺；是国内最大的集成电路研发、制造基地，产值规模占据国内半壁江山。生物医药产业已经构筑起"研究开发—中试孵化—规模生产—营销物流"的现代生物医药创新体系；汇集了罗氏制药、国家人类基因组南方研究中心、中信国健、复旦张江等国内外知名的制药企业、研究机构和一大批研发创新型中小企业。生物医药领域拥有专利 540 多项，其中国际专利 25 项，申报国家一类新药 40 多项。软件产业在国内率先建成由宽带通信、共享数据中心、软件评测、软件构件库、IC 设计服务、安全代理服务、软件培训、软件出口服务等模块构成的技术增值服务平台；网络游戏、动漫研发、影视后期制造引领园区文化科技创意产业的发展，2006 年营业收入超过 30 亿，带动相关产业产值约 240 亿，其中网络游戏产值占全国的 70%以上。高端研发上，园区累计引进国内外研发机构 140 家，集聚了一大批国家级研究中心和大型跨国研发中心；通用电气研发中心、罗氏研发中心、AMD 研发中心、杜邦研发中心、霍尼韦尔研发中心等大型跨国研发中心都向张江整合，张江已成为全球研发链的重要组成部分。在高端人才上，园区科技人员已达 10 万，其中两院院士 20 多名，博士 2100 多名，硕士 11 700 多名，海外归国人员 4500 多人；博士后流动站、工作站 20 家，研究生联合培养基地成员单位 12 家。

总体上看，张江模式具有以下几个方面的核心特征。

一、高效的园区管理体制

高效的园区管理体制是国家高新区健康发展的必备条件，张江在发展过程中摸索建立起来了一套适合张江实际发展的园区管理体制（刘小龙，2007）。该管理体制由上海张江高新技术产业开发区领导小组（下设办公室）、上海市浦东新区张江功能区域党工委、张江（集团）有限公司等机构组成。由上海市领导、浦东新区领导以及职能部门负责人等组成上海张江高新技术产业开发区领导小组，每年召开一次工作会议，就园区发展的重要工作进行组织、协调、引导；上海市浦东新区张江功能区域党工委负责园区与所在区域的协调与统筹；张江（集团）有限公司则以公司化形式，定位于高科技园区的开发运营商、高科技园区的创新服务集成商、高科技项目的投资者的战略角色，具体负责园区的开发建设。高效的管理体制保证了园区决策的科学性和及时性，成为园区高速发展的重要制度性保障。

此外，在具体的企业审批制度中，在 2001 年，注册张江的审批环节即已经大大简化，工商从受理注册到发执照从 5 个工作日缩短到 3 个工作日；招商中心与企业签订房屋租赁协议从 7 个审批环节压缩到 1 个环节；留学生资质认定当天就能办结；外资项目的审批从工商受理之前的 10 个工作日简化为与工商登记同步进行，7 个工作日就可完成。

根据浦东新区第四轮审批制度改革要求，2006 年在张江园区推行企业开业“一表制”的改革，通过建立“一表制”审批平台，对内、外资企业设立实行“一套表式，一次告知，一门受理”的审批方式，进一步减少审批环节，缩短审批时间。

深化政府行政审批和服务项目“零收费”改革试点 。2006 年，对注册在园区内的企业发放《零收费登记卡》620份，累计发放4142份；全年免费额900万元，累计免费总额2400万元；免费惠及19 000户（次），累计已有53 000户（次）受惠。

2006年，园区认真梳理政策，根据《行政许可法》的要求，梳理和上报了张江园区现有12项行政许可审批事项和13项非行政许可审批事项的行政执法依据，进一步争取更多的事权下放园区。

2004年底，包括张江高科技园区和周边镇及街道在内的张江功能区域成立，从规划、体制、机制上进一步深化“区镇联动”，推进区镇一体化。张江园区的管理单位张江（集团）有限公司与“邻居”——张江镇、合庆镇、唐镇签订了招商合作框架协议书，将“一个品牌（张江园区）、联合开发、统一招商、利益共享”作为运作机制。

2006年12月1日，由首批51家具有行业代表性的园区企事业单位共同发起组建的“张江高科技园区发展事务协商委员会”正式成立，成为中国高新区管理体制创新举措。

构建友好合作开发区机制。2007年9月8日，张江高科技园区和成都高新技术产业开发区签订了战略合作协议，结成友好合作开发区。双方将在集成电路、软件和创意产业、生物医药等八大方面联手，运用优势互补、助推两大园区的跨地域“连线”，实现互惠共赢。今后，成都和上海在软件产业的项目招商引资、人才招聘，或是产业布局等方面都会联手推广；同时，在配套服务方面，双方将大力加强在公共技术服务平台、融资服务平台、中介服务体系方面的合作。

二、全面的政策聚焦

1999年8月，上海市委、市政府制定了“聚焦张江”的战略决策，确定以张江高科技园区为重点的科技园区发展目标，把张江高科技园区建设成为技术创新和科技成果转化、产业化的示范基地；产学研结合综合改革的先试先行基地；创新型人才、研发机构和高新技术企业的集聚与辐射基地；与市场经济和知识经济发展相适应的科技服务基地。重点发展生物医药和信息技术两大高科技产业，并积极发展新材料产业和环保产业，集中体现研发创新、孵化创业、转化辐射和机制创新四方面的主体功能。经过15年的开发建设，已经构筑了国家上海生物医药科技产业基地、国家信息安全成果产业化基地、国家软件产业基地、国家软件出口基地、国家半导体照明工程产业化基地、国家微电子产业基地、全国文化产业示范基地、上海研究生联合培养基地、国家网络游戏动漫产业发展基地以及上海市银行卡产业园等基本框架，并先后被授予国家火炬创业园、国家留学生人员创业园、ISO14000国家示范区。目前，园区正在成为跨国公司地区总部和研发中心的聚集地，园区已集聚国内外各类研发机构200多家，其中经认定的国家级、市级、区级研发机构达65家，共同构筑起园区研发创新平台。

在“聚焦张江”战略实施的第二年（2000年），《关于鼓励浦东新区企业技术开发机构发展的若干意见》、《关于鼓励软件产业和集成电路产业发展有关税收政策问题的通知》、《上海市药品监督管理局关于支持张江高科技园区发展生物医药科技产业的措施》、《关于支持张江高科技园区发展的海关十条措施》、《上海市张江高科技园区外商投资企业直接登记工作规范》、《关于进一步发展上海张江高科技园区的实施方案》、《关于浦东新区进一步鼓励软件产业和集成电路产业发展的若干意见》、《浦东新区“十五”期间财政扶持张江高科技园区高新技术产业发展的若干意见》、《关于本市鼓励软件产业和集成电路产业发展的若干政策规定》、《浦东新区“十五”期间财政扶持经济发展的若干意见》等优惠政策密集出台并实施；2001年出台了《关于张江高科技园区内内资企业设立登记的实施细则》、《上海市促进张江高科技园区发展的若干规定》等7项优惠政策法规；2007年，园区产业与科技政策进一步完善，陆续制定并实施了《关于进一步推进张江高科技园区自主创新的实施意见》、《张江高科技园区重大科技活动资助实施办法》、《张江高科技园区进一步支持行业协会发展的实施办法》等政策措施。

“聚焦张江”战略的实施，使张江以崭新的姿态及时捕捉住了高新技术产业如集成电路、生物医药等产业分工国际转移的战略机遇；及时捕捉住了研发产业链条国际分工转移的战略机遇；吸引了一大批战略投资者入驻园区；争取了一大批具有战略意义的国家级重点实验室和研发平台，将张江推入高速发展的快车道。

2006年上海高新区正式更名为“上海张江高新区”，成为张江高科技园区在内的上海张江高新区发展的新起点。建设以张江高科技园区为核心园、“一区六园”的上海高新区，不仅仅是名称的简单改变，它对园区的发展具有重要的现实意义。强调突出了园区的品牌价值，既是对张江高科技园区发展的充分肯定，也为张江高科技园区的发展提出了更高的要求。上海市正在继续实施“聚焦张江”战略，进一步扩大张江的品牌效应，增强上海高新园区的影响力；需要推进资源整合，使各个园区优势互补、联动发展；需要统筹谋划，从整体上提高园区的能级和水平。

三、高端外商投资引进

截至2006年底，张江高科技园区累计吸引外商投资总额162.91亿美元，完成固定资产投资达819.05亿元。在项目引进过程中，张江高科技园区坚持面向海外的产业高端、研发高端的引进原则，专门设置了一套“产业/产业环节等级评估体系”，对污染重、资源消耗大、层次低的产业不得引入。同时对既有的一些技术含量低、产业层次低的企业通过经济手段促进其转移到园区之外。

外资驱动型、留学归国人才创业驱动型经济是张江高科技园区的又一突出特征。GE 通用电气、SONY、微软、中芯国际、罗氏、礼来等一大批著名跨国公司成为园区的一面旗帜。在张江高科技园现有的1000 多家入驻企业中，有70～80家企业将总部或研发中心设在张江。2006 年9 月，“上海张江高科技园区”被正式确定为国务院侨办“引智引资重点联系单位”。

1994 年9 月，外商独资企业——联信增压器（上海）有限公司正式开工，它是张江园区第一个正式开工的外资企业；5 月，园区第一家外资企业——上海罗氏制药有限公司正式签约。

1995 年9 月，园区第一个投产项目联信增压器（上海）有限公司正式投产运营。

2000 年8 月，一期投资14.76 亿美元的中芯国际集成电路制造有限公司落户张江园区，并正式打下第一根柱。

2001 年9 月，中芯国际举行“中芯第一芯”投片生产庆典。

2000 年11 月，一期投资16.3 亿美元的宏力半导体制造有限公司落户张江园区，成为当时浦东新区最大的外商投资项目。2003 年9 月，上海宏力半导体制造有限公司建成开业。

2006 年7 月，总投资额2900 万美元的福尼克斯成像技术（上海）有限公司在张江高科技园区开业。福尼克斯是世界上最大的光掩膜制造商之一，从事的光掩膜制造是半导体制造中的关键元件，也属于国家鼓励外商投资的行业。

2006 年9 月，通用电气公司（GE）在张江高科技园区开工打造一个比美国总部规模还要庞大的园区，总投资7700 万美元，可容纳约4500 名员工。

2006 年10 月，全球领先的科技公司陶氏化学公司在张江园区动工兴建世界一流的陶氏中心。

张江主导产业特别是集成电路产业集群的外资驱动型尤为显著。张江已经成为世界集成电路产业转移的中心和投资的首选地之一。2000 年，中芯、宏力两大集成电路的相继开工建设还只是“投石问路”，但就开我国台湾集成电路产业投资内地的先河而言，它们的顺利建设已经起到了“一石千浪”的效果，与之配套的上下游设计、封装、测试各环节企业纷纷跟进园区。2001 年，浦东张江共吸引外资14 亿美元，占整个浦东新区的70%，累计引进合同项目91 家，平均每两天接待一个台商访问团。

在“药谷”建设中，园区加强主动性，以尚未在中国完成产业布点的日资企业为主，引进了津村、三共等项目。

园区针对世纪之交美国经济不景气的状况，以美国硅谷地区为重点，针对留学生项目进行招商，吸引大量的高学历留学人员到张江创业。据浦东新区留学生服务中心提供的统计数据，2001 年到浦东创业的归国留学生有 90% 选择在张江。

四、研发支撑与产业发展齐头并进

对高科技园区来讲，创新是灵魂，产业是脊梁。如果有加工而无创新，有企业而无产业，高科技园区将陷入有名无实的尴尬。研发创新和产业培育两翼齐飞，信息产业和生物医药产业双柱擎天，使张江成为“形神兼备”的新经济巨人。

张江努力吸引包括国家级研发机构、高等院校、大公司、以研发为主的中小企业在内的创新主体，构筑智力密集区，开掘技术创新的源头活水。目前，中国科技大学、上海交通大学、复旦大学、中国科学院等在园区设立了研发中心、培训基地和研究生教育基地；陈竺、陈凯先、顾钧、杨玉良 4 位首席科学家在张江创办了研究机构；一批在科研上成就卓越、有志创业的青年才俊、海外赤子也纷至沓来，在园区设立重点实验室、技术中心和科技企业；上海中医药大学，上海交通大学信息安全学院、软件工程学院，复旦大学微电子学院等院校也将落户张江。截至 2006 年底，张江已经吸引各类研发中心达到 91 家。在其聚集的 10 万多名科研人员中，包括 20 多名两院院士、2100 多名博士、4500 多名“海归”。

1997 年 12 月，浦东第一个新建的普通高校（本科）中国美术学院上海艺术分院落户张江园区。

1998 年 10 月，国家人类基因组（南方）研究中心在张江举行揭牌仪式。

1999 年 10 月，张江高科技园区技术创新区正式开工。

2000 年 3 月，国家软件产业基地——上海浦东软件园举行隆重的开园典礼。

2000 年 4 月，张江高科技园区技术创新区（一期）正式建成。

2002 年 3 月，复旦大学张江新校区签约，复旦国际示范软件学院、微电子研究院入驻。

2003 年 11 月，GE 中国技术中心在张江落成；园区第一所整建制大学——上海中医药大学落成。

2004 年 10 月，罗氏集团全球第五个、亚洲第一个研发中心在浦东张江高科技园区投入运营。从 10 年前在张江设立生产基地到建立研发中心，罗氏在华投资实现了战略升级。

2004 年 11 月，国内运算速度最快的超级计算机——曙光 4000A 在园区超级计算中心落成启用。

2005 年 5 月，复旦大学百年校庆之日，该校张江校区（一期）正式启用。

2005 年 6 月，美国罗门哈斯公司中国研发中心在张江高科技园区奠基。

2005 年 11 月，杜邦中国研发中心开业。

2006 年 6 月，上海张江（集团）有限公司与上药集团上海雷允上药业有限公司在浦东新区政府隆重举行“推进现代中药产业发展，战略合作协议”签约仪式，随后，旗下的上海市中药研究所首先入驻张江高科技园区生物医药基地。

2006 年 1 月，张江高科技园区建园以来首次举行“2005 年度张江高科技园区企业颁证授奖仪式”，一批优秀的创业创新企业获得了张江“创业之星”、经济贡献奖、企业科技创新奖、知识产权示范奖、环境贡献奖等多个奖项。同时，还举行了相关企业“上海研究生联合培养基地”授牌和科技创新专项资金资助企业颁证仪式。

2006 年 8 月，陶氏化学研发中心签约入驻张江生物医药基地；AMD 公司在美国本土以外最大的研发中心，在全球研发体系中最重要的中心之一在张江高科技园区正式投入运营；浦东新区政府与军事医学科学院签订合作协议，同时，为推进该合作协议的贯彻落实，军事医学科学院、张江生物医药基地公司、海泰药业三方签订了共建“军事医学科学院张江研发中心”协议。

2006 年 9 月，复旦大学张江校区（二期）开工；投资预计 6000 万美元的罗门哈斯中国研发中心在张江开业。

2006 年 11 月，世界领先的多元化技术和制造企业——霍尼韦尔公司亚太技术中心扩建项目正式启动；瑞士制药巨头诺华公司高调宣布，计划投资 1 亿美元的全球第八大研发中心将落户张江高科技园区。

五、创新创业环境的系统化培育与优化

张江一向重视创新环境的培育，在人才培训、资本市场完善、知识产权保护、孵化平台建设等方面，都做出了积极的努力和探索，并取得了良好成效。人才培训上，为了缓解企业人才紧缺，2006 年 10 月张江专门成立了国家级服务外包人才培训基地——上海张江创新学院，为高科技产业和服务外包企业培育、输送专业适用人才；成立了上海市生物医药研发外包基地和浦东新区生物医药研发外包服务中心等；资本市场上，园区充分发挥政府风险投资引导基金导向的作用，并积极引导国内外风险投资机构集聚，目前已吸引各类投资机构近 60 家。知识产权保护上，作为“国家知识产权试点园区”，张江积极推进构筑园区知识产权服务体系、自主知识产权成果转化孵化、知识产权质押等工作，着力提升园区专利申请的数量和质量、推进园区自主知识产权的产业化、创造良好的知识产权保护环境；孵化平台建设上，园区已经形成各类孵化器集聚的“一体多层”

的集群结构，集成电路技术服务平台、软件技术增值服务平台、生物医药公共服务平台、动漫研发服务平台等若干孵化平台，正朝着专业化、精深化方向发展。同时，张江园区十分关注社会责任体系建设，引导企业实现“四个转化”，鼓励企业树立符合社会责任要求的企业文化和企业价值观，建立健全管理制度，维护生态和环境持续健康发展。正是依托良好的创新环境，一项项重大的创新成果才得以在张江的沃土上诞生，展讯通信、微创医疗、宝信软件等一大批创新型企业才得以在张江生根、开花、结果。

此外，在创新创业生活环境与园区文化建设等方面，张江也积极采取了一系列有效措施。例如，2002 年 11 月，园区通过国家环境保护总局（现环境保护部）“ISO14001 环境管理体系”认证；2005 年 5 月 17 日，“相约张江”科技文化节在园区举行；2006 年 5 月 17 日举办了以“创新· 创业· 创意”为主题的“2006 相约张江——第二届张江科技文化节”；2005 年 4 月 23 日，投资 6 亿元人民币、占地 160 亩（注：1 亩 =666.6 m^2）的上海中医药大学附属曙光医院（东部）在张江高科技园区张衡路正式落成；2005 年 12 月 10 日，历时半年的“城市进行式· 现场张江”举行落成开幕典礼，该项活动由沪申画廊和上海浦东张江高科技园区领导小组办公室等共同举办；积极举办高科技产业发展研讨会、高科技产业论坛、信息交流会等，如 2006 年 10 月 26 ~ 28 日，由科技部、国务院信息化办公室、发改委、商务部、信息产业部、教育部、公安部、交通部、铁道部、建设部、海关总署、国家质检总局、国家邮政总局、食品药品监管局 14 部委，及上海市人民政府共同主办的“2006 中国射频识别技术发展国际研讨会”在张江高科技园区召开；2006 年 9 月举办了“上海张江德国啤酒节”；2007 年 9 月 8 日，美国药典（U. S. Pharmacopeia）中华区总部在上海宣布成立。美国药典中华区总部（USP-China）将帮助国内企业更好地获取美国药典的药物分析方法标准、标准物质和其他相关服务。美国药典的标准物质用于通过测试，检验样本是否符合美国药典和国家处方集的标准，从而保证产品质量。因美国药典的认证是被 FDA 所采纳的，如能通过 USP 认证，将对企业通过 FDA 认证极为有利；2007 年 8 月上海知识产权交易中心张江分中心暨国家信息技术专利数据库、中国电子工业标准化技术协会企业标准化工作委员会宣告在张江落户。

通过多年持续建设，“自我设计、自主经营、自由竞争”和“鼓励成功、宽容失败”的园区文化和创业氛围正逐渐形成。

张江创新体系建设的一大亮点还集中体现在其“张江海外科技创新园”的建设上。“张江海外科技创新园”是全国首家委托留学人员专业团队管理的政府孵化器，是我国自主创新体系探索一个重要试验田。由留美专家组成的团队首创留学专业人员回国服务的“张江模式”，利用创新观念、专业技术、海外资金及国际管理的优势，通过创业风险投资与科技产业孵化器管理相结合，以及国际化、专业化和规范化的运作，以“自主创新、以我为主”为宗旨来培育国内有自主知识产权的科技产业，力图推动“中国加工”到“中国创造”、“中国拥有”转变的进程，开辟“以市场换技术”之外的另一科技发展道路。通过近7年的探索和实践，取得了可喜的成果并获得了宝贵的经验。“张江模式”创建了切实可行“自主创新，以我为主”的新体系，为国有资产增值和公共财产管理提供新思路，创立新的吸引海内外人才机制，开创吸引外资（带动了8倍的外资跟进投资）和促进我国科技产业发展新的模式。

2000年3月，由留美专家马启元、陈忠苏、竺农范、李一和黎彦修共同发起和组建了设立于纽约的时代创新投资有限公司（简称时代创投）。2000年3月29日与张江科技园及张江创投基金达成协议，建立“张江海外创新科技园”及管理7500万元人民币的张江基金。管理期5年，时代创投管理团队自筹500万人民币以配投每个项目。2000年10月28日，时代创投（上海）公司正式成立，开始创业风险投资运作。除了5位创始人外，时代创投又吸引到原DLJ投资银行的副总裁黎平、原麦肯锡咨询公司方侃博士、原Intel高级技术主管白岗博士加盟。自2001年1月起，马启元博士停下海外教授的工作，全职回国，并于2001年7月举家搬到上海张江，黎平、方侃也于2001年7月开始为公司工作。其他主要发起人陈忠苏、竺农范、李一等也在2001年前后回国，分别在上海、深圳等地安家。之后，时代创投还吸引了原太平洋联合投资公司总裁董颖、原Ernst&Young系统分析专家石晓成、原FederatedInvestor共同基金公司信息系统专家谢学鸿、原美林证券副总裁王伟、原世达国际律师事务所律师倪虹等参与，并帮助他们回国创业。

由于是留学生外资企业，不能直接进行管理孵化器工作，因此，时代创投团队又于2001年11月6日成立了内资管理公司时代创业管理公司（以下简称时代创业）。时代创业首创了管理孵化器——张江海外科技创新园（以下简称创新园）的非盈利性公司管理模式，所有管理所得收入均用于孵化器自身的建设、服务、运营以及鼓励知识产权，管理期3年。管理期结束后，管理所得剩余财产全部交还张江园区。

张江海外科技创新园于2002年7月29日正式开园，受到国侨办、上海市的支持和关注。自设立起，就以面向国内科技创新提供全新管理机制、把张江科技园直接与国际接轨为目标，致力于招“智”引“资”新模式的探索，积极为海外留学人员专业人士回国创业和促进中国“以我为主”的高科技产业发展开辟一条新路。海外科技创新园有别于国内其他留学生园的三个特点是：

一是风险投资与孵化器管理结合为一体，解决了目前国内孵化器由于没有创投资金不能从软环境着手参与企业管理与孵化的瓶颈。

二是政府的种子基金与境外风险投资通过项目捆绑在一起，解决了科技项目公司找种子难、早期投资难与境外投资机构找不到好的中晚期项目投资对接的困难。

三是由一个专业化、国际化的留学生团队托管政府基金、留学生园，解决了目前国内孵化器与海外接轨在管理理念和国外同行联系交流上的障碍。

园区建筑面积共约 8 km^2，至 2005 年 2 月海外科技创新园已有 22 家创业留学生科技企业入驻，给时代创投的项目公司带来了许多“无形资产”和增值资源，成为留学生回国创业项目来源的聚焦点，也是境内外投资商及企业寻求投资与合作机会的平台。这些留学生高科技企业的创业者来自美国、日本、加拿大、法国、澳大利亚等国，行业分布于集成电路设计、信息安全、生物医药等领域，投资总额折合人民币 1. 43 亿元，人均投资资本为人民币 50 万元。开园第一年 (2003 年) 实现销售收入人民币 5600 万元（据不完全统计），人均年产值逾 20 万元。这 22 家留学生高科技企业共有员工 285 人，其中高中级人才 117 人（博士 35 人、硕士 74 人、MBA 8 人）。为了鼓励园内企业保护自身的知识产权，海外科技园注重“软”环境服务，推出多项服务举措，如设立专项基金支持企业申请专利，与美国专利律师事务所达成合作意向，创新园从建成到 2004 年的二年内已申请发明专利、软件著作权及商标专利共计 70 项，平均每人申请知识产权保护 0. 24 项，每家公司 3. 5 项。创新园对每项专利申请提供 3000 元专利基金予以支持，对申请国际专利支持 12 000 元。迄今，孵化器的企业承担了科技部的“863”项目 7 项、上海市各类攻关项目 15 项。

六、产业基地—产业链式—产业集群

通过建设产业基地—发展产业链并围绕产业链条招商引资与企业孵化培育—促进产业集群化发展是张江高科技园区发展模式的一个显著特点。1996 年 8 月，上海市政府与国家科委（现科技部）等部门在北京签订了“国家上海生物医药科技产业基地的合作协议书”，这是园区设立的第一个国家级产业基地；2005 年 9 月，上海张江现代医疗器械园正式开园；2005 年 11 月，国家网络游戏动漫产业发展基地在园区揭牌；2006 年，国家无线射频（RFID）产业（上海）基地在张江高科技园区揭牌；同年，上海研究生联合培养基地授牌。目前，园区建有国家上海生物医药科技产业基地、国家信息产业基地、国家集成电路产业基地、国家半导体照明产业基地、国家 863 信息安全成果产业化（东部）基地、国家软件产业基地、国家软件出口基地、国家文化产业示范基地、国家网游动漫产业发展基地等多个国家级基地。

产业链式发展特征集中体现在其集成电路产业的发展上。发展集成电路，张江率先实践“产业链”发展思路，即以产业链的培育和完善带动和提升集成电路产业的整体规模和水平，实现了集成电路产业在张江的跨越式发展。目前张江集成电路形成了从设计、制造、封装测试及包括设备制造在内的国内最完整的产业链，同时呈现出国内加工水平和生产能力最高、研发机构实力最强、高端IC设计企业最集聚等特点。

第三节　张江高科技园区发展定位

上海市委市政府对张江高新区下一步的发展提出了“三个示范”的要求：一是成为加强自主研发的示范。要吸引和集聚各类研发资源，抢占高新技术制高点，积极推动企业成为研发创新的主体。二是成为高新技术产业化的示范。要搭平台、建通道，将园区的研发优势转化为产业优势，加快做大做强高新技术产业，形成若干产业集群。三是成为政府管理创新的示范。要在体制机制上大胆突破，加快管理创新，提高管理和服务水平，使园区真正成为适宜创业发展的基地。张江高新区要在新的框架下完善管理和运作，就要加强对园区发展的统筹，既整体打好张江品牌，对各分园区加强管理和规范，又保持各分园区的特色，发挥好各方面的优势。同时要加强整体规划，明确各分园区的功能定位，促进集约化发展。要扎实地落实促进园区发展的各项政策，为充分发挥园区功能营造良好的环境。

我们认为，作为张江高新区核心园的张江高科技园区，其发展要以提高自主创新能力为主线，以制度创新为动力，全面落实科教兴市和进一步深化“聚焦张江”战略，把张江高科技园区打造成为高科技创新、创业人才工作和生活的科技人文社区，成为产、学、研结合的国家自主创新示范引领区，成为国家自主创新示范基地，成为以高新技术产业为基础、以现代化城市要素为载体、以创新文化为底蕴、以自主创新为核心的具有国际竞争力的科学城。

在发展过程中，要形成一个模式：产学研结合驱动模式；打造两个链条——专业型的知识创新服务链和综合配套创新服务链；实施三个聚焦——高端产业聚焦、高端人才聚焦、高端研发聚焦；形成四个体系——资本市场体系、创新孵化体系、知识产权保护体系、人才引进和培训体系。

一、生产与产学研一体化兼容的高科技园区

从发展驱动力来看，全球高科技园区可以分为研发、产学研一体化、生产等三种类型。日本筑波、韩国大田科学城以研发为主的经验难以被张江仿效，而我

国台湾新竹、美国硅谷经验值得张江重视。

美国硅谷是世界产学研一体化高科技园区的优秀代表。美国硅谷利用世界知名大学研究机构“Spin Off”过程，将新理论、最新技术、创新人才、风险资本导入产业领域，利用美国国防部巨额军事订货，利用美国勇于探险、追求创业的文化优势，实现了高科技产业资源在地域空间上的集聚、整合，促进了硅谷的应用性科学研究和高新技术成果的产业化，缔造了世界高科园发展的新模式。

而我国台湾新竹高科技园区发展大体经历了四个发展阶段：第一阶段，从美国 Texas Instrument 回国的人员创建了台湾工业研究院；第二阶段，利用与美国的特殊关系，大力引进外资，建设外商独资企业、合资企业；第三阶段，借助 20 世纪 70 年代末开始的大批海外留学人员返台创业的机会，台湾工业研究院人员创建了台积电、联电等公司，大规模开展研发创新活动；第四阶段，利用技术和资本优势，向海外拓展，进一步强化在微电子领域的优势地位。

由于张江空间范围较大（规划面积近 $50km^2$）、研发等科技资源丰富，在引进外资、吸引留学人员回国创业（中国内地 70% 以上的归国创业人员集中在上海，而上海 70% 以上归国创业人员集中在张江）、创办合资企业和外商独资企业、设立公共研究机构、建设公共技术平台等方面，取得了令人瞩目的成绩，因而张江的定位将是介于生产型园区与产学研一体化园区的中间类型，即生产与产学研一体化兼容的高科技园区。具体地说，张江应该创新、创业并重，立足研发创新网络、产业生产网络两大开放式的张江“局域网”建设，将张江建成新技术的研究开发基地、产业化基地、生产基地，打造集成电路、生物医药、软件、银行卡产业、光电子产业、创意产业等产业集群。

二、现代科学城

我国台湾新竹高科技园区建园 10 年后开始赢利，科技成果产业化逐渐步入正轨；建园 15 年后，投入产出效益不断上升，集聚效应非常显著，达到一个产出小高峰；建园 20 年后，技术、资本向外扩展速度加快，市场腹地扩大，新竹开始进入良性循环。

自 1999 年实施“聚焦张江”战略以来，张江高科技园区建设取得了重大进展。张江开发 15 年，“聚焦”7 年，成功打造了中国高科技园区第一国际品牌，张江已经成为我国 54 个国家高新区中国际知名度最高的园区之一。张江的主要优势体现在：①高科技资源快速集聚，张江已经成为我国生物医药、信息安全、软件开发研发机构集聚程度最高的园区之一。②外资所占比重大，进出口贸易活跃，海外联系密切。③多元文化人才集聚。海归人才、外籍人士所占比例高，海派文化（国际化）色彩浓厚，文化兼容性强。④制造业发达，发展前景美好。

上海、长江三角洲地区是中国内地制造业规模、技术管理水平最高的地区，市场潜力、配套条件优越。

在建设创新型国家的征程中，张江有条件、也必须成为我国科教兴国的一面旗帜，一定能在现代科学城的建设上探索出一条具有中国特色的成功经验。

“现代科学城”的建设是希望借助高校和科研机构的学术力量，与张江原有的生产、科研优势相结合，走产学研一体化道路，确保张江的科技引领地位。通过引进的高等教育和高端研发机构、高端研发人才引领而不是被动适应浦东乃至全球高新技术产业的发展。

由单纯的高科技园区向“现代科学城”转变，也意味着张江将在科技创新、知识外溢、区域带动方面迈出实质性步伐，成为带动区域经济社会发展的引擎和龙头，才能更好地肩负起国家高新区的历史使命。

三、产业链多环节“齐头并进”

上海不仅是我国内地的经济中心，而且还是我国重要的科教基地之一、国际交流中心之一。由于张江拥有丰富的科教资源、雄厚的制造业基础、便捷的对内对外联系通道、广阔的市场腹地，决定了张江在高新技术产业的研发、生产、服务三个环节都必须有所作为，张江必须经历低端研发、低端加工与生产、低端服务向高端产业发展的升级过程，由“三来一补”、“接单式”的研发向自主设计的研发转变，从一般科技产品的加工向高科技产品的制造转变，从海外一般的技术资料翻译、应用向高级的成套技术开发、输出转变，把张江真正建成高新技术成果的研发基地、科技成果的产业化基地、高附加价值技术产品的生产基地、创新技术的服务基地。

第六章

外生型集群：

基于生产的张江集成电路产业发展

张江高科技园区是国家电子信息产业基地、上海国家微电子产业基地核心区，是国家级电子信息产业园（国家上海集成电路产业园），集成电路产业已经成为张江的第一支柱产业。张江在国内率先实践“产业链”发展思路，以产业链的培育和完善带动和提升集成电路产业的整体规模和水平，实现了集成电路产业在张江的跨越式发展。目前，张江集成电路形成了从设计、制造、封装测试及包括设备制造在内的国内最完整的产业链，同时呈现出在国内加工水平和生产能力最高、研发机构实力最强、高端 IC 设计企业最集聚等特点，成为国内最大的集成电路研发、制造基地。

张江集成电路产业集群从其发展的动力来看，表现出比较典型的外生型特点。目前，张江正以 IC 设计和芯片制造业为重点，力争形成从 IC 设计、制造、封装测试到集成电路专用设备和配套生产设备的更为完整的产业链。在 IC 设计领域重点引进和培育 IC 设计、IP 供应等产业链高端企业，通过与园区及周边地带先进集成商在先进技术和标准制定等领域的合作，力争在移动通信、数字通信、计算机网络和外设、仪表电子、家电和光电子等领域的 IC 设计上达到国际水平，为我国的制造业提供来源和支撑。注重半导体装备业在园区的培育和发展，争取建成国家半导体装备产业化基地，争取到 2010 年建成具有自主研发能力的世界级的集成电路产业基地。随着园区研发创新服务体系的不断完善以及企业实力的迅速增强，张江集成电路产业集群正在由外生型向外生与内生相结合的方向发展。

张江集成电路产业集群能级不断增强，集成电路 8 in（注：1 in = 2.54 cm）制造规模、区域投资规模、产业聚集度、晶圆制造的技术先进性、设备研发的技术水平等均为中国内地第一。中芯国际在张江建成的国内第一条 0.18 μm 的晶圆生产线，使我国集成电路工艺在短短一年内，从原来的落后世界先进水平三代以上，拉近到基本同一水平。代表我国第三代移动通讯系统的大唐 GD 标准、展讯 3G 芯片和科泰世纪嵌入式操作系统已开始迈入商业化阶段。由海外归国留学人员在张江创业成功的展讯通信研发的首颗手机“中国芯”已实现商业化生产，鼎芯半导体研发出射频集成芯片系列，填补了国内空白。展讯通信（上海）有限公司的“展芯 GSM/GPRS 手机核心芯片关键技术的研制和开发”获得 2006 年度国家科技进步奖一等奖。

第一节　外生型产业集群的形成与发展

依据产业集群发展的动力，可将集群分为内生型集群与外生型集群两大类。内生型产业集群的发展动力是内生的，其所需资源包括资金、技术、人才首先在本地集聚，进而发展和扩散开来，主要依靠本地力量，具有较强的活力。

相对于内生型产业集群，外生型集群的一个典型特点是跨国公司的参与活跃。其基本模式是：在特定的领域中，几家大型跨国公司进入，利用在业界的知名度和影响力，引发许多原来的或新的下游配套企业投资本地，从而逐步扩大产业规模，形成产业集群。许多高科技产业集群，如美国的硅谷、印度的班加罗尔集群，跨国公司都积极参与，并对集群的发展产生了重要的影响。由于跨国公司的参与，这类集群的对外开放程度较高，跨越国界的产品流、资金流、信息流、人才流使得集群与全球化经济的脉搏紧密相连（Tomokazu，Philip，2002；Lublinski，2003；任胜钢，2004）。20 世纪 90 年代以来，外商投资企业按产业价值链和产业配套的专业化分工规律进行区域集群的现象十分突出，外生型产业集群在我国沿海地区蓬勃地发展起来。

张江高科技园区的产业集群是典型的外资驱动的外生型产业集群。1993～2005 年，张江高科技园区共吸引投资额 105.55 亿美元，其中吸引外资 81.01 亿美元，占园区吸引投资总额的 76.75%（表 6-1）。由此可以看出，外商投资（FDI）是张江高科技园区主要的资金来源。在张江开发开放 14 年中，“聚焦张江”（1993～1999 年）以前的 7 年里，园区对外引资的规模非常小，吸引投资额与吸引外资额占吸引投资总额与吸引外资总额的比重都很小，分别只有 9.76% 和 10.50%。而“聚焦张江”以后的 6 年时间里，相应的引资比重则为 90.24% 和 89.50%，是“聚焦”前的 9 倍左右（表 6-2）。这说明张江高科技园区在 1999 年“聚焦张江”的政策支持和外部发展环境逐步改善和优化的情况下，其吸引 FDI 投资的能力迅速增强，为其积累 FDI 技术存量、加快 FDI 技术流动提供了跨越式发展的基础。

表 6-1　张江高科技园区 1993～2005 年吸引外资额及其占吸引投资总额的比重

指标	1993～1999 年	2000 年	2001 年	2002 年	2003 年	2004 年	2005 年	合计
吸引投资额/亿美元	10.30	34.38	17.50	27.83	8.17	3.06	4.31	105.55
吸引外资额/亿美元	8.50	31.67	13.8	20.27	4.00	0.52	2.25	81.01
吸引外资比重/%	82.52	92.12	78.86	72.84	48.96	16.99	52.20	76.75

资料来源：根据张江高科技园区网站（www.zjpark.com）统计数据计算整理。

表 6-2　张江高科技园区在“聚焦张江”前后吸引投资与吸引外资情况对比

发展时期	吸引投资额/亿美元	占吸引投资总额比重/%	吸引外资额/亿美元	占吸引外资总额比重/%
“聚焦张江”前（1993～1999 年）	10.30	9.76	8.50	10.50
“聚焦张江”后（2000～2005 年）	95.25	90.24	72.51	89.50

资料来源：根据张江高科技园区网站（www.zjpark.com）统计数据计算整理。

在张江的主导产业中，集成电路产业集群的外生型特征最为显著。张江吸引的 FDI 总额中超过一半集中于该产业。张江集成电路产业内的龙头企业如中芯国际集成电路制造（上海）有限公司、埃派克森微电子（上海）有限公司、威宇科技测试封装有限公司、展讯通信有限公司、鼎芯半导体（上海）有限公司、UT 斯达康（中国）有限公司、应用材料（中国）有限公司、普莱克斯（上海）半导体气体有限公司等是由 FDI 投资或海外留学归国人员入园创办的。张江外生型集成电路产业集群的形成，也直接得益于其所处的集成电路产业、技术转移的国际通道这一良好区位优势，上海相关人才与技术等配套要素的有力支撑，优惠的投资创业政策以及长三角乃至中国庞大的市场需求等优势条件等，是多种因素综合作用的结果。

第二节　张江发展集成电路产业的机遇与挑战

一、张江集成电路产业发展机遇

（一）全球集成电路产业转移与布局调整为张江提供了产业发展契机

在经济全球化的潮流下，全球集成电路产业转移势头强劲，电子整机制造与芯片制造业向以中国内地为主的亚太地区转移已成趋势。多年来，全球晶圆代工领域始终由台积电、联电和特许三大半导体厂商把持，其中台积电（TSWC）与联电（UMC）两家就占全球代工市场的 70% 以上。但是，从 2003 年开始，IBM 与中芯国际（SMIC）异军突起，IBM 在高端芯片加工制造和专利技术方面具有明显的优势，中芯国际在中国政府的大力支持下，开始大步伐进入全球晶圆代工市场。美日欧仍然是全球集成电路产业的技术制高点，而亚太地区将逐渐成为全球晶圆代工的基地。在技术方面，韩国三星领导了内存技术的潮流，中国台湾地区的批量生产技术则是驱动半导体产业批量生产的重要力量；在市场方面，中国成为全球半导体企业竞相争夺的市场，上海作为中国半导体产品最大的生产消费中心，则成为国际半导体巨头竞相争夺的生产高地。张江高科技园区作为全国重要的集成电路产业基地，具备良好的产业发展基础和较高的产业技术势能，较之于国内其他竞争地区来说，其在吸引国际产业和技术转移上有不可比拟的优势。

（二）中国强大的集成电路产品内需市场为张江提供了产业发展动力

进入21世纪以来，市场需求对集成电路产业发展的驱动力越来越大，正成为集成电路产业发展的主要力量。2004年全球集成电路产业又现高速发展，其中数字消费类电子产品的蓬勃发展起到了至关重要的作用。市场需求在左右技术发展方向上起着越来越大的作用，在集成电路产品的三个应用领域中，原先计算机领域独领风骚的局面已经不在，计算机、消费类电子和通信融合（3C）的趋势也正在对集成电路技术的发展产生深刻的影响，必将成为未来产品的主要发展方向。随着市场在该产业中作用的增强，拥有强大市场需求的区域将成为集成电路产业重要基地。张江依托上海这一广大的现代电子产品消费市场，又服务于全国的电子产品消费人群，其发展动力和潜力是巨大的。

（三）信息化对张江集成电路产业发展提出了更高要求

中国的生产方式正由粗放型向集约型转变，传统产业的改造和升级始终是经济建设面临的一项重要任务。集成电路作为核心部件在传统产业改造（如降能节电、企业计算机管理、工业自动控制和计算机辅助设计等）方面不可或缺，我国的电力电子、机械、钢铁、化工、纺织等主导产业的技术升级和信息化建设所需的系统和装备也都离不开集成电路设备和技术。同时，上海作为全国重要的制造业基地，其传统制造业（如纺织、机械）改造与新兴制造业（如汽车、航空航天）技术升级对集成电路产品的需求很大，而今后重点发展现代商务业的目标的确立更是对上海的信息产业发展提出了新要求。张江是上海市信息产业建设的核心区之一，其集成电路产业规模与技术水平在全国首屈一指，如何使园区产业发展为当前我国和上海市的经济建设服务，并在上海市诸多园区和全国各集成电路产业基地中发挥领头作用，是张江园区在新时期的主要发展任务。

二、张江集成电路产业面临的挑战

(一) 全球发展速度趋缓，变动加剧，产业竞争激烈

成长趋缓与波动幅度加剧是当前全球集成电路产业发展的特点之一。从全球集成电路产业近 20 年的历史发展轨迹来看，整体产业成长率 1980 ~ 2000 年以年均 14.4% 的增长下降至 2001 ~ 2005 年的约 8.4%，发展速度明显趋缓。集成电路产业技术达到 90 nm 后，各厂商间的技术差距会加大，只有领先的厂商才能够跨越制造门槛，而跟随者将会被远远抛在后面。虽然目前 130 nm 工艺仍是全球集成电路产业技术的主流，但全球十大半导体厂商都已完成了 90 nm 工艺批量生产的布局，65 nm 工艺也在布局中，而 45 nm 和 32 nm 等技术也处于研发和中试阶段。各大生产厂商对引进新工艺、研发新产品的力度不断加大，其对集成电路产业的投资在一定程度上造成了全球产能过剩和投资过度，市场变动加剧。据业内人士估计，由于晶圆厂建厂成本巨大，到 2010 年全球的晶圆代工企业将从目前的 20 家淘汰至 5 ~ 6 家，企业间的并购将十分激烈。2001 年曾经历了全球性半导体产业大衰退，由于当时张江集成电路产业的规模很小、处于发展初期、与国际市场联系不多，所受影响不大。经过几年的发展，张江的集成电路产业已经发展壮大，与国际产业界的交流与合作也日益密切，全球产业景气波动对园区产业发展的影响也日益明显。在此情况下，张江只有加快产业发展、尽快扩大规模与提升技术能级、增强园区企业抗波动能力，才能应对全球集成电路产业景气的周期波动。

(二) 国内产业竞争加剧

目前，芯片制造是全国各个地区争先发展的热门产业。张江依据其良好的产业环境和政策、人才优势在全国抢先一步吸引了中芯、宏力等晶圆代工国际大厂入驻，构建了具有重要影响的浦东微电子产业带。在张江发展芯片产业的同时，全国其他城市也在紧锣密鼓地规划各自的芯片产业蓝图。到 2005 年底，科技部已批准了上海、西安、无锡、北京、成都、杭州、深圳、天津、宁波等国家级芯片设计产业基地，中芯国际已经在北京建立了其在内地的第二个晶圆代工基地，而宏力则计划投资广州的芯片制造。除此之外，我国台湾联电旗下的和舰科技已进驻苏州；香港权智在深圳进展顺利；意法公司也与深圳进行生产合作；Intel 在大连 12 in 芯片厂开工。从总体上说，张江无疑是目前大陆集成电路产业链最完整、技术最先进的区域，然而要突破土地和人才成本的发展瓶颈并保持园区持续的产业竞争力和其在全国的领头地位，张江需要在充分发挥先行优势的基础上，

不断寻求新的发展契机、占领新的发展高地。总体上看，国内集成电路产业地图的变化日新月异，特别是长三角内的无锡、苏州等地的集成电路产业正在快速崛起，与上海的同质性竞争日益加剧，上海在国内集成电路产业格局中的龙头地位正在受到越来越大的挑战。

第三节 张江集成电路产业竞争力分析

一、张江集成电路产业链的发展现状

1999年“聚焦张江”后，张江的集成电路产业快速发展并壮大。目前，已经发展成为国内最大的集成电路研发、制造基地，拥有国内最先进的集成电路制造、设计和研发工艺，成为国内最完善的集成电路产业链。至2006年底，园区集成电路产业链拥有企业203家，总产值达到133.59亿元，占全国集成电路产业销售收入的13.28%；入驻重点研发机构26家，从业人员2.68万余人，其中拥有博士、硕士学位的高级人才占26%；形成了一套包括集成电路设计、晶圆制造、封装测试、微电子制造配套、集成电路公共研发平台、知名大学研究中心、专业中介机构、行业协会、培训教育在内的较为完整的产业链（图6-1）。

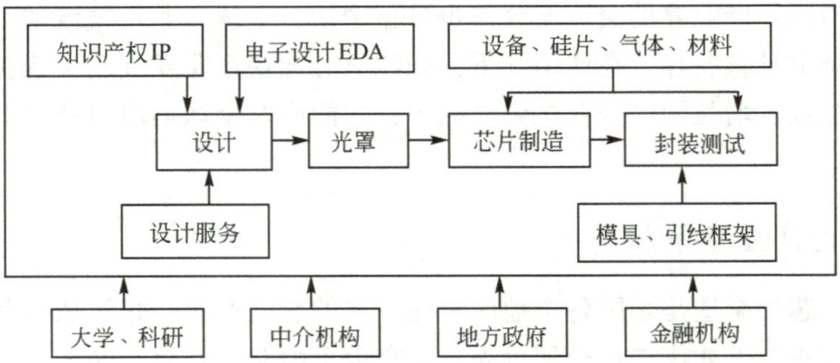

图6-1 张江高科技园区集成电路产业链

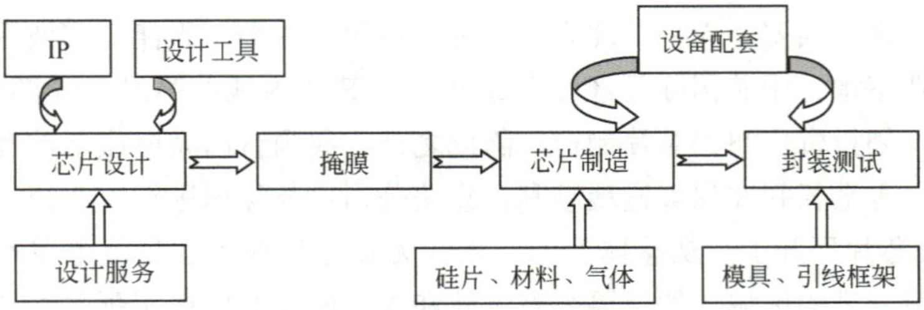

图6-2 张江集成电路产业链演进模式

短短的几年内，张江集成电路由无到有，以晶圆制造业、芯片设计为龙头，建立产业链，直到建立起完整强大的产业链体系，走的是一条独具特色的产业演进模式，可以用图 6-2 简要表示。

（一）集成电路（IC）设计企业集聚发展，自主创新亮点频出

截至 2006 年底，张江集成电路基地拥有各类 IC 设计企业 150 家。张江的 IC 设计企业有世界一流的企业 SST、Conexant、ISSI、AMD、Infineon、SONY 等，来自于我国台湾的 VIA、Sunplus 等，国内重点企业上海华虹、复旦微电子以及国内设计行业的后起之秀展讯通信、鼎芯半导体、锐迪科、泰景、杰得微电子等。产品包括各类 IC 卡芯片、通讯芯片、多媒体芯片、消费类电子芯片及闪存片，主流设计能力为 0.25～0.13μm，已进入国际主流技术水平，最高技术已达 0.09 μm。展讯通信自主开发了达到国际先进水平的第三代移动通信的 TD－SCDMA 基带芯片，填补了国内无线通信芯片的空白，其最主要的优势是最高的集成度，公司于 2007 年 6 月 27 日在美国纳斯达克成功上市，成为 3G 第一股；复旦微电子股份有限公司开发的 32 位 RISC CPU “神威一号” 已获鉴定；鼎芯半导体成功开发出拥有完全自主知识产权的“中国射频第一芯”，是世界首颗集收发于一体的单芯片 TD－SCDMA 射频收发芯片。2006 年，上海张江上海华虹集成电路有限公司、展讯通信（上海）有限公司跻身全国十大集成电路设计企业，展讯通信还荣获信息产业部软件与集成电路促进中心（CSIP）颁发的“2007 年度中国芯最佳市场表现奖”。

（二）晶圆制造瞄准国际一流水平，产能得到快速提升

作为拥有 8 in 生产线最多、产能最大、且拥有 12 in 生产线的区域，张江园区现拥有晶圆制造企业 4 家，总投资额超过 100 亿美元，可提供 0.25～0.13 μm 工艺的 8 in 芯片制造，65～45 nm 的 12 in 芯片制造。作为张江高科技园区晶圆制造龙头企业的中芯国际，是世界领先的集成电路芯片代工企业之一，也是中国内地规模最大、技术最先进的集成电路芯片制造企业。2007 年在全球 10 大晶圆代工企业中排第三，在世界纯晶圆代工市场的份额超过 6%。2007 年 12 月，中芯国际上海 12 in 生产线正式运营。同月，中芯国际与 IBM 签订 45nm bulk CMOS 技术许可协议，使中芯国际能够为全球客户提供45 nm 代工服务，实质性地缩小了中国内地晶圆制造技术水平与国际领先水平的差距。宏力半导体在 2004 年正式量产后也发展很快，2005 年一举进入我国集成电路企业前 5 名。

（三）封装测试企业集聚，制造配套企业齐全

截至2007年底，张江园区拥有专业集成电路封装测试企业12家，总投资额超过10亿美元。其中，纪元微科、晶科等公司的封装测试技术水平都处于国际先进水平，已经投产的日月光是我国迄今为止技术最先进、规模最大的封装测试厂，使我国现有封装技术直接提升三代以上，为我国赶超世界先进水平节约了3～5年时间。而在集成电路制造配套方面，园区也引进了全球最大的光掩膜企业——福尼克斯、全球最大的集成电路设备公司——应用材料公司、世界著名的专业气体企业——普莱克斯等。同时，国内唯一一家从事光刻机技术研究的企业——上海微电子装备有限公司也落户张江。此外，包括生产设备制造、半导体材料研发等在内的一系列完整的产业配套体系已经建立，为园区的集成电路产业的发展起到了很好的支持作用。

二、张江集成电路产业在全球价值链中的位置

目前全球集成电路产业的新格局已经形成。前沿技术产品主要为美国、欧洲、日本等国家把持。美国、欧洲、日本等主要从事知识、技术密集度高的微电子产业链高端，即集成电路设计、知识产权（IP）供应、前沿技术和产品的研发与生产、集成电路设备研发与制造。而芯片制造业（Foundry）主要布局在东亚的中国台湾、韩国、新加坡和马来西亚等国家和地区，中国内地的地位也在迅速上升。芯片封装与测试业的空间转移趋势也十分明显，技术密集程度相对较低而劳动力密集程度较高的芯片封装与测试业在20世纪末21世纪初开始大量进入中国内地（主要是上海及其附近地区）。各地区在全球集成电路产业价值链中的分工十分明确（表6-3）。从全球集成电路产业价值链来看，新兴代工与封装测试是张江目前发展的重点，张江位于全球价值链的低端，产业的能级不高（图6-3）。从产品的价值链来看，张江主要从事低端电子产品的生产，与硅谷、新竹等集成电路产业发达地区的发展水平相去甚远（图6-4）。

表6-3 全球集成电路产业分工

地区	产业链定位	主要任务
美国、欧洲、日本	高端	集成电路设计和知识产权（IP）供应、前沿技术和产品的研发和生产、集成电路设备研发与制造
中国台湾、韩国、新加坡	中端	芯片制造（foundry）
中国内地	下游	芯片封装与测试

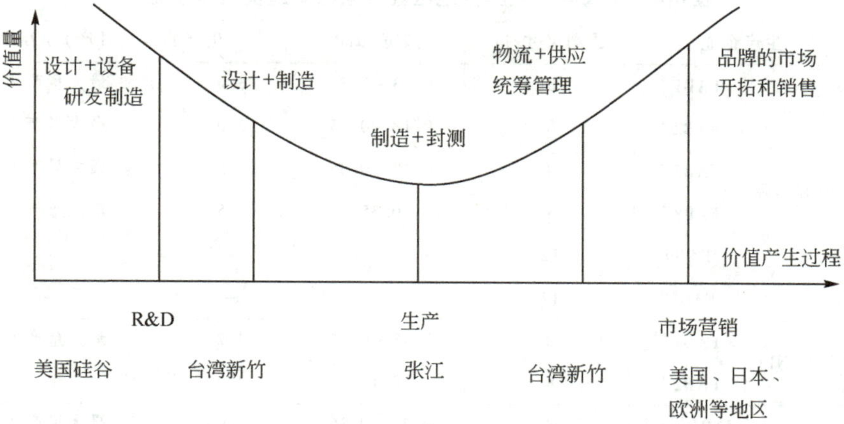

图 6-3　张江在全球集成电路产业价值链中的位置

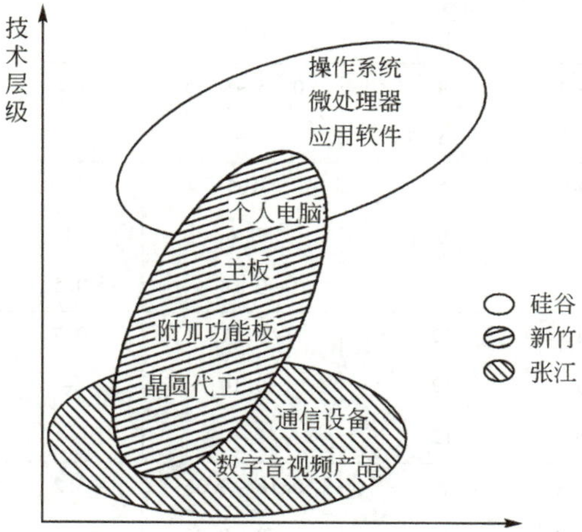

图 6-4　硅谷、新竹、张江三地集成电路行业结构的技术层级

三、张江集成电路产业在中国的地位

20 世纪 90 年代末，来自我国台湾等海外地区著名的集成电路代工企业开始进入中国内地。上海凭借其优越的地理位置、雄厚的产业基础、丰富的人力资源、多元宽容的文化、较为完善的法律法规制度环境吸引了中芯国际、宏力、华虹 NEC 等大型芯片代工企业入驻。目前，张江生产企业数量众多，代工晶圆尺寸大、线宽小、月产能力高，在全国集成电路代工业中占有举足轻重的地位，8 in晶圆产能占全国生产能力的 70%（表 6-4）。

表 6-4　上海与中国其他地区集成电路制造发展规模比较

地区	生产企业		晶圆尺寸/in	线宽/μm	生产能力（月产）/万片	
上海	中芯国际	FAB1*	8	0.13～0.35	3.5	最大量产 4.5
		FAB2*	8	0.18～0.35	3.0	最大量产 4.0
		FAB3*	8	0.18～0.35	1.5	最大量产 1.5
		FAB8*	8	0.35	3.5	最大量产 3.5
		FAB9	12	–	–	–
		FAB10	12	–	–	–
	华虹 NEC	FAB1*	8	0.18～0.35	4.2	最大量产 5.0
		FAB2*	8	0.18	2.0	–
	宏力	FAB1－A*	8	0.20～0.35	1.0	最大量产 2.7
		FAB1－B*	8	–	–	计划月产 1.8
		FAB2*	8	–	–	计划月产 1.0
		FAB3	12	–	–	计划月产 2.5
	台积电	FAB1－A	8	0.25～0.35	1.5	–
		FAB1－B	8	–	–	最大量产 3.5
	先进	FAB1	5	1.5	4	最大量产 4.5
		FAB2	6	0.6	4	最大量产 4.5
		FAB3	8	0.18	0.5	最大量产 3.0
北京	中芯国际	FAB4	12	0.11	0.7	–
		FAB5	12	0.10	–	–
		FAB6	12	–	–	–
苏州	和舰科技	FAB1－A	8	0.18～0.35	3.2	最大量产 3.2
		FAB1－B	8	0.18～0.25	–	–
		FAB2	8	–	–	–
无锡	CSMC	FAB1	6	–	5.5	最大量产 6.0
		FAB2	8	–	–	最大量产 3.0
宁波	中纬 SinoMOS	FAB1－A	6	–	0.5	最大量产 0.5
		FAB1－B	6	–	–	–
天津	中芯国际	FAB7	8	0.18～0.25	1.5	最大量产 1.8

* 表示位于张江高科技园区的芯片制造企业。

从区域差别来看，在以上海为中心的长三角 IC 产业带中，张江重点发展大尺寸制造与高水平设计，其晶圆制造与设计水平均远高于周边的无锡、苏州、杭州、宁波和南京等竞争对手，高技术能级突显，是长三角 IC 产业带的领头军

（表6-5）；从浦东集成电路产业带来看，张江集成电路企业数量众多，占整个产业带企业数量的90%以上。其中，设计与配套业是张江的特色，体现出高智高密的特点（图6-5）。

表6-5　2004年长江三角洲IC产业带分工情况

区域	发展重点	IC设计	IC制造	IC封装测试
张江	集成电路设计、大尺寸晶圆片制造（8in、12in），设计、制造支持服务	拥有威盛、展讯、Trident、华虹、复旦微电子等100多家设计公司，最高设计水平为0.13 μm CMOS	拥有中芯、宏力、华虹NEC等骨干企业3家，已建成8in生产线5条，产业规模技术全国领先	拥有日月光、纪元微科、华岭、依然、Intel等封装企业11家
无锡	小尺寸（6in）晶圆片制造为主、封装测试	以化晶石夕科、华晶股份、电子58所等IC设计公司，设计水平达到0.25～0.5 μm	以华晶、华晶股份、电子58所为主。拥有完全开放的标准CMOS Foundry线。制造水平6in 0.5 μm	拥有华晶封装总厂、江阴长江公司等国内骨干集成电路封装测试厂
苏州	小尺寸（6in）晶圆片制造为主、少数8in生产线、封装测试	引进了深圳国威、忆晶科技、咏传科技等IC设计公司	引进了和舰科技，导入0.35～0.18 μm的CMOS	拥有哈里斯、三星、日立、西门子等封装测试厂
杭州	集成电路设计、封装测试	拥有中国最大的IC设计公司杭州士兰微电子，具备0.5～0.6 μm CMOS、BiCMOS集成电路产品的设计技术	杭州友旺、士兰微电子最高制造水平6 in 0.8 μm CMOS	没有大型的封装测试厂
宁波	封装测试	IC设计企业很少	刚刚起步，已经引进一条2万片6 in 0.8 μm CMOS的IC生产线	刚刚起步，引进一家年封装1000万片IC的封装企业
南京	集成电路设计、封装测试	拥有南京微盟电子等一批较具实力的IC设计公司	刚刚起步，合资成立了一家6 in的IC生产企业	尚无封装测试厂

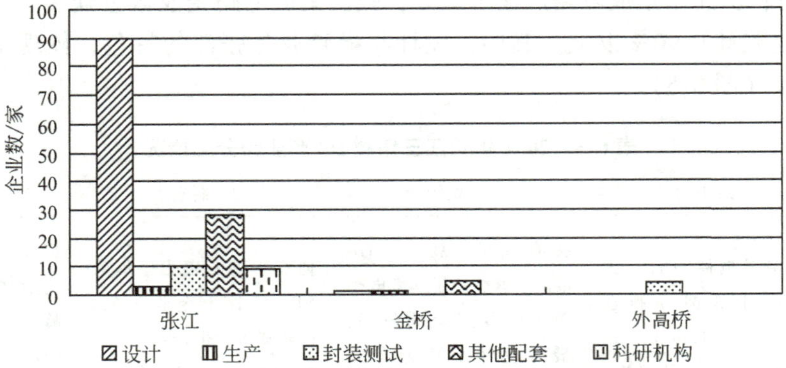

图 6-5 2004 年浦东集成电路产业带的区域分布

然而，必须指出的是，张江引进集成电路产业较早，8 in 旧生产线众多，芯片制造建厂成本与改建成本巨大，对旧生产线的改造比较困难。近年来，随着上海土地与人力资本日渐提高，一些芯片厂将其新的项目设在了上海以外的地区。苏州、无锡、宁波等上海周边城市依靠优惠的政策和相对廉价的土地与人力引进了 8 in 生产线；北京、无锡分别凭借其强大的科技实力和雄厚的产业基础吸引了 12 in 的晶圆代工项目。中芯国际已经在北京建立了其在大陆的第二个晶圆代工基地；而宏力则计划投资广州的芯片制造；台湾联电旗下的和舰科技已进驻苏州；香港权智在深圳进展顺利；意法公司将与深圳进行生产合作；Intel 在大连 12 in 芯片厂已于 2007 年开工。

全国芯片生产的格局虽已奠定，但如何在变化中把握自己的发展方向、保持发展优势是张江集成电路产业面临的一大挑战。

四、处于主动接受国际产业转移阶段

目前，张江集成电路产业处于主动接受国际产业转移的发展阶段，其技术主要来自于我国台湾新竹和美国硅谷。

（一）新竹对张江的技术辐射

新竹与上海之间的技术流动表现为新竹向上海的单向技术流动。新竹 IC 厂商主要通过 FDI 向上海以及周边地区进行技术转移。新竹向张江所转移的 IC 产业以制造和设计为主（表 6-6），促使张江 IC 设计能力从 2000 年的 0.6 μm 跃升至 2005 年的 0.09 μm，IC 制造技术水平也迅速从 8 in 0.35 μm 提升到 12 in 0.13 μm。通过引进外来技术，张江实现了 IC 产业技术水平的跨越式发展。台资 IC 企业还向苏州、昆山、吴江等上海周边地区转移，不仅直接提高了当地 IC 产业的技术水平，还通过技术的溢出效应对当地相关产业的技术水平起到提升作用，并为上海及周边地区培养了大批具有实践经验的 IC 人才。

表 6-6　张江主要的台资 IC 企业

行业	企业
IC 设计	威盛、凌阳、扬智、智原、新茂
晶圆代工	中芯、宏力
封装测试	日月光、泰隆
IC 支持服务	蔚华

资料来源：张江高科技园区网站（www.zjpark.com）。

此外，我国台湾向张江的技术转移还通过在张江设立 R&D 机构来进行。很多台湾 IC 企业都同时在硅谷和张江设立研发机构，硅谷的研发机构的主要任务是跟踪技术动向，了解市场信息；而张江的研发机构的主要任务是与硅谷研发机构合作，开发适合中国市场需要的产品。许多新竹 IC 企业在张江及周边地区设立了研发中心或是生产基地，许多台湾工程师经常往返于新竹与张江之间，他们与本地研发人员的面对面沟通对于两地研发机构的技术交流发挥了重要作用。

（二）硅谷对张江的技术辐射

硅谷作为当今全球 IT 和 IC 产业的领导者，主导了 CPU、软件（操作系统、支撑软件以及应用软件）、IC 设计、集成电路制造设备、互联网内容服务等利润递增市场。而张江借助外资的力量开始切入全球 IC 生产体系，在 IC 设计、制造、封装测试等领域逐渐构筑国际竞争力。由于两地技术层级存在较大的差距，因而硅谷与张江的技术互动也表现为硅谷向张江的单向技术流动，主要表现在：

第一，硅谷企业通过 FDI 进行技术转移（表 6-7）。硅谷企业在张江主要从事 IC 设计、IC 设计支持服务、集成电路生产设备技术支持、IC 封装测试、软件及应用服务、互联网解决方案、计算机及周边设备制造。

表 6-7　张江的主要硅谷 IT 企业

行业	企业
IC 设计	SST、ISSI、Trident
IC 设计支持服务	Synopsys
集成电路生产设备制造	Applied Materials、Lam Research、Novellus Systems
IC 封装测试	Intel
软件及应用服务	Oracle、Siebel

续表

行业	企业
互联网解决方案	Cisco、Sun Microsystems、3Com
计算机及外围设备制造	HP（Hewlett－Packard）

资料来源：张江高科技园区网站（www. zjpark. com）。

第二，硅谷的中国留学人员通过回国创办企业的形式，将在硅谷所学的先进技术和科学管理理念带回国内。近年来，张江的软件和集成电路产业发展势头良好，一批“海归派”IT和IC精英日渐成为这一行业的生力军。目前，在张江软件园和留学生创业中心聚集了一批由留学生创办的从事IC设计以及软件开发的企业，展讯通信、锐迪科微电子（上海）有限公司、埃派克森微电子（上海）有限公司、IDT－新涛科技就是它们的优秀代表。

第三，硅谷企业在张江设立R&D机构。硅谷企业Intel、惠普在张江设立了独立的研发中心①，旨在开发适合中国市场需求的产品和服务。

五、开始向产业链上游挺进

张江集成电路制造已获得0. 13 μm芯片的生产许可，虽然与我国台湾地区0. 09 μm的先进水平还有一定差距，但已超过了国际上成熟技术0. 18 μm的技术水平。然而，从产业链角度来看，张江仍然处于集成电路产业链的下游，离产业链的上游部分即集成电路的关键技术还有一段距离（图6-6）。

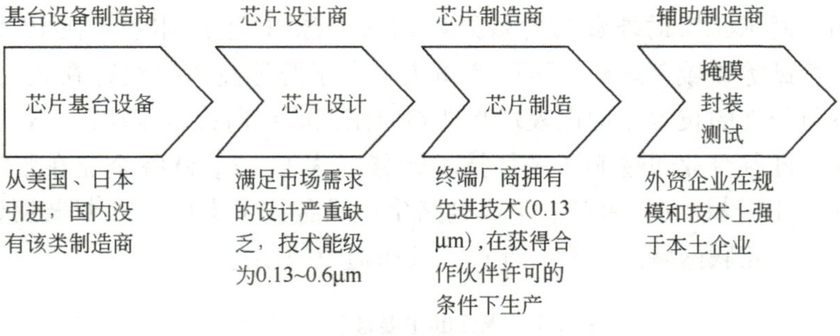

图6-6　张江各集成电路生产环节在产业链中的水平

虽然张江的集成电路制造、设计与测试封装仍处于全球较低的发展水平，但其技术进步的速度很快，在短短6年内实现了制造技术从0. 35～0. 13 μm的跨越

① 跨国公司在中国设立研发机构主要有以下几种形式：第一是成立独立的研究开发机构，第二种形式是在具体业务部门或合资企业内部设立研发部门，第三种方式是与中国的大学、科研机构合作进行研究开发工作。

（图6-7），其研发技术也从0.5 μm迅速提升到0.09 μm，以较快的速度向产业链的上游挺进。在发展的过程中，张江摸索出了一条具有特色的产业演进模式：依靠原有技术→引进技术→技术合作→技术自主创新（图6-8），技术自主创新能力不断提高。

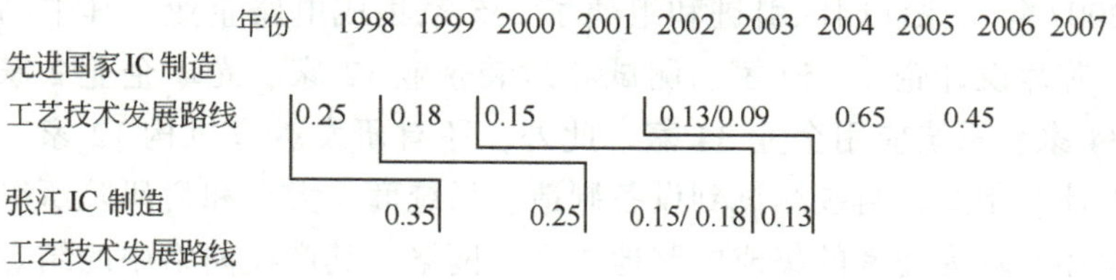

图6-7　张江集成电路产业技术跨越发展路线（单位：μm）

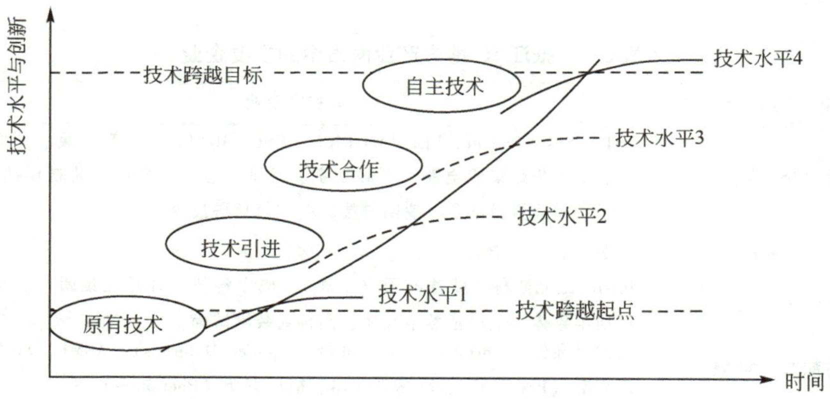

图6-8　张江集成电路产业技术跨越模式

第四节　张江集成电路产业集群内部联系

一、初步形成了地方产业网络

张江的集成电路地方产业网络是由集成电路产业链内的各个企业以及与这些企业相关的大学、科研机构、市场中介组织、政府等行为主体相对集中在某地域范围内，通过相互联系、相互作用从而形成的各种正式和非正式关系的集聚体。张江集成电路产业是1999年“聚焦张江”以后所形成的新兴产业。得益于2000年国家发展集成电路产业政策和世界集成电路产业向中国内地转移的历史机遇，张江成功地引进了一期投资14.76亿美元的中芯国际集成电路制造（上海）有限公司和一期投资16.3亿美元的宏力半导体制造有限公司，带动了其上下游企业在园区的集聚。2002年底，中国首家产学研结合、企业化运作的集成电路研发中心——上海集成电路研发中心也在张江落户。园区在2003年上半年引进了东京电子、上海微电子装备公司等知名设备制造商，引进了如华虹、夏新电子等知名系统厂商。此后，集成电路企业逐渐增多，张江集成电路地方产业网络慢慢形成。截至2007年，张江园区引进和组建了235家集成电路企业，其中晶圆制造企业3家、芯片设计企业150家、测试和封装企业12家、光罩企业2家、设备配套企业34家、系统应用企业34家。此外，还有研发教育机构12家。园区拥有从芯片设计、制造、封装测试到设备制造、系统商、大学和科研院所等集成电路各个产业环节较为完整的集成电路地方产业网络。其产业网络中的结点由集成电路设计企业、制造企业、封装测试企业、配套服务企业和相关研发机构组成（表6-8）。

表6-8 张江IC地方产业网络中的主要企业

IC产业环节	主要企业
IC设计（150家）	SST、ISSI、Trident、PIXELWORKS、ICSI、SUNPLUS、英飞凌、华腾微电子、上海华虹集成电路、奇码数字、展讯、芯成半导体、鼎新科技、方泰电子、锐迪科微电子、凌阳科技、毅仁信息科技等
IC制造（3家）	中芯、宏力、华虹
测试封装（12家）	Intel、纪元微科、勤益电子（上海）、威宇科技、日月光集团、上海华岭、冠捷半导体、上海依然半导体、晶科封装测试等
IC设备配套（34家）	诺发半导体（Novellus）、应用材料（Applied Materials）、ASML、TOWA、普莱克斯（Praxair）、盛联精密气体、福尼克斯（Photronics）等
系统应用（34家）	中兴、联想、夏新、海信、TCL等
相关研发机构（12家）	国家级的微电子研发中心、中科院计算技术研究所、复旦微电子研究院、复旦微分析中心、中国科技大学研发中心等

资料来源：张江高科技园区网站（www.zjpark.com）。

二、以生产功能为主，产学研一体化程度有待进一步提高

经过十几年的发展，张江高科技园区逐步形成了产学研一体化的发展模式雏形。但是由于张江园区最初发展并未依托于强大的科研实力和众多的大学及科研院所，而是通过引进外资、承接国际产业转移、发展制造业的方式发展起来的，生产占据重要地位。企业与大学、科研机构之间的联系强度还很弱，产学研一体化的程度不高。

——英飞凌的主管："……我们在张江园区内与大学和研究机构没有什么联系，因为园区内大学和科研机构不多。张江虽然有上海交大的一个分部，但没有我们需要的合作伙伴。即使我们要与交大合作，我们也会去位于华山路的交大总部……"

——华腾微电子集成电路设计公司的主管："……其实我们很想与园区内的大学和科研机构进行交流和合作，但是我不知道应该通过什么方式。我没有听说园区内有哪些大学和科研机构对与企业合作有强烈的愿望……"

——由国外工程师回国创办的企业——普然通讯技术（上海）有限公司的总裁刘政："……我们曾经与成都的电子科大有过很短的项目合作，成效显著。我们来上海不久，还不知道如何与本地的高校、科研院所建立合作关系……"

总之，张江园区内的大学、科研机构与企业之间的联系不强，对企业的技术支撑作用有限，园区内的企业（特别是一些跨国公司）主要是与母国的大学和科研机构有着紧密合作关系，知识和技术都从区外获得。高素质的人才以及知识、技术的不断创新是高技术产业发展的关键，大学和科研机构不仅承担着对前沿技术的研究开发工作，同时也是整个地方产业网络发展的技术支撑。张江园区内的大学和科研机构数量不多，对园区集成电路产业的技术支撑作用仍不明显，这与硅谷、新竹的情况有着很大的不同。

三、园区内产业间联系较弱，提供的支撑服务不到位

在张江重点发展的产业中，软件业和光电子产业与集成电路产业的理论关联度很大，合作的潜在空间十分广阔。然而，目前张江的集成电路产业与这两个产业的联系还十分微弱。

——原科技部副部长惠先生在访谈时指出："……目前张江建立了国家同步辐射实验室，预计到2008年建好，计划开发的纳米级材料是研究生命科学和光电子的重要工具……但到目前为止，产研双方还没有合作的意向……"

张江产业间缺乏联系，造成了区内研究资源不能得到充分和有效的利用，削弱了重点发展产业技术进步的进程。

此外，在孵化器建设、政府服务和培育创新环境等方面，张江也还存在一些尚待完善之处。

——上海复旦微电子股份有限公司的公司主管："……孵化器不是仅仅给你一间房子，最主要的是提供一些重要的支撑服务。IC设计小企业的诞生，需要很多的支撑条件：法律、财税、企业管理、知识产权服务等。张江的孵化器没有这些功能，都是炒作房地产，孵化效果差……政府对某些企业过于偏爱，竞争不公平……"

——怡和创业投资集团负责人："……我们是IC产业专门的风险投资公司（VC），'展讯'就是我们的项目……中国的风险投资市场不成熟、法律不完善、信息不对称，做项目难，影响了公司的风险投资业务……"

——中芯国际的主管："……我们公司被'挖'到新加坡Chartered的人，主要是8 in晶圆线上有2~3年工作经验的工程师……走的原因有很多，不能取得

上海户口是一个重要原因……虽然人才流动很正常，但是一下子走太多，严重影响了企业业务……”

第五节　张江集成电路产业的国际发展定位与发展趋势

一、国际发展定位

(一) 全球高附加值IC制造中心

从生产要素角度来看，张江与美国、我国台湾等IC产业大国和地区相比，其优质人力资源数量众多而成本低廉，土地价格也相对较低，金融、会计等中介服务体系、知识产权保护制度、物流系统以及通信网络的建设日益完善，为张江成为全球高附加值IC制造中心提供了必要的便利条件；从需求方面来看，随着中国内地经济的持续快速增长，IC产品的需求每年都在激增，政府、企业的信息化工程为IC产业提供了空前巨大的市场。2005年，我国的集成电路产值仅为2.6亿美元，而国内市场需求量为40.8亿美元，国内生产仅满足了需求量的6.4%，进口替代潜力巨大；从整个IT产业发展的角度考虑，目前，上海IC制造产值在上海IT产业产值中只占到3%，发展潜力空间巨大。基于这一认识，上海市政府非常重视上海集成电路产业的发展。为了进一步落实《关于鼓励软件产业和集成电路产业发展的若干政策》的18号文件，上海市政府又出台了《上海市鼓励软件产业和集成电路产业发展的若干政策规定》，在投融资、税收、产业技术、出口、收入分配、人才吸引与培养、采购、知识产权保护等方面制定了相应的政策，为集成电路产业的发展创造良好的环境。此外，随着台资赴大陆投资政策的进一步放宽，台资晶圆代工厂在成本和市场需求的推动下，将加快西进的步伐。张江拥有中芯、宏力等台资晶圆代工厂，基础较好，吸引厂商落户和获取先进制造技术的条件较为优越。

目前，张江高科技园区中芯国际、华虹NEC和宏力3家芯片制造商都采用了代工的发展模式，而没有选择IDM，这与张江的集成电路制造处于创业时期有关；并且在集成电路产业积累和发展较长的一段时间内，园区的芯片制造仍将以代工为主。但是，目前IDM公司纷纷涉足晶圆代工领域，参与瓜分代工市场。在全球集成电路产业不景气的情况下，IDM厂商释放产能，会给专业晶圆代工市场酿成危机。因此，张江的集成电路产业也不可能永远只走代工一种模式，用一条腿走路。巨大的电子消费市场和一些实力雄厚的终端客户为张江集成电路产业在未来产业发展壮大时走IDM道路提供了可能。

未来 10 年，减小芯片特征尺寸与增大晶圆尺寸、重点开发系统芯片（SOC）、实现硅技术向纳米技术的过渡和发展军品集成电路是张江集成电路产业制造的重点发展方向。

（二）全球重要的 IC 设计中心

高附加值的产品生产需要强大设计能力的支持。除了发展高附加值的 IC 制造外，张江还应该发展集成电路设计产业。相比较于 IC 制造业来说，IC 设计业投入少、产出大、附加值高，是张江提升集成电路产业能级的切入点。

从生产要素角度来看，上海有大批微电子专业人才，微电子领域的研究力量较强；从需求条件来看，在未来几年，符合互联网经济技术特点和中国内地市场特点的 IC 产品——通信类 IC、信息家电类 IC、嵌入式微处理器、SOC（系统集成芯片）等将为张江 IC 设计业的快速发展提供良好的机遇；从相关行业的角度来看，张江日益强大的下游晶圆代工厂商将对 IC 设计业产生带动作用；从企业角度来讲，张江以外资（硅谷、新竹）芯片设计业者为领头羊的产业格局，将有助于提高集成电路产业的设计水平；在政府方面，上海市政府在税收、出口、知识产权保护等方面制定了相应的政策，积极扶持 IC 设计业的发展。此外，还通过社会保障卡、交通一卡通、银行卡等重大工程，为本地 IC 设计企业直接创造巨大的市场需求，扶持本地 IC 设计业者的发展。在未来的 10 年时间内，张江发展 IC 设计业的总体思路是：通过外资 IC 设计公司带动整体 IC 设计水平的提升，通过下游的晶圆代工和中国的市场需求带动 IC 设计需求的扩张，发展成为全球通信类、信息家电类 IC 设计的重要基地。

未来 5 ~10 年，使设计产品服务于市场、注重设计成果的产业化是张江发展集成电路设计业必须注意的一个问题。张江将重点发展 IT、通信类和消费类电子产品设计以及 SOC 设计。其中，IT、通信类和消费类电子产品设计中将重点发展 LCD Driver（显示驱动芯片）、RF（射频芯片）和车载 GPS，以及应用型小型家庭消费电子产品（如 LCD、DRAM、数码相机、DVD 播放机和刻录机等）的设计；SOC 设计将重点发展将自主 IP 核和第三方 IP 核集成在一起完成的各种应用类芯片设计与提供 SOC 设计的 EDA（电子设计自动化）工具。在企业的培育和引进方面，拟着重培育从电子系统商分离出来的研发机构，引进全球著名设计企业和硅谷留学人员创业，并以展讯为龙头，重点培育 4 ~5 个大型海归与本土设计企业。

二、未来发展趋势

（一）继续扩大产业规模，优化产业结构，提升产业能级

张江未来发展将进一步扩大集成电路产业的规模，继续引进国际先进的集成

电路制造、设计、配套企业和研发机构，强化其在长三角和全国集成电路产业领头羊的地位。逐步优化和软化园区集成电路的产业结构，以IC设计和芯片制造业为重点，建成国家半导体装备产业化基地，形成从IC设计、制造、封装测试到集成电路专用设备和配套生产设备的高价值产业链，建成具有自主研发能力的世界级集成电路产学研一体化基地。

在IC设计方面，注重引进和培育IC设计、IP供应等产业链高端企业，不断提升IC设计的工艺水平，在先进技术和标准制定等领域，加强与园区及周边地带先进集成商的合作，力争在移动通信、数字通信、计算机网络和外设以及仪表电子、家电和光电子等领域的IC设计上达到国际水平，积极参与全球IC设计领域的技术竞争。

在IC制造方面，晶圆代加工是张江IC制造业的重点，也是进一步带动整个产业链提升的关键。建设先进的生产线，提高生产技术水平，不仅是开拓国内外IC产品市场的需要，也是为张江及其周边地区的设计企业服务的需要。应争取到2010年有8~10条世界先进水平的生产线投产。

在新技术、新工艺的研发和高端人才的培养方面，通过上海市集成电路研发中心和国内一流微电子研究院如清华、北大、复旦，交大等高校的合作，完善产学研一体化，力争在关键技术、关键材料和关键设备等领域取得创新性技术成果和制造能力，将张江建成为亚太区集成电路高端人才的培训基地和集聚地。

（二）强化对上海市和全国产业辐射功能

通过引进外资和"聚焦张江"战略的实施，张江园区集成电路产业已经达到一定规模，但技术外溢、技术辐射、技术带动效应不甚明显，与国际知名的高科技园建设目标仍有一段不短的距离，应该通过强化产学研一体化，加强技术创新能力建设，大力提升张江集成电路的技术水平和全球产业竞争力。上海作为全国的经济中心，在计算机、通信和消费电子等领域的生产和消费都处在全国前列，也是中国主要的汽车生产基地之一，在操作集成电路产业与相关产业联动方面有着独到的优势。张江应以"3C"融合与汽车电子为突破，重点支持通信类、计算机类、IC卡类、消费类、机电仪表类和汽车电子类产品的开发项目，促进集成电路产业与其他相关制造业的融合，从而推动园区集成电路产业的持续快速发展。在技术层面上，张江应加速提高技术能级，通过重点发展集成电路设计这一行业，积极参与全球IC设计竞争与分工，为张江集成电路带动相关产业和扩大辐射区域服务。

（三）产业发展规模预测

时间序列预测方法适用于当外界发展环境较为稳定时，考虑到经济（或产业）发展的惯性，对某一地区未来经济（或产业）发展的趋势进行预测，并依据这种趋势计算出未来该地区可能会达到的经济总量。利用该方法对未来张江集成电路产业规模进行初步预测。

根据现有数据进行趋势预测（表6-9），到2010年，我国集成电路产业的总产值将达到3531亿元，其中设计业增长最快，制造在快速增长后逐渐趋缓，而封装与测试的比重将有所下降（图6-9和图6-10）。2003～2005年，浦东集成电路产业在全国的地位逐渐提高并趋于稳定（表6-10）。按照2005年浦东新区集成电路产业占全国比重31.3%、张江高科技园区集成电路产业占浦东新区50.5%计算，到2010年，浦东新区的集成电路总产值将达到1105.2亿元，张江将达到558.1亿元。

表6-9　2002～2010年全国集成电路产业产值规模预测方法

指标	预测公式	显著性检验
制造	$y_1 = 0.2214x^2 - 0.2386x + 0.58$	$R^2 = 0.9818$
封装测试	$y_2 = -0.0571x^2 + 1.2029x + 0.46$	$R^2 = 0.9854$
设计	$y_3 = 0.1857e^{0.5172x}$	$R^2 = 0.9904$
总计	$Y = y_1 + y_2 + y_3$	-

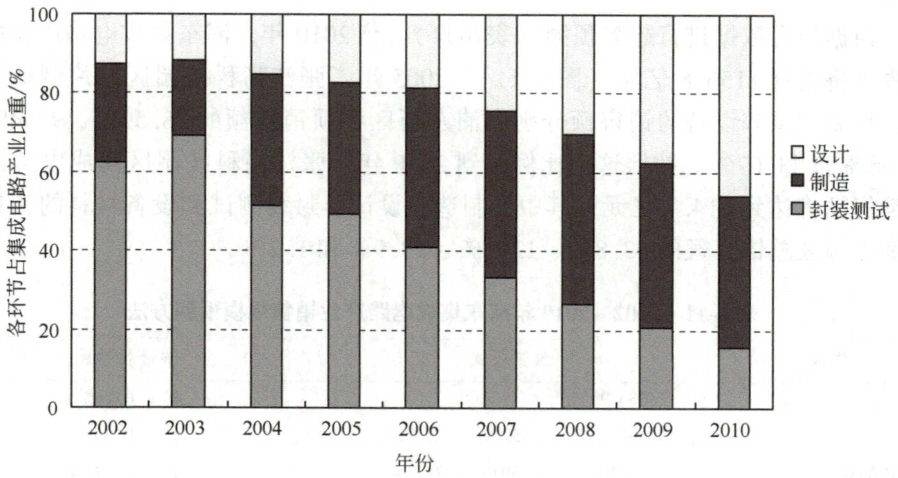

图6-9　2002～2010年全国集成电路产业规模比重预测

资料来源：根据《2006集成电路产业链国际合作（上海）论坛》计算预测

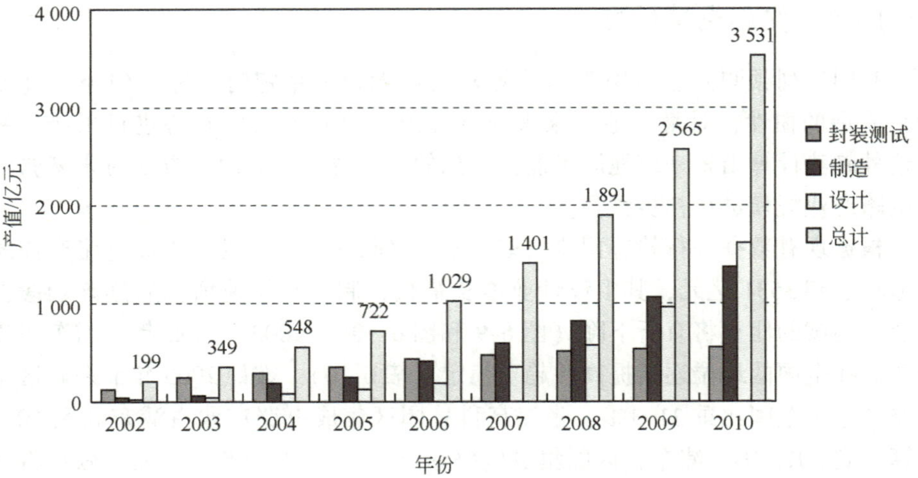

图6-10　2002～2010年全国集成电路产业规模总量预测

资料来源：根据《2006集成电路产业链国际合作（上海）论坛》计算预测

表6-10　2003～2005年中国内地、上海和浦东集成电路产业销售额比较

指标	全国			上海			浦东		
	2003年	2004年	2005年	2003年	2004年	2005年	2003年	2004年	2005年
销售额/亿元	351.4	545.3	702.1	108.6	230.9	303.0	77.4	168.2	220.1
占全国比重/%	-	-	-	30.9	42.3	43.2	22.0	30.8	31.3

资料来源：根据《2005年浦东新区集成电路产业发展分析研究》计算整理。

根据现有数据进行趋势预测（表6-11），到2010年，浦东集成电路产业的总销售额将达到1156.8亿元（图6-11）。2005年，张江高科技园区芯片制造、设计、封装测试和设备的销售额分别占浦东新区各项销售额的78.59%、96.49%、24.96%和43.67%。按照这一比例，到2010年，张江高科技园区集成电路产业的销售额将达到614.7亿元，其中，制造、设计、封装测试和设备材料的销售额分别占园区总销售额的63.8%、12.1%、22.9%和1.2%。

表6-11　2002～2010年浦东集成电路产业销售规模预测方法

指标	预测公式	显著性检验
制造	$y_1 = 7.0339x^{1.8387}$	$R^2 = 0.9552$
设计	$y_2 = 0.5071x^2 - 1.4529x + 2.26$	$R^2 = 0.9580$
封装测试	$y_3 = 7.0786x^2 - 23.601x + 28.74$	$R^2 = 0.9798$
设备材料	$y_4 = 2.2943x^{0.8756}$	$R^2 = 0.9059$
总计	$Y = y_1 + y_2 + y_3 + y_4$	-

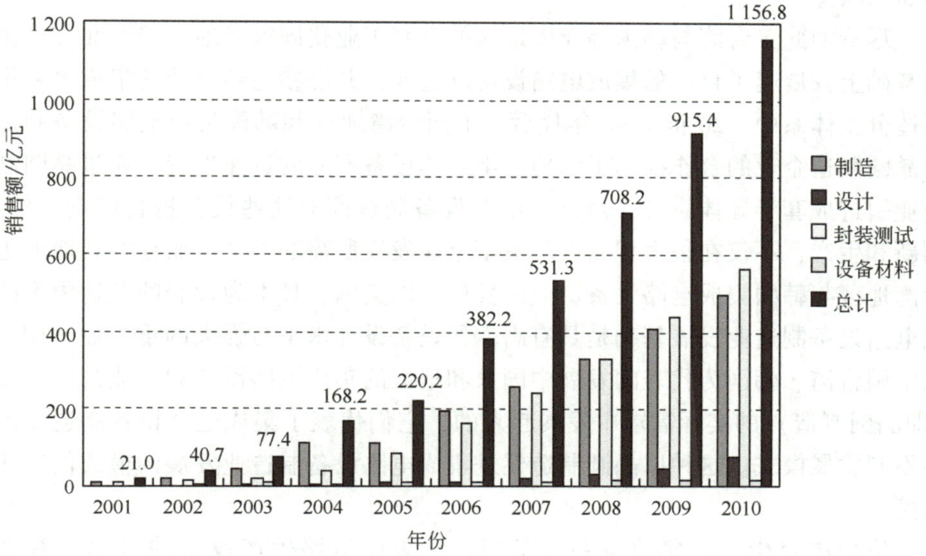

图 6-11　2001～2010 年浦东新区集成电路产业销售额规模预测

资料来源：根据《2005 年浦东新区集成电路产业发展分析研究》相关数据计算预测

第六节　张江集成电路产业重点发展方向

一、在晶圆制造的基础上发展集成电路设备制造业

国际集成电路产业发展的实践表明，某一国家与地区的集成电路制造具备一定的规模和水平后，发展设备制造业就成为整个集成电路产业发展的必然需要。但是，作为集成电路产业核心部分之一的设备制造业在张江还十分薄弱。目前，很多芯片制造商都在上海以外地区投资兴建了晶圆代工厂，其生产的芯片尺寸逐渐扩大，技术能级也不断提高，对张江作为全国集成电路生产基地的地位构成了威胁。因此，为了巩固张江在中国集成电路产业领头羊的地位，除了提倡发展高端设计以外，园区还应重点支持位于集成电路产业链高端的集成电路设备制造业的发展。

在集成电路设备制造业中，晶圆处理设备制造所占比重最大。2003 年，全球晶圆处理设备的销售额占集成电路设备总销售额的66.5%，其次为测试设备和封装设备，其所占比重分别为18.6%和7.5%。而全球集成电路设备制造基本上被美国和日本两个国家所垄断，2003 年，全球十大半导体设备制造商中，有 5 家美国公司、4 家日本公司和 1 家欧洲公司，其设备销售额占全球销售总额的比重为 56.0%。

尽管如此，台湾与韩国等亚太地区的新兴工业化国家和地区仍然在芯片生产的基础上发展起了自己的集成电路设备制造业，并已参与到全球的集成电路设备制造分工体系中。20 世纪 90 年代后，中国台湾地区和韩国集成电路设备制造商与晶圆制造企业的合作推动了该地区半导体设备产业的迅速发展。通过晶圆制造企业引进成套半导体设备，由集成电路设备制造商对这些设备进行解剖、仿制、创新和生产，不仅在很大程度上解决了企业发展所需的资金，而且客观地促进了台湾地区与韩国集成电路设备产业的发展。以美国、日本为代表的发达国家的集成电路设备制造业发展基础是具有高端的设备设计水平与强大的重工业基础，而以中国台湾、韩国为代表的发展中国家和地区的集成电路设备制造业则是在生产(即晶圆制造）的实际需求中发展起来的，它们代表了集成电路设备制造业的两种不同发展模式。这种以晶圆制造促进集成电路设备制造业发展的模式值得张江借鉴。

集成电路生产、集成电路设备制造、集成电路生产设备的研发三者之间存在着密切的互动关系。目前，世界芯片的生产水平已达 0.13 μm，研制水平已达 90 nm 以下，而集成电路设备的研制水平早在两年前就已进入 65 nm。在国外，芯片制造商总是先把要加工的硅片送至设备制造商的应用实验室中，在满足工艺要求的情况下决定购买设备；而设备制造商在地理上也多与芯片制造商邻近，以便掌握反馈信息，有利于设备的设计、改进与制造。由此可以看出，一个国家和地区要发展集成电路设备制造业，必须首先具备雄厚的集成电路制造的产业基础。在中国目前的三大集成电路产业基地中，张江虽然在集成电路设计上逊于北京，在集成电路市场上弱于深圳，但其作为全国最大的芯片生产基地，产业优势十分明显；而园区所依托的上海市与长江三角洲地区的重工业基础和密集的智力资源更是其发展装备设计与制造的重要保障。发展集成电路设备制造，建设中国重要的集成电路装备基地，张江园区的综合优势显著高于以北京为核心的环渤海地区和以深圳、广州为中心的珠三角地区。总之，与国内其他地区相比，张江具备发展集成电路设备制造的优越条件。

同时必须指出，集成电路设备制造位于集成电路产业链中技术最高端，是获利最大、也是最难发展的一个环节，没有雄厚的制造工业基础是不可能发展起来的。而在目前，张江集成电路设备基本上都是从欧美和日本进口的，许多设备的零部件也都需要进口而无法实现国产化。因此，在短时期内，要在张江发展整套大型集成电路设备制造是不现实的。张江要发展集成电路设备制造，只能由点突破。

目前，世界前十大集成电路设备厂商中，已有7家厂商入驻了张江，其中包括Applied Materials（全球最大的半导体生产设备和高科技技术服务公司）、TEL（全球最大的集成电路及液晶显示器设备制造商）、Lam Research、Novellus、Tokyo Electron 、ASML和SCREEN等，极大地支撑了张江集成电路制造业的发展。在未来的5～15年内，可通过重点引进设备零部件厂与关键设备组装厂和引进具有反制政府壁垒的跨国集成电路商来实现点的突破，并加强与上述集成电路设备厂商的合作，使张江集成电路设备制造业实现突破性发展。

二、发展服务于长三角地区先进制造业的高技术含量集成电路设计与制造产品

广阔而稳定的市场是集成电路产业发展的必备条件之一。然而，通过实地调研我们认为，由于张江芯片制造业外向度高，其高端产品（多为国外订单生产）大多流向了国外，虽然有些大的晶圆代工企业也接国内订单为本土企业服务，但比重不超过其产能的20%，对本地及周边地区相关产业的辐射度较小。同时，张江集成电路设计企业的设计水平普遍较低，设计出来的芯片技术含量不高，主要流向距离上海很远的珠江三角洲地区，服务于该地区大量的电子产品生产厂家；而上海市和长江三角洲地区虽是张江的经济腹地，但电子制造业的产业能级比珠江三角洲地区高（长三角地区主要生产数码相机、笔记本电脑、高档家用电器等高技术等级的电子产品），张江设计出的芯片中很多尚不能为长三角地区的电子信息产业服务，长江三角洲电子产品消费市场对张江集成电路产业的推动作用不明显。另外，张江集成电路产业链中各环节技术水平不匹配，不仅削弱了园区企业之间的合作，也妨碍了园区对周边地区的产业辐射。一方面，园区中有大量设计水平低的集成电路设计企业，无法满足上海及周边地区高端制造的需要；另一方面，某些设计企业的技术水平较高，其设计在园区内和周边地区又难以找到代工的对象。例如，中芯国际曾一度缺乏技术能力生产展讯公司的某一高端设计产品，展讯只好将该设计送到我国台湾进行代工；一些芯片高端产品在区内找不到有相应技术水平的封测企业封装，而转向海外其他地区。

因此，充分开发本地IC消费市场，提升产业技术能级，强化高端研发创新能力，积极参与全球研发竞争与合作，打造IC产业集群，是张江高科技园区集成电路产业未来5～10年的重点发展方向之一，也是提升张江这一“中国硅谷”国际竞争力的关键之一。

第七节 张江集成电路重点产品开发

一、集成电路制造领域

目前，张江高科技园区中芯国际、华虹 NEC 和宏力 3 家芯片制造商都采用了代工的发展模式，而没有选择 IDM。首先，从发展阶段上来看，张江的集成电路制造还处于创业时期，采取代工的模式进入门槛低，一般在 5 年内就能盈利，而 IDM 模式要兼顾产品选择、设计、芯片加工、封装测试与市场开发等一系列环节，不仅投资回报的周期长，还要在市场瞬息万变的情况下兼顾技术的时效性和产品的性能与价格，其风险比代工模式要大得多；其次，采取 IDM 模式需要依靠强大的集成电路设计能力，而目前张江的集成电路设计业还比较弱小，具有丰富 IP 经验的设计人员比例也不高，还不具备依托强大设计带动集成器件制造的条件；最后，对于很多的 fabless 设计公司来说，由于代工企业公开承诺自己不生产任何固定产品而仅为客户提供芯片加工服务，避免了找 IDM 公司加工可能产生的设计模仿问题。因此，在集成电路产业积累和发展的一段时间内，园区的芯片制造仍将以代工为主。

IDM 大厂原本应该是专业晶圆代工厂最大的潜在客户，但目前市场并非如此，而是反其道而行，突出表现在 IDM 公司纷纷跨足晶圆代工领域，参与瓜分代工市场。以目前全球 IDM 厂总产能大约是专业晶圆代工厂产能的 14 倍来计算，在全球集成电路产业不景气的情况下，IDM 厂商只要释放 7% 的产能，便足以将全球晶圆代工产能提高 1 倍，从而给专业晶圆代工市场酿成危机。同时，全球晶圆代工企业的订单有 70% 来自于 IDM，其余 30% 才来自于无晶圆厂的 Design House。因此，张江的集成电路产业也不可能永远只走代工一种模式，用一条腿走路。巨大的电子消费市场和一些实力雄厚的终端客户为集成电路产业在未来产业发展壮大时走 IDM 道路提供了可能。张江作为全国重要的集成电路产业基地，有能力吸聚大的电子产品系统商（如海尔、联想、长虹等），对其进行培育，促进其快速成长，有可能在全国率先实现集成电路制造模式的转变，韩国三星就是一个成功的典范。同时，也可在保证资金的情况下实现园区内芯片制造企业由代工向 IDM 的转变。华虹集团已为此做好了一系列调整，如果资金能够到位，有可能成为国内第一家 IDM 集成电路厂商。

（一）减小芯片特征尺寸、增大晶圆尺寸

未来 10 年，减小芯片特征尺寸和增大晶圆尺寸将继续推动全球集成电路产

业不断向前发展。芯片特征尺寸将出现 90 nm→65 nm→45 nm→32 nm→22 nm→16 nm 的变化趋势。英特尔于 2005 年底开始量产 65 nm 芯片，2007 年将投产 45 nm 芯片，2008～2009 年达到量产，并于 2013～2015 年达到 32 nm 的技术节点；2005 年，英特尔投资 30 亿美元兴建了第六座 300 mm（12 in）晶圆厂（Fab32），并将于 2012～2014 年将晶圆尺寸从 300 mm 扩大到 450 mm（16 in）。即使考虑到 450 mm 设备高昂的开发成本，450 mm 的晶圆长也会在 2020～2025 年出现。目前，美国已有 300 mm 晶圆生产线 15 条，欧洲与韩国、日本有 15 条，中国台湾有 15 条，发展 300 mm 大尺寸晶圆是大势所趋。减小芯片特征尺寸与增大晶圆尺寸是张江集成电路制造保有其现有地位并继续发展壮大的前提条件，未来的 5～10 年内，张江将以 300 mm 大型晶圆为发展重点，以 90 nm 和 65 nm 晶圆为主要产品。

（二）重点开发系统芯片（SOC）

开始于 20 世纪 90 年代中期的 SOC 集成了多种逻辑、存储器与模拟功能，大量使用了嵌入芯核，在设计上极大地发展了复用概念，近年得到了飞速发展（表 6-12）。

表 6-12　1998～2005 年全球 SOC 市场规模及其占 IC 市场规模的比重

指标	1998 年	1999 年	2000 年	2001 年	2002 年	2003 年	2004 年	2005 年
SOC 市场规模/亿美元	435	497	612	755	957	1 201	1 503	1 859
IC 市场规模/亿美元	1 120	1 318	1 655	1 945	2 283	2 720	3 218	3 648
SOC/IC 市场规模比/%	38.3	37.3	37.0	38.8	41.9	44.0	46.7	51.0

资料来源：上海市经济委员会等．2005．世界工业重点行业发展动态．上海：上海人民出版社。

从系统芯片的应用领域来看，由于通信产品对低功耗、轻薄短小与射频、中频和基带的集成要求较高，同时伴随着新一代消费性产品［如 Video Game Device（可视游戏机）、DVD 与数字电视等］的兴起，系统芯片最大的市场是通信类产品与新一代的消费性产品，而在数据处理方面，则以存储器、PC 与显卡/声卡对系统芯片的需求较大。

（三）实现硅技术向纳米技术的过渡

在过去的 40 年里，全球半导体产业始终按照摩尔定律不断地向前发展。摩尔定律在未来 10 年内还将继续影响集成电路产业的发展。有专家预测，2015 年左右全球半导体产业将进入生命曲线的“拐点”，纳米 Si CMOS 技术（≤100 nm）将成为集成电路技术的主流。以提高单个芯片集成度为重点，采用纳米 Si CMOS 技术在单个芯片内集成整个系统，可以减轻 SOC 对芯特征尺寸不断缩小带来的沉重负担。2004 年，英特尔公司曾预言，到 2014 年碳纳米管或硅纳米线将会取代硅成为芯片的主要构成，到 2020 年还将会有更多激进的改进。因此，未来 10 年的时间内，碳纳米管将是最有希望、最具竞争力的纳米器件。张江的三大集成电路芯片制造商在不断扩大晶圆尺寸和缩小芯片尺寸、重点发展 SOC 技术的同时，必须要实现由硅技术向纳米技术的过渡。

（四）发展军品集成电路

军品集成电路被称为现代武器装备的“神经系统”。无论是发达国家，还是发展中国家，都不惜斥巨资发展军用微电子技术，并将其放在高技术发展的首要位置。集成电路运用在军事领域不仅使武器系统的体积、重量和功耗大大减小，可靠性显著提高，在信息能力方面也使武器装备的性能发生了革命性的变化，对国防安全的意义十分重大。目前，美国、日本在军品集成电路技术方面处于领先地位，已研制成功含有 1.4 亿多个晶体管的静态随即存取存储器，最小线宽达到 90 nm 以下，国内深圳、西安、武汉等城市的集成电路产业在联系军需这一方面也做得比较强。例如，1988 年组建的华为深圳技术公司一直与中国军队保持着深层次的联系，军队作为华为公司重要的客户和研究开发伙伴发挥着多重作用。2003 年，华为公司的军事电子销售占其年销售额的 1%，尽管这一比例并不高，但该公司每年至少向军队提供价值 3000 万美元的装备和服务。

巨大的国内军需品市场也为张江军品集成电路的发展打开了大门，而园区内以华岭为首的测试企业为军用集成电路设计的检测提供了保障（华岭集成电路有限公司是国内唯一一家获准进行军用电子设计检测的非军事单位，全国共有 6 家，其余 5 家均为军事单位）；以科圆为首的设计企业，其产品也服务于军品市场。张江集成电路制造已在全国奠定了不可撼动的地位，随着设计企业的壮大和设计水平的提升，园区集成电路产业将在军需市场打开缺口，快速、有效地拉动张江集成电路产业的各个环节向高、精、尖的目标迈进。

二、集成电路设计

作为芯片产业链最前端的集成电路设计近年来发展迅速，FSA 的统计显示，2004 年全球集成电路设计市场规模达到 330 亿美元，占全球集成电路产值的 15.6%。从最近几年的发展趋势来看，集成电路设计业的成长速度已经赶超了整个集成电路产业发展的脚步。2004 年，全球集成电路市场规模的增长速度为 28%，而同年全球设计市场规模的增长率则为 32%。设计业在集成电路产业链中的地位更加突出，发挥的作用也更大。

目前，中国的集成电路设计业从总体上来说还比较落后，主要集中在不重要配件的设计上，而缺乏关键部件的设计。即使有一些设计企业（如龙芯）设计出了技术水平比较高的产品，也未能产业化，对集成电路产业的带动作用不明显。在中国500多家的集成电路设计企业中，能够自行设计并将设计成果产业化的不足1/5，这样的情况在张江也存在。因此，使设计产品服务于市场、注重设计成果的产业化是张江发展集成电路设计业必须注意的一个问题。未来张江集成电路设计应重点发展以下两个方面。

（一）IT、通信类和消费类电子产品设计

从2002年开始，集成电路设计中通信类设计发展迅速，一直呈现两位数增长的发展势头。以2005年全球前十大集成电路设计公司为例，主要定位于通信设计的公司有4家，几乎占了一半，而PC相关产品设计则没能够进入前10名。此外，在发展数字家电的趋势下，应用型消费电子产品（如LCD、DRAM、数码相机、DVD播放机和刻录机等）的设计也逐渐成为设计市场的主流。2005年，在全球前10位的集成电路设计公司中，从事多媒体IC、LCD、Flash存储集成电路设计的公司有4家之多（表6-13）。

表6-13　2005年全球前10大IC设计公司的主要设计领域

消费产品名称	主要设计公司
通信IC	Qualcomm、Broadcom、Marvell、Conoxant
FPGA	Xilinx、Altera
显示IC	ATI、Nvidia
多媒体IC	联发科
存储芯片	SanDisk

资料来源：崔澎．2005. IC设计市场大观．电子产品世界，9：32～34。

随着集成电路设计应用领域的改变，必然要求设计公司制定灵活的市场产品策略。从全球历年的集成电路设计公司排名来看，就算曾经是行业的领导厂商，也可能因为在市场的大趋势下没有及时转变产品定位和市场策略而遭淘汰，如S3、ESS等最后都难逃被收购的命运。而有些公司则顺应趋势，瞄准新的应用，脱颖而出并且蒸蒸日上，如Qualcomm、Braodcom等（表6-14）。

在IT、通信类和消费类电子产品设计领域中，张江可优先发展LCD Driver（显示驱动芯片）、RF（射频芯片）、车载GPS等设计。这些设计产品在未来10年的国内市场中有巨大的产业化潜力，将对在较短时间内壮大张江设计企业规模、带动发展相关产业、提高设计企业经营效益和存活率发挥积极的作用。其中，射频芯片设计与汽车电子设计更是张江未来5年的重点发展方向。

表 6-14　1998～2004 年全球十大集成电路设计公司排名变动情况

排名	1998 年	1999 年	2000 年	2001 年	2002 年	2003 年	2004 年
1	Altera	Qualcomm	Xilinx	Qualcomm	Qualcomm	Qualcomm	Qualcomm
2	Xilinx	Xilinx	Altera	Nvidia	Nvidia	Nvidia	Broadcom
3	C-Cube	Altera	Qualcomm	Xilinx	Xilinx	Broadcom	ATI
4	Level One	ATI	Broadcom	威盛	Broadcom	Xilinx	Nvidia
5	NeoMagic	Broadcom	威盛	Broadcom	联发科	联发科	SanDisk
6	S3	CirrusLogic	Nvidia	Altera	威盛	ATI	Xilinx
7	Lanice	Nvidia	PMC	Conexant	Altera	SanDisk	联发科
8	ESS	威盛	SanDisk	ATI	ATI	Altera	Marvell
9	矽统	C-Cube	ATI	联发科	Conexant	Marvell	Altera
10	Actel	Lattice	SST	QLogic	SanDisk	Conexant	Conexant

资料来源：崔澎．2005. IC 设计市场大观．电子产品世界，9：32～34。

射频芯片在零售与物流业、医药行业、金融行业、运输与通关和门禁、汽车门锁等安全管理方面有着广泛的应用，而上海射频芯片在全国处于较为领先的地位。德州仪器、飞利浦和英飞凌等大型跨国公司都积极地介入了该产业，张江高科技园区的华虹集成电路和上海复旦微电子也都有射频芯片的生产与设计能力，其低中频率产品已趋于成熟。鼎芯也已开发出部分拥有自主知识产权的射频技术芯片，其推出的全 CMOS 的 TD 收发芯片（CL4020）不但打破了国外公司在 TD 射频芯片上的垄断，而且在工艺上也接近了国际先进水平，并在企业生产流程监控、邮政分拣、钢瓶安全检验、物流运输管理等方面得到应用，取得了较好的经济和社会效益。同时，鼎芯的射频芯片还与展讯等公司的基带芯片配合，共同形成了本土厂商在 TD-SCDMA 芯片产业链的完整布局，为张江的本土企业发展射频技术打下了坚实的基础。

汽车半导体器件的应用主要集中在汽车动力传动系统、底盘电子控制系统、车身电子控制系统、信息通信系统四大领域。这四大系统对汽车半导体器件的市场需求额占汽车半导体总体需求的 86.4%。作为支撑现代汽车工程的技术基础之一，汽车半导体技术在汽车性能、环保、能源、安全等问题的解决中有着不可替代的重要作用。美国克里夫兰市场咨询公司最近的调查报告显示，2005 年，全球汽车半导体市场规模为 165 亿美元，比 2004 年增长了 7.3%。该公司还预计，到 2012 年全球汽车半导体的市场规模将达到 260 亿美元。同时，中国汽车内需市场的迅速扩大将使汽车电子零件市场日益活跃，未来 5 年中国与汽车相关的半导体市场将以 26.5% 的平均增幅发展，到 2012 年，中国的汽车芯片市场将占全球市场规模的 12%。未来上海将成为全球整车和零部件生产基地之一，其汽车产销量的持续增长也将为张江汽车电子类半导体器件厂商的发展带来机遇。相比我国其他的集成电路生产基地而言，汽车产业基础与集成电路技术优势将成为张江发展汽车电子最为优越的两大前提条件。

（二）SOC 设计

SOC 是当今集成电路设计技术及其创新产品的发展主流。尽管受到包括硅周期在内的各种因素的影响，但在新的应用和半导体集成电路技术的有力推动下，SOC 在今后 10 年内仍可获得大的突破和发展。与传统芯片相比，SOC 具有更低的功耗、更高的性价比和更快的上市时间等特点，极大地降低了系统整机的成本和体积，其优势已成为业界的共识。一些著名跨国半导体公司，包括 EDA、IP 以及 FPGA 供应商都将其 2/3 的研发经费用于开发 SOC 相关项目。

SOC 的出现还带来了集成电路设计价值链的改变，出现了新的业务形态，即集成电路设计服务企业，如 SOC 设计平台及其系统方案供应商（chipless）、硅知识产权供应商、设计服务公司（IDC）、MPW 服务的公益性机构、IC 探针卡及其样品测试公司、IC 工程样品微分析服务公司等。其中，设计服务公司向设计代工（design foundry）和委外设计服务（ODM/OEM）模式发展也逐渐成为国际上设计服务业的新发展趋势。

目前，国际上 SOC 设计主要有 3 种形式：

第一，IP 核的设计和销售。随着 SOC 技术的发展，中小规模的 IP 设计公司和 IP 销售公司日渐增多，目前自主开发和经营 IP 核比较有名的公司有英国的 ARM、Amphion，美国的 DeSoc、MIPS Techologies 和 Rambus 等。但自主设计开发 IP 核的难度和门槛很高，短期内尚不适合张江高科技园区。

第二，将自主 IP 核和第三方 IP 核集成在一起，完成各种应用类芯片设计。这种设计芯片在通信领域中被广泛地应用于电信交换系统、个人数字助理/掌上电脑、便携式数字移动通信设备（如 GSM/CDMA 手机、GPS 定位仪）等产品的核心芯片中；在消费电子领域中被广泛地应用于 MD 机、CD 机、收音机等音频类产品，录像机、摄像机、DVD 播放机、HDTV/STB 等视频产品和电视游戏机、数码相机、电子玩具等个人电子产品的核心芯片中；在控制、测试、医疗设备领域中被广泛地应用于工控设备、机器人、电子测试设备、医疗电子设备等产品的核心芯片中，是张江未来集成电路设计发展的主要方向。

第三，提供 SOC 设计的 EDA（电子设计自动化）工具。设计成本在通常情况下是随着设计类型的改变而改变的，而在 90 nm 节点及以下则是随着项目团队规模的扩大而增加的。在 65 nm 节点，项目管理成本约占总设计成本的 20% ~ 25%，远高于 90 nm 节点 12% ~ 15% 的比重。

随着芯片制造尺寸逐渐缩小，集成电路的设计人数和设计成本都会有较大幅度的增加，从而为EDA设计模式提供了一个很好的发展机会。EDA使得设计的效率提高，可以以较小的项目团队规模保证90 nm结点及以下芯片的设计工作，是张江芯片制造进入90 nm和65 nm节点后可以重点发展的设计方向。

三、集成电路封装与测试企业培育

随着集成电路器件尺寸的不断缩小和运行速度的不断提高，业界人士越来越清楚地认识到组装和封装是集成电路工业最基本的、不可或缺的组成部分。在许多集成电路产品市场中，封装技术已成为一个极为关键的竞争因素，它对于芯片的运行频率、功耗、复杂性、可靠性和成本都有十分重大的影响。

（一）未来集成电路封装的重点发展方向

未来集成电路封装的重点发展方向有：第一，一部分CSP实现标准化，将标准化的CSP投入规模生产。OEM大厂积极寻求OutSourcing厂商的代工机会也有助于先进封装工艺与CSP的增长；第二，建立CSP封装产业，形成与材料、装配、测试以及安装等有关的基础工业；第三，由于芯片在无线应用、便携通讯、智能产品、汽车电子、显示驱动等领域的应用将越来越广泛，进一步发展FC封装技术和相关的基础产业是集成电路封装发展的重要任务；第四，深入开发WLP技术，并建立相应的产业；第五，发展微机械系统（MEMS）封装，将MEMS、传感器、光学器件集成在集成电路子系统中，以更大程度地降低成本。

（二）重点发展的封装测试产品与技术

重点发展的封装测试产品与技术包括：第一，发展无铅封装。近年来集成电路封装技术发展非常迅速，很多新技术和新材料被引入，但是目前集成电路封装业遇到的最大挑战之一就是如何应对欧盟2006年7月1日开始执行的产品无铅化法案。2004年8月欧盟根据2002年通过的《关于报废电子电器设备指令》（WEEE）和《关于在电子电器设备中禁止使用某些有害物质指令》（RoHS），正式出台了《电子垃圾法》。其中RoHS规定欧盟国家的市场自2006年7月1日起，将不允许含有包含铅（Pb）、镉（Cd）、汞（Hg）、六价铬（Cr^{6+}）、多溴二苯醚（PBDE）、多溴联苯（PBB）6种有害物质的家电、IT产品、通信产品、电动工具、电动电子玩具以及医疗电气设备的销售。其他国家也开始陆续出台类似的法律法规，其中对集成电路产业影响最大的就是有关产品无铅化的规定。虽然在RoHS中也规定了一些例外，如服务器、储存设备、网络基础设备的铅基焊接和含大于85%（质量百分含量）铅的锡铅合金（如95% Pb～5% Sn）的晶圆凸块倒装片焊接都可获得豁免，可延至2010年实施指令要求，但大多数集成电路产品无铅化必须在规定之前完成。目前，张江集成电路的封装主要还是采用锡铅焊料，因此，向无铅化封装过渡将是张江封装业未来几年的主要发展目标。

第二，发展系统封装与倒装封装。系统芯片（SOC）发展至今，除了面临诸如技术瓶颈高，Logic、DRAM与SiGe（硅锗）等不同工艺整合不易，生产合格率低等技术挑战外，现阶段SOC生产成本高、研发时间过长等因素也使SOC的发展面临困境。相对于SOC设计和制造，SiP（System in Package，系统化封装）将一个系统所需的组件整合于一个芯片上，并将不同功能的芯片整合于一个电子构件中，与SOC设计相比，目前SiP封装技术已逐渐成熟，是SOC之外的发展方向。

除此之外，集成电路封装还由传统的引线框架封装转向基板封装，封装互联技术正朝着芯片倒装互连的方向发展，新的封装形式不断涌现，BGA、CSP、MCP、3D、SIP成为发展重点。目前，国际上的封装大厂都积极研究新的基于倒装芯片封装的工艺技术。例如，日本富士通公司在倒装封装方面采用电镀方法形成超细间距35 μm的焊凸，将封装互连密度提高了50倍。倒装芯片封装不仅具有一系列的技术优势，而且其市场应用前景广阔，在无线应用、便携通讯、智能产品、汽车电子和显示驱动等领域的应用将越来越广泛。因此，倒装封装也是张江未来封装发展的主要方向之一。

四、集成电路设备制造与材料

集成电路设备制造与代工、设计与封测产业有着显著的区别。

集成电路设备制造业的特点是“全球化采购”，厂商掌握的核心技术不超过整机产品的30%，零部件的加工和供货都采用全球采购和定制的方式，充分利用世界上最先进、最成熟的研发技术、最专业的生产分工和最合理的物流系统，以缩短研发及供货周期、降低成本、保证技术竞争优势。创立于1967年的全球最大的IC设备制造商之一——美国应用材料公司2000年的销售收入为104亿美元，但其并没有自己的零部件加工厂，全部制造工作完全靠专业分工、全球采购和集成制造完成。目前，应用材料公司在我国一些城市寻找与之合作的零部件转包供货商，2004年其转包业务加工订单为2500万美元，2005年约为1亿美元，预计2006年将达到5亿美元。可以说，集成电路设备零部件的全球化采购为后进国家和地区，也为张江进入集成电路设备制造领域提供了发展机遇。

集成电路设备制造位于集成电路产业链中技术的最高端，是获利最大、发展最难的一个环节。集成电路制造与一个国家的基础工业能力密切相关，没有雄厚的制造工业基础是不可能发展起来的。而目前，张江集成电路设备基本上都是从欧美和日本进口的，许多设备的零部件也都需要进口，尚未实现国产化。因此，在短时期内，要在张江发展整套大型集成电路设备制造是不现实的。张江要发展集成电路设备制造，只能由点突破。

第一，引进设备零部件厂与关键设备组装厂。张江仍然可以从基础部件、基础技术入手，引进有实力的国外零部件生产厂商与设备组装厂，并以此为起点开发更多的产品。通过发展张江集成电路设备零部件制造，使大型设备商在进行全球采购时能在张江采购到其所需的某一零件或部件，从而使张江迈入全球集成电路设备制造的圈子，打破美国等发达国设置的集成电路设备壁垒。

第二，引进具有反制政府壁垒的跨国集成电路商。引进一些具有反制政府"特权"的大型跨国集成电路商（如中芯国际芯片制造商、英特尔系统集成商和诺发材料供应商等），这些厂商通常具有与政府对话和对抗的能力，其在全球采购时就具有突破美国等掌握集成电路设备制造核心技术国家的设备进口壁垒的能力，从而打破全球条块状的设备制造、销售体系，为我国和张江集成电路的发展打开制度上的缺口。

第八节　张江集成电路企业主体培育

一、从电子系统商分离出来的集成电路设计研发机构

综观世界集成电路产业的发展历史，知名的设计公司往往都依托于一个大的电器品牌。这些知名设计公司在系统商内部实现了设计专业化和模块化，独立了出来。张江可以引进、重点支持像海尔、联想、华为这样的国内知名电子系统商，使其电子芯片的设计专业化，从公司分离出来。一方面，电子系统商有较高的制造工艺水平，而工艺水平的提高对设计水平的跟进起到了推波助澜的作用。有好的制造工艺，才有好的设计；另一方面，分离后的专业设计企业由于与原来的电子系统商有着千丝万缕的联系，可以比较容易地与原来的母公司实现设计产品的知识产权共享，减少专利纠纷。

二、引进全球集成电路著名设计企业

从全球集成电路设计产业分布区域来看，2004 年，美国集成电路设计业占全球市场规模的 76%，中国台湾居次，占全球比重的近 20%，欧洲、日本各占 2%，中国内地则不到 0.4%。

2005 年全球集成电路设计公司收入的前 5 强也都来自北美地区，依次是 Qualcomm、Broadcom、ATI（加拿大）、Nvidia 和 SanDisk。前 20 位中，属于我国

台湾集成电路设计企业的有第七名的联发科、第十一名的威盛以及分居第十二、第十三名的凌阳与联咏。在这 20 家企业中，Zoran（美国）营收增幅最快，为 75%；凌阳与联咏的营收增幅分别为 70.7%与 68.6%（表 6-15）。

表 6-15　2005 年全球前 20 大集成电路设计公司（按营收排名）

排名	厂商	营业收入/亿美元	2004/2003 年增长率/%	主要产品
1	Qualcomm	32.24	30.7	3G 芯片组、系统软件以及开发工具和产品
2	Broadcom	24.01	49.1	为计算机网络设备、数字娱乐及移动设备制造商提供片上系统和软件解决方案，全球最大的无线网络芯片供应商，中芯国际为其代工
3	ATI	21.41	41.7	桌面电脑、笔记本和集成产品图形技术支持以及视频、多媒体解决方案领域的领导者
4	Nvidia	20.10	10.3	全球可编程图形处理技术领袖，面向计算机、消费电子和移动终端的设计
5	SanDisk	17.77	64.6	全球最大的闪速数据存储卡产品供应商
6	Xilinx	15.89	22.2	可编程逻辑产品的完全供应商，提供半导体及软件开发工具
7	联发科	12.53	10.5	光学存储 IC 的主要供应商
8	Marvell	12.25	49.4	提供储存、有线通信及无线通讯三大领域的设计
9	Altera	10.16	22.9	在可编程系统级芯片（SOPC）领域中处于前沿和领先的地位
10	Conexant	9.15	44.5	为宽带通信、企业网络与数字化家庭应用半导体提供高度集成芯片设计和软件解决方案的全球领导商
11	威盛	6.06	-4.3	网际网络系统整合组件供货商，以个人计算机中所使用的系统芯片组为主要产品
12	凌阳	5.92	70.7	研发、制造和行销高品质及高附加价值的消费性 IC 产品
13	联咏	5.48	68.6	全球平面显示荧幕驱动 IC 主要供应商

续表

排名	厂商	营业收入/亿美元	2004/2003年增长率/%	主要产品
14	QLogic	5.43	5.2	提供一系列控制器芯片、主机总线适配器、网络交换机和管理软件
15	Adaptec	4.85	10.8	为全球各种规模商业企业提供存储解决方案，帮助其有效移动、管理和保护数据信息
16	Aeroflex	4.61	35.1	为航空、国防和宽带通信市场提供高科技解决方案的全球供应商
17	Silicon Laboratories	4.56	40.2	在各种混合信号产品领域居于领先地位
18	SST	4.49	52.2	生产和销售各种高性能的非易失性的存储器，并拥有 SuperFlash 技术，产品广泛应用于消费类电子、网络计算、无线通信和 Intenet 计算领域
19	QmniVision	3.85	54.3	全球最大的先进单芯片 CMOS 摄像机解决方案独立供应商
20	Zoran	3.79	75.0	消费电子产品领域一流的数码芯片供应商

资料来源：崔澎．2005. IC 设计市场大观．电子产品世界，9：32～34；该前20位企业网站，2006－11－10。

在以上20家全球领先的大型集成电路设计企业中，Nvidia、Marvell、Conexant、威盛、SST等企业已入驻了张江。考虑到张江重点发展消费类电子产品，并兼顾发展军品电子的潜在需求，可继续引进 Qualcomm、Broadcom、ATI、凌阳、联咏、Aeroflex 和 Zoran 等设计企业。在这些企业中，有的企业在中国其他地区已经设立了分公司（如 Qualcomm 的中国分公司在北京），但引进这些企业对带动整个园区设计业的发展、提高园区集成电路设计水平仍然是十分必要的。

三、以展讯为龙头，重点培育4～5个大型海归与本土设计企业

在继续引进海归创业人员创办集成电路设计企业的同时，还要十分注重园区已经发展起来的、并且发展势头良好的海归创业设计企业和本土企业，如展讯、科圆、南华虹和芯圆等。发展并重点扶持1～2个大型领头设计企业（如展讯）。目前，张江高科技园区的集成电路设计企业多处于创业时期，一百多家设计企业中，其设计产品能产业化并能够盈利的企业大约只有10家，缺乏设计方面的高级人才也成为园区发展的障碍。根据集成电路设计企业演化的不同阶段所需解决

的不同主要问题（表6-16），对于处于创立初期的企业来说，应重点对有发展潜力的设计企业给予资金与政策上的支持，使其产品顺利实现市场化与产业化。同时，注重园区基础设施建设与生活环境的改善，大力引进高级设计人才，以提高园区集成电路创业设计企业的存活率。对于处于利基期的企业（如科圆），也应给予大力支持，促使其顺利上市，走上快速、良性的发展轨道。

表6-16　IC设计企业演化历程的四个阶段及其在各阶段需要解决的主要问题

指标	创立初期	利基（Niche）期	羽翼丰满期	达到世界级
营收/百万美元	0～50	50～200	200～1000	>1000
每年设计项目数/个	1～5	5～20	20～30	10～20
产品上市率/%	0～70	40～60	50～80	≈100
产品量产率/%	0～30	20～50	50～70	>80
营收大幅度衰退概率/%	90～20	10	<10	≈0
需要解决的主要问题	• 第一个市场认可的产品 • 人才 • 高损耗率与高淘汰率	• 企业上市 • 积累可复用的IP核 • 更快更好地创新产品	• 具有深且广的产品系列 • 并构或有机成长 • 确保产能与技术支援	• 策略与文化 • 公司治理 • 标准与平台

资料来源：赵应诚．2005．台积电上海总经理赵应诚先生谈IC设计公司的成长道路．中国集成电路，12：8～14。

四、集成电路装备企业

目前，全球半导体市场出现了分散向集中转变的局面，一些较大的设备公司凭借其雄厚的技术经济实力兼并小公司，呈现出“大者恒大，强者愈强”的发展态势。2004年，全球十大半导体设备公司的销售总额就占全球市场销售总额（375.8亿美元）的70%。

2004年，全球芯片曝光设备（wafer exposure）领域主要由三家厂商垄断，其中ASML占有40%的市场，而佳能（Canon）和尼康（Nikon）的市场份额均为30%。

在测试设备领域，Advantest在内存测试方面排名第一，Teradyne在逻辑测试和SOC测试方面居首，而Yokogawa Electric Corp在混合信号的线性及分立测试方面位居第一。Synopsys在设计与测试集成系统领域处于首位，紧跟在其后的是PDF Solutions Inc. 和Asyst Technologies Inc.。

在光掩膜设备（mask exposure equipment）领域，NuFlare Technologies的领先优势较明显，2004年上半年市场份额为35%，处在第二位的Micronic Laser Systems AB 的市场份额为 20%。美国半导体制造设备巨头应用材料（applied materials）仅在 19 个领域中的 2 个领域处于领导地位（表 6-17）。

表 6-17　2004 年主要半导体设备厂商产品占全球市场份额一览表

逻辑芯片测试系统（Logic IC Test Systems）	
Teradyne, Inc.	55%
Yokogawa Electric Corporation	20%
NPTest, Inc.	10%
产品市场规模/亿美元	1.23
内存芯片测试系统（Memory IC Test Systems）	
Advantest	70%
Yokogawa Electric Corporation	15%
Agilent Technologles, Inc.	5%
产品市场规模/亿美元	10.76
混合信号的线性及分立测试（MXSL, Linear and Discrete Test Systems）	
Yokogawa Electric Corporation	35%
Credence Systems Corporation	25%
Eagle Test Systems, Inc.	15%
产品市场规模/亿美元	3.82
SOC 测试系统（Systems-on-a-Chip Test Systems）	
Teradyne, Inc.	45%
Advantest	25%
Agilent Technologies, Inc.	15%
产品市场规模/亿美元	10.58
材料处理系统（Material Handling Systems）	
ACCRETECH-Tokyo Seimitsu	20%
Tokyo Electron Ltd.	15%
Advantest	10%
产品市场规模/亿美元	10.26
设计与测试集成系统 Mfrg（Connectivity & Design and Test Integration Systems）	
Synopsys, Inc.	35%
PDF Solutions, Inc.	15%
Asyst Technologies, Inc.	10%
产品市场规模/亿美元	19.99

续表

芯片曝光设备（Wafer Exposure Equipment）	
ASML	20%
Canon Inc.	15%
Nikon Corporation	15%
产品市场规模/亿美元	1.71
光掩膜设备（Mask Exposure Equipment）	
NuFlare Technology Inc.	35%
Micronic Laser Systems AB	20%
Hitachi High-Technologies Corp.	15%
产品市场规模/亿美元	30.29
化学机械抛光设备（CMP Equipment）	
Applied Materials	60%
EBARA Corporation	30%
Novellus Systems, Inc.	5%
产品市场规模/亿美元	5.89
离子注入设备（Ion Implanters）	
Varian Semiconductor Equipment	30%
Axcelis Technologies	25%
Applied Materials	20%
产品市场规模/亿美元	6.26
外延设备（Deposition）	
Applied Materials	45%
Novellus Systems, Inc.	10%
Tokyo Electron Ltd.	10%
产品市场规模/亿美元	41.75
干蚀刻设备（Dry Etch）	
Tokyo Electron Ltd.	35%
Lam Research Corporation	25%
Applied Materials	20%
产品市场规模/亿美元	16.69
湿蚀刻设备（Wet Processing）	
Dainippon Screen Mfg. Co., Ltd.	40%
SEZ AG	10%

续表

Tokyo Electron Ltd.	10%
产品市场规模/亿美元	10.71
其他芯片处理设备（Other Wafer Process Equipment）	
Asyst Technologies, Inc.	30%
Brooks Automation, Inc.	20%
Daifuku	15%
产品市场规模/亿美元	7.55
封装检测设备（Assembly Inspection Equipment）	
ICOS Vision Systems NV	30%
August Technologies, Inc.	10%
CAMTEK	10%
产品市场规模/亿美元	1.51
切割设备（Dicing Equipment）	
Disco Corporation	35%
ACCRETECH - Tokyo Seimitsu	30%
Xsil Ltd.	10%
产品市场规模/亿美元	2.52
焊接设备（Bonding Equipment）	
Kulicke & Soffa Ind. Inc.	25%
ASM International	15%
Shinkawa Ltd.	15%
产品市场规模/亿美元	9.11
封装设备（Packaging Equipment）	
Towa Electric Co., Ltd.	20%
APIC Yamada Corporation	15%
ASM International	10%
产品市场规模/亿美元	4.84

资料来源：上海情报服务平台（http://www.istis.cn/），2006-11-08。

目前，世界前十大集成电路设备厂商中已有7家入驻了张江，其中包括Applied Materials（全球最大的半导体生产设备和高科技技术服务公司）、TEL（全球最大的集成电路及液晶显示器设备制造商）、Lam Research、Novellus、Tokyo Electron、ASML和SCREEN等，极大地支撑了张江集成电路制造业的发展。在未来的5～15年内，应加强与这些集成电路设备厂商的合作，通过引进零部件生产线和建立设备组装厂，由点突破，使张江集成电路设备制造业实现突破性发展。AM、Tokyo Electron 和 Lam Research 的主导产品与领先技术领域如表6-18所示。

表6-18　AM、Tokyo Electron 和 Lam Research 主导产品与领先技术领域

设备商	主导产品和领先技术领域
AM（应用材料）	化学机械抛光设备（ECMP技术，服务于65 nm及以下尺寸器件）、刻蚀设备（高密度等离子体刻蚀机）、离子注入设备（超低能大束流离子注入机）、超薄膜生长设备（原子层生长技术）
Tokyo Electron（东京电子）	刻蚀设备（高密度等离子体刻蚀机）、逻辑芯片测试设备
Lam Research（泛林）	刻蚀设备（高密度等离子体刻蚀机）

资料来源：童志义. 2006. 国外半导体设备现状与发展趋势. 半导体行业，2：44～49。

第九节　张江集成电路产业集群集聚性

一、高新技术企业集聚的两种主要形式

高新技术企业聚集的主要形式有基于产业链的与大企业共生的中小企业聚集网络和基于技术合作与创新形成的企业聚集网络两种基本形式。

（一）企业共生的中小企业聚集网络

基于产业链的与大企业共生的中小企业聚集网络也称制造集群。这种产业聚集区的最大特征就是在某一大企业或核心企业的外围分布着众多具有上下游产业关系链的中小企业，大企业或核心企业与广大中小企业或非核心企业之间可以形成长期稳定的生产或经营协作关系。大企业或核心企业可以更加专注于关键部件或投入品的研制和生产，使之保持持久的领先地位和竞争优势（Norman，2001）。由于产品的生产过程同时也就是价值的创造过程，单个企业的价值链是镶嵌在更大范围的价值系统之中的，整个价值系统包括管理、研发、供应、制造、分销、会计等一系列基本活动和辅助活动。每一个活动既会增加公司收益，也会增加公司在生产、销售产品过程中的成本。为了降低生产成本和组织成本，企业控制价值链上的关键环节，将有些环节保留在企业内部，而多数环节转包、承包给其他企业。第一级承包商又可下包给第二级下包商，由此形成以大企业为核心的由多层级小企业承包商构成的聚集网络。日本丰田汽车公司就有160多家中小企业与之直接发生外包交易，由于彼此之间相互依赖，共享知识与技能，共同开发与生产，所以既降低了丰田公司业务交易的不确定性因素所导致的风险，

又降低了生产成本，改进了质量，加速了新产品的开发过程。

蔡翔（2000）、牛娉（2005）等学者对基于产业链的高新技术企业集聚进行了深入分析，强调产业链是围绕核心企业，通过对信息流、物流、资金流的控制，从采购原材料开始，到制成中间产品以及最终产品，最后通过销售网络把产品送到消费者手中，将供应商、制造商、分销商、零售商及最终用户连成一个整体的功能网链结构模式。该网链包含所有加盟的节点企业，从原材料的供应开始，经过链中不同企业的制造加工、组装、分销等过程直到最终用户。它不仅是一条连接供应商到用户的物料链、信息链、资金链，而且是一条增值链，物料在产业链上经加工、包装、运输等过程而实现增值，给相关企业都带来收益；同时，价值网络成员在现实中交换的也不仅仅是物质，还有独立于产品和包含在产品中的技术信息。

就供应链的结构而言，一般是由一个主导企业（可以是制造商、供应商或零售商企业）充当企业群体的"原子核"，即核心企业，在供应链中占据核心位置，把其他"卫星"企业吸引在核心企业周围。核心企业必须在某一个或某几个领域具有突出的优势，如掌握生产的关键环节、拥有先进或市场风险小的技术、管理水平高、无形资产雄厚、可以完善地运用有效的销售网络等，使得一些与核心企业本身没有隶属关系的企业相对稳定地依附在其周围。可见，核心企业在整个供应链上占有重要的地位，是供应链的信息交换中心和物流集散"调度中心"。在供应链企业间的知识共享过程中，核心企业也将由于其一直以来的独特优势和特殊地位起到主导的作用。

（二）基于技术合作与创新形成的企业聚集网络

基于技术合作与创新形成的企业聚集网络，也就是创新集群。这类形式的区位聚集主要有两类：①企业间通过横向、纵向联系而构建的企业集群。企业通过与竞争对手或供应链企业的信息交换以获得最小化的风险与最大化的竞争能力。由于高新企业具有高投入和高风险的特性，使得企业可以通过相互交换产品和沟通减少不确定性，提高聚集群体的利益。现实中许多企业采取结盟的形式，共同研发新技术和新产品。②企业与大学、科研机构、中介机构间协同作用形成高新技术产业集群。为防止自发形成的企业集群由于缺乏创新能力而衰落下去，引入外部创新能力与资源就非常重要，其结果就是促成了以大学或科研机构为核心的中小企业集群的形成和发展。在这种合作群体中，大学或科研机构为众多的中小企业提供新技术和科技人才。中小企业则为大学或科研机构提供资金以及实习的场所。这一模式最著名的例子就是美国的"硅谷"。在硅谷不到500km^2的土地上，聚集的生产性和服务性企业达10 000多个，它们与著名的斯坦福大学一起构成了从高技术产品的研究、设计、生产到风险资本、法律咨询等相互配套的中小企业集群。这一模式也是世界高新技术产业区位聚集的主要形式。

在创新集聚体中，知识溢出是造成企业集聚效应的主要动力之一。由于知识的应用具有很显著的规模经济，对这种规模经济利益的追逐会导致相关或相同的企业，尤其是独立持续创新能力不强的中小企业的集聚。在集群组织内部，某一企业通过创新和开发所获得的产品生产技术、产品市场信息、产地的品牌和企业管理方式等方面的新知识有很大一部分外溢出去，这些知识的溢出是企业空间距离的减函数，只有在空间上集聚在“集群”内部的企业才能获得这种组织知识，而一旦离开这个群体就会迅速丧失。企业选择加入或不加入到集群组织内取决于为了获取组织知识的边际收益与为之溢出知识的边际成本的比较（叶建亮，2001）。

二、张江高科技园区集成电路企业空间集聚分析

（一）分析、处理过程

第一步：以张江高科技园区西南角为起点，将张江高科技园区划分成500 m×500 m的网格，统计分布在各个格子里的各类企业的个数。

第二步：将张江高科技园区内的集成电路企业集中分布在21个格子里。

第三步：以这21个格子为样本，样本的五个属性分别为位于格子内的五类集成电路企业的个数。

第四步：应用SPSS软件计算样本6个属性的两两相关系数，用相关系数衡量不同类企业在同一地点出现的相关性。

由于集成电路芯片制造业数量相对少，只有3家；同时，制造类企业本身占地面积大，在分析企业的地理位置相关性时，如果把企业看作点，取其中心位置，会导致制造类企业与其他类企业出现在同一地点（500 m×500 m的网格单元）的可能性很小，考虑到这一层次，本文仅分析成电路设备与配套、系统厂商制造及研发、集成电路封装测试以及集成电路研发中心这5类企业两两之间临近分布的相关性。

应用相关系数来研究和衡量两个或两个以上变量之间的相关程度，通常认为，$|r|=1$表示完全线性相关，$|r|=0$表示零相关，$|r|\geq 0.8$表示高度相关，$0.5\leq |r|<0.8$表示中度相关，$0.5>|r|\geq 0.3$表示低度相关，$|r|<0.3$表示不相关。同时，SPSS相关分析过程给出衡量相关系数是否可信的概率P值，一般认为当概率$P<5\%$时，所得相关系数可信，即两变量存在一定程度的线性相关关系，否则，则认为所得相关系数不可信，此时，两变量之间的关系不能确

定。计算结果见表6-19。

表6-19　2004年张江高科技园区各类集成电路企业空间分布位置相关程度

企业类型	相关性与可信概率	集成电路设计	集成电路设备与配套	集成电路封装测试	系统厂商制造、研发	集成电路研发中心
集成电路设计	r	1.000 0	–	–	–	–
	p	.				
集成电路设备与配套	r	0.593 3	1.000 0	–	–	–
	p	0.004 6	.			
集成电路封装测试	r	0.670 8	0.324 0	1.000 0	–	–
	p	0.000 9	0.151 9	.		
系统厂商制造、研发	r	0.846 6	0.415 7	0.602 7	1.000 0	–
	p	0.000 0	0.060 9	0.003 8	.	
集成电路研发中心	r	0.513 2	0.078 4	0.374 1	0.394 1	1.000 0
	p	0.017 4	0.735 6	0.094 8	0.077 1	.

（二）计算结果与解释

张江高科技园区各类集成电路企业的空间位置相互关系有以下特点：

（1）集成电路设计企业与其他类集成电路企业临近分布的要求十分强烈。设计企业与集成电路设备与配套、系统厂商制造及研发、集成电路封装测试和集成电路研发中心等类型企业在空间分布上存在明显的线性正相关关系，其中，与系统厂商制造和研发企业布局的相关性最高。

（2）集成电路封装测试企业与设计、系统厂商制造研发企业在空间上有较强的临近分布要求。

（3）集成电路设备与配套和系统厂商制造及研发、集成电路封装测试和集成电路研发中心、系统厂商制造研发和集成电路研发中心两两之间在空间上也有临近分布的需求。

由此可以看出，张江高科技园区的企业集群已经不再是企业在空间上简单的物理堆砌，其分布有着较强的内在机制。张江高科技园区是一种基于制造需求的产业链技术溢出集群，其集聚的基础是不同类型企业之间的生产协作与互助。这种制造集群是大多数发展中国家和地区成功引进FDI后必然经历的一个阶段，其发展对东道国的基础设施与核心企业的依赖较强。对于张江高科技园区来说，这种形态将在相当长的一段时间内存在。

第七章

创新型集群：

基于本土研发的张江生物医药产业发展

生物医药产业是21世纪推动区域经济增长的“钻石产业”，是当今世界各国激烈竞争、竞相争夺的产业战略制高点。经过10年建设和发展，张江生物医药已经初步形成了一个较完整的产业体系，在国家实施创新发展战略和药品需求不断扩大的背景下，张江生物医药产业迎来了一个新的发展时期。

第一节　张江生物医药产业发展SWOT分析

一、张江生物医药产业发展优势（S）

（一）规模不断扩大，企业集聚效应明显

2001～2006年，张江生物医药产业以32.31%的年均增长率高速发展，规模不断扩大。2001年生物医药产业营业收入16亿元，2002年突破20亿元，2003年突破30亿元，2005年突破40亿元，2006年一举突破60亿元，达到64.21亿元（图7-1）。国家生物医药基地的品牌效益和上海“聚焦张江”战略的实施，吸引了一批著名的医药企业抢滩张江，短短十几年内，$3km^2$的药谷内已集聚了140家国内外研发机构、42家大型医药生产企业和120余家中小型创新科技企业，园区内的生物医药企业累计已达到240家（图7-2）。

（二）研发实力雄厚，相对优势凸现

第一，药谷以其良好的环境吸引了大批人才集聚张江，具有硕士以上学

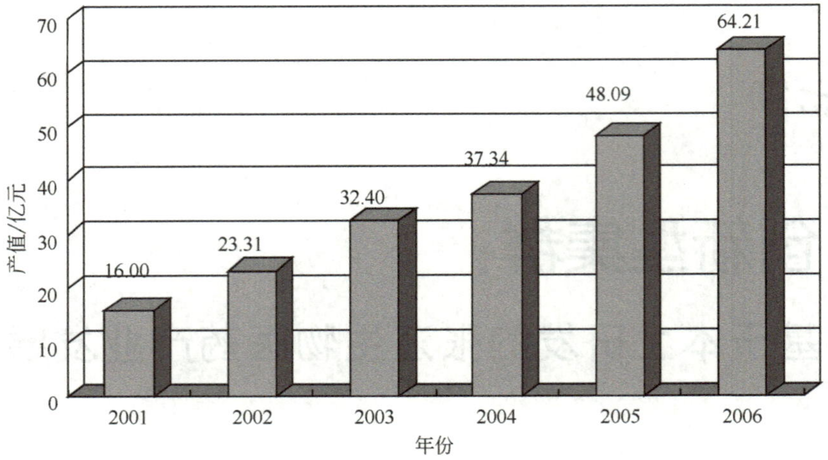

图 7-1 张江生物医药产业 2001 ~ 2006 年产值变化图

资料来源：张江统计年报（2001 ~ 2007），上海市张江高科技园区

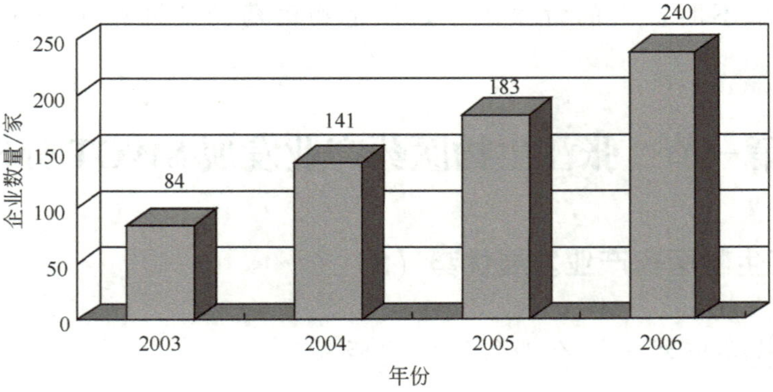

图 7-2 张江生物医药产业 2003 ~ 2005 年企业数量变化图

资料来源：张江统计年报（2003 ~ 2007），上海市张江高科技园区

位的人数逐年增加（图 7-3）。第二，药谷集聚了国家人类基因组（南方研究中心）、国家新药筛选中心、国家生物芯片中心、国家中药创新中心、国家药物制剂工程研究中心、国家中药制药工程技术研究中心、中国科学院上海药物研究所、上海中医药大学、上海新药研究开发中心、上海中药创新研究中心、上海转基因研究中心、上海模式动物研究中心上海中药标准化研究中心、上海针灸研究中心等一大批国家级研究中心和上海市重点研究所；罗氏、礼来、诺华等著名跨国公司纷纷在张江设立研发中心，初步形成了以国家级研究中心为基础，涵盖从新药筛选到安全评价，再到临床研究的新药创

新体系，为生物医药产业发展提供了强大的动力源，也是吸引国际大型生物医药企业进驻张江药谷的魅力所在。张江已经成为国内最密集的生物医药研发创新高地。从新药申报数量指标看，增长较快，2003 年张江申报了 34 个新药，2005 年已达到 81 个。

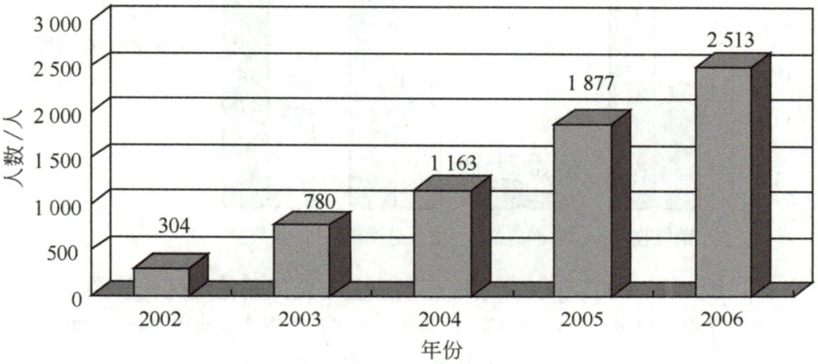

图 7-3　张江"药谷"2002～2006 年拥有硕士、博士学位人员总人数变化图

（三）区位优势突出，拥有广阔的市场与腹地

生物医药产业是长三角三大中心城市未来重点发展的产业部门。上海市"十一五"规划明确将生物医药产业作为战略产业，生物医药产业要围绕生物技术、现代生物医药工程等领域，努力形成具有自主创新能力的生物医药产业群。江苏省将生物与新医药列为重点发展的产业，浙江省将生物医药产业列为优先发展的产业部门。

从区域生物医药发展水平分析，长江三角洲是我国生物医药产业发展的重点区域，无论是从医药制造业的销售收入、利润总额，还是医药制造业工业的总产值和企业数量，都占到全国生物医药制造业相当大的比例（图 7-4）。长三角各省、市之间在长期发展中形成了具有自身特色的优势行业。浙江省医药制造业以化学药品原药制造为主，是全国化学原药生产的大省，上海市则以生物生化制品制造业为优势产业，2005 年，其生物生化制品制造业产值占长三角地区总产值的 24.95%。从药品需求角度分析，长三角是我国人口最密集、经济发展速度快、经济发展水平高的区域。从临床资源分析，上海市及周边区域拥有丰富的临床资源，见表 7-1 和表 7-2。

上海是我国最大的经济中心城市，生物医药制造业实力在全国处于领先地位，拥有丰富的医学教育资源和国际一流水平的研究基础设施，全国 37% 的与生物医药相关专业的海外留学生在上海创业，区域外部联系在全国处于领先地位。全球 20 强制药企业中有 11 个跨国公司的总部设在上海。这些都为张江药谷的进一步发展提供了具有竞争力和相对优势的资源条件。

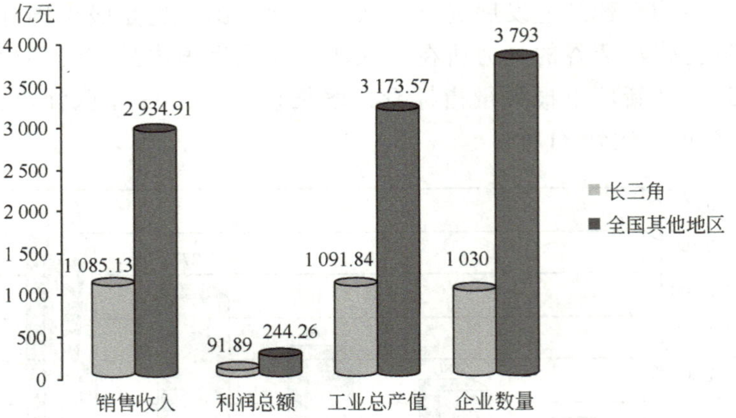

图 7-4　2005 年长三角医药制造业与全国其他地区比较图

资料来源：中国产业地图编委会 . 2007. 长江三角洲产业地图 2006～2007. 北京：社会科学文献出版社

表 7-1　江浙沪三省药品临床研究基地（西药）

省市	单位		基地专业
上海	上海医科大学	中山医院	放射药、心血管、内分泌、皮肤、血液、呼吸、肾病、消化
	上海医科大学	华山医院	抗感染、神经、心血管、放射药、内分泌、皮肤、消化、血液、泌尿
	上海医科大学	肿瘤医院	肿瘤
	上海医科大学	妇产医院	妇产及生育调节药
	上海医科大学	眼耳鼻喉医院	耳鼻喉、眼科
	上海医科大学	临床药理研究所	药物不良反应监测
	上海第二医科大学	高血压研究所	高血压
	上海第二医科大学	瑞金医院	内分泌、烧伤、消化、血液、骨科、心血管
	上海第二医科大学	仁济医院	免疫
	上海第二医科大学	口腔医院	口腔
	上海市消化疾病研究所		消化、肝病
	上海市精神卫生中心		精神
	上海市静安区中心医院		泌尿、肝病
江苏	南京医科大学		抗感染、心血管、内分泌、呼吸、妇产及生育调节药、神经、皮肤、血液、医学影像、泌尿、消化
	中国医学科学院皮肤病研究所		皮肤、心血管、耳鼻喉、肿瘤、眼科、神经
浙江	浙江大学医学院第一附属医院		心血管、眼科、血液、抗感染、泌尿、耳鼻喉、肿瘤、血液
	浙江大学医学院第二附属医院		呼吸、肿瘤、神经、心血管
	浙江省医科院计划生育所		生育调节药

资料来源：上官万平 . 2005. 医药营销——医药代表实务 . 上海交通大学出版社。

表 7-2　江浙沪三省药品临床研究基地（中药）

省市	单位		基地专业
上海	上海中医药大学	曙光医院	肝病、骨科
	上海中医药大学	龙华医院	外科（疮疡）、肿瘤
	上海中医药大学	岳阳医院	血液
江苏	南京中医药大学附属医院		抗感染、肾病、消化、耳鼻喉、儿科
浙江	浙江省中医院		肿瘤、消化
	省中医药研究院		肿瘤

资料来源：上官万平 . 2005. 医药营销——医药代表实务 . 上海交通大学出版社。

（四）低廉的研发成本优势

近年来新药的研发成本大幅上升，据统计，美国制药公司平均每个新药的研发成本从 1987 年的 2. 31 亿美元增长到 2000 年的 8. 02 亿美元，2005 年更高达 10. 6 亿美元（图 7-5）。为了降低研发成本，制药企业已开始将一些业务向外剥离，自己专注于核心业务，而研发项目也是转包的主要内容之一。发达国家的药企已纷纷将部分研发项目向中国、印度等低成本国家转移，这些国家的研发成本只有美国的 1/5 ~ 1/10，而且科技人才充足。与其他国家相比较，中国具有极低的人力资源成本和临床研究成本（图 7-6 和图 7-7），劳动力成本只有美国的1/10，具有明显的相对成本优势。中国拥有大批高素质且成本低廉的科研人员，一个在美国获得博士学位的国内生命科学研究人员每年薪水大约为 8000 ~ 10 000 美元，不及美国的 1/4。中国的药品研发成本仅约为美国的一半，而且拥有丰富的临床试验患者样本及疾病资源，可在短时间内投入较少经费完成临床试验。

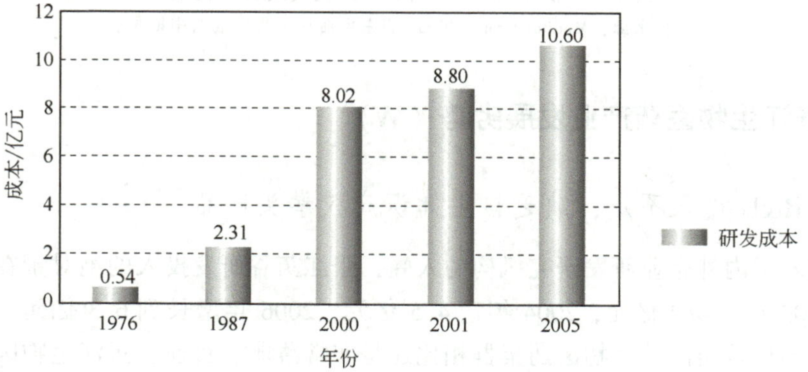

图 7-5　新药研发成本变化图

资料来源：Vittorio Chiesa , Davide Chiaroni. 2005. Industrial Cluster in Biotechnology ——Driving Forces, Development Processes and Management Practices. London: Imperial College Press

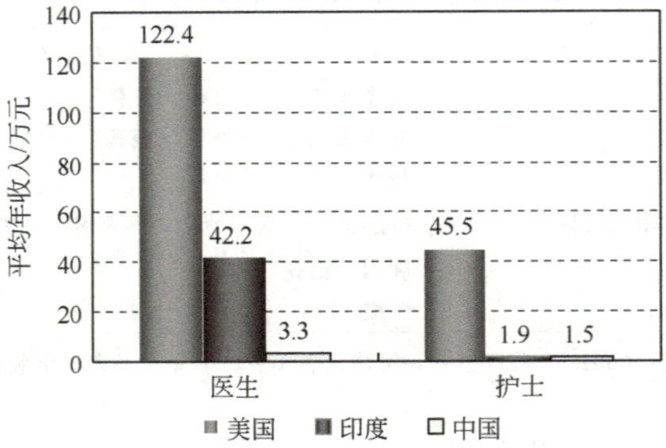

图 7-6　医生和注册护士的年平均收入比较

资料来源：Monitor Group. 2005. 浦东生命科学集群战略中期报告

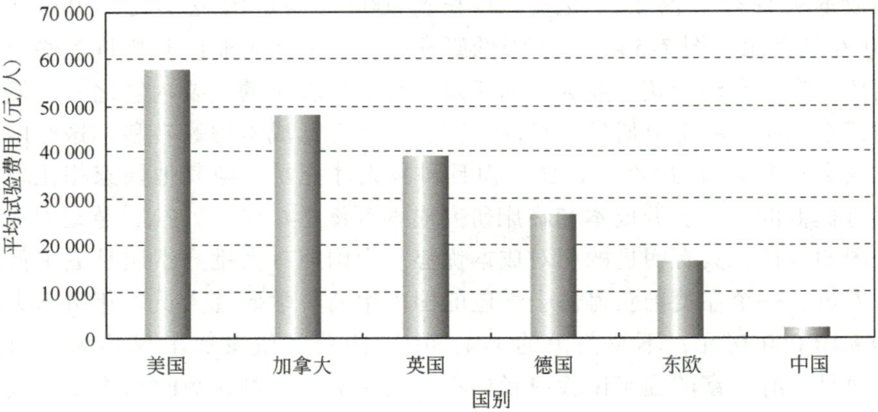

图 7-7　临床二期/三期平均试验费用各国比较图

资料来源：Monitor Group. 2005. 浦东生命科学集群战略中期报告

二、张江生物医药产业发展劣势（W）

（一）R&D 投入不足，缺乏自主知识产权拳头产品

随着国内外企业研发研究机构的入驻，张江药谷研发投入的绝对量在不断增长，2003 年为 4.2 亿元，2004 年达 4.5 亿元，2006 年增长到 6.3 亿元，但占营业收入的比重与国外生物医药集群相比还是非常薄弱。目前，张江生物医药企业的现状是自主开发能力不足，R&D 投入不足，研发费用基本上依靠政府部门拨款，民间投入不多，尤其是缺乏风险投资。

由于生物医药研发创新周期较长，前几年内的研发投入不足导致了目前的产出效果不理想。2001～2002年，园区生物医药产业的投资额进入一个低谷期（图7-8）。

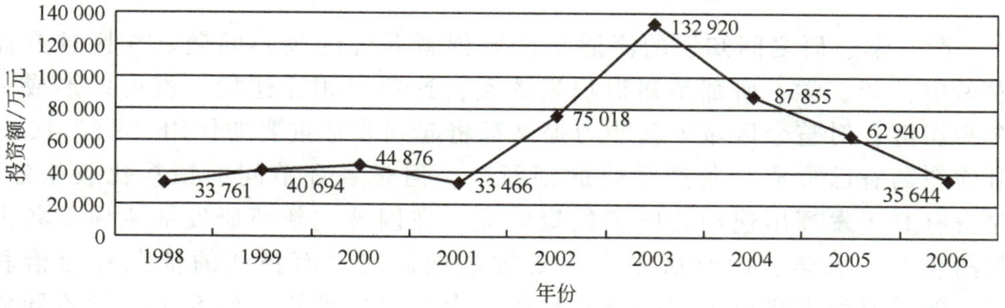

图7-8　张江园区生物医药产业历年投资额状况

从历年生物医药占园区投资的比重看，1998年、1999年、2000年、2001年分别为47%、40%、18%和4%，此后至2003年逐年上升，2003年达到10%，2004年下降至5%，2005年达到9%，2006年则降至历史新低，仅占3%。如果两者之间存在较强的相关性，2003～2004年的投资额创新高因素则可能带来2007～2008年的研发创新产出高峰期，但2005～2006年生物医药产业投资额的再次下降却可能意味着未来3～5年之后生物医药研发创新产出的下降。目前，正是园区生物医药产业实现质的提升、培育大型关键引领性企业的关键时期，这种状况的出现有可能给园区未来的发展带来非常不利的影响。

科研资金投入严重不足和高水平科研人员的缺乏，使得研制开发能力薄弱。根据实地调研获悉，园区内合资企业新产品研制主要来自海外母公司，国内大部分企业从事仿制药生产，也造成了重复生产、设备低效闲置现象。如果不加强企业的自主创新能力，那么依靠仿制药而生存的大量药企将面临巨大的新药研发压力和国外药企的竞争压力。

在努力提升研发创新能力的关键时期，张江园区生物医药产业专利申请数量和授权数量呈现出下降的态势（图7-9）。

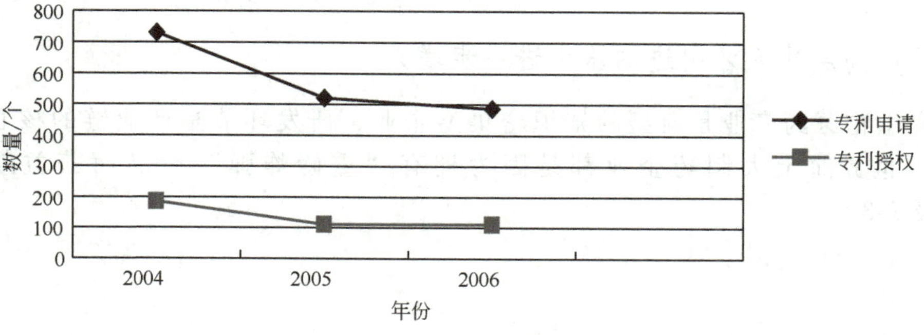

图7-9　2004～2006年张江生物医药产业专利申请与授权数量

(二) 产、学、研脱节现象严重

产、学、研之间知识的流通是区域创新系统的核心问题。在区域产业发展中，产、学、研都是知识积累的点，这些点相互连接，就可以形成一个知识链，对整个区域创新能力提高都将起到非常重要的作用（图7-10）。目前在药谷已形成一条产学研的创新链，但是各环节间的衔接比较松散，并没有真正发挥出连动效应和集聚效应。在国外，新药研发的主体是各大制药企业，大学、研究所则主要着重基础研究。而张江的情况却恰恰相反，新药研发主要由国家的研究院所和大专院校承担，研究主体的不同使得新药研发更加学术化，科研机构主要关注学术成果的前沿性和创新性，忽视了科研成果的应用性，没有考虑企业的需要，也就不可能实现产、学、研相结合。

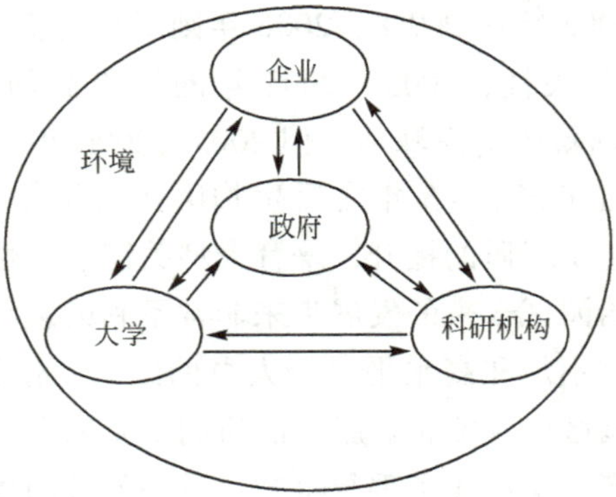

图7-10 产学研结合系统结构图

……我们的研发中心的研究目标太分散，应该加强交流合作，包括各学科之间、各单位之间，这很有必要，可以避免重复劳动……

——中国科学院上海药物研究所所长陈凯先

(三) 高层次人才引进的压力进一步增大

生物医药产业是典型的知识密集型企业，研发环节是产业链的核心环节。世界前十大制药企业都是因为拥有“重磅炸弹”产品而获益颇多（表7-3）。

表7-3　2005年全球十大畅销药品排名

中英文商品名	中文通用名	适应证	销售商	销售额/亿美元
立普妥 Lipitor	阿托伐他汀钙	高胆固醇症	辉瑞	129
波立维 Plavix	氯吡格雷	心血管	百时美－施贵宝 赛诺菲－安万特	59
耐信 Nexium	埃索美拉唑	胃溃疡	阿斯利康	57
舒立迭 Seretide/Advai	沙美特罗/氟替卡松	哮喘	葛兰素史克	56
舒降之 Zocor	辛伐他汀	高胆固醇症	默克	53
络洛喜 Norvasc	苯磺氨氯地平	高血压	辉瑞	50
再普乐 Zyprexa	奥氮平	精神分裂症	礼来	47
维思通 Risperdal	利培酮	精神分裂症	强生	40
PREVACID	兰索拉唑	胃溃疡	雅倍/武田	40
怡诺思 Effexor	盐酸文拉法辛	抑郁症	惠氏	38

资料来源：国家食品药品监督管理局网站。

“重磅炸弹”新药的研制需要高学历的精英人才。2006年张江园区生物医药产业拥有国家级、省级专家数量均比2005年有所下降（图7-11），尽管这种状况与2004年相比有所缓和，但从2003年开始的高级人才的波动反映出了园区面临着生物医药人才流失的压力。

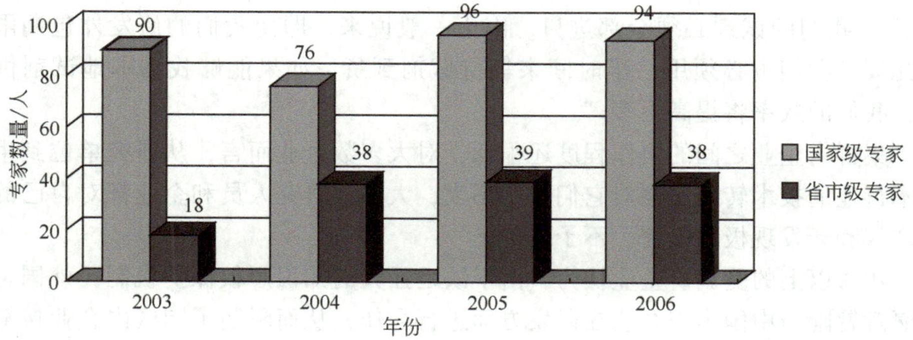

图7-11　张江2006年生物医药产业国家级、省市级专家数量

2006年，园区生物医药产业从业人员中拥有博士学位者仅占4.67%，硕士占11.24%。与2005年相比提高的速度非常缓慢。

(四) 缺乏有效的技术市场中介和高素质的技术经纪人

对于科技成果而言，其价值会随着时间的流逝而逐渐降低，直至消失。也就是说，科技成果一旦开发出来，如果没有及时地转化为生产力，随着时间流逝其成果的价值将会降低，这也是导致我国每年有大量的有价值的科学成果变成了无价值的知识积淀的原因，降低了科技成果的转化率。而科技成果的转化需要以技术市场为中介，因为科技成果是一种特殊的商品，是技术商品，不同于普通的商品仅通过简单的买卖关系即可完成转化。科技成果的转化作为一个系统工程，需要技术市场中介服务机构全过程的服务，而国内目前技术市场的管理者，大都热衷于举办大型技术市场交易会、科技成果洽谈会等，会议规模宏大而收效甚微，仅起到沟通作用。

在张江的技术经纪人不仅数量少，而且平均素质较低，在科研院所和企业之间并没有起到桥梁的作用。导致科研单位或创业型企业有了科技成果之后，技术方找不到生产方，生产方出现生产设备、资源闲置，而技术拥有方却为科技成果转化没有方向而苦恼。

(五) 生物医药产业支撑系统与内部结网不足

生物医药发展离不开提供外部服务的供应商，以便使企业能够在本地以较低的成本获得创新性、个性化的商品和服务解决方案。张江许多生物医药企业对设备供应商、试剂提供商以及维护企业等辅助性行业的质量不放心。许多企业反映："我们基本不用本地的化学材料，因为当地没有符合我们要求的供应商。虽然我们认为这不是大问题，但医疗供应商的地区配售系统限制了我们的业务发展。""我们的试剂必须全部进口。因为一般说来，即使我们的研发外包期限只有几周，我们也必须用一半时间来等待试剂到货，如果能够找到本地试剂供货商，我们的效率将提高很多。"

集群内企业之间的协作程度还很低，对大多数企业而言，从研究单位到生物技术行业的技术转让机制对它们作用不大，大多数研究人员和企业都对自己的知识产权和新发现极力保密，不予外传。

70%以上的受调研企业认为，由于缺乏强大的知识产权保护机制，外国企业不愿意冒险与中国本土企业在研发方面进行合作，从而限制了园区内企业接触最发达集群内的融资和技术转让机制，同时也无法迅速培养起本土的具有丰富实践经验的科技人才。

(六) 企业总体规模偏小，缺乏龙头企业带动

张江园区生物医药产业企业生态系统不健全，缺乏企业之间的消化吸收。园

区生物医药企业多为中小型企业，缺乏具有引领性的大型医药企业集团，远未形成以大型企业、中小型研发企业混序共生的产业有机生态系统。2006 年，园区生物医药产业链上的 240 家企业户均注册资金、户均总资产和户均销售收入仅为 6463 万元、3301 万元和 2676 万元，过亿元的企业寥寥无几（图 7-12）。

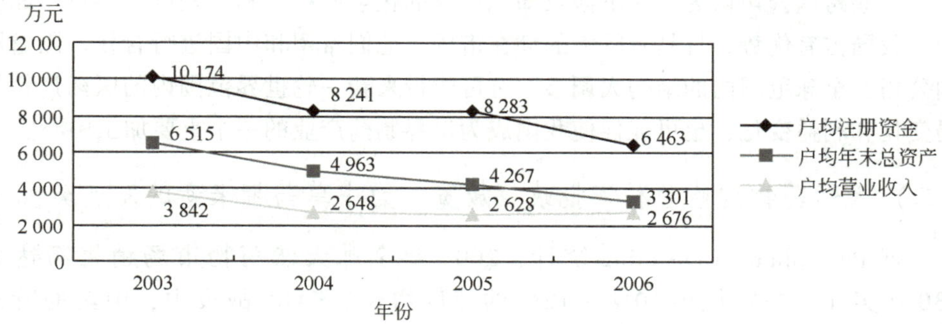

图 7-12　张江生物医药产业企业户均规模状况

从产业优化发展的角度看，张江园区生物医药产业目前主要缺乏两种类型的企业：

一是技术标准控制型企业。这类企业一方面可以通过技术购买等方式为园区创新型企业提供退出通道，发挥创新激励的作用；另一方面，它可以通过对外部研发创新资源的整合以提升园区研发技术的领先地位。

二是营销引领型企业。张江生物医药研发的结果必将是形成集群创新并大规模产业化应用（市场化），未来几年张江生物医药欲实现大发展，必须将研发创新成果大规模产业化（市场化），而研发创新成果的产业化（市场化）要求企业具备较强的市场把握能力和市场营销管理能力，这对于园区内大量的研发型、学者型企业负责人来说，将研发成果转化为市场竞争力将是一个迫切的难题。营销引领型企业可以起到引导、服务、示范作用，帮助园区创新科技成果迅速实现产业化、市场化和规模化。

三、张江生物医药产业发展机遇（O）

（一）国际生物医药呈现技术外包向发展中国家转移的趋势

为了降低日益增长的新药开发成本，目前欧美生物医药发达地区的研发外包业务正迅速向亚洲、东欧等地区转移，外包已成为新药研发的大趋势。据美国 Antisoma 公司统计，目前世界上 1/3 以上的公司都实行业务外包，这一数字到 2008 年将上升到 47%。据 Kalorama 信息公司的分析报告，2003 年全球制药公司新药研究工作的外包业务价值高达 20 多亿美元，并正以每年 15% ~20% 的速度递增，越来越多的公司把生产、临床开发测试、研发、分析测试等业务外包。目前，全球共有500多家CRO（医药合同研究组织）公司，外包已成为一种战略选择和推动医药产业发展的力量。在“外包”市场角逐中，中国也越来越多地吸引跨国集团的视线。

一些跨国公司认为，在不涉及知识产权的化学原料药和某些医疗器械产品生产上我国占有优势，且具有巨大的潜在市场，他们希望和中国进行合作。随着跨国公司在全球范围内的结构大调整，有可能带来新一轮世界范围内的医药产销格局变化和利益变化，也可能促使我国成为世界制药产业的一个重要加工中心。

（二）天然药物的监管和审批政策放宽，为中草药带来新的发展契机

据Phytopharm Consulting统计，2003年全球天然药物市场销售额达到230亿美元，并以每年10%～12%的速度增长。SARS战役中，中药的特殊预防治疗作用受到世人的广泛关注。世界卫生组织统计全球有超过40亿人口使用中草药治病，中草药的潜在市场非常广阔。2002年，我国中药已出口到130多个国家和地区，而且每年还在以10%以上的速度递增，中药正在被世界各国越来越多的民众所接受。美国FDA于2000年正式公布《植物药产品审查准则草案》，开启了中草药通向全球药品市场的大门。2004年，欧盟公布《欧洲传统植物药注册程序指令（草案）》，大幅度降低了植物药市场的准入门槛，为中草药发展创造了契机。

（三）生物技术药物逐渐成为新药开发的主流，市场前景十分广阔

虽然生物技术药品目前在全球1500亿美元的药品市场中仅占9%，但由于其能弥补化学药品的根本缺陷，具有成本低、成功率高、安全可靠等优点，使之有极强的生命力和成长性。2003年，全球35个上市新药中，14个为生物技术药物，生物技术药物销售额达到370亿美元，增幅达20%。同时，生物技术涉足75%的新药开发领域，应用前景非常广阔。

（四）恰逢其时的发展机遇

根据国际著名咨询机构麦肯锡公司的分析，世界生物技术产业的发展会呈现如图7-13所示的发展道路。张江药谷创立于1996年，经过10年发展建设，已经具备一定的实力，正好赶上世界生物技术产业高速发展的步伐。

目前，经过国家有关部门或地方政府批准的生物医药园区有50多个，分布在北京、上海、江苏、广东、吉林、四川、湖南、湖北等25个省、直辖市。事实上，几乎每个省都想建设医药科技园。我国各地“药谷”存在的共同问题是，

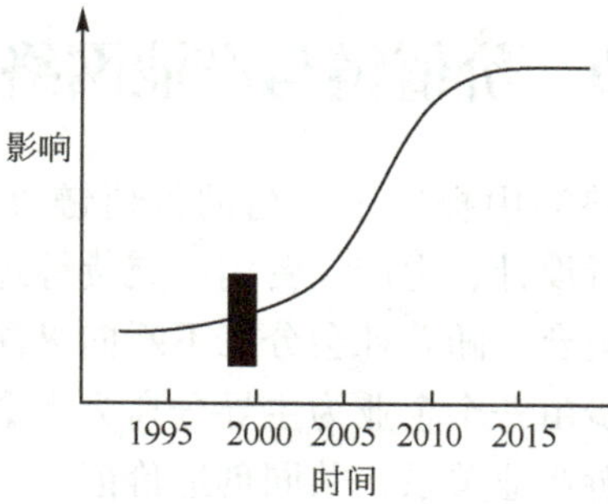

图7-13　世界生物技术产业发展趋势图

资料来源：雷霆.2003. 第七届北京生物医药产业发展论坛——融合与发展. 北京：军事医学科学出版社

虽然投资数亿元甚至数十亿元，占地面积也很大，但园区内都是一些提供原料药、合成中间体等的企业，真正的药物研发公司极少。在中国生物医药产业集群的空间格局中，张江“药谷”具备的研发机构数量和实力使其他园区难以望其项背，在中国生物医药产业发展中具有极强的研发竞争力。

四、张江生物医药产业面临的挑战（T）

（一）生物医药产业下游工程技术的发展落后于生物技术的发展

生物医药产业下游技术水平较低，分离、纯化技术较差，加大了科研成果产业转化的难度，生物技术产业化水平低。这主要是因为：第一，国内支持生物技术产业化的设备、技术落后；第二，生物技术的产学研脱节。

（二）大型跨国公司进入中国，市场竞争日趋激烈

中国一直被认为是一个巨大的医药市场，至今依然充满潜力。有预测表明，中国在2010年前将跃升为全球第五大医药市场。但对跨国制药企业来说，在近年来中国自身研发实力不断增强的背景下，单纯的买卖交易已经不再是增加中国市场份额的唯一手段。中国这样一个市场，已演变成充满了催生与孵化技术创新需求、充满了全球化产业氛围的新兴市场。众多跨国企业竞相进入中国，从最初单纯进口产品销售，到后来建立生产基地，直至如今设立研发中心，已经成为包括辉瑞等制药巨头在内的跨国企业进入中国的共同模式。

……全球生物医药巨头美国英杰公司以800万美元现金收购民营企业上海博亚生物技术有限公司，从而拉开外资进入我国生物科技领域的大幕……

——http：//news. pharmnet. com. cn/ 新华社

第二节 价值链与产业网络分析

波特在《国家竞争优势》中提出了著名的价值链（产业链）分析法。他认为，每个企业都是用来进行设计、生产、营销、交货等过程及对产品起辅助作用的各种相互分离的活动的集合。随着社会分工不断向纵深发展，传统产业内部不同类型的价值创造活动逐步由一个企业为主导分离为多个企业的活动，这些企业相互联系合作，构成上下游产业关系，共同创造价值。

一、生物医药行业的产业价值链构成

从产业链整体分析，各环节之间的价值增值程度存在巨大的差异；同时在每一环节内部价值活动创造的要求也是不一样的，这两个方面共同构成了产业价值链分析的基本框架（图7-14）。

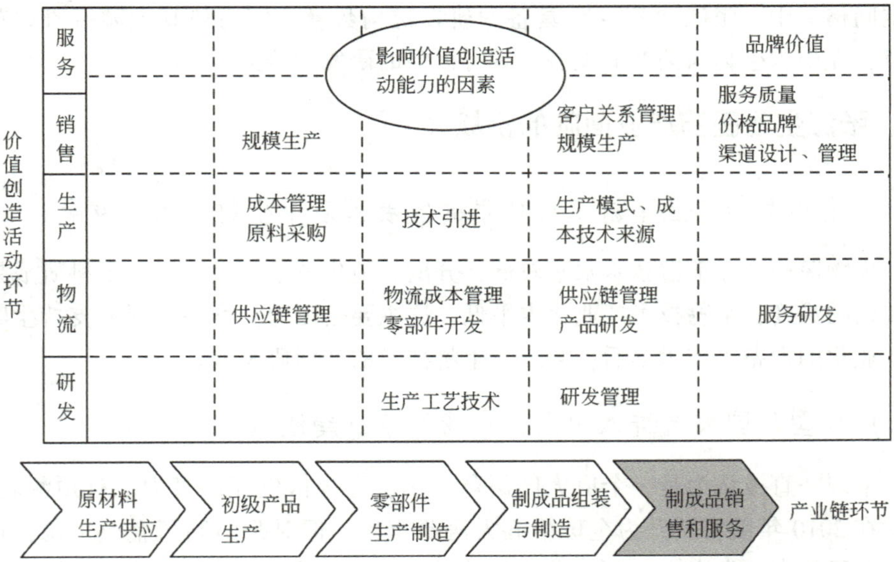

图7-14 生物医药产业价值链的分析框架

资料来源：雷霆.2003. 第七届北京生物医药产业发展论坛——融合与发展. 北京：军事医学科学出版社

通常，一个新药的开发需要经过基础研究、靶向识别、化合物筛选、临床前试验（包括体外试验和活体试验）和临床试验等研发环节，经过国家食品药品监督管理局审批通过，方可进入生产阶段。基础研究、药物开发、生产到营销、使用，共同构成了生物医药产业链（图7-15）。

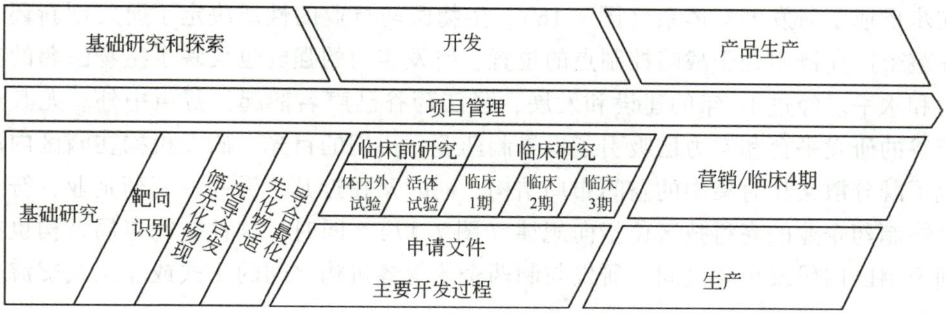

图 7-15　生物医药产业链

二、张江生物医药产业价值链特点与类型

经过10年的发展和建设，张江药谷已初步形成了“研究开发、产业群体、孵化创新、教育培训、专业服务、风险投资”6个模块组成的产业体系和“人才培养—科学研究—技术开发—中试孵化—规模生产—营销物流”的现代生物医药创新体系（图7-16）。

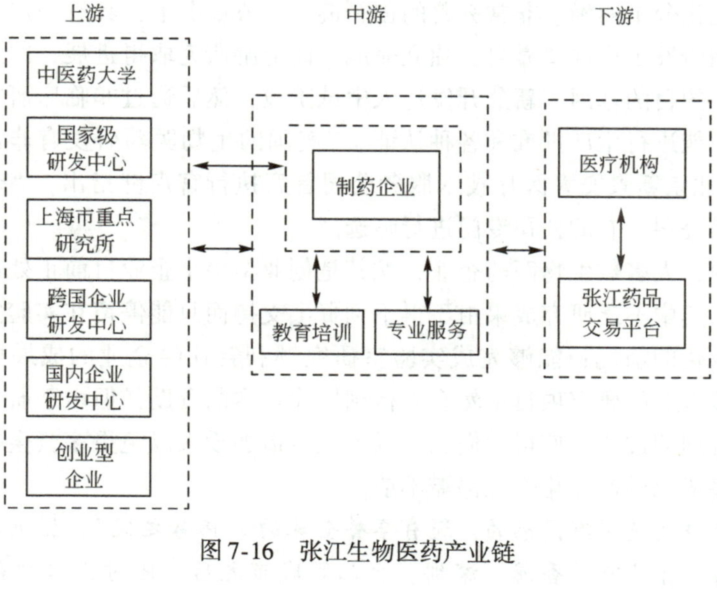

图 7-16　张江生物医药产业链

（一）产业价值链现状及特点

1. 上游产业——高校、研究所及研究中心

目前张江药谷已集聚了1所医药大学、1个医药研究所和130多家研发机构，

初步形成了研发创新体系（图 7-16）。生物医药行业的性质决定了研发创新环节在整个产业链中处于战略控制点的位置，研发实力的强弱也反映了生物医药的实力和水平。经过 10 年的建设和发展，张江药谷已声名鹊起，蜚声中外。尤其是药谷的研发平台和实力已吸引了世界制药业巨头们的目光。研发机构在园区内形成了既分散又相对集中的空间布局结构，同时又临近其下游——制药企业，符合生物制药企业的高科技区位指向规律（图 7-17）。同时，这种空间布局结构也有利于园区内研发企业之间、研发与制药企业等各机构之间的正式或非正式交流和学习。

一方面，园区内企业之间的正式交流和合作积累了一定的基础，形成了良好的创业氛围。根据对上海中药创新研究中心的实地调查，发现该中心与园区内的兄弟研究单位建立了良好的合作关系，同时，它与区外的合作与交流也很广泛（图 7-18）。相比之下，与园区外科研单位和企业的联系度要高于与本园区内的合作。

另一方面，园区内企业之间的非正式交流和合作学习气氛也非常活跃，相当程度上推动了研发活动的进展，是药谷旺盛创新能力和经济增长的关键。

但是与国外生物医药产业中的研发创新链相比较，张江生物医药产业链显然不属于专业化分工明确、非常完善的创新链。一般情况下，具有一定技术实力的公司，前期研发工作都要靠自己独立完成。而上游研究取得进展，即通过筛选获得经过鉴定的目的基因，新药开发进入中试阶段，然后通过非临床研究和临床研究阶段，才能进行生产批准和各种认证。“美国的生物医药研发有非常完善的产业链条”，北京新景安太医疗技术服务公司首席执行官卢健指出，“他们有专门提供靶标的公司，有的公司专门进行筛选。”

药谷内，大多数生物医药企业，尤其是创业型中小企业目前正处在资金短缺的困境中，其中不乏研究成果由于得不到资金支持而只能停留在实验室阶段，迟迟不能产业化的情况；能够完成实验室研究顺利转让给企业的成果可谓凤毛麟角。部分被看好的研究项目虽然有幸得到风险资本的资助，但由于研发投入远大于预期，且周期过长，使得他们无力或不愿再追加投入以免更多资金被套牢，从而导致这些成果的产业化过程停滞不前。

……与施瓦茨深有同感的，还有享誉全球的“伟哥之父”、诺贝尔奖得主穆拉德。在考察了北京、香港、深圳、台北等城市之后，他对张江“药谷”一见倾心：“这里简直就是首屈一指的科研‘黄金地段’！”

为什么选择“药谷”？不同国籍、不同背景的科学家们有着近乎相同的理由：这里已经具备了建立世界一流生命科学行业集群的条件，有望成为下一个具有全球竞争力的生物医药产业集聚区。

——文汇报，2006 年 3 月 18 日

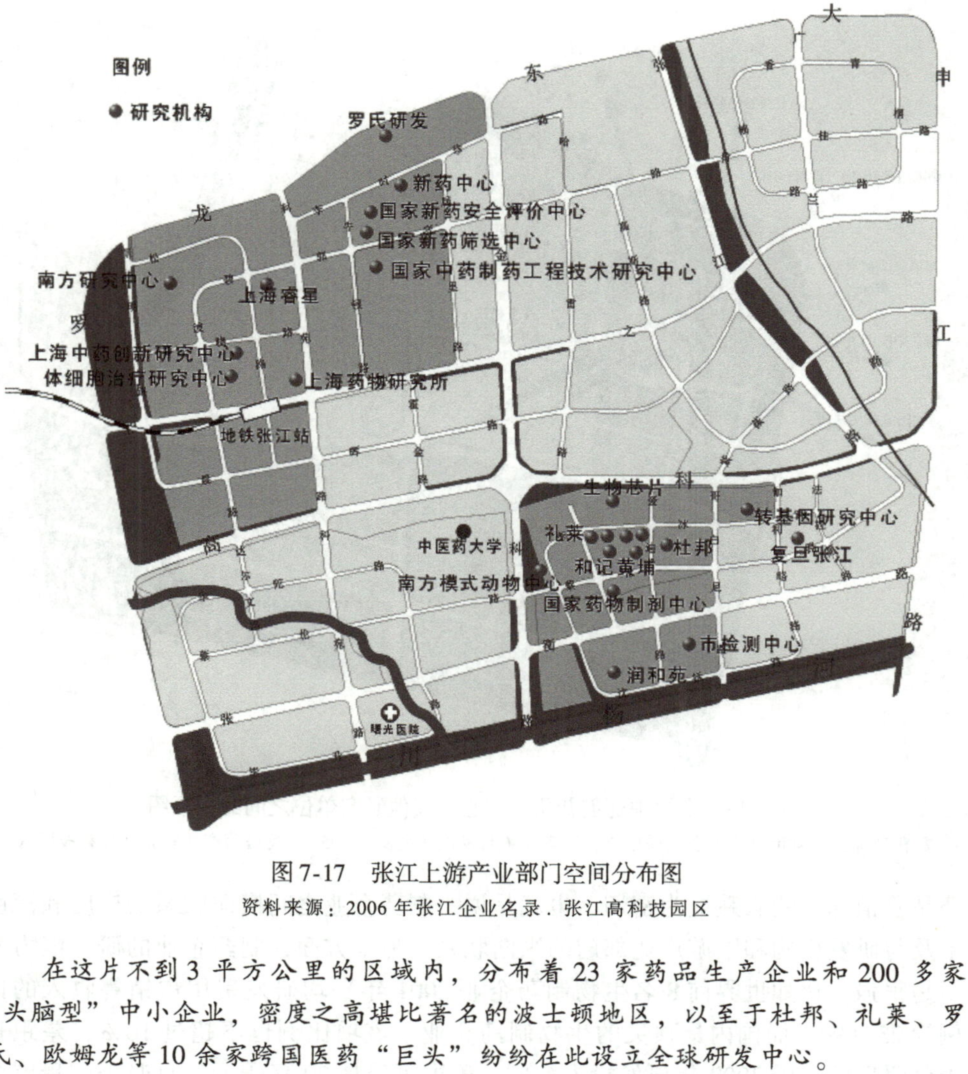

图 7-17　张江上游产业部门空间分布图

资料来源：2006 年张江企业名录．张江高科技园区

在这片不到 3 平方公里的区域内，分布着 23 家药品生产企业和 200 多家“头脑型”中小企业，密度之高堪比著名的波士顿地区，以至于杜邦、礼莱、罗氏、欧姆龙等 10 余家跨国医药“巨头”纷纷在此设立全球研发中心。

——文汇报，2006 年 3 月 18 日

2. 中游产业

产业链的中间环节主要由两种企业组成，一是以生产功能为主的制药企业，二是中小型创业企业。在张江药谷集聚了世界上著名的制药企业和国内知名企业共 31 家（图 7-19），生产的产品除了供应国内市场，还出口国外。药谷制药行业的发展特征主要表现在以下两个方面：一方面，受制药企业的生产性质影响，在药谷内大部分企业之间并没有很宽泛的联系和合作，但与上游科研单位或下游

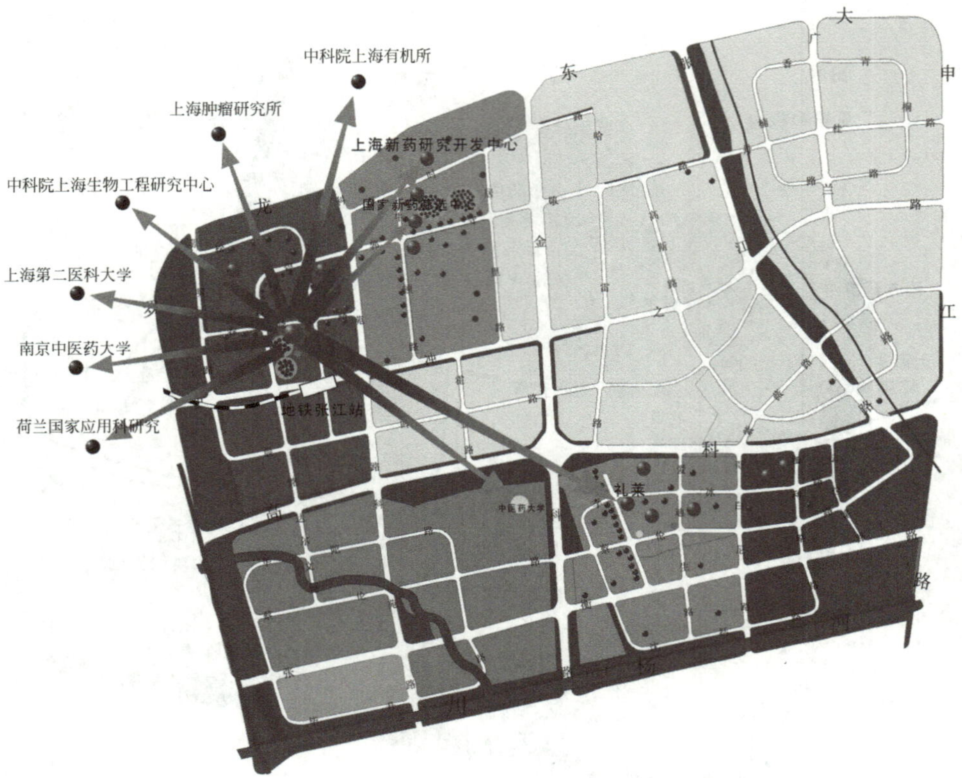

图 7-18　上海中药创新研究中心与其他研究单位之间的联系图

资料来源：上海市科协事业发展中心，浦东改革与发展研究院.2005. 生物医药产业和张江高科技园区

药品营销部门的联系更为密切，也就是说，制药企业之间横向联系的广度和深度不及与研发机构和下游产业部门的纵向联系。另一方面，制药企业的研发能力并不是很强，比如世界前 8 名生物制药企业 2001 年平均研发费用占销售收入的比例为 23.1%，而国内最顶尖的生物制药企业，该项比例也不超过 10%，差距是十分明显的。以 2003 年研发投入为例，美国惠氏是 20 亿美元，百时美施贵宝为 23 亿美元，阿斯利康投入达 35 亿美元。

原来，在复旦张江，无论是管理层还是技术骨干，都有交朋友的习惯。从临床医生到大学教授，从研究员到药品销售，都是或公或私的好朋友。没事儿一起探讨一下技术，或是定期到实验室走走，时间一长，这样的交友习惯反倒成了一种独特的研发模式。

——上海科技，2006 年 4 月 7 日

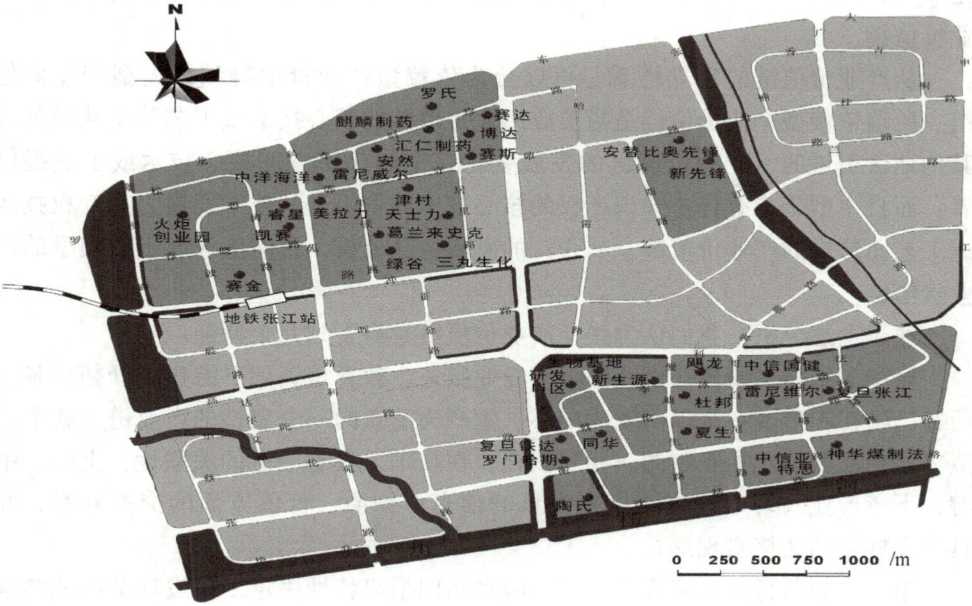

图 7-19　药谷中游产业部门空间分布图

资料来源：2006 年张江企业名录．张江高科技园区

3. 下游产业及辅助产业

产业链相关支撑产业发展基础良好。张江已创建了药品交易平台，形成了一个立足上海、覆盖华东、辐射全国的药品分销体系，营销网络主要占据高端市场（二级、三级医院），是 35 家跨国公司在中国的总代理和国际医药批发商联合会（IPWA）的唯一中国会员。2004 年 12 月，上海医药投资 1.86 亿元对其物流、信息流进行改造，建立了医药连锁和现代物流项目，旨在建立一个亚洲一流、中国第一的配送中心。

（二）产业价值链类型

从产业价值链的发育过程看，可以分为 4 种类型，即技术主导型、生产主导型、经营主导型和综合型。技术主导型是指企业集合中以技术开发研究的企业为主导和核心而配套形成的一种产业价值链形态。生产主导型是指以生产直接满足消费者需要的产品的企业为主导和核心而配套形成的一种产业价值链形态。经营主导型是指以经营管理水平和效率较高的企业为主导和核心而配套形成的一种产业价值链。综合型是以技术开发和生产经营均处于优势的企业为主导和核心而形成的一种产业价值链。从张江药谷的发展现状和条件分析，张江药谷产业价值链是以生物医药技术开发研究机构和制药企业为主导和核心而配套形成的综合型产业价值链。

从产业价值链的独立性看，可以分为依赖型产业价值链和自主型产业价值链。所谓依赖型产业价值链是指形成产业价值链的核心技术或工艺等是从国外或其他地区引进的，产业价值链的发展变化完全依赖于它的核心技术或工业提供者；而自主型是指有自主知识产权的核心技术或将引进的技术发展为有产权技术或工艺而形成的产业价值链。从张江的发展情况分析，目前应该属于依赖型的产业价值链。

通过上述分析，我们认为张江产业价值链具有下列几个特征：

第一，从技术研发、产业集群、专业服务、教育培训到下游市场开拓，张江药谷已经初步形成一个以研发为中心、生产为重点的一个完整的产业链，各个环节之间相互联动、相互制约、相互依存，在技术上具有一定的关联性，上游、中游、下游产业（环节）之间存在大量的信息、物质、价值方面的交换联系，并具有多样化的链接实现形式。

第二，制药行业的高投入、高风险和高回报等特性决定了研发环节的战略地位，在整个产业链的发育过程及价值的实现过程中起到重要作用。

第三，相对完善的产业价值链和创新链形成了生物医药产业发展的良好园区氛围，对国内外大型医药企业的研发部门或企业总部产生了较强的吸引力。

三、张江生物医药产业网络

根据生物医药产业链的基本特征，张江生物医药产业网络是由生物医药制药企业和小规模的创业企业、大学、研究中心、医院及健康需求、相关辅助产业和公共服务平台等通过正式和非正式的联系，共享资源、分工协作，相互交织、相互影响、相互制约，形成的关系系统（图 7-20）。具体表现为研究网络、供应商网络、松散的生产合作网络、中间转包网络等。

在张江药谷生物医药产业网络中，研发机构和企业是网络内的主要节点，研发是核心，也是最高端的环节，是决定张江生物医药产业发展水平的重要因素。

（一）张江生物医药产业网络特点

张江药谷生物医药产业网络具有下列几个特点：

第一，地理集聚性。200 多家生物医药企业、研发机构及其相关产业部门高度集中在张江园区内。

第二，产业关联性。药谷内生物医药产业各部门围绕生物医药的开发、生产、销售，相互之间存在高度的产业关联度，已经形成一个完整的产业链。

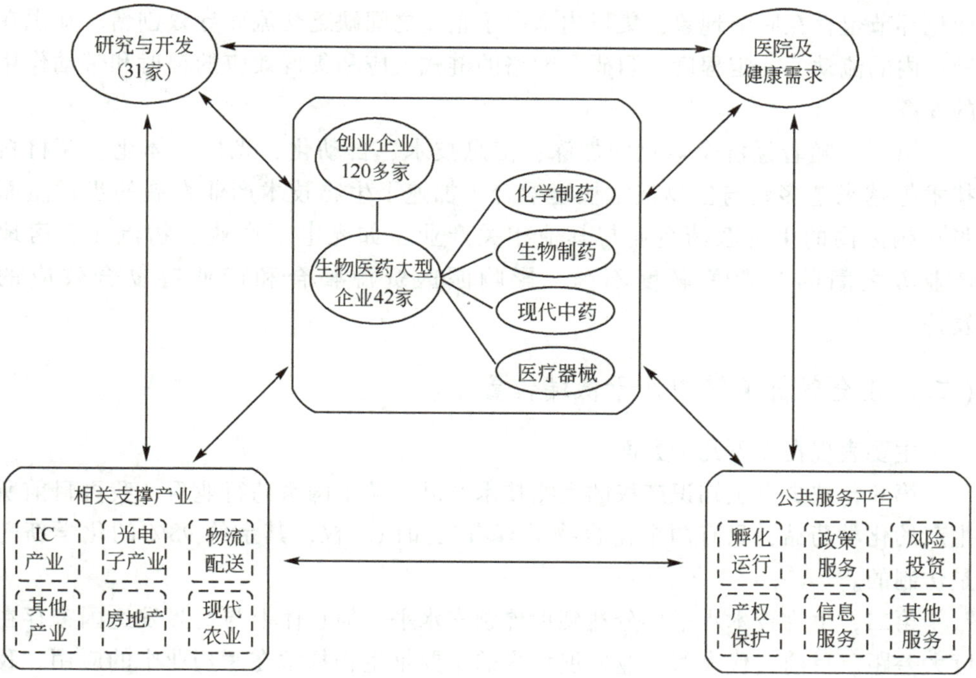

图 7-20　张江生物医药产业网络

第三，多维互动性。网络中的各节点（大学、研究中心、企业、政府、中介等）相互作用、相互影响、相互依存，不断发生物质和信息交换和交流，并且这种联系是多点、多维、纵横交错、纷繁复杂的。

第四，边界模糊性。虽然大家都位于园区内部，但是网络节点和园区外部还有大量的联系。因此，该网络并没有严格的界限，不是封闭的，而是一个动态开放的系统。

第五，互利性。网络中的行为主体是基于互利互惠而结合在一起的，通过网络联系获得各自的利益。

目前，张江产业网络主要存在产业关联性不强、在全球价值链中获取价值能力低等问题，主要表现在：

第一，上游研发环节与生产企业之间的联系相当弱。比如，三共制药有限公司不和园区内的研发机构打交道的原因在于，作为中日合资企业，其新药来源和技术支撑主要来自日本的母公司，因此，它没有必要和园区内的研发机构发生联系。另外，由于新药研制成本居高不下，新药的买家往往是区外的企业，甚至是上海市以外的企业。

第二，企业之间的横向联系也不密切。浦东生物医药行业协会会长认为，在浦东、张江等地区，制药企业之间缺乏必要的、有效的沟通，生产企业和研发产业化环节也存在脱节现象，集群内部由于企业之间缺乏交流而导致创新、知识在网络内的流动，一定程度上阻碍了网络的链式效应和集群效应的辐射和带动作用的发挥。

第三，随着经济全球化的加深，信息技术、自动化、光机一体化、新材料技术等越来越多地与生物技术快速融合，加速了生物技术产业发展的步伐。而张江园区内的生物医药企业与其他相关产业，如光电子产业、物流业、房地产业等之间的产业关联度不高，影响园区资源整合和产业链复合效应的发挥。

（二）在全球价值链中处于低端位置

主要表现在以下几个方面。

第一，缺少自主知识产权的生物技术产品。从中国医药行业看，我国目前所生产的化学药品，只有两个化合物具有自主知识产权，其余约 98% 的化学新药是仿制的。

第二，生物技术水平部分达到世界领先水平，但总体上与世界发达国家存在巨大差距。目前，代表医药业发展水平的主要是生物技术在医药业中的应用。我国已经确定的生物医药发展的主要六个方向是：中草药及其有效活性成分的提取；改进抗生素工艺技术；开发各种疫苗与酶诊断试剂；开发活性蛋白与多肽类药物等，这与世界一流生物技术之间差距悬殊。

第三，从医药行业的销售额来看，中国在全球中所占的份额极低。全球最大的药品信息公司 IMS 提供的数据显示，2004 年全球医药行业的总销售额达到了 5500 亿美元，美国所占的全球市场份额已超过 40%，中国销售收入累计是 388 亿美元，占世界份额的 7.1%。

上述各个角度均说明张江生物医药业在国际产业链中处于低端的位置。

（三）张江生物医药产业升级途径

产业升级主要是指企业相对于竞争对手获取价值更多的创新，从而改变其在全球价值链中的位置，推动其移向价值链中获益更多、更高的地位。张江生物医药产业要改变目前在全球价值链中处于低端的现状，提升其在价值链中的地位，可以通过下列途径来实现。

1. 完善网络发育程度，提升网络创新能力

创新是升级的基础。网络能推动创新的根本原因在于：第一，网络联系提高了节点的交叉思维能力；第二，网络联系为节点提供了大量的知识和信息通

道，使每个节点所拥有的知识和信息存量成倍增加。要提升药谷生物医药产业网络的创新能力，需要网络内企业和政府两个方面的共同努力，完善网络的发育程度。

从企业层面：第一，要提升网络联系的密度。网络内企业要积极参与企业间、企业与其他经济行为主体之间的互动，加强相互间的正式和非正式联系。第二，加强网络联系的有效性。克服目前网络内企业间横向联系薄弱的现状，通过与大学、科研机构、政府和中介机构的交流、互动，加强网络内的水平联系和垂直联系。第三，生物医药产业各企业单位要加强与园区内其他产业部门的联系，提高网络的地域嵌入性和文化嵌入性；同时，也要注重与园区外企业和经济行为主体的互动，增强生物医药产业网络的开放性，最大限度地嵌入当地的社会文化网络中，获取多方面资源，激发创新的产生。

从政府层面：第一，加强生物医药产业硬环境建设，吸引研发机构、企业入驻，增强网络密度，为网络内联系的产生提供优良的硬件支撑。第二，培养发展的软环境，提高生物医药产业网络的稳定性。通过硬环境、软环境建设，完善网络发育程度，促进生物医药网络创新能力的提升。

2. 合理利用外部联系，提升网络获取价值的能力

首先，生物医药企业应积极扩展全球联系，充分融入全球生产网络，就有可能在更大范围内获取知识和信息，最终激发创新、获取价值、实现升级。

其次，提升在价值链中的学习效率。生物医药企业通过跨越本价值链实现学习，把从其他价值链获取的信息、知识和经验运用到生物医药产业链中。

最后，政府应加大基础设施投入，促进通讯、运输网络的发展，加强网络间的联系，为企业与外部的交流联系创造良好的外部条件。

第三节　产业创新体系

技术创新能力是衡量一个产业集群竞争力强弱的主要指标之一，一直受到国内外学者的关注。尽管他们对技术创新能力概念的具体表述不一，但是都把企业的技术创新能力看成是一个由若干个要素构成的、综合性的能力系统。作为一种新型的技术创新管理范式，张江生物医药产业集群的技术创新具有如下几个特点：

第一，企业是创新的主体，研发机构是技术创新的源泉和动力。张江的创业企业数量众多，反映了地区企业技术创新的活跃程度，也反映了地区技术创新发展的能力。2004 年，生物医药科研项目开发数是 1006 个，完成科研项目 276 个，

完成项目累计产生经济效益1.58亿元，申请专利730个，其中PCT专利47个，授权专利数是186个，其中国际专利5项。到2006年，生物医药科研项目开发数、完成科研项目数分别增加到2571个和1081个，完成项目累计产生经济效益8.37亿元，申请专利487个，其中PCT专利申请71个，授权专利数是111个，其中国际专利19项。

第二，生物医药产业的研发投入与张江高科技园区内其他主导产业相比拥有绝对优势。以研发投入占全年营业收入的比重来看，2004年生物医药产业该指标是11%，而集成电路企业是2%，软件产业是10%。从研发投入额比较，生物医药也占有绝对优势，2004年生物医药产业研发投入4.47亿元，集成电路产业是2.10亿元，软件业是3.73亿元。2006年，张江生物医药研发投入占全年营业收入的比重下降到9.87%，但与其他产业相比仍然最高。

第四节　张江生物医药重点发展领域

一、主导产业发展

（一）化学制药

张江充分发挥自身人才资源优势和研发实力优势，控制原料药生产，加强化学药临床前研究和临床研究，在推动自主创新药物的研制的同时，大力发展研发外包服务产业，为具有全球竞争力的CRO企业提供资本和项目来源。

化学药领域要重点鼓励防治心脑血管疾病、癌症、病毒及艾滋病、老年性疾病、免疫等重要疾病的合成药物的研发。

（二）医疗器械

我国医疗器械研发工作主要经历了三个阶段。一是仿制，从新中国成立初期到20世纪80年代初期；二是合资引进技术，从20世纪80年代到90年代中期；三是创新，从20世纪90年代中期到现在，从自主设计到自主创新（目前占注册产品总数的约15%）。

目前，我国医疗器械研发力量远远满足不了产业发展需求。原有面向产业的10个相关研究所，在改制后力量大大减弱。目前主要依靠大专院校的生物医学工程系及相关专业，科研能力较低，其中尤其困难的是核医学影像设备的自主研发。国产伽马相机、SPECT的研发已有近30年的历史，但至今还是没能站住脚。

专家指出，研发能力和投入不足是影响发展的最大瓶颈。特别是缺乏前瞻性，技术储备匮乏，缺少科技人才。国家从“十五”开始注重支持生物医学工程领域的研发。2006 年，医疗器械研发被正式列入国家中长期科技发展规划纲要，投入有待进一步加强。

有关统计数字表明，我国目前对医疗器械的需求大于供应。以体内植入生物材料制品为例，人工心脏瓣膜的需求量每年达到 25 万例，实际只用了 1.5 万例；起搏器需求 40 万例，实际只用了两万例；人工关节需求 300 万例，实际只用了 11 万例；血管支架需求 100 万例，实际只用了 11 万例。我国医疗器械市场的潜力巨大，随着经济的发展，将产生更多新的需求。

今后张江药谷的发展方向是启动现代医疗器械园建设，加强医学与工程学的产、学、研结合，重点发展物理治疗设备和微创介入治疗设备、医用数字化影像装备与探测技术产品、生物电信号检测及临床监护设备、新型中医诊断与治疗仪器、高性能人工器官与康复设备、精密医疗器械机电基础件等领域的技术和产品。

二、潜导产业培育

（一）中药研发

张江药谷中药发展应从推动中医药现代化入手，按照《国家中长期科学和技术发展规划纲要》的要求，重点开展中医基础理论创新及中医经验传承与挖掘。《纲要》将理论创新摆在前面，强调创新与改革，要求打破条条框框，以现代科学技术为依据，真正从中医药学遗产宝库中提炼精华，去除糟粕，通过创新与多学科融合，努力构建符合中西互补原则的发展新模式，实现双赢。重点在中药标准化、现代化方面进行探索，引入 GLP、GMP、GCP 规范，在中药剂型等方面采用新技术，并快速提升产业规模。

着力完善中药研发产业链，建立从新药材资源开发到药物有效成分萃取分离技术的研发以及包括中药的毒理/毒性测试、中草药临床前技术平台、临床试验中心等在内的相对完整的中医药研发产业链条。建立多层次覆盖广的中医药产业的研发创新体系，主要包括中药新药研究开发、中药现代制剂技术的研发、中医方证研究、复方中药安全性评价技术、临床研究中心和中药疗效评价技术平台等方面。积极运用现代科技手段加强对中医古典文献的整理和开发利用。重点建设 1～2 所国家级中医药临床研究基地，建设一批中医药重点研究室及 GCP 机构，新建 30 个二级以上国家中医药管理局中医科研实验室。在产品方面，鼓励企业沿着药品和保健消费品两条产品线，研发技术含量较高、拥有独家品种的高端现代中药制剂和保健消费品。

充分发挥2007年底由医疗机构、中医药研发机构、生产企业以及专业院校联合发起成立的浦东新区中医药协会的行业自组织功能，尽快筹备成立项目方案已经过前期专家论证的张江中医药国际博览园，推进张江国际中医药产业基地项目的规划建设。

（二）生物技术药

自1971年第一家生物技术公司成立至今，生物技术产业正以一种前所未有的速度迅猛发展，达到了成熟和全球化的高度。2004年生物技术产业的发展速度远远超过世界药品市场的增长率。虽然受到药品开发费用增加或药品审批的平均时间延长的影响，但是分析家们对于生物技术产业的发展预测仍然很乐观。中国生物制药业起步于20世纪80年代初期，目前生物医药产业的销售额占整个医药产业的比率已经达到6%左右，生物医药产业已经成为我国一个重要的经济部门。

中国生物制品业正逐步从仿制向研发转变，目前投入临床研究的生物制药项目有近150个，其中10种药品有望成为一类新药。同时，中国基因诊断市场快速成长，国内企业的技术与世界同步。中国疫苗市场年用量增长率达15%，且国内企业在治疗性乙肝疫苗等领域取得进展。

张江生物医药发展侧重于生物仿制创新药产业，引进国际水平的生物制药企业，进行合同委托生产，快速形成生物制药产业的规模效应。园区生物医药技术发展可以重点推进检测试剂、生物芯片、人源化抗体药物、抗肿瘤药物、溶瘤病毒药物等方面的研发。

上海中信国健药业有限公司在该领域已取得了可喜的成就。该公司紧跟国外生物医药领域的领先技术和发展潮流，以哺乳动物细胞高效表达的平台技术为基础，以人源化单克隆抗体为核心，建立了以人源化单克隆抗体的设计平台、真核细胞的大规模培养平台、哺乳动物细胞重组的高效表达平台、重组蛋白的纯化平台和原核细胞的高密度培养和纯化平台为核心的一系列研发和中试技术平台体系。在生物医药中试和产业化方面的技术和工艺水平达到了国际先进水平。公司通过“专利与标准相结合”的知识产权战略，建立了自己的抗体筛选、抗体重组、高表达细胞株构建和大规模悬浮培养等核心技术，建立了先进的中试工艺开发技术平台，具备了较强的持续开发新药的创新能力。中信国健已推出了多个治疗肿瘤、艾滋病、疑难杂症的特效创新药物，至2007年底，已有2个新药获得新药证书，2个新药正在进行临床研究，4个新药正在进行临床前动物试验，另有一批真核类新药已完成研发和中试。

第五节 张江生物医药产业发展目标

世界生物医药产业开始进入新的发展时期，人们对药品的需求不断更新，大型药企的药品不断推陈出新，为生物医药产业带来了新的发展机会和活力。张江生物医药产业经过10年的建设和发展，已经形成了从研发、生产到销售的比较完整的产业体系，为生物医药产业的进一步发展壮大积累了强有力的研发实力和产业基础。在国际生物医药产业不断壮大和国家经济实力不断增强的背景下，张江生物医药产业发展依托上海雄厚的产业基础、丰富的人力资源、巨大的潜在市场需求和广阔的市场腹地，以化学制药、医疗器械为主导产业，以现代中药、生物制药为潜导产业，充分发挥张江研发支撑体系优势，加强产学研之间的合作与联系，加强技术自主创新，提升在全球生物医药价值链中的地位。

依据从张江高科技园区网站获取的数据以及张江集团公司提供的数据，运用灰色时间序列预测方法对张江生物医药产业增加值进行了预测。预测模型是：$X'(i+1)=117.3e^{0.192i}-101.3$，经检验，该模型的相关误差、关联度和后验差检验都在允许范围内，可以用来进行预测。根据预测结果，2006年张江生物医药产业增加值将达约55亿元，2010年将达115亿元，2020年将达780亿元（图7-21）。

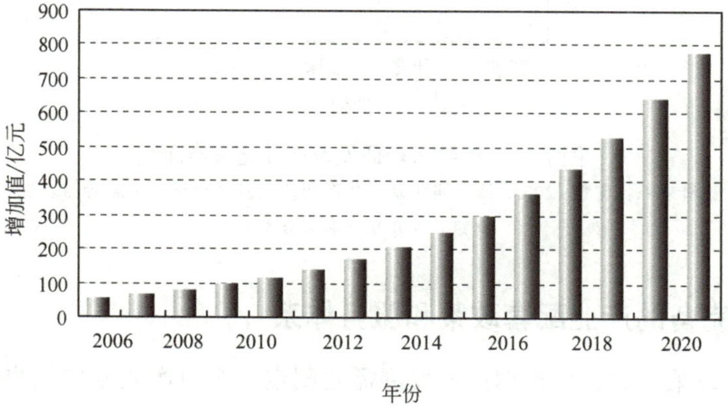

图7-21 张江生物医药产业2006～2020年增加值预测

第六节　张江生物医药产业发展对策

一、建设以研究机构为中心、企业为依托的研发创新体系

生物医药产业是典型的创新－资本密集型产业，研发能力代表着区域生物医药发展的实力和水平，在生物医药产业链中处于核心地位。目前中国和发达国家之间存在巨大的研发成本差异，这正是我们在全球产业链中的优势所在（图 7-22）。张江生物医药产业网络中，研发是最主要的节点，是张江未来发展的最具特色的优势所在。实践证明，片面强调研发环节的国际学术水平或片面强调生产环节的仿制能力，只能使产业链中某个企业或某个环节获利，并不能推动整个产业链升级。张江药谷应紧紧抓住世界生物技术发展的良好时机，通过整合园区内科研资源和生产资源，加强园区内研发机构、生产企业、高校、物流业等行为主体之间的垂直联系和水平联系，加大研发投入，加强产学研合作，促成科研成果向现实生产力的转化，形成以研究机构为中心、以企业为依托的研发创新体系。

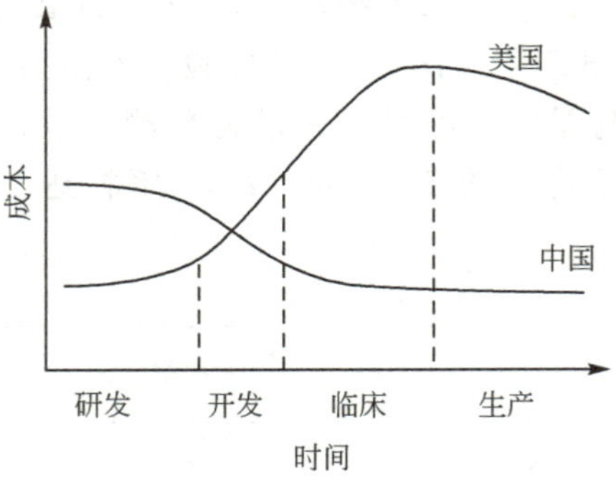

图 7-22　生物医药研发及产业化成本曲线

资料来源：雷霆 . 2003. 第七届北京生物医药产业发展论坛——融合与发展 . 北京：军事医学科学出版社

二、建立完备的产业配套政策和服务体系

在配套政策方面，应根据产业发展需要制定一个由产业发展优惠政策、产业优化发展政策以及产业协作配套政策构成的政策体系。

在公共配套服务方面，引进和组建生物医药产业和企业发展战略研究中心、咨询公司、律师事务所等中介服务组织，建立完善生物医药基地社会化公共服务体系，为进驻药谷的企业提供人力资源开发、中介咨询、企业宣传、项目申报等

配套服务。同时，积极完善教育、医疗、交通等生活配套服务。

在专业配套服务方面，针对医药产业发展的需要，组建和引进合作研究服务业组织和其他专业服务机构，为进驻药谷企业提供 GMP、GLP 和 GCP 以及新药资料设备、新药临床申请等各项服务。

例如，可以进行科研临床先行先试。科研临床的实践在国外已经比较普遍，但国内尚处于空白。科研临床与正式临床的不同在于：创新药品在进行动物试验后，经药监局批准就可以进行科研临床，其速度快，要求较为宽松；正式临床对数据的要求非常严格，审批程序复杂，过程较漫长。建议可以将科研临床在浦东先行先试，以加快创新药物的筛选，提高药物研发的速度和效率。

三、构筑产业发展所需的人才服务平台，培训一批高素质技术经纪人队伍

生物医药需要大量具有理论和实践经验的复合型人才，应构建产业发展所需的人才服务平台，建立和动态更新人才库，为企业提供服务。

要为外来人才提供良好的生活居住环境，解决与外来人才相伴随的教育、家属就业等问题。同时，通过内外两种途径，加强基地现有员工培训，进一步提升人力资源水平。

为提高科技成果转化率，促进产学研的技术协作，张江应建立一个有效的市场服务体系，为供需双方牵线搭桥、提供有效信息，使科技成果尽快转化为生产力。在技术市场中介服务体系中，应注重培养一批高素质的懂科技、懂法律、了解市场、善于经营、诚实信用的技术市场经纪人队伍，在深入了解、调查科技成果的成熟程度和应用方向，进行产业化的可行性分析及市场前景的预测，对投资风险和回报大小有深入研究的基础上，针对需要成果的企业的具体情况进行判断、咨询服务，以帮助企业做出正确的决策，并不断向企业提供市场、法规、金融等相关方面的最新信息，推动科技成果的彻底转化。

四、培育促进产业网络发展的文化

一个成功的产业集群或网络，需要一种与该产业特征相容并相互促进的区域文化来支撑。先进的园区文化和温馨的园区氛围将增强企业的根植性，增强人才对园区的向心力。因此，园区应重视文化，尤其是信任和合作文化的建立。在现有《张江新经济》、张江网站等的基础上，围绕生物工程和生物医药，高标准地建设各类文化平台和设施，形成独特的文化特色。

第八章

嵌入式集群：

张江软件产业发展

进入 21 世纪，软件产业正面临着自从其成为信息产业体系中的独立一环以来的巨大变化。计算机硬件主导整个电子产业的时代已经过去，所有的企业必须与网络及其相关软件结合才能准确把握未来新技术的发展趋势。软件业正逐步取代单纯的硬件制造而成为信息产业的主导产业。而传统的硬件制造、系统集成和电子产品的生产也正在随着软件的巨大发展而逐步形成了围绕软件业核心而形成的相互连通的有机体。企业和政府的办公环境和管理流程，市场交易和消费支出、娱乐活动、通信都因为相关软件和网络平台的构建而改变了其原有的运行方式。

根据软件产品在计算机系统中所处的层次和作用，软件产业的产品链可以分为平台软件、支持软件、应用软件和软件服务（图 8-1）。另外，和计算机用软件平行的还有家电和移动电子设备、程控设备用的嵌入式软件。

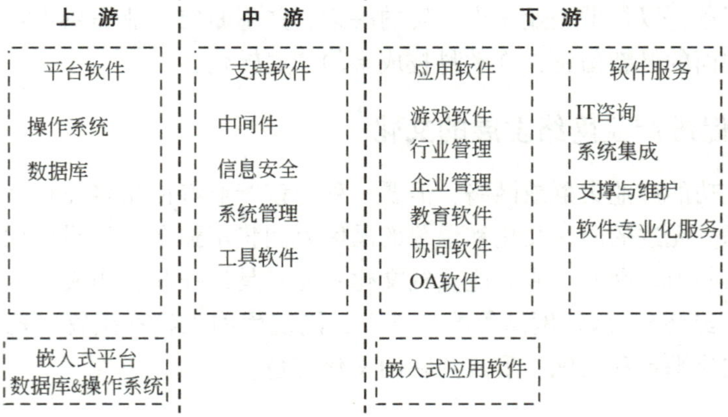

图 8-1　软件产品链

平台软件是指直接控制和协调计算机、通信设备及其他外部设备，使之发生作用并方便用户使用的软件以及提供中间支持和运行环境的软件，这些软件结合起来可以提供应用软件运行的平台。平台软件包括操作系统、基于其上的数据库管理系统及开发工具、系统及网络管理软件、中文处理平台软件、图形图像管理软件、人机接口交互软件等。

支持软件是介于操作系统与应用软件之间的为系统和应用软件间的数据交换提供通信和管理的中介服务软件，主要包括中间件软件和计算机安全软件产品。

应用软件是指直接完成某种具体应用无需用户重新编程的软件，一般是供最终用户使用的。这类软件的范围最广、产品最多，又分为通用应用软件和行业应用软件两类。通用应用软件包括办公及文字处理软件、通用财会软件、教育软件、游戏与娱乐软件以及其他通用软件。行业应用软件涉及金融、邮电、政府、教育科研、能源和交通等行业应用软件。

软件服务是指为软件产品的生产开发运作提供相应支持的行业门类。软件服务业可以分为IT咨询、系统集成、支撑与维护和软件专业化服务，其中软件专业化服务又包括定制应用开发、数据处理服务、培训、咨询与测试、网络内容提供等方面。

从全球软件产业的价值链来看，由于软件生产和传输主要依赖通信和网络基础，无需货物流转，不受时间和空间的限制，所以更容易以低成本实现不同国家（或地区）间的分工。软件生产的高端流程包括产品概念、定位、框架，以及核心技术等部分，往往由发达国家控制。它们通过网络与通信互动，将软件生产的低端部分，即代码的工作分解到代工国家（或地区）来完成。与软件开发流程对应，软件的开发有产品模式、代工模式和服务模式三种模式，它们依次分布于软件产业价值链的各个环节上，称为“软件业微笑曲线”。在软件产业链条中，上游是产品模式，下游是服务模式，“微笑曲线”在其上游和下游潜力最大，赢利能力最强（图8-2）。

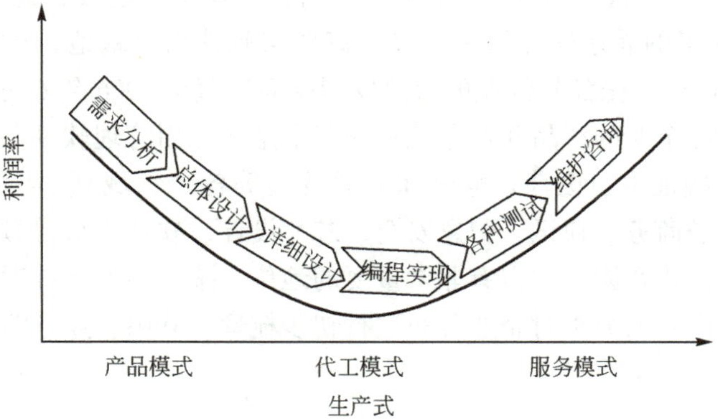

图8-2　软件产业价值链

新世纪的软件产业已经呈现出了构件化、网络化、服务化与全球化的趋势。软件开发的构件化趋势表明了软件工程理论的深入。软件生产开始商业化，构件库的发展和完善势在必行。软件网络化有两种趋势：一方面是软件服务的网络化，另一方面是软件开发的网络化。无线通信、网络通信、计算机和娱乐等传统行业优势同新技术结合产生广阔的应用前景。此外，软件网络化必然带来信息安全问题。信息安全产业因而面临着巨大的发展空间。

软件产业的全球化表现在互联网所带来的通信与计算融合的趋势，将会创造参与竞争者所共同遵循的标准，替代以往在计算机技术领域中多种封闭的技术和标准并存的局面。

软件加速向其他行业渗透给嵌入式软件带来了广阔市场，软件的产品形态呈现多样化，软件的固化成为一种趋势。嵌入式软件市场包括面向消费者的移动电话、手持设备和信息家电等领域；另一种是面向工业应用，如工业自动化设备和智能化仪器等领域。

第一节　张江软件产业发展现状

一、张江软件业发展成就

张江高科技园区软件产业的发展主要以浦东软件园、国家信息安全成果产业化（东部）基地和集电港为载体，另外还有少部分的软件企业散布于园区内部，如宝信软件和东软软件（图 8-3）。

张江软件业经过 6 年多的发展，至 2006 年末，园区内实际进行信息传输、计算机服务和软件开发的企业总数达到了 263 家。营业收入达到了 104 亿元人民币，软件出口额达到 1.53 亿美元，跻身全国软件园发展前列（图 8-4）。

根据调查，浦东软件园区已完成的一期、二期工程建设，总占地面积 12.4 万 m^2。即将完工的浦东软件园三期（上海国家软件出口基地）建设项目规划面积 58 万 m^2，构成了张江软件业的重要发展空间。截至 2006 年 6 月，浦东软件园中的 192 家软件企业的产品和业务范围涵盖了企业通用管理软件和行业管理软件开发（包括金融证券、医药、电信和交通管理等各个领域）、互联网信息服务、系统集成、电子商务、通讯、信息安全、芯片设计、软件出口等领域。其中，软件代工出口的模式在园区中占有非常重要的地位。按照国家标准对软件产品进行分类，并按照产品的分类对企业分布进行初步梳理。其中，业务涉及管理软件开

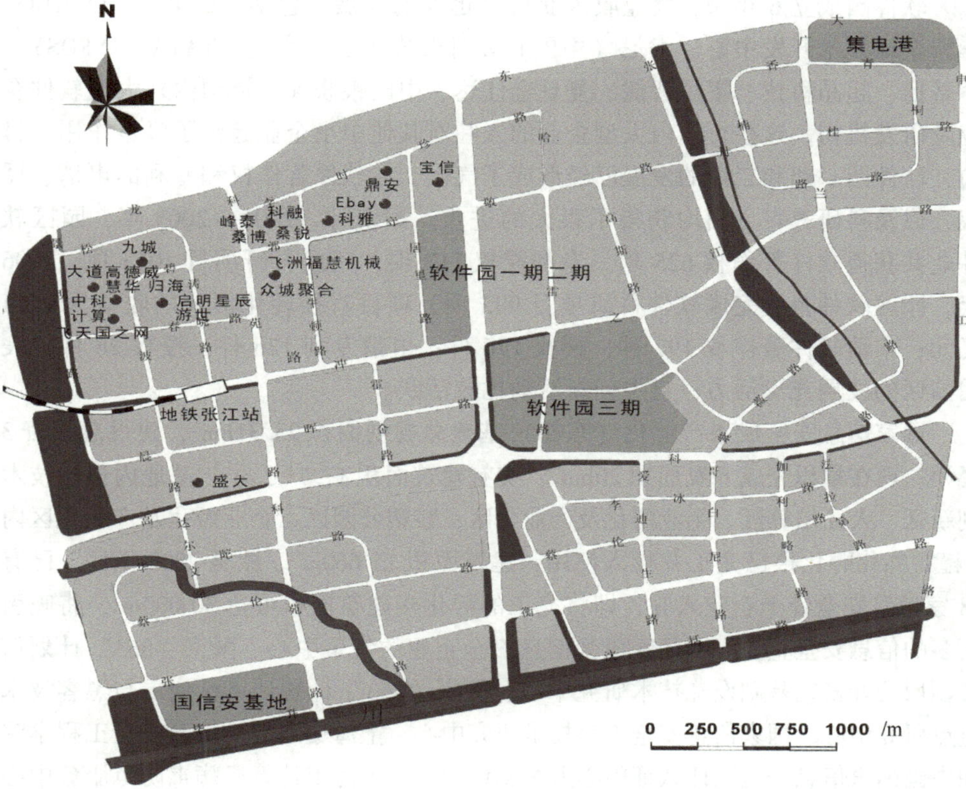

图 8-3　张江软件产业空间分布现状

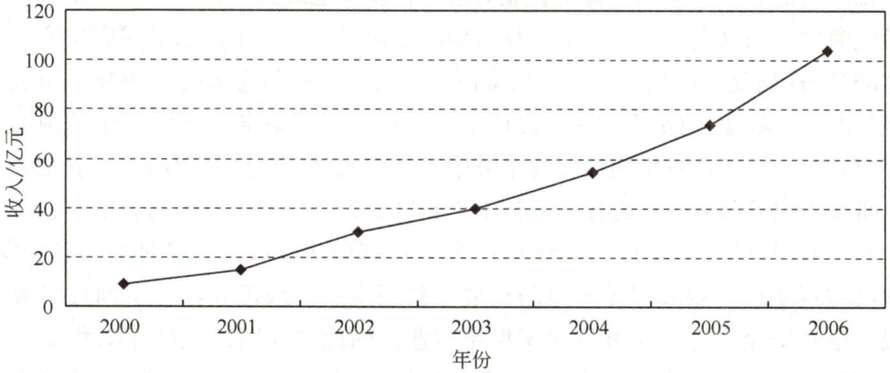

图 8-4　张江高科技园区软件业收入增长状况（2000～2006 年）

资料来源：张江集团

发的企业有 91 家，网络及数据通信企业 41 家，系统集成商 27 家[①]。

① 有些企业从事多种行业，统计上存在重复计数的情况。

软件园成立6年来，营业收入获得了迅速的发展。包括花旗软件开发中心、毕博全球技术开发中心、索尼（中国）软件开发中心、京瓷、TATA、INFOSYS、萨蒂扬、超晶科技、银晨智能、复旦金仕达、中国银联等一批国内外大型软件企业及研发机构。这些行业内大型企业的入驻对其他中小企业起到了吸聚作用。目前，软件园一期和二期的发展已经形成了气候，在软件著作权和专利的申请、授权，以及科研教育方面均获得了很大的进步。据统计，2002～2005年，园区软件业共获得软件著作权625项，专利授权112项，完成科研项目1063项。2006年，园区软件企业完成软件科研项目992项，项目直接转化形成的收益为9.14亿元；申请软件著作权197件，授权176件；申请专利126件，授权26件。表明园区的发展充满活力，自主创新活动比较活跃。

国家信息安全成果产业化（东部）基地总规划面积28.31hm^2，建设总投资3亿元。现在累积完成开发面积20hm^2，实有建筑面积17.7万m^2。基地内包括技术创新区、人才培养区、企业孵化及产业化区、雕塑公园区。企业孵化及产业化区内3幢智能化孵化楼已完工并投入使用，建筑面积15 660m^2。截至2005年底，已有68家信息安全骨干企业入驻，即将完工的孵化楼建筑面积可达30 000m^2，将吸引更多的信息安全企业。孵化区成为信息安全企业的集聚中心。国家“863”计划信息领域公开密钥基础设施技术研究中心、国家“863”计划计算机病毒与黑客技术重点研究中心、国家信息安全工程技术研究中心、上海交通大学信息安全工程学院和中国国家信息安全测评认证中心上海测评中心、上海市计算机病毒防范服务中心等一批国内信息安全领域的骨干企业的进驻，使基地或为产、学、研相结合的具有旺盛生命力的信息安全产业基地。技术创新区内引入了三个国家级研究中心——国家“863”计划反计算机入侵和防病毒研究中心、国家信息安全工程技术研究中心和国家高性能集成电路（上海）设计中心，中国国家信息安全测评认证中心上海测评中心和上海市计算机病毒防范服务中心也将入驻。以这些国内信息安全领域的技术研发单位及服务机构为核心，技术创新区成为信息安全技术的集聚中心。

自2000年信息安全成果产业化（东部）基地成立以来，经过6年多的发展，基地已初现雏形。企业产品涵盖防火墙、路径检测、杀毒软件、识别技术等众多领域。信息安全产业由于其原属于保密行业，因此在我国的发展相对集中于西部以成都为核心的保密单位。信息产业自身的发展对于信息安全提出了相应的要求，客观上促进了信息安全产业的出现。然而，由于我国的信息化水平仍然偏低，各行业和居民对于信息安全的认识还不够，导致了该行业的发展相对缓慢。然而信息安全产业的发展潜力不容忽视，未来随着信息化社会的不断形成，对于信息安全产品和服务的需求会大幅度提升。作为信息安全产业化基地内的典型企业，上海三零卫士信息安全有限公司是中国电子科技集团第三十研究所开发东部巨大市场的桥头堡，对于信息安全产业有着深刻的理解。

三零卫士总经理张建军称："目前国内有'东中西'三大基地：上海、武汉和成都。目前，中部基地的情况最差，上海和成都各有所长。西部基地的软环境建设好、企业多、技术好。四川大学和三零所（中国电子科技集团第三十研究所）就在西部，成都三零所是国内最大的信息安全机构，具有很强的技术优势，形成了很强的凝聚效应；政府通过软环境或半垄断性的方式支持企业。相比而言，东部基地的园区建设（厂房、网络等）等硬环境更好。上海的本地市场和经济腹地相当优越，为信息安全企业的成长提供了巨大的空间。由于信息安全行业的主要潜在客户群是企业，而企业的安全意识与需求是与互联网络的密集度、GDP密切相关的，因此长三角、珠三角以及京津冀地区必将成为今后发展的重点。但东部基地也有很多不足，如企业多但大企业特别是有影响力的大企业或研究机构太少，没有形成明显的聚集点；由于市场化程度较高，政府职能部门不太喜欢采用这种软政策或者垄断的方式支持一家企业，在'行业共性环节的一些业务点'提供的帮助较少。"

二、张江软件业存在的不足

（一）企业规模普遍偏小

在张江园区，除小部分软件企业有国外资金或国有大企业资金作背景外，大部分软件企业属于留学生或者民间资本自创，规模偏小，资金不足，典型的如浦东软件园（表8-1）。

表8-1　浦东软件园入驻企业注册资本及所有制情况统计（截至2006年6月）

注册资本/元	企业数/家				
	国有经济	股份制经济	外商及港澳台投资经济	民营经济	留学生自创
<500万	53	1	51	29	9
500万~1 000万	10	0	7	2	0
1 000万~5 000万	12	0	13	0	0
>5 000万	2	0	1	0	0
合计	77	1	72	31	9

资料来源：浦东软件园招商办。

（二）周边高校和科研院所的数量较少，人才层次有待提高

与其他软件园都围绕在科研院所和高校周围不同，张江的软件业相对来说距

离本市各个高校的计算机、软件、信息和电子工程等学院较远，产学研一体化建设受到很大的影响。不同于其他的软件园紧邻高校和科研院所，浦东软件园处在以高科技产业为特点的产业密集区，距离浦东国际机场较近，适宜商务往来，在一定意义上成为吸引外国软件企业入驻的原因。然而，科研力量的缺乏直接导致了软件产品水平的相对滞后，表现在自主知识产权的软件产品仍然没有在园区内占据主导地位，企业更多地还是给国外的大企业做代工，赚取加工费。业内人士普遍产生了“有企业、没产业”的感觉。同时，由于缺乏国内的大型软件企业，高层次的软件人才纷纷流向外资软件企业，对于培养国内大企业十分不利。在目前的软件人才中，绝大多数是本专科毕业的工程师，缺少软件蓝领和系统分析员，也缺少具有设计和管理全套工程能力的高级研发人才和高层管理人才。在引进的人才中，真正与国际接轨的不多。其主要原因是软件教育培训没有很好地面向国际软件产业界，学习和研发不配套，知识适用性不强。

（三）基础设施和人文环境有待改善

软件企业总体反映环境设施有很大改善，但交通设施及服务设施仍较集中，主要是餐饮、住宿、图书馆、金融、会展服务设施不足，体育活动、休闲场所缺乏，一方面给生活、工作学习带来不便，另一方面与软件企业中较多年青人的生活需求不相适应。现实情况是，相当多的公司职员住在远离园区的南汇、川沙，或者浦东的其他地方，甚至浦西。较大的通勤成本和较长的通勤时间降低了企业员工的工作效率。缺乏合适青年软件从业者居住的公寓是造成这个问题的重要原因。这种缺失直接导致了软件人才稳定程度的下降。另外，从相关业务的需求看，张江缺乏各类咨询机构，导致在人才中介、法律咨询、会计审计等领域的发展比较滞后。

由于缺乏合适的交流平台和途径，园内企业很少与国外企业及国内同行进行技术交流，也缺乏软件企业与 IT 制造企业、金融、物流等企业间、国外厂商间软件产品的供需及产销交流，对掌握领先技术与拓展市场不利，也不利于推动信息化，带动产业化进程。

（四）品牌建设步伐缓慢

在市场开拓方面，不少的企业认为，“发展软件业，企业是主体，但政府在资源配置、政策实施各方面的作用远远超过企业，如能深入了解企业需求，结合国家、地方政策进行整体指导，将极大地避免企业个体重复的代价，使行业资源配置更优化，同时使企业少走弯路。”目前，在张江软件企业以及产品分类的推介上，浦东软件园和国信安基地仍然有很多工作要去完成。另外，浦东软件园和入园企业的关系都不是很密切，对于园区企业的发展缺乏指导，没有使企业的发展形成合力。企业统计和产业分析的工作很难进行，园区的后续服务质量很难得到保证。园区相对落后的营销理念，对于企业产品的推广和自身形象的树立起到了负面作用。

第二节　软件产业集群发展状况

产业集群概念的产生与发展经过了较长的发展历程，相应出现了不同流派的理论来解释这种经济现象。从早期马歇尔的产业区理论，到以韦伯的区位理论、佩鲁的增长极理论和克鲁格曼的工业集聚理论为代表的产业聚集学说，再到新产业区及其相关学派。这些描述不同发展阶段和地域的产业集聚理论对产业集群进行了各具特色同时又具有一定传承性的剖析和解释。

产业集聚现象的研究进入到一定阶段之后，不但对于该现象的称谓出现了变化，更深入的集群分类研究也出现了。比较早期的是马库森（Markusen，1996）对于她所研究的产业区进行的分类：马歇尔式工业区、轮轴式产业区、卫星平台式产业区和国家力量依赖型产业区。产业集群的概念出现之后，对于产业集群的分类研究也不断涌现。分工形式、发展道路、驱动力量等因素成为划分的标准（盖文启，2002；王缉慈，2001；王珺，2001）。按照驱动力量划分，产业集群可以分为内生型和外生型，或者称之为原生型和嵌入型产业集群。就嵌入型产业集群而言，其发展主要依赖的是外来的资源和市场。

发展至今，张江高科技园区内的软件企业集聚呈现出一定的规模性。产业集群的发展粗具雏形。企业内部合作与创新的网络由于园区发展本身的原因出现了若干种模式和类型。在这些模式的指导下，企业出现了形式各异的竞合，相应的形成了不同的创新模式。必须承认，张江园区内的软件企业，特别是大型企业的分支机构存在着非常强烈的嵌入性特征，企业间的网络建设相对处于起步阶段，企业的根植性仍然比较弱。这种现象的出现与园区软件业较短的发展历程和驱动力息息相关。尽管中央和本地政府给予了园区较多的优惠政策，但受限于时间因素，园区内的软件企业仍然是以国内外的大型企业所设立的研发中心或业务分支机构为主。自主创新的中小型企业仍然在规模上处于一种起步状态。总体上说，园区的企业网络发展存在以下几种模式。

一、以国外大型企业为主导的企业合作

以美国、日本和印度大企业在华的分支机构为代表。典型企业包括美国花旗软件、日本的索尼软件和印度外包巨头 TATA、Infosys 等大型跨国公司。这些公

司大都依靠母公司原有的市场影响力来构建自身的网络。跨国公司的进入更多地在于自身发展战略的考虑。因此，其网络的地域性特征不明显，业务联系不仅仅局限于本地和本园区内的企业，显示出了较差的根植性特征。这些企业在高科技园区建设初期对于区域经济发展有着比较大的 GDP 和就业贡献，但其较大的技术优势和封闭的创新活动影响了其与园区内相关企业的交流与互动的积极性，进而影响了技术溢出的形成和创新网络的提升。以花旗为例，在园区内部的合作企业属于花旗的全球合作伙伴，该企业的伴生性发展策略促使其跟随花旗在上海张江设立分支机构并开展项目工程师互换的合作活动。除此之外，花旗与园内其他企业的合作几乎没有。

二、以国内大型企业为主导

以联想、夏新、中兴通讯、宝信、盛大和东软为代表，国内的大型企业获得了园区的支持，在较好的区位和单独的地块开展经营活动。这些企业设在张江的分支机构大都属于企业内部的研发机构。选择在张江建设研发机构的主要原因首先在于园区的国内区位优势所带来的未来发展空间。上海市作为国内经济发展的核心城市和在未来区域经济发展中的高端定位使得本地的高科技园区相应获得了优惠政策。而政府的政策支持带来的较低运营成本以及大企业集中所形成的集聚效应和技术高地效应则是这些大企业选择的重要理由。然而，这些企业同样也属于母公司的分支机构，与区内其他企业的联系也比较少，其创新活动也大都集中于企业内部。

三、国内独立自主型中小企业

以三零卫士、银晨智能为代表的中小型企业在张江高科技园区内主要分布于浦东软件园、国家信息安全成果产业化（东部）基地、火炬创业园和留学生创业园。这些企业一部分属于新创企业，另一部分是从西部地区科研院所或其他国有科研机构改制而来，典型的是三零卫士和银晨智能。这些企业目前大都是独立自主开发模式，但存在着与同行进行交流的愿望。这些中小企业建立的时间短，竞争力有限，希望通过交流来增进与园区其他企业的了解，寻找合作途径。建立集中的产品展示平台，主办各种培训课程，是这些企业进行正式交流和创新的潜在方式。此外，园区相对薄弱的社区文化建设限制了区内企业的非正式交流。

第三节　张江软件产业发展重点

根据张江软件产业目前的发展状况以及中国软件行业的发展格局，选择特定的软件领域作为重点发展的方向势在必行。任何园区都应该考虑多方位发展。一方面要保证盈利，保证园区的运转，以获得更高的聚集度和社会、经济影响力；另一方面，必须保证技术的领先性，特别是在高新技术领域，只有不断保持技术的先进性才足以使其获得长远的发展潜力。

基于此，张江在未来选择重点发展的领域时必须认真考虑这两个选择。任何一个产业的选择都是关乎全局的事情。张江园区经历了10余年的发展，必须在认清自身情况的基础上有选择地发展。

软件行业的发展趋势表明，上游的系统软件垄断地位是在短期内无法撼动的，而中游的支持软件和下游的应用软件领域存在着更多的空间。必须承认的是，观察软件业的发展，必须从整个IT业的发展来看。总体上说，在过去的50余年里，软件业是依附于硬件的发展的。半导体产业的发展成为了软件业发展的晴雨表。半导体产业经历了从家电时代、电脑时代，到目前的手机与网络通信时代和新家电时代的发展历程。软件业的发展已经从简单的依附到了影响乃至于左右其发展的状况。IC产业和软件业关联的密度更大了。洞悉硬件产业的发展有助于把握软件业的未来趋势。在新时代到来的时刻，如何把握手机和网络通信和新家电将成为未来软件业发展的重大方向。当然，在目前，就软件产业本身而言，发展外包服务依然是一个重要的选择。因此，张江软件行业必须有选择的发展某些领域（图8-5）。

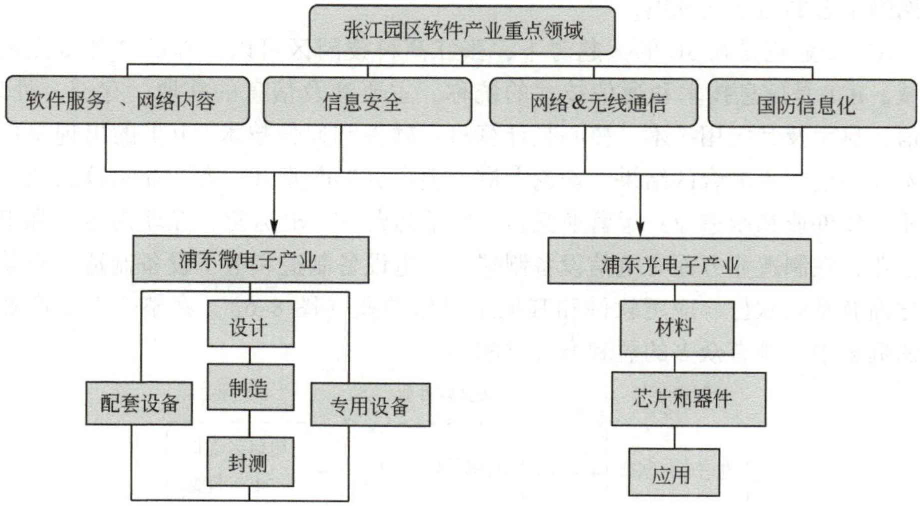

图8-5　张江软件产业重点发展的软件领域

一、ICT 产业中基于无线通讯嵌入式软件和内容开发服务

嵌入式软件是嵌入式系统的核心组成部分。嵌入式系统是指以应用为中心，以计算机技术为基础，软件硬件可剪裁，适合应用系统对功能、可靠性、成本、体积、功耗严格要求的专用计算机系统。它主要由嵌入式微处理器、外围硬件设备、嵌入式操作系统以及用户应用软件等部分组成，用于实现对其他设备的控制、监视和管理等功能。

未来的 IT 产业总的发展趋势有以下几个方面：首先是软件业和硬件研发生产的逐步融合，系统提供商和整体方案商提供成为主流，将成为主宰整个行业的基本模式；其次，在“软硬”融合模式下的深度分工格局，为专业软件开发、芯片设计和内容制作以及相关服务留下了市场空间；再次，3C［计算机（computer）、通信（communication）和家电（consumer electrics）］融合为 IT 产业进一步融入未来的生产和生活指明了基本的发展方向。

基于此，在张江高科技园区发展 ICT 产业正是在这个 IT 产业发展总趋势下的一个具体的发展方向，是软件产业发展的重要领域。

在 3C 的格局下，消费类电子产品发展表现出 3 个明显趋势：一是数字化，数字广播、数字电视和数字视盘等相继出现在市场上；二是利用微电子技术和通信的一些新成果而开发的新产品，如大屏幕壁挂电视、可视电话等；三是与计算机网络结合的数字化家电。

ICT 产业正是在 3C 的大趋势下，张江高科技园区可以选择的软件重点发展领域。ICT 是信息技术和通信技术的统称，主要涉及信息的获取、存储、处理、通信、显示及其应用技术，核心是计算机、软件和通信技术。ICT 的出现是信息技术和通信技术融合的结果。理论上讲，整个 ICT 产业由三大产业集群组成：运营业、软件业和制造业；运营业又包括电信运营、广电运营、互联网运营和卫星运营业，在制造业方面有电信设备制造、广电设备制造和电子设备制造，在软件业方面有基础软件、应用软件和其他工具软件业（图 8-6）。在整个 ICT 产业发展的框架中，具有众多的盈利增长空间。

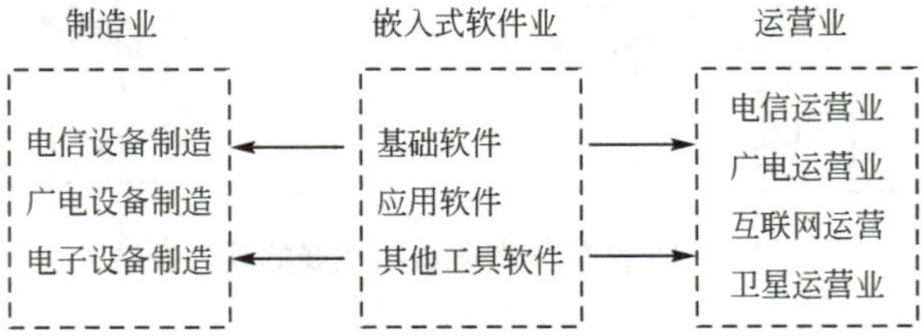

图 8-6　ICT 产业基本框架

就目前张江园区 ICT 产业的发展来看，主要包括：通信设备设计、芯片设计、系统软件设计、安全服务等基础设施和领域；移动数据、网络游戏、电子商务和数字多媒体应用等应用领域；以及基于 IT 的服务外包、商业流程外包和手提设备设计外包等可以为张江 ICT 产业发展服务的外包领域。同时，这些领域可以同目前园区首要的支柱产业——微电子产业形成产业链条的上下游分工。

未来的 5～10 年里，ICT 产业中重点发展的领域包括：①数字电视机顶盒市场，预计 10 年间总量可达到 1 亿～1.5 亿台，总市场将达到 600 亿～1500 亿元人民币。②移动通信市场。中国是全球第一大手机消费国；国内 GSM 手机定点厂家已达到 14 家，如果每个手机定点厂家的年产量达到 100 万台，则总产量将达到 1400 万台。另外，预计在明年发放的 3G 牌照会为张江成为 TD－SCDMA 重镇奠定基础。③掌上电脑（PDA）市场。计算机正在向微型化和专业化方向发展，PDA 在未来 5 年内总销量将达到 3000 万台，总产值达到 300 亿元。

特别是在移动通信领域，给相应软件业的发展带来了更大的历史机遇。目前，移动电信运营商主要是进行网络运营，同时也给 ICP（内容提供商）和 ISP（服务提供商）提供运营平台，但总的来说，2G 的业务运营模式相对简单，产业链也较短。2G 时代移动运营商是产业链的主体和领袖。在未来 3G 时代，随着电信业务逐渐由语音业务向数据和多媒体业务转化，电信产业链也由原来的简单的基础网络运营商和电信设备提供商向提供电信个性化服务支持以及终端销售等环节延伸。未来的电信市场将越分越细，电信产业链正在不断延长，随着制造商、运营商、内容提供商、系统集成商等多个环节的不断整合和加入，新的产业价值链将不断形成。尤其是移动数据业务将更丰富，参与者更多，产业链更长。移动数据业务产业链代表着未来移动通信市场上的价值链。可以看出，移动数据业务价值链更加复杂，角色更加多元化和多样化，对价值链上各环节之间的协同和合作提出了更高的要求，产业分工也更加深入和细致。张江软件业可以发展的环节包括内容服务、应用服务和软件提供等（图 8-7）。

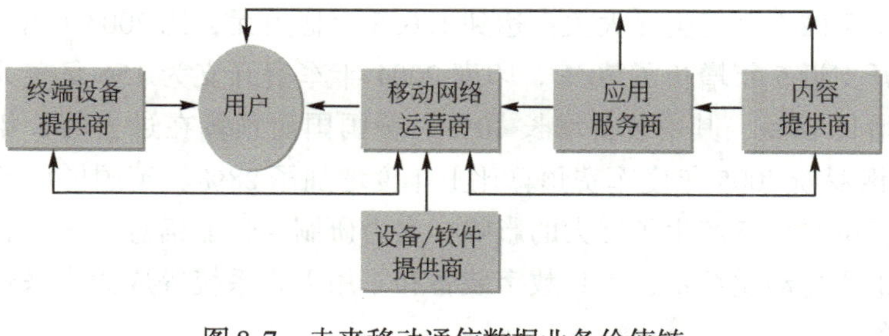

图 8-7 未来移动通信数据业务价值链

当前，在张江园内从事网络通信相关业务的企业有 60 余家，从所从事的行业来看包括网络通信、无线通讯、芯片设计、内容提供、数据和信息服务等业务，涵盖了未来移动通信业务领域的大部分。联想集团、中兴通讯、夏新电子、展讯通讯、盛大网络、第九城市等著名企业成为张江软件业未来发展的主要推动力量。

目前，各种技术的融合主要体现在单一产品上增加不同的功能。比如，商用PC具有很多的通讯功能，包括视频通讯、网络会议等。目前已经有很多IT和家电厂商能够提供这样的产品。园区内部的企业中，联想、夏新和银晨智能之间均存在着这种潜在的业务联系。

随着网络平台和基础设施的不断完善，网络运营商、网络服务商和3C生产商的系统配套的不断增加，3C融合将在更大的范围内出现。届时，各类设备都可以非常方便地登录到其他网络中，用户利用任何一类信息终端，都可以跨网络获取内容与服务，用户只要选择一家网络运营商，就能够方便地享受三网（广电网、因特网、移动网）提供的海量内容服务。通过标准化的智能化无线技术来实现设备之间的无缝连接，无线网络将成为突破口。

近年来，家电厂商大举进军IT和移动终端领域。与此同时，IT厂商也借助3C融合的大势向家电渗透。相对于IT和家电厂商而言，传统的通信设备厂商进军3C的步伐要慢一些，目前还只是以手机为拳头产品进入3C终端的行列。国内的企业中，TCL、海尔、海信、长虹和夏新是家电厂商的代表，而联想则是IT厂商的代表。

二、基于国防信息化、工业控制系统和RFID的嵌入式软件

（一）国防信息化

在目前进行军事变革的40多个国家中，绝大多数国家把目标定在2015年前后初步实现军队信息化。为实现这个目标，各国不断加大国防投入。2004年全球军费开支突破1万亿美元大关，达到1.035万亿美元，比2003年增长6%。印度的国防开支近5年增长了70%。印度2004年军费开支为156亿美元，比上一年度实际增长14%，其中装备增长40%。美国国防预算在过去的5年间共增加了55%。俄罗斯2005年度军费预算比上年度增加了28%，英国增加了18%。世界新军事变革对装备产生了巨大的影响：大力研制高性能信息化平台，电子战装备系统，指挥自动化系统，单兵数字装备和军用无人系统等成为未来信息化战争的重要装备。

为了缩小与发达国家的差距，我国军费开支逐步上升。“七五”期间占GDP的1.73%，“八五”期间占GDP的1.29%，“九五”期间占GDP的1.19%，“十

五”期间开始增长（表8-2、图8-8和图8-9）。

表8-2 1997～2003年中国年度国防费占GDP的比例 （单位：%）

年度	1997年	1998年	1999年	2000年	2001年	2002年	2003年
比例	1.09	1.19	1.31	1.35	1.48	1.62	1.63

资料来源：《2004中国的国防》白皮书。

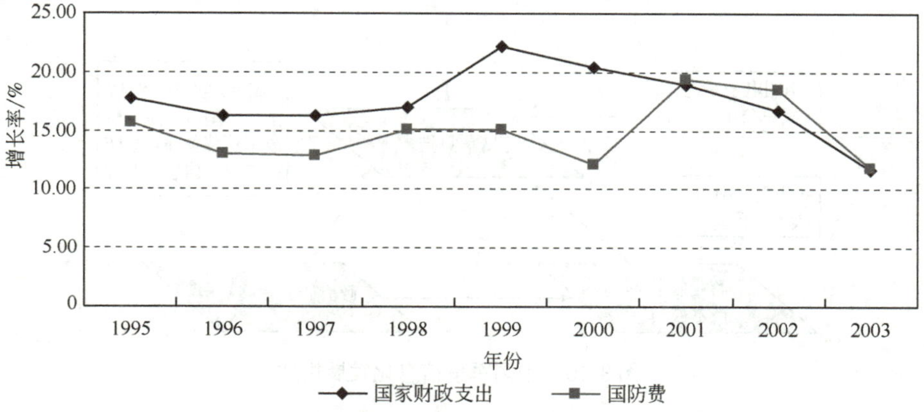

图8-8 1995～2003年国家财政支出和国防费增长率

2004年12月27日国务院新闻办公室发表《2004年中国的国防》白皮书，全面介绍中国的国防政策以及近两年来国防和军队建设的发展。这是中国自1995年以来第五次发表国防白皮书。“人民解放军把信息化作为现代化建设的发展方向和战略重点，坚持应用主导、创新求实、人才为本、跨越发展的总体思路，积极开展信息化建设的研究和实践。”

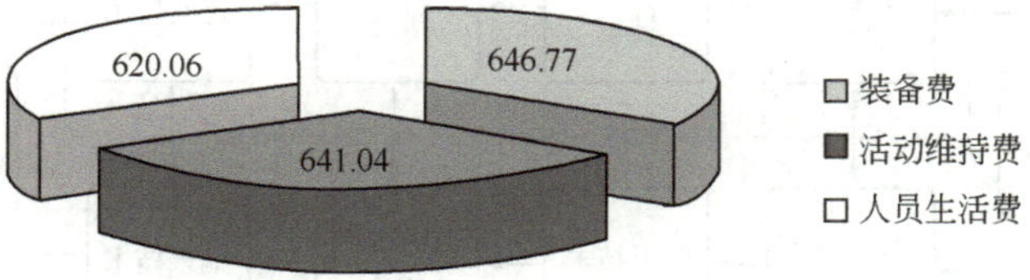

图8-9 2003年中国年度国防费构成（单位：亿元）

近年，全球集成电路生产转移到中国使其获得近乎最新技术的设施和生产技术，使国防电子部门获得了巨大活力。利用国内信息技术市场巨大的吸引力获取最新外国技术，中国的信息技术公司，政府研究和开发机构、研究和开发基金项目，军队组成有效的数字铁三角形，将政府提供的重大资源与商业部门的活力结合起来。由总装备部负责的国家军事订货制度，遵循政府采购制度的基本原则，逐步打破军品行业部门界限，引入竞争机制，支持非军工国有企业和高技术民营企业进入军品市场，包括军用计算机和网络设备在内的装备已由各部门单独采购向全军集中采购转变。作为数字铁三角的电信设备最重要的公司有华为、大唐、中兴和巨龙，这些公司都具备生产军用通信设备的能力（图 8-10）。

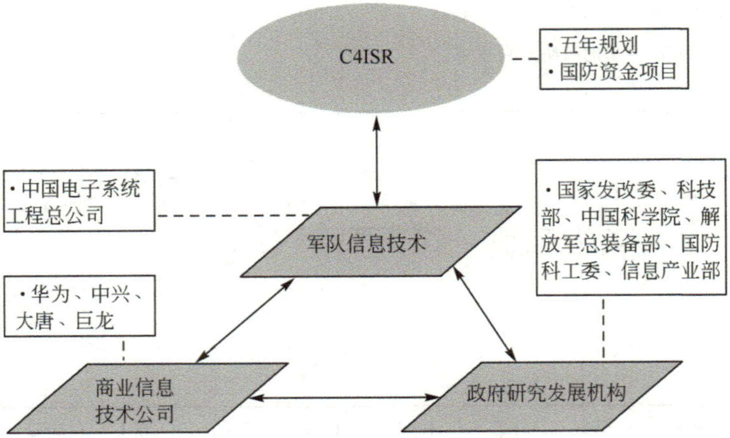

图 8-10　中国军事信息化发展模式

军事信息化技术的门类很多，适合张江信息产业（包括微电子和软件业）发展的主要是军事微电子技术。其中，通信技术和物流技术应该成为主要的发展方向（图 8-11）。

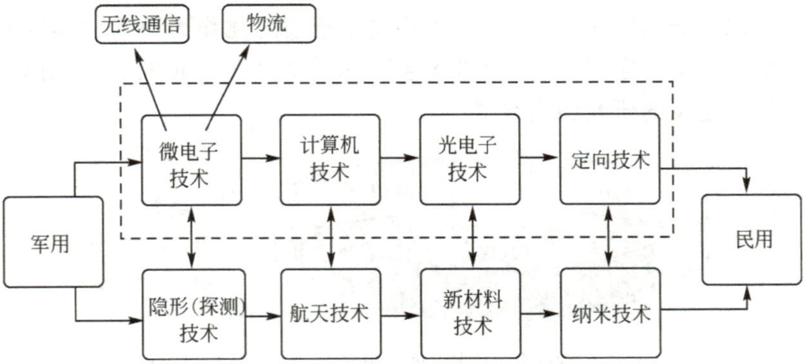

图 8-11　张江适合发展的军事信息科技领域

军事信息化主要体现在对于战争的控制权已经由制空权、制海权、制天权发展到制信息权。信息化水平的提高将大大提高军队自动化指挥系统的战斗力。自动化指挥系统包括指挥（C）、控制（C）、通信（C）、计算（C）、情报（I）以及监视（S）、侦察（R）七部分，缩写成 C4ISR。要素融为一体，缺一不可。“一体化”在英语单词中是 I 打头的，因此可写成 IC4ISR，称之为“综合电子信息系统”，也称“一体化电子信息系统”。另外，武器中信息系统的嵌入也将大大提高武器的战斗力，甚至改变军队的组织结构。当然，目前最重要的应用还在于战斗指挥系统的信息化，即所谓的 C4ISR。数字化信息网络是实现战斗指挥系统信息化的重要基础。

未来的信息化战场将包括武器和武器平台指挥和控制系统、传感器以及后勤（物流）支援系统四个部分，而这四个部分最终要通过数字化通信网络连接起来，所以有效的通信网络将成为克敌制胜的重要基础。所有部队，无论是大型战略部队还是小型的步兵分队，无论是前方作战部队还是后勤支援部队都必须装备合适、有效的通信网络设备。为此，作为 C4KISR 系统的重要组成部分，世界各国都不遗余力地开展军事通信技术研究和系统开发。未来的军事通信平台要求立体化、数字化、高机动性、无线化、高带宽和安全性。宽带无线通讯技术无疑是必然的选择，卫星通信、蜂窝移动通信（3G）、无线局域网、超宽带无线技术、移动 IP 技术则是其中重要的组成部分。

根据所处的状态不同，军事物流可分为日常军事物流和战时军事物流。日常军事物流是指和平时期，与军事有关的物资管理、运输调度、维修保养、分级管理、后勤支持等方面的物流管理内容。而战时军事物流，则指在战争状态或战争演习状态下，所开展的军事物流管理。由于战时军事物流具有物流规模大、时间要求紧、不确定因素多等特点，故被视为物流管理的最高水平，对物流管理技术和手段有极高的要求。在军队信息化建设中，军事物流现代化是一个重要的组成部分。军事物流信息化离不开高科技手段的应用，这些高新技术主要包括：条码技术、射频识别技术、电子数据交换（EDI）、全球定位系统、地理信息系统、卫星通讯技术等。其中，条码技术是最基本的物流管理技术手段，应用条码技术可准确标识物流单元，包括人员、物品、设备、资产等，并通过条码识读设备实现数据采集的自动化，从而将物流转变为信息流，实现对物流的跟踪和管理。二维条码在军事物流领域的应用可包括数字、文字（包括汉字）、图形等信息，从而可在数据库网络中断的情况下，获得物品的基本信息，实现物流的基本管理功能。当数据库网络恢复后，又可进一步获得物品的更多相关信息，实现更多的物流管理功能。此外，二维条码还具有译码可靠性高、错误纠正能力强、条码占用面积小、容易制作且成本很低的特点。同时，也可通过密码设置，实现一定程度的信息保密。目前，在我国军事物流领域应用二维条码的条件已经逐步成熟。国家质量监督局已于 1997 年正式颁布 PDF417 条码的国家标准《四一七条码》，一批国内厂商已经成功地掌握了二维条码的关键技术。例如，北京南开戈德公司已开发出具有自主知识产权的二维条码识读设备及移动数据终端，并在军队物流、金融物流、企业物流等领域成功应用。

射频技术（radio frequency identification，RFID）在军用物流中有非常广阔的运用。适用于物料跟踪、运载工具和货架识别等要求非接触数据采集和交换的场合，由于RF标签具有可读写能力，对于需要频繁改变数据内容的场合尤为适用。无论军用物资处于采购、运输、仓储、使用、维修的任何环节，各级指挥人员都可以实时掌握其状态和信息。具体的应用是依靠贴在集装箱和装备上的射频识别标签实现的。张江园区内RFID产业基地的发展应把军队物流的应用作为一个非常重要的选择。

（二）工业控制系统

随着现场总线技术的发展，尤其是工业以太网的日渐兴起，将网络功能与嵌入式系统结合，使诸如变送器、执行器等终端设备具备网络功能，使现场设备能够直接上网成为必然。

由于技术的可行性和广阔的发展前景，很多公司和机构已经开始进行这方面的研究，并推出了相关产品。西门子、ROCKWELL、GE、ABB、Philips、emWare和国内的P&S公司等均提供基于Internet的Device-Networking软件、固件（Firmware）和硬件产品。通过Internet对分布在现场的I/O进行访问，从而实现对远程设备的监测和控制。

将网络功能嵌入终端设备中，使其可直接通过Internet/Intranet（企业内部网）进行网络通信、数据交换，实现远程组态、参数修改等。并且减少了诸如网关、代理服务器等中间环节，简化了网络结构，降低了安装、维护的难度和成本。同时使现场设备的通信速率和通信通道的利用率大大提高，可直接传送图像信息、多媒体信息，满足了工业控制系统的高要求。实行“e”网是工业控制网络必然的发展趋势，而可使最底层设备直接融入网络的嵌入式技术必将获得长足的发展。

嵌入式技术有力地促进了工业自动化装备的发展，在仪器仪表领域：智能化仪表的许多方面均要应用到嵌入式技术，如医疗仪器、分析仪器、温度仪表、流量仪表、记录仪等。在工业自动化领域：嵌入式系统的应用产品可分成4个方面。

1. 智能传感器

工业测量中的温度、流量、压力、液位、声音等传感器，采用嵌入式技术后，可实现信号处理、非线性校正、温度补偿、公式运算、量程变换、数字信号输出，满足现场总线的通信规约，进行现场总线的数据传输。

2. 信号变换单元

目前许多信号变换模块采用了微处理器，如信号变换模块、模拟量模块、开关量和计数器模块、嵌入式控制模块、Internet 嵌入式控制器模块等。

3. 现场控制器

现场控制器包括 DAS（数据采集器）、DDC（直接数字控制器）、PLC 可编程控制器，模糊控制器、协调控制器及多功能控制器等。采用嵌入式现场控制器，用嵌入式操作系统代替传统的 Windows98/2000 操作系统，并应用组态软件将操作系统固化，极大地提高了系统的可靠性，缩小了体积，减少了成本，增强了系统的抗病毒和抗干扰能力，适用于工业现场的恶劣环境。

4. 嵌入式工控机

近几年来，随着嵌入式技术的发展嵌入式工控机也应运而生，主要应用于两个方面：嵌入式工控卡，如嵌入式 Compact PCI 卡、嵌入式 2. 5 in 单板计算机卡、嵌入式 3. 5 in 单板计算机卡、嵌入式 POS 和 NET 卡等；嵌入式工控机，嵌入式 CPU、嵌入式操作系统 Linux 或 WindowsCE、各类嵌入式 I/O 模块。

（三）基于 RIFD 的嵌入式软件

中国的 RFID 应用市场已经经过了导入期，进入了初级应用阶段。在这一阶段的 RFID 应用以低频和高频为主，应用多种多样并且已经成熟。超高频应用虽然具有更高的商业价值，但是由于标准、技术和价格等多方面的限制，应用得非常少，几乎全部为小规模试点应用。从国内 RFID 应用的行业看，覆盖了政府、物流行业（含邮政）、制造业、交通运输业、通信业等多个行业。其中超高频 RFID 应用的主要领域包括供应链（含制造、交通运输与物流、零售）、人员票据管理、资产管理、车辆管理等。

目前中国 RFID 市场从频率上看以低频和高频应用为主。这是由于这一频段的 RFID 技术门槛较低，有众多的企业参与，产品应用成本低。而且，第二代身份证和智能交通卡等项目带动了低频和高频 RFID 在其他领域的应用，发展迅速。但目前这一频段产品的同质化程度高。

超高频 RFID 应用在沃尔玛等国际企业的带动下进入高速发展阶段。虽然中国目前在超高频芯片的研发上还比较薄弱，但是政府非常重视超高频标准的制定和芯片的研发，目前已取得一定进展。而且目前超高频的应用已经在政府和一些企业的推动下取得了很好的闭环应用效果。在政府的不断推动下，中国的超高频应用在公布标准后将取得快速增长，一批国内的超高频芯片提供商也将发展起来（图 8-12）。

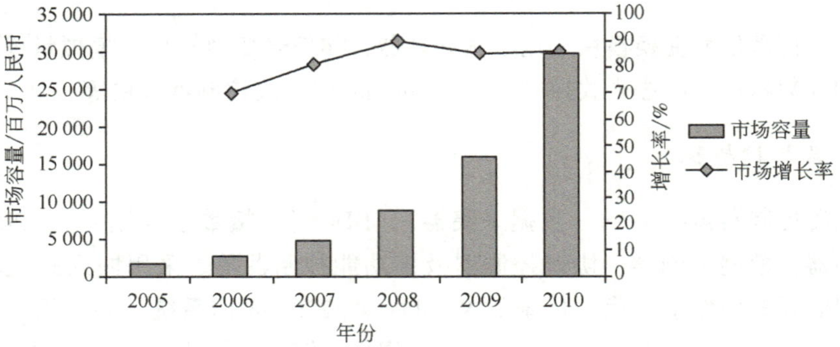

图 8-12　中国 RFID 市场容量与市场增长率（2005 ~ 2010 年）

注：包括标签、读写器、中间件等 RFID 相关软件、服务

数据来源：IDC 中国

三、软件信息服务和外包服务

（一）外包服务简况

IT 外包服务是社会分工不断细化和 IT 技术发展相结合的产物。从软件外包服务的发展阶段看，将经过初级孕育、中期扩展和高级完善三级发展阶段。在不同阶段，由于外包的业务内容不同，也导致了相应不同的对于外包的理解。IDG 统计数据表明，2005 年全球软件外包市场规模已达到 1000 亿美元。全球软件外包的发包市场主要集中在北美、西欧和日本等国家，其中美国占 40%，日本占 10%。外包接包市场主要是印度、爱尔兰等国家。其中，美国市场被印度垄断，印度软件业 80% 的收入依赖软件外包业务，印度已经成为软件外包的第一大国。而欧洲市场则被爱尔兰垄断。

虽然中国 IT 外包服务市场一直高速增长，但截至目前，IT 外包服务的用户群还相当狭小。就 IT 外包服务的内容和方式而言，还主要局限于基础架构层面的网络基础设施和桌面设备的支持与维护。2003 年 IT 外包服务的市场规模只有 42.6 亿元人民币，其中 IT 运营管理外包服务的规模为 21.6 亿，应用管理外包服务为 1.5 亿，软件外包 19.5 亿。

BPO 成为未来外包发展的趋势。合作关系及无缝集成模式将成为外包的主要方式，IT 外包在行业中的应用深入。由市场不成熟高度、分散走向市场逐渐成熟、集中，中国将成为继印度后新的外包产业中心，IT 外包服务结构转化，服务向高端发展，软件外包大型企业将出现。

(二) 外包发展的阶段

第一阶段是软件外包的初级孕育期，软件开发商仅将少量工作外包，软件外包服务商只是浅层次的从属关系。一些发达国家的软件公司将他们的一些非核心的软件项目通过外包的形式交给人力资源成本相对较低的国家的公司开发，以达到降低软件开发成本的目的。全球范围内的软件外包可以追溯到20世纪90年代初期，从国际大型软件公司的软件本地化外包开始。那时外包服务提供商承担的只是软件程序和文档的本地化翻译工作，促进了早期软件本地化公司的不断壮大。

第二阶段为软件外包的中期扩展，软件开发商增大外包工作的种类，一些表现优异的软件外包服务商成为软件开发公司的优先外包服务商。这一阶段软件开发商将软件编码、软件测试、软件本地化交付给外包服务商完成，鉴于人力成本的低廉，外包的主要目的是降低成本。软件外包服务商可以获得更多的外包业务，取得更多的经济收益。但是由于他们不具有任何知识产权，仅靠提供技术和项目管理获得利润，外包服务的生产活动受制于客户的计划驱使，而且具有明显的阶段波动性。尽管软件开发商比以前更重视他们的价值，但是彼此之间仍然是业务合作关系，缺乏充分的信任和依存特征。

第三阶段是高级完善发展，软件开发商与外包服务商成为利益共享、风险共担的业务合作伙伴。外包服务商不仅为软件开发商提供全球化发展咨询，还与软件开发商共同推出创新的行业解决方案，而这项方案是任何一方都不可能自行发展的。这时软件外包的目的是增强核心竞争力，为最终用户提高服务水平。软件开发商与服务供货商之间拥有充分的信任和默契，共同促进企业的成功。为达此目标，外包服务商必须与软件开发商共同承担责任，深入了解软件开发商的外包策略、商业文化和企业文化，协助软件开发商整合其内部资源。外包服务商除了获得解决方案的服务费用，还拥有软件产品的部分知识产权。

在欧美等软件高端市场，软件开发商经过了20世纪90年代初的软件本地化外包的成功实践，已经度过了软件外包的第一阶段。进入21世纪，随着技术的快速发展，软件行业的分工越来越细，基本上形成了操作系统、数据库、中间件和应用系统这样一个完整的产业链雏形。但随着软件应用需求范围的不断扩大，软件设计规模不断膨胀，技术复杂性迅速提升，而且市场竞争不断加剧，软件开发周期逐渐缩短，仅靠软件开发商的单方面努力已经不能跟上软件变革的步伐，由此催生了软件外包的第二次高潮，当前风靡世界的软件外包正在推动软件外包进入中期扩展的第二个阶段，推动全球软件行业的重新布局。

ITO和BPO是目前软件外包的两大主要业务领域。ITO主要包括编程、测试等软件开发工作，而BPO则是指企业自己辅助甚至将关键的业务系统委托给专业服务公司，由专业服务公司按照双方协定的要求为企业提供相应的服务。现在业务流程外包（BPO）已经成为外包服务新的发展趋势，在未来几年内将成为外包的主要内容。BPO包括人力资源、采购、财会、客户中心、后勤、研发、营销、工厂运作、培训，这些大类还可以进一步细分（图8-13）。

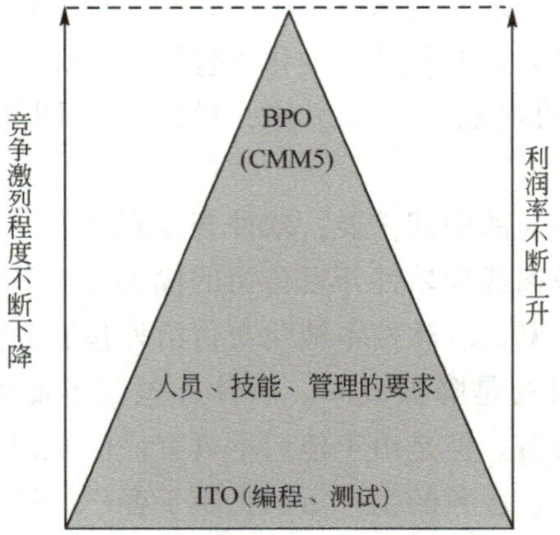

图8-13　软件外包金字塔

这样一来，软件外包的内涵就大大延伸了。外包已经从原先的软件开发商单纯为了降低成本的工程外包发展到了对于所有行业的商业流程的IT外包。不仅IT行业需要BPO，而且其他行业也需要BPO。同时，每项业务都离不开IT业务的支持，从而使软件外包走向了IT外包。至此，软件行业发展的模式有了新的突破，软件行业不仅提供通用软件和定制软件，甚至把触角伸到了企业的内部，把企业的各项业务流程均IT化，最终实现了IT与各个产业之间的融合。

（三）张江服务外包的重点领域

目前，张江园区软件外包的主要目标市场是日本和美国。外包企业中以印度企业和国内留学生企业为主。代表企业是TCS、Infosys、Satyam和群硕、东软、宝信等。

软件外包服务是未来5年园区内应该重点发展的部分，而且应该发挥张江园区地处上海这个人才聚集区的优势，积极推进软件外包由简单的ITO向高端的BPO迈进。

第一，随着上海本地软件人力成本的不断提高，外包服务的利润空间在不断缩小，ITO外包产业目前呈现出向二线城市转移的趋势，这在一定程度上也为张江发展软件服务外包制定了方向。

第二，大量的国外企业进入中国，同时面临着企业运营信息化要求，客观上为本地和长三角地区创造了潜力巨大的市场。这些企业的 BPO 将成为未来 5 年软件服务外包新的发展空间。这同时有助于上海和其他地区形成合理的外包分工格局。

第三，园区的大型外包企业发展迅速，开拓市场的力度不断增大。同时，对于人才的需求不断增大，加剧软件外包人才短缺的局面。例如，Infosys 上海分公司计划在 2 年内员工人数从目前的 400 人扩展到 2000 人；而萨蒂扬的员工人数已达到 300 名；群硕公司的人员规模在 800 人左右，而且公司正处于上升期，自成立以来员工雇佣的速度每年都成倍增长。又比如，在市场竞争方面，TCS 上海分公司十分注重销售和市场，凭借其 CMM5 级资质，将中国战略分为三方面：一是服务于现有的跨国公司客户；二是将 TCS 中国建成为服务邻近亚太市场（如日本、新加坡、中国香港、韩国和中国台湾）的根据地；三是试探巨大的服务和方案需求的中国市场。印度驻中国分公司，凭借着企业管理运营、软件项目管理和人才培训等多方面的优势获得了快速的发展。

第四，从软件和信息服务外包产业链来看，印度的软件业巨头 Infosys、Wipro、TCS 等公司主要采用国外发包商、总包商、国内接包商，同时中介服务机构为它们提供各类专业服务的模式（图 8-14）。园区内的总包商可以分为两类，一类是印度外包企业，还有一类是能够直接从国外客户取得项目的国内外包企业，如群硕。印度外包企业并不满足于仅仅充当总包商的角色，正在开始纵向一体化发展，主要采取的是在中国设立分公司或办事处，企业在国外直接接包，再由在中国的分公司或办事处提供具体服务的模式。以印度软件 Infosys、Wipro、TCS 等公司为代表的公司均为此种类型。

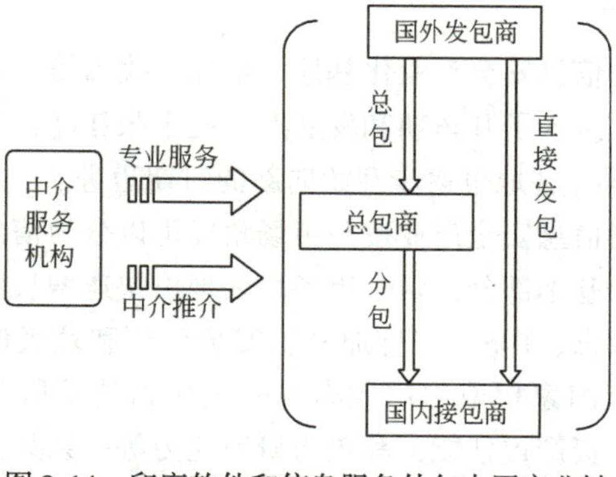

图 8-14　印度软件和信息服务外包中国产业链

资料来源：计世资讯（CCW Research）. 2006-07

最后，张江创新学院的开设为软件外包服务人才的培训奠定了基础。随着软件外包产业的快速发展，软件外包人才短缺现象越发明显，尤其是具备更高管理意识和整体架构设计的综合人才和精通各种测试项目的专门人才奇缺。鉴于此，各地软件人才培训机构纷纷加大了软件外包人才的培养，但是张江创新学院应该借助区内优势，加强和外包企业的合作，培养出合格的软件外包人才。

计世资讯的数据显示，2006 年中国软件外包产业人才增加近 2.5 万人，人才压力巨大。目前，软件外包企业人才来源主要包括有：产业已有人才流动、大学毕业生、引进国际人才、企业自己培养、培训机构培养人才等。相对而言，前两类人才供应短时间内难以增加很多，而引进国际人才和企业培养成本较高，因此，以张江创新学院为代表的培训机构完全有机会成为软件外包人才供应的主要来源。

但是，目前软件外包企业人才招聘中，培训机构培养的人才还没有占到 10%，远远没有发挥其应有的作用。软件外包企业人力资源经理反映，培训机构培养的人才，在企业实习中，能够满足要求的还不到 20%，比例过低。培训机构培养的人才大多数是以前没有参加过工作的，或者是由其他行业转过来的，缺少外包行业实际经验，而培训机构又大多只注重课程理论教育，与实际操作结合不够紧密，导致无法直接胜任企业工作要求，还需要企业进行再训练，加大了企业招聘成本，还不如招一个大学毕业生。然而，企业自身培养人才也面临着不少困难。例如，大多数企业缺乏系统培训的方法，也缺少有经验的师资力量等。而这些，恰恰是培训机构的优势所在。因此，培训机构应该加强和软件外包企业的合作，让学员在培训过程中，就有机会观摩甚至是参与到企业的实际项目中，从而增强学员的实际操作能力。

四、信息安全产业

以分布于各地的信息安全产业化基地为依托，我国信息安全产业从总体上看已经走过了创业期，进入了开拓期和发展期。位于张江高科技园区的国家信息安全成果产业化（东部）基地也逐步开始向新的时期迈进。

总体上看，我国信息安全产业按照市场角度可以分为信息安全产品市场和信息安全服务市场两个基本部分，两个市场均表现出快速增长的趋势。信息安全产品包括防火墙、反病毒、IDS、信息加密、安全认证和垃圾邮件过滤、内容安全等，安全服务则基于国家权威部门颁布的一些包括技术服务能力、应急响应能力、工程实施能力、资产评估能力和攻防研究能力等一系列指标。

按照技术分类，信息安全产品可分为外界防护层、可控层和核心层三种，越靠近核心，技术含金量越高。属于外界防护层的主要是反病毒软件、防火墙、信息加密等软件。

网络安全整体管理解决方案成为新的需求趋势。我国信息安全产品主要集中在传统的防病毒、防火墙、入侵检测和信息加密等领域，而且，目前大多数信息系统的安全建设也主要是采用零散的信息安全产品。但是，随着各种信息化系统复杂度的提高，产生了海量的信息数据，加上不断出现的网络安全问题，用户对网络安全事件的危害性和信息资产管理的重要性的认识不断深入，对信息系统的安全性提出了更高的要求，产生了对统一管理各类安全产品的网络安全整体解决方案的迫切需求，以全面保障正常的网络运行和维护。我国信息安全企业的实力和市场竞争力相对于国际厂商一直处于弱势，导致这一现象出现的原因有很多，其中之一是微软、Intel、IBM、Cisco 等国际巨头的技术垄断。

政府、电信、金融等部门和行业对信息安全的投入加大，成为推动市场的主要动力。据 IDC 预测，2007 年全球信息安全市场总额将从 2002 年的 639 亿美元增长为 1188 亿美元，其中硬件、软件和服务的市场占有率将分别为 32.4%、34% 和 33.6%；亚太区信息安全的市场规模将从 2003 年的 37 亿美元增长为 2007 年的 83.4 亿美元，而中国信息安全市场则从 2 亿美元增长为 6.7 亿美元，年均增长率为 34%，远远超过整个亚太市场 22.9% 的年均增长率。

信息安全技术的发展存在以下一些趋势：第一，可信计算技术、PKI 技术以及基于生物特征的识别技术是信息安全技术的主流。在未来的几年内，生存技术、风险分析和管理技术、安全服务、综合型安全产品、无线安全技术等也可能成为主流。

第二，安全技术本身也在融合。防御系统由简单的防火墙向 VPN、电子邮件网关和网络攻击防御系统综合迈进。事实上，安全技术本身的融合已经出现了具体的产品形态和市场。援引 IDC 的预测，“全球的信息安全领域正出现一个新的细分市场，这就是统一威胁管理（UTM），这类新型设备将成为未来信息安全领域的主流设备”。统一威胁管理就是将企业防火墙、入侵检测和防御以及防病毒结合于一体的设备。

第三，监控技术就成为 Internet 安全的主流。流量监控、内容监控、病毒监控、人员操作监控等成为企业和政府用好 Internet 的基础安全部件。监控不仅是一种维护企业网络效率的重要手段，更是一种针对滥用的威慑力量，在近期会成为企业网络安全的重要发展对象。

五、面向构件的管理软件

根据计世资讯的调查，华东地区（包括上海、江苏、浙江、安徽和江西）的 IT 市场需求自 2000 年以来连续 5 年在全国各个区域内居于首位。地区内大量活跃的中小型企业给计算机软硬件的应用带来了巨大的市场空间。

最新数据显示，2006 年第二季度中国管理软件市场销售额为 48.1 亿元人民币，比去年同期增长 19.0%，其中通用型管理软件市场规模为 19.2 亿元人民币，占整体管理软件市场的 39.9%。

在行业应用市场中，制造、电信、金融行业处于主导地位，共占据了 70.0% 的市场，而制造业是第二季度管理软件的主要应用市场，应用规模达 17.5 亿元人民币。在区域市场中，华东、华北、华南共占据了 67.4% 的市场份额，华东市场以 25.6% 的市场份额位居第一。

2006 年第二季度管理软件行业应用市场中，除制造业外，电信、金融行业也是管理软件的主要应用市场，它们的市场份额分别占 18.5%、15.1%（图 8-15）。

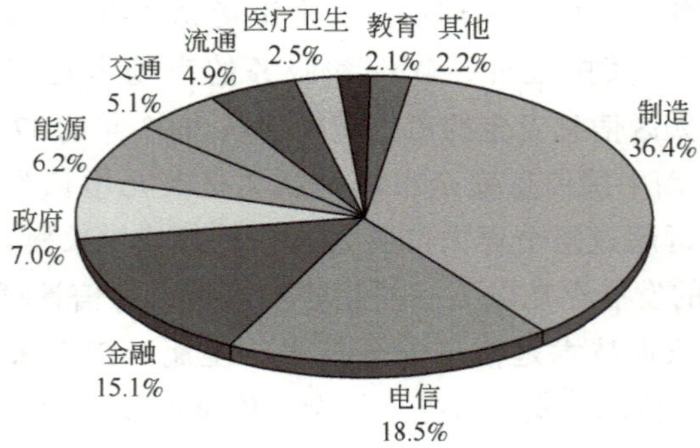

图 8-15　2006 年第二季度中国管理软件行业市场情况

资料来源：计世资讯.2006-07

2006 年第二季度中国管理软件区域市场中，华东、华北、华南占据了主要的市场份额，其中华东占 25.6%、华北占 22.1%、华南占 19.7%。从厂商的市场情况来看，用友、金蝶、SAP 仍处于该市场的前 3 位，它们的市场份额之和为 29.1%。

巨大的市场空间为张江园区软件业管理软件的发展提供了基础。目前，ERP 和 CRM 类软件，以及行业管理软件成为管理类软件发展最迅速的部分。管理软件的发展可以划分为四个阶段，1998 年以前基本上是成长期；1998 ~ 2005 年是处于一个成长期的阶段；估计 2005 ~ 2010 年管理软件将步入相对成熟的阶段，管理软件 ERP 将成为中国政府选择管理软件时的一个主流市场。但是用户可能需要集成的 ERP，包括 CRM，另外我们预计，2010 年整个管理软件会进入转型期，由单纯提供某一个专门的功能向集成化、多功能转变。

第四节　张江软件产业发展目标

一、中国软件业发展概览

中国的软件产业经过了20多年的发展，取得了显著成就，初步形成了自主的软件体系，出现了具备一定竞争实力的民族软件企业，软件从业人员已经超过了70万；中国软件产业的销售额从1999年的441亿元，增长到2005年的3900亿元，年均增长近40%，比同期中国GDP增速高出2.5倍；软件出口从1999年的2.5亿美元，增长到2005年的35.9亿美元，6年间增长了10多倍，软件产业规模占全球软件产业份额的3.5%左右（图8-16）。

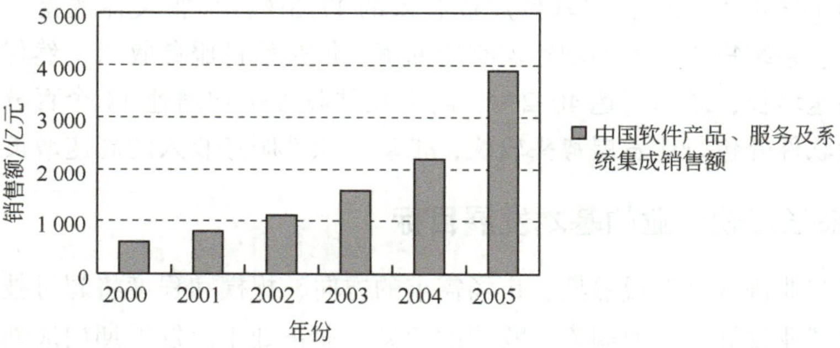

图8-16　2000～2005年中国软件业销售额增长状况

在2001～2005年的“十五”期间，软件产业在电子信息产业中的比重从2001年的6.3%增加到2005年的11.2%，为整个电子信息产业结构的不断改善发挥了重要作用。目前，软件服务和系统集成已成为中国软件产业中的增长亮点。2005年，整个软件行业完成软件产品收入2066.5亿元，同比增长35.2%，占全部收入的比重由去年的55%下降到53%；而系统集成收入1329亿元，同比增长40.1%；软件服务收入504.9亿元，同比增长66.5%，是软件产业中增长最快的部分，占全部收入的比重也上升了2个百分点。软件服务收入保持较快增速的原因：一是随着我国软件市场和软件产业逐步走向成熟，大规模采购软件产品、建设软件平台及粗放式软件开发的时代已经结束，而对软件进行二次开发、维护、咨询等服务的需求却迅速增长；二是随着我国软件企业国际竞争意识的增强，软件外包服务正在快速发展；三是通过互联网提供在线服务的软件企业越来越多，由互联网服务中取得的收入正在大幅增加。门户网站、收费邮箱、无线短信、虚拟ISP、搜索引擎、分类信息、在线游戏、电子商务、网络教学、企业电子解决方案等一系列服务业务，都成为网络公司丰厚收益的来源。

2006 年是中国软件与信息服务业“十一五”专项规划实施的第一年，前 7 个月中国软件产业增速略低于规划中的 30%，但仍保持了较快的持续增长的势头。

软件产业收入增速放缓。在经历了 5 年的高速增长后，2006 年中国软件产业发展进入调整期，产业收入增速放缓。1 ~ 7 月，中国软件产业实现收入 1901 亿元，同比增长 26. 2%，略低于同期中国电子信息产业销售收入平均增速和中国软件与信息服务业“十一五”专项规划的平均增速。软件产业收入占同期中国电子信息产业销售收入总额的 8. 5%，同比下降了 2. 7 个百分点。

软件产品收入仍是主要的收入来源，但软件服务收入增速较快。1 ~ 7 月，软件产品收入 1122 亿元，同比增长 22. 6%，占软件产业收入的比重为 59. 0%；系统集成 451 亿元，同比增长 26. 3%，占软件产业收入的 2. 7%；软件服务 328 亿元，同比增长 40. 2%，占软件产业收入的 17. 3%。值得关注的是，虽然软件产品收入、系统集成收入的增速均有所回落，但是软件服务收入仍然保持了去年以来的高速增长，增速高达 40. 2%，高出软件收入平均增速 14 个百分点。这主要是因为软件外包行业发展势头较快，带动了软件服务收入的高速增长。

二、未来张江软件业的基本发展目标

随着产业进入相对成熟期，市场需求的方向、规模和程度将超过技术的创新成为推动产业发展的重要因素。我国的信息产业正处于由发展期向成熟期过渡的阶段，因此技术和市场的因素将共同发挥重要的作用。信息产业的发展历史表明，该产业和国民经济的发展具有很高的相关性，并且表现出了和整个经济类似的周期性和螺旋上升的特性。电子信息产业是以信息技术为基础的产业形态，表明了技术创新和革命的重要性。作为国民经济的支柱产业、先导产业和战略性产业，电子信息产业在未来的 20 年里都将保持很快的增长。软件业作为电子信息产业的核心和灵魂，将逐步渗透到国民经济的各个部门和居民的生活中。1993 年以来，美国信息高速公路的建设和亚洲金融危机的影响使软件行业经历了高速发展和低速发展的两个阶段。2001 年，随着网络泡沫的破灭，软件行业进入了一个调整期。2005 年后，随着下一代通信网络的全面投入运营和各网络间互通水平的提高，软件业将进入一个新的增长周期。

1998 年以前，世界软件产业处于中高速增长期，而 1998 ~ 2003 年则处于低速增长和调整期，随着世界经济的回暖，软件产业将步出调整期。预计 2006 年后的 3 ~ 5 年内，世界软件产业将保持 5% ~ 8% 的年均增长率，世界电子信息产业的发展，特别是软件规模的进一步扩大、信息数据的不断增长以及各种信息系统在世界范围内的普及使用，都为信息服务业提供了广阔的发展空间，预计世界信息服务业将略高于同期软件增长率。预计 2006~2010 年，信息服务业年均增长率将维持在 7% 左右，2006 年世界软件及信息服务业的产值将达到 9000 亿美元，2008 年和 2010 年将分别达到 10 000 亿美元和 12 000 亿美元。2010 年后，下一代网络（3G）将在全球范围内得到一定程度的普及，届时软件及信息服务业，特别是信息服务业将得到较为快速的发展。预计 2020 年软件及信息服务业产值将比 2010 年翻一番，达到 24 000 亿美元（图 8-17）。

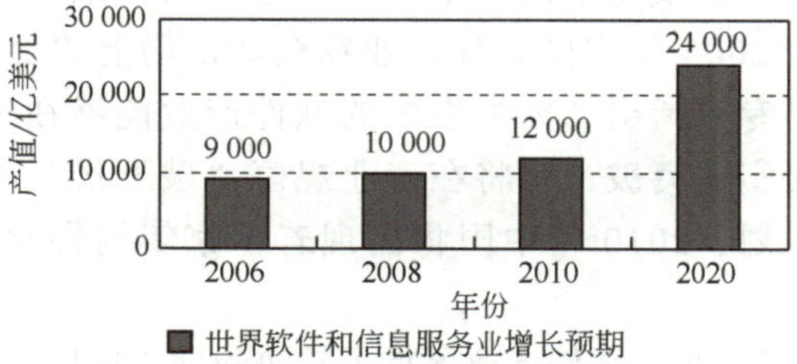

图 8-17 2006~2020 年世界软件和信息服务业增长预期

目前，我国的软件及信息服务业销售收入占全行业的比例较低，与世界主要发达国家近半的比例尚有很大差距，我国软件及信息服务业的未来发展空间极为广阔，参照世界及主要发达国家软件及信息服务业的发展情况，都经历了一个占全行业比例逐步上升的过程。2005 年，软件产业完成销售收入 3906 亿元，同比增长 40.5%。未来随着产业规模的扩大，增速有可能适当变缓。综合考虑上述因素，预计 2010 年以前，我国软件及信息服务业将保持年均 30% 左右的增长率，2006 年达到 5070 亿元，2008 年将达到 6500 亿元，2010 年将达到 10 000 亿元，分别占世界的 4.11%、7.83% 和 10%。参考世界主要发达国家软件产业的发展历史和我国软件产业自身的发展情况，预计 2010~2020 年，我国软件及信息服务业销售收入年均增长率将高于世界平均水平，保持在 13% 左右，到 2020 年销售收入将达到 33 900 亿元，占世界的比重也将提高到 17% 左右（图 8-18）。

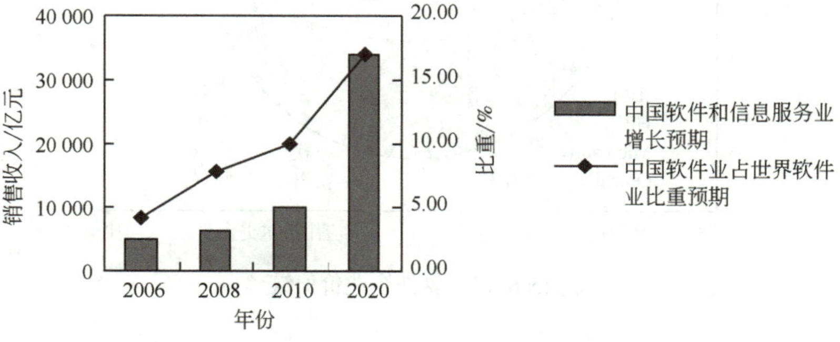

图 8-18 2006~2020 年中国软件和信息服务业增长预期

政府部门，包括中央政府和各级地方政府对于信息产业的支持将成为软件产业市场规模扩大的基本力量之一。根据信息产业部2006年6月1日公布的一份软件产业“十一五”发展规划显示，2010年中国软件产业销售收入预计将达到10 000亿元人民币。而2005年中国软件产业规模为3905亿元，要实现“破万亿元”的发展目标，意味着未来几年软件产业的年增长率将不低于30%。中央政府为了实现这个目标会加大对软件产业发展的扶持力度。软件产业近年来已成为中国电子信息产业中增长最快的部分之一，2005年同比增长61%。2005年中国软件产业在全球市场上的份额已增至3.55%，高于印度和韩国。专家指出，如果中国的软件产业能够在生产模式、企业规模和人才储备方面实现突破，则将在产业规模“破万亿”过程中成为真正的软件强国。根据规划，2010年中国将出现若干家年销售额超过50亿元的软件骨干企业。

在过去的6年里，张江软件产业保持了较快的增长速度，运用趋势外推法结合历史数据预测销售收入的增长，依据6年的基本增长数据以及对于中国软件行业1995~2005年年均增长40%的基本判断，2000~2005年，浦东软件园的发展速度同全行业发展基本吻合，平均增长速度保持在40%以上。总体上来看，张江的软件业大发展符合国内和国际软件业发展的大趋势，并由于自身较好的区位条件和经济基础，发展的速度略高于全国平均水平。从张江所处的位置来看，由于上海市以及长三角地区强劲的经济发展势头，上海市政府对于张江高科技园区的支持力度将不断加强。“聚焦张江”战略的实施将吸引更多的国内外知名企业入驻。越来越多的软件企业将逐步地把目标定位于产业链条中相对高端的位置(图8-19)。

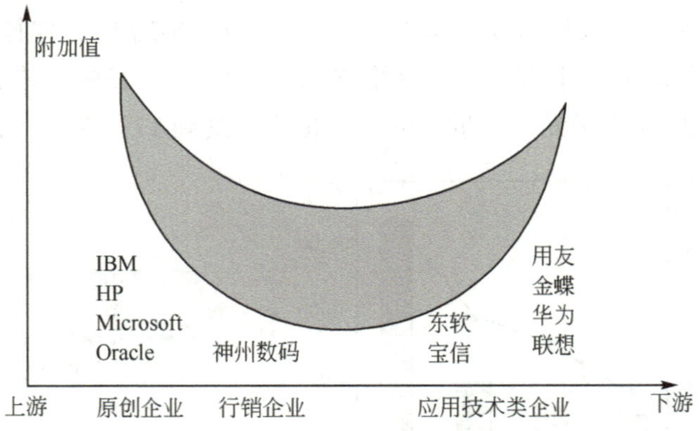

图8-19　软件企业价值链

第五节　张江软件产业发展对策

对于软件园区而言，最重要的工作莫过于张江支撑体系的建设。这是整个工作的核心所在，是提高园区整体竞争力的有效保障。纵观世界各国高科技园区发展的成功案例，支撑体系的建设无一不是起到了至关重要的作用。针对浦东软件园发展的现状，我们认为支撑体系的建设应当从以下几个方面展开。

一、促进软件联盟发展

联盟成为全球软件产业发展的重要趋势。微软、IBM 等国际性企业已经从传统的纵向一体化向关联的平台去扩张。同时，通过联盟并购，打造产品线整体解决方案来争夺市场也是一个重要的发展趋势。战略联盟有助于技术标准这个产业发展的核心竞争力的培养。目前，我国已经建立了很多联盟，如长风联盟、TD-SCDMA 联盟、闪盟联盟和 IPV6 产业联盟等。

基于浦东软件园品牌建设的需要和区内中小企业竞争力偏低的实际情况，引导企业建立软件企业联盟是提高和国外大企业抗衡的能力的有效组织形式。一个健康的联盟需要有协调发展、互为支撑的软件产业价值链或者价值链片断，使园内软件企业有序地发展，进而形成较强的竞争力。

张江应该积极创造企业交流沟通的空间。这种空间可以是虚拟的，也可以有具体场所。从实际的工作出发，张江可以通过现有的网络平台，积极开拓新的栏目空间，吸引企业更多地通过该栏目了解国内外软件产品的需求状况和发展趋势，积极促进企业联合项目攻关和投标，提升整体作战能力。

在具体做法上，可以积极向长风联盟学习。通过发掘联盟企业各自的优势，积极推进品牌建设和共享渠道建设，推动联盟产品和平台的产业化。通过系统集成商把操作系统软件、企业管理软件、办公自动化、数据库等结合起来，打造一个整体解决方案，然后把整体解决方案安装行业目录进行推荐。联盟的理念是开放、协同、增值、品质。

二、改善服务平台

在各地软件基地的服务平台建设中，北京的公共技术支撑体系建设独具特色。北京公共技术支撑体系是由基于 IT 宽带网的“三库四平台”（三库：构件库、开放源码库、工具库；四平台：软件评测平台、软件质量管理平台、公共软件开发平台、软件产业综合服务管理平台）构成的。通过该技术体系为全市软件企业提供技术支持和服务，将北京地区的软件企业连接成最大规模的虚拟基地。

反观浦东软件园的技术支撑体系，虽然在软件评测、共享数据中心、安全服务代理、应用软件构件库、软件出口服务、集成电路协同设计等方面取得了很好的成绩，然而在打造张江品牌的统一战略指导下，建立覆盖全市的虚拟服务体系十分必要。

对张江典型企业访谈的结果表明，现有的园区服务平台不足以满足企业间的技术交流和信息沟通，张江企业大都各自为营，单打独斗，缺乏有机联系的机制。这方面可以通过园区网络平台加以完善。首先，张江营销理念的改进可以通过聘请营销专家的方式来进行。相对落后的企业推介和产品推广活动必须通过一系列的专题活动加以改善；其次，从软件工程的角度来说，软件企业的成熟度测试 CMM 是全世界通行的标准。张江可以通过建立模拟测试平台，积极推进软件企业向更成熟的层面迈进；再次，积极推进虚拟软件市场的建设。张江的服务应该是市场导向型的，通过各种技术交易平台和产品交易平台的建设，最大限度地缩小供需矛盾，降低企业成本。

三、建立健全的人才培养体系

鉴于我国目前软件人才的培养体系和企业需求之间所存在的距离，软件园可以考虑把软件培训作为一个特色产业突出出来，在区内和国内树立品牌形象。通过和国外相关大企业如 Microsoft、Oracle、SAP 等企业的技术合作，建立符合市场运作要求的软件培训机构。

具体可以通过创立园区的教学型软件企业来实现。教学型软件企业的定位十分重要，需要根据市场研究结果来具体实施。但就目前我国软件人才的整体结构而言，应当把培养软件蓝领，也就是大众化的软件程序员放在和培养高层次软件管理和软件架构分析人员并重的位置上。充分发挥上海本地的交通区位优势，吸引长三角甚至更广阔地区的人员参加教育和培训。

此外，应充分发挥张江高科技园区内部各个产业之间的联系，打造合理的园区发展支撑体系，建立符合园区特色的主导产业。应该发挥国外大企业的技术优势，积极创造技术扩散的机制，而不是简单地把提高大企业入驻数量和产出规模作为企业入驻的唯一标准。努力培养相关领域包括信息安全和无线通信软件以及软件外包的民族龙头企业，并积极促进企业间跨行业的产业链协作机制。把握 2010 年上海世博会契机，通过世博会这个窗口展示园区软件企业实力，并且通过世博会来提高企业竞争能力，开发出更多适合会展用途的应用软件产品。

第九章

创意产业集群：

张江文化科技创意产业发展

创意产业是以创新思想、技巧和先进技术等知识和智力密集型要素为核心，通过一系列创造活动，引起生产和消费环节的价值增值，为社会创造财富和提供广泛就业机会的产业，主要包括研发设计、建筑设计、文化艺术、咨询策划和时尚消费五大类，并涉及诸多行业。服务于建设上海世界文化产业大都会的总体战略目标，文化科技创意产业成为张江重点发展的新兴产业之一。2004 年 8 月以来，张江文化科技创意产业开始通过产业基地建设方式，充分发挥高科技园区的综合优势和“聚焦张江”效应，以市场为基础，以政策为导向，坚持文化与高科技密切结合，主要以与园区信息产业相关的动漫业、网络游戏、高科技影视后期研发设计制作和产品工业造型设计为基地发展内容，以动漫和网络游戏业为突破口，着力将文化科技创意产业建设成具有国际竞争力、有持续发展能力的高端产业，并集中体现“研发、培训、孵化、交易、展示”五大功能，以此搭建对外文化交流和对外文化贸易的市场运作平台，力争成为上海面向世界推进文化创新的重要基地。

经过 3 年多的发展，服务于以上产业领域的投资、中介、展示、交易平台，结构完整、互相依存、充满活力的现代文化科技创意产业产业链和服务链已初步形成，张江文化科技创意产业集群呈现出快速发展的态势。国内外重量级的网络文化企业如美国艺电（EA）、盛大网络、第九城市、网星游戏、CORE 等游戏软件企业，以及矽幻科技、创新科技等电影后期制作企业等，纷纷落户基地，创作了大量原创知识产权的文化科技创意类作品，如盛大网络公司的游戏“梦幻国度”、第九城市公司的游戏“快乐西游”以及 SJS 公司的动画作品“超级青蛙战士”和“少林小子”。中国美术学院上海设计艺术分院、上海电影艺术学院、上海戏剧学院创意学院等高校的入驻，不仅使张江和基地的产学研体系更为完善，也源源不断地把文化创意元素注入基地，为提升基地科技创意水平和实现可持续发展提供了资源保证。张江从文化艺术设计切入，紧紧抓住当前数字化、信息化、网络化技术对创意产业的巨大影响，以文化为内容，高科技为支撑，强调文化与高科技相结合，发展具有张江特色的文化科技创意产业，集中发展科技含量高的动漫、影视后期制作以及网络游戏等领域。2006 年 11 月 6 日张江创意大厦启用，已有 38 家企业入驻，涉及动漫、影视制作、网络游戏、新媒体等多个行业，已初步显现出创意产业的集群效应。

第一节　创意产业与创意产业集群

伴随着后工业化时代的到来，人类社会进入了信息时代或知识经济时代，创造力（creativity）成为这个时代最突出的特征，英国将其称为“创意型经济”（creative economy）[①]，创意型经济中的原材料不再是煤、钢等，而是信息，其最有价值的产品不是由机器生产出来的，而是由人的想象力和创造力创造的观点和意图。创新性的经济需要有创造力的人，他们对生活方式的要求比产业工人高。因此，城市发展需要“人的战略”（people strategy）而不仅是经济战略，需要支持研究与开发，建设优美的环境，创造文化区和公共空间，发展知识基础上的都市服务业。由此，诸如音乐、电影、广播、出版、游戏、软件等具有自主知识产权的创意性内容密集型产业（creative content-intensive industry）在西方国家迅速增长。这种产业在城市中主要是以集群的形式而存在的，被称为创意性集群（creative cluster）[②]。

在全球范围内，创意集群已经成为英国、美国等发达国家增长最为快速的部门之一，创意产业不仅直接贡献于经济增长，而且通过增加风格款式、艺术性和新颖性等以促进产品和服务的个性化、差异化等途径，对其他经济部门产生强有力的间接影响。新兴工业化国家和地区如新加坡、中国台湾等也纷纷开始对创意产业的发展予以高度重视，新加坡更是将其作为实现成功和繁荣的关键性先锋产业之一。

一、创意产业的内涵

创意产业在不同的国家和地区有着不同的称谓，其具体的产业部门内容也不尽一致。如英国、澳大利亚、新西兰、新加坡、中国台湾等称之为“文化创意产业”，美国、加拿大等则称其为“版权产业”。不同学者在创意产业的产业内涵问题上也存在着较多的不一致。

1997 年 5 月，英国首相布莱尔为振兴英国经济，提议并推动成立了创意产业

① http：//www. creativeclusters. com/。

② Singapore, Economic Review Committee. Chapter One：The Rise of the Creative Cluster. 2002。

特别工作小组。这个小组于1998年和2001年分别两次发布研究报告，分析英国创意产业的现状并提出发展战略。1998年，该组织首次将创意产业界定为“源自个人创意、技巧及才华，通过知识产权的创造、开发和运用，具有创造财富和就业潜力的行业”。根据这个定义，英国将广告，建筑，工艺品和工艺性家具，时装设计，电影录像等影像制品，平面设计，教育和休闲软件，音乐，表演艺术和娱乐，电视，电台和互联网广播，视觉艺术和文物，写作和出版12类行业确认为创意产业。

新加坡将创意产业界定为艺术和文化、设计和媒体等行业门类。其中，艺术和文化行业包括行为艺术、视觉艺术、文学艺术、摄影艺术、工艺品、图书馆、博物馆、展览馆、档案、拍卖、主持、遗迹、艺术表演场所、节日和艺术支持企业等；设计行业具体包括广告、建筑设计、网络和软件、制图、工业产品、时尚业等；媒体行业具体包括广播（电台、电视和有线）、数字媒体（包括软件和计算机服务）、电影和录像、录制音乐和出版业等[①]。

台湾将其称为文化和创意产业（cultural and creative industry）。认为文化创意产业是源自于创意或文化积累，透过智慧财产的形成与运用，具有创造财富与就业机会潜力，并促进整体生活环境提升的行业。文化创意产业的特征在于：就业人数多或参与人数多；产值大或关联效益大、成长潜力大；原创性或创新性高及附加值高。文化创意产业具体包括13个行业门类：视觉艺术产业、音乐与表演艺术产业、文化展演设施产业、工艺产业、电影产业、广播电视产业、出版产业、广告产业、设计产业、休闲娱乐产业、设计品牌时尚产业、建筑设计产业、创意生活产业[②]。

联合国教科文组织将创意产业界定为：结合创意生产和商品化等方式，运用本质为无形的文化内涵，这些作品基本受著作权保障，形式是物质化的商品或非物质化的服务。

凯夫斯（2000）在其《创意产业经济学》一书中指出，创意产业具体包括：图书出版、视觉艺术（绘画和雕刻）、表演艺术（戏剧、歌剧、音乐会和舞蹈）、录音制品以及电影电视等。强调创意产业的形成标志在于产业链的形成和中介环节的急剧扩张。

经济学家Howkins（2001）在其著作《创意经济》中指出，创意产业是产品属于知识产权法保护范围之内的经济部门。

卡内基－梅隆大学的Florida（2005）认为“创意时代”（creative age）已经到来，他从推动经济增长的主要动力角度出发，把世界经济社会发展区分为农业

---

① Singapore, Economic Review Committee. Chapter One: The Rise of the Creative Cluster. 2002。

② http://www.cci.org.tw/portal/plan/index.asp。

经济时代（A）、制造经济时代（M）、服务经济时代（S）和创意经济时代（C）4个时期。强调在创意经济时代，推动一国经济增长的主要动力不再是技术也不是信息，而是创意。Florida（2002）强调不能把创意产业简单视为一个部门或行业的分类。

（一）创意产业三要素

创意产业的发展离不开三大要素（3T），即创意人才（talent）、技术（technology）和包容（tolerance）。

Florida（2002）认为，在创意经济时代，新的社会阶层——创意阶层（creative class）正在兴起。他把创意阶层区分为“具有特别创造力的核心人员”（super creative core）和“创造性的专门职业人员”（creative professionals）两种类型。前者包括科学家、大学教授、诗人、作家、艺术家、演员、设计师、建筑师、引导社会潮流的小说家、编辑、文化人士、咨询公司研究人员以及其他对社会舆论有重要影响力的各行各业人士；后者包括高科技、金融、法律及其他知识密集型产业的专门职业人员。

“技术”是创意产业所产生的时代背景以及自身作为知识密集型产业的内在特点，是创意产业发展的必要条件和外在表现。

“包容”意味着开放宽容和多样性。它在培养、吸引创意人才、激发创意灵感、增强创意能力方面发挥着关键的作用。Florida（2002）用6项指标来测量城市的多样性程度，运用多变量回归分析验证了城市的多样性能够有效促进创意阶层集聚的假设。

（二）创意产业一般特征

从西方发达国家创意产业发展的实践来看，创意产业由依托于大量基于工程项目的小企业之上的少数全球性行为主体、明星和跨国公司所主导，其产业生态非常类似于鲸鱼和浮游生物。从表面上看，只有那些大型主体是显而易见的，但它们完全依赖于供应链中的那些小企业。“少量的大企业、大量的小企业”是创意产业的产业组织特征。

当技术革新、艺术创造力和商业精神等融合在一起创造和分销一种新的文化产品时，新的价值也就被创造出来。创意企业必须能对时尚和技术变化作出快速反应。这些企业的资产主要是无形的、易变的声望、技术和品牌，并在全球功能市场中运营，其发展在于逐渐变得更好而不是力争变得规模更大。核心企业的回报不仅在于金钱，也在于其对生活方式的影响和社会声誉，其关键性基础设施在于企业之外。虽然新的创意内容往往是由小企业创造出来的，但其大部分分销渠道是由少数大型跨国公司控制的，如福克斯（Fox）、时代华纳（AOL-Time Warner）、路透（Reuters）、索尼（Sony）、英国广播公司（BBC）等。由于在创造者和分销者之间存在着规模和市场能力方面的巨大不平衡性，创意产业供应链中的交流往往是问题重重。

虽然目前在创意产业具体的行业分类上不同国家有不同的界定，但关于创意产业的一般内涵基本上已经形成了共识。总体上看，创意产业具有以下几个方面的共同特征。

1. 创意产业具有极高的价值增值能力，是引擎性产业

知识经济条件下，创意产业在技术、知识产权、专利制度、金融服务等发展条件的支持保障下，以居于价值链高端的地位渗透众多行业部门，决定着价值链利润分配的本质。

2. 供给的多样性和需求的高度不确定性

在创意经济时代，一致性和服从性的大众化模式让位于个性化、独特化。创意产品体现着创意者的创造品位、偏好，具有文化艺术的特性，其风格、基调、艺术特色内在地具有多样性和差异性。在创意产品投放市场之前，很难根据经验判断其市场需求，很难预测消费者对新的创意产品的评价、认可和接受程度。Leadbeater（2004）认为，创意产业的发展不仅与供给方的创造力有关，而且还取决于供求双方的交流与互动。实践表明，无论是供给主导还是需求主导，只有那些密切关注并洞察需求心理变化和紧扣时代潮流的创造性想法以及创新性活动才能够得到市场的认可与接受。

3. 以知识产权为核心资产

创意产业是智力密集型产业，是以知识产权为核心资产的新型产业门类，需要知识产权保护制度来保护其创意产品，其精华在于创意人才。只有通过知识产权保护制度，才能为创意人才的火焰中加入创新的燃料。有知识产权保驾护航，创造力才能有效创造财富，只有在知识产权保护完备充分的地方才能较好地发展创意产业。

4. 以人为本的现代知识型服务业

创意人才的创造性思维是创意产业最为关键的要素资源，以创意人才为本是该产业发展的必然特征。同时，创意人才也只能在充分考虑现代社会中集体和个体消费者的多样化、差异化创意需求的基础上追求新创造，创意产业需求以消费

者独特的创意需求为本。互动、融合、客户、合作和网络是发展的关键。以人为本要求创意产业发展必须在宽容、多样化文化生态中才能健康发展。

5. 集群化发展

创意产业发展不是单个创意人员和创意企业的个体行为，而是需要集体互动和结网。产业内部高度发达的分工合作关系需要同一行业内不同环节相互依存，众多企业、人员紧密依托于特定的产业软硬件条件设施，这种相互依存不仅表现在时间上，也表现在地理空间方面。城市亚文化下创意人才的共同的价值观追求和文化特征也内在地促进了创意人才的空间集聚，从经济视角看，为了追求范围经济和规模经济，激发创意灵感，创意产业内不同类型的行为主体需要在特定的地理空间内共生互补，相互依存，集群化发展。

6. 产业融合

创意产业包括众多行业门类，它和高科技产业、内容产业等存在着广泛而深刻的经济联系，或者说在很大程度上存在于这些产业内部。创意产业的发展，本身是知识经济条件下产业融合的产物。

（三）创意产业发展的基本条件

创意产业是在一定的经济环境和相关产业基础上发展起来的新兴产业，具有风险投资性质。从英国、美国、日本、澳大利亚、新加坡、韩国等国家的经验看，发展文化创意产业必须具备如下 4 个方面的条件：

一是各类生产要素和文化资源能够自由流动和优化组合，以利于吸引各类创意人才进行创意投资；具有催生各类创意产生和产业化的“洼地效应”。

二是具有市场化的风险投资政策体系和规范的资本市场，能够为创意产品从孵化到产业化发展提供一条龙的投融资和市场中介服务，能够形成区域性的创意产业的投融资中心。

三是具有由创意所形成的版权、著作权保护的良好法律体系、政策条件和保障措施，能够形成区域性的版权和著作权交易中心。

四是具有较高的经济发展水平、持续增长的文化消费市场空间和相关产业条件，如高科技产业、教育培训、金融保险等服务业，从而与创意产业形成互为支撑、相互融合、互动发展的产业链和价值链。

二、创意产业集群

创意产业一般倾向于在大城市集聚，如洛杉矶、纽约、伦敦、巴黎、柏林、罗马、东京，以及香港、汉城、孟买、墨西哥等城市。这些城市之所以成为创意产业的集聚地，并最终发展起来有影响力的创意产业集群，主要不是事先专门规划出来的，而是在历史文化积淀的基础上逐渐发展起来的。

（一）创意产业集群的内涵

在西方国家，创意产业集群一般由非盈利性机构组织、独立的艺术家、商业组织、基础设施供给者等组成。其中，非盈利性机构组织包括节日、电影和录像、历史遗迹、图书馆、博物馆、行为艺术、媒体等；独立的艺术家包括演员、美术家、工艺人员和工艺家、舞蹈演员、音乐家、摄影师、作家等；商业组织包括代理机构及其经理人、建筑企业、艺术修复商、艺术品商店、拍卖行、书店、商业性剧场、服饰供应商、工程构架商、画廊、室内装饰设计商、舞台灯光与电影电视照明及绘画摄影布光商、乐器制造商、摄影室、录音室、出版商等；基础设施供给者包括商业组织、学院和大学、文化机构、基金组织或赞助性机构、协会等。

创意产业集群所在的地区，不仅是创意产品的生产场所，也是其消费场所；既是创意人员的工作场所，也是创意人员的生活场所。

（二）创意产业集群的内在机制

创意产业聚集的现象并不是偶然的，有其自身发生、存在的规律。

第一，创意产业的发展来自人的创造力以及与技术、经济、文化的交融。例如，数字艺术产业以数字媒体内容设计和制作为中心，涵盖影视特效、电脑动画、游戏娱乐、广告设计、多媒体制作、网络应用、电子教育等领域。但是，并不是这些领域都能成功发展创意产业。如果艺术家创造力不强，企业家缺乏激发创造的动力，创意产业就无法形成。

第二，创新城市才能发展创意产业。即不仅要提供效率基础结构，如公共服务、运输、电信等，以保证工作生活的便利度；而且要提供创意基础结构，包括高品质的大学、研发设施、风险投资及知识产权保护等法律保障、能够吸引有创造力的人的条件环境。

第三，创意产业的发展，并不仅是个人和单个企业的行为，而是需要集体的互动和企业的地理集聚。这就是集群的环境。文化企业、非营利机构和个体艺术家集聚和互动，形成独特的集群发展环境。创意产业集群的特征是创意人群生活和工作结合、文化产品生产和消费结合，有多样化、宽松的环境，有独特的本地人文特征，而且与世界各地有密切的联系。

创意产业集群的发展与一般产业集群不同，其发展要求不同于一般产业集群的战略与政策扶持，这是由其自身的特殊性所决定的。如何通过增强城市自身的便利度、开放度、宽容度，培育和吸引最容易流动的产业核心要素——创意人才——是发展创意产业集群的关键所在。创意人才的供给并不是主要与教育和学历水平相关，而主要与实际技能的运用和个人潜在创造力能否被激发有关。创意产业集群中的创新活动总是活跃在具有全球联系的城市高科技产业集群之中，创意产业的发展依赖于开放和创新的经济环境。

三、国内六大创意产业集群

目前，我国已初步形成六大创意产业集群。首都创意产业集群以北京为核心，作为全国的文化中心，其在创意产业中的地位是其他城市无法替代的，已经形成文艺演出、广播影视、古玩艺术品交易等优势行业；长三角创意产业集群的上海是该地区的龙头城市，带动杭州、苏州、南京的工业设计、室内装饰设计、广告策划等行业迅速发展；珠三角创意产业集群的广州、深圳是我国创意产业基地的聚集区，广告、影视、印刷、动漫等行业走在国内前列；滇海创意产业集群的昆明、丽江、三亚，影视、服装等行业比较有特色；川陕创意产业集群的重庆、成都、西安的创意产业主要是网络动漫游戏产业等；中部创意产业集群以湖南长沙为代表，其电视广播产业已形成独特的创意产业链（表9-1）。

表9-1 全国六大创意产业集群概况

区域	城市	优势与特色
首都创意产业集群	北京	拥有全国最多的高等院校、艺术团体以及创意人群，并已规划打造6个文化创意产业中心
长三角创意产业集群	上海	已启动18个创意产业集聚区，目标是要成为“国际创意产业中心”
	苏州	已成为长三角的创意产业生产基地，是上海创意产业链的延伸
	杭州	杭州LOFT49汇聚了17家艺术机构，涉及工业设计、室内装饰设计、广告策划等多个创意领域
珠三角创意产业集群	广州	背靠“亚洲创意中心”——香港，天河区是广告、影视、媒体、IT等创意工作集聚区
	深圳	主要包括印刷、动漫、建筑、服装等，目标是打造“创意设计之都”
滇海创意产业集群	昆明	绘画、音乐、雕塑是这里的文化经济亮点，“云归派”在这里成形
	丽江	已经成为影视、演出、服装、时尚活动的背景板，全国创意产业展台的提供者
	三亚	世界小姐总决赛、南方新丝路中国模特大赛等诸多选美比赛都在三亚举办

续表

区域	城市	优势与特色
川陕创意产业集群	重庆	2005 年先后举办了中国创意产业高峰论坛和中国创意经济与城市商业开发高峰论坛
	成都	作为全国三大数字娱乐城市之一，全国首家网络动漫游戏产业基地已正式投入营运
	西安	文化底蕴厚重，拥有全国数量第四的高校，西安高新区同时也是全国四大高新区之一
中部创意产业集群	长沙	以湖南卫视、湖南经视为首的电视广播方阵使长沙的创意城市特色有着独特的地位

资料来源：IUD 中国政务景气监测中心 . 2006. 中国六大区域创意产业集群初步形成 . 领导决策信息，36。

2006 年 7 月，《上海城市创意指数》编制完成，这在内地城市中尚属首家。《上海创意产业发展重点指南》将“十一五”期间上海创意产业发展重点确定为五大类：研发设计创意、建筑设计创意、文化传媒创意、咨询策划创意和时尚消费创意。争取到 2010 年，上海创意产业增加值达到全市地区生产总值的 10% 以上。用 10 ~ 15 年时间，把上海建成亚洲最有影响的创意产业中心之一，用 20 ~ 25 年时间，使其成为全球最有影响的创意产业中心之一。

第二节　张江文化科技创意产业发展的 SWOT 分析

2004 年张江文化科技创意产业基地成立以来，以张江高科技园区雄厚的软件产业和芯片产业为依托，张江文化科技创意产业集群初步形成并得以快速发展。张江集团有限公司和基地公司提供了良好的产业发展基础设施和条件；一批重量级的网络文化企业如盛大网络、第九城市、网星游戏等游戏软件企业以及矽幻科技、创新科技等电影后期制作企业快速聚集在园区之内，动漫和游戏产业、影视制作产业、多媒体内容产业已经达到相当的产业规模和市场影响力；落户张江的中国美术学院上海设计艺术分院、上海电影艺术学院（设有动漫学院和网络艺术学院）、上海戏剧学院创意学院等，将为基地提供丰富的设计创意人才。文化科技创意产业正在快速成为张江高科技园区新兴的主导产业之一。

一、张江文化科技创意产业优势（S）

（一）政策聚焦

张江发展文化科技创意产业相对国内任何园区具有无可比拟的政策优势。

“聚焦张江”战略为张江争取更多的资源提供了保障，浦东综合配套改革使张江有了充分的“先行先试”空间。具体落实到产业发展政策上，从国家到上海市，到浦东新区，到张江园区，各级政府制定了包括土地优惠、人才引进、财政支持、基金发放等方面范围广、强度大的政策，占尽天时地利人和的张江理应成为文化科技创意产业发展的排头兵。

（二）创业环境

文化科技创意产业是一个以中小企业活跃发展为主的产业，张江文化科技创意产业的发展离不开创意人才的自主创业。张江作为一个开放度极高的园区，在海内外享有盛名，是大量海归人员归国创业的首选之地。张江在集成电路、生物医药、软件等行业积累了极丰富的经验和声望，陈天桥、朱骏更是文化科技创意产业的创业偶像，他们的创业神话牵动着千千万万心中怀揣创业梦想的人的心，优良的创业环境是张江发展文化科技创意产业的一个响亮的品牌。

（三）开发经验

张江经过 15 年的开发，锻炼了一支经验丰富，素质很高的开发团队。张江的三大支柱产业从无到有，显示了其团队的良好的国际视野和高超的实际操作能力。软件产业作为创意产业的一个门类，和文化科技创意产业有着较为相似的特性和开发模式，浦东软件园的成功开发为张江文化科技创意产业发展提供了极为宝贵的经验。

二、张江文化科技创意产业发展劣势（W）

（一）创意人才短缺

文化科技创意企业人员主要是知识型劳动者，拥有能激发出创意灵感的设计高手和特殊专才。创意从业人员的工作有其特殊性和不可替代性，他们不断创造新观念、新技术和新内容，职业能力既来自于个人灵感的迸发，也来自于个人经验的积累，经验积累需要较多的实际工作经历。而目前园区甚至国内这方面的人才非常紧缺，国内高校毕业生也难当重任，因此，创意人才短缺将是制约张江文化科技创意产业发展的最大障碍。

（二）经营人才匮乏

在文化科技创意园区内，文化要形成产业，不但需要设计师、创意策划人等创意人才，还需要擅长将其创意作品产业化和市场化的文化产业经营管理人才和文化市场营销人才，即所谓的新媒介人，如艺术经纪人、传媒中介人、制作人、文化公司经理等。他们对艺术熟悉，又有很强的商业运作能力，不仅能够直接将艺术品推向市场，还能够促使创意向多方渗透，进而将艺术家的创意成果转化为企业家的经营资源，提升产业的附加值和竞争力。张江的动漫产业之所以没有找到成熟的商业模式，与这方面的人才匮乏有很大的关系。

三、张江文化科技创意产业发展机遇（O）

"十一五"期间是由生产型驱动向创新型驱动，由"中国制造"向"中国创造"转变的重要时期。上海和浦东在"十一五"规划中均调低了 GDP 的增速预期，着重强调增长方式的转变，张江将不再过多的追求 GDP 的增长，而将主要资源集中在自主设计、自主研发和自主创新上，文化科技创意产业的创意性和创新性正好符合了这一发展趋势，"十一五"将是张江发展文化科技创意产业的黄金机遇期。

四、张江文化科技创意产业发展的挑战（T）

截至 2005 年底，上海市已建成 18 家创意产业园区，正在推进建设和改造的创意产业园区有 16 家，同时还准备了 10 个后备改造项目，今后上海将有超过 40 个创意产业园。如此众多的园区，将形成非常激烈的竞争。对于张江而言，动漫和影视产业基础比较薄弱，但动漫和影视制作产业却是多家园区重点发展的方向，在资源争夺上张江面临着非常严峻的挑战。

第三节　张江文化科技创意产业现状及价值链分析

一、张江文化科技创意产业发展现状评价

文化科技创意产业是张江重点发展的新兴产业。国家文化产业示范基地，国家网络游戏动漫产业发展基地，上海市创意产业集聚区文化科技创意产业基地，上海市文化科技创意产业基地等在张江纷纷挂牌，标志着张江的文化科技创意产业发展将在国内起到积极的示范带动作用。2004 年 8 月张江文化科技创意产业基地建设启动，着重通过企业化、市场化的运作模式推动基地发展。由上海张江集团联合上海文新报业集团共同组建的"上海张江文化科技创意产业发展有限公司"承担基地的开发和建设任务。截至 2005 年底，张江一共引进企业 43 家，一些国内外重量级的网络文化企业及研发机构纷纷落户，如美国艺电（EA）、盛大网络、第九城市、群宇信息（台湾大宇下属）、JCC 等游戏软件企业，SJS、方正育乐等动漫企业以及矽幻科技、创新科技等电影后期制作企业等。中国美术学院

上海设计艺术分院、上海电影艺术学院、上海戏剧学院创意学院（拟建）等高校的入驻，不仅使张江创意产业基地的产学研体系更为完善，也源源不断地把文化创意元素注入基地，为提升基地科技创意水平和实现可持续发展提供了资源保证。

（一）产业高速发展，初步形成规模

经过短短几年的高速发展，2005 年张江文化科技创意产业的营业收入已经接近 30 亿元，为集成电路产业总产值的 1/3，基本与生物医药产业的规模相当（图 9-1 和图 9-2），但企业及员工数量却远少于集成电路和生物医药产业。张江文化科技创意产业土地占用少，能源消耗小，环境污染轻，但产出高、效益好，显示了较高的发展水平，形成了一定的产业规模。

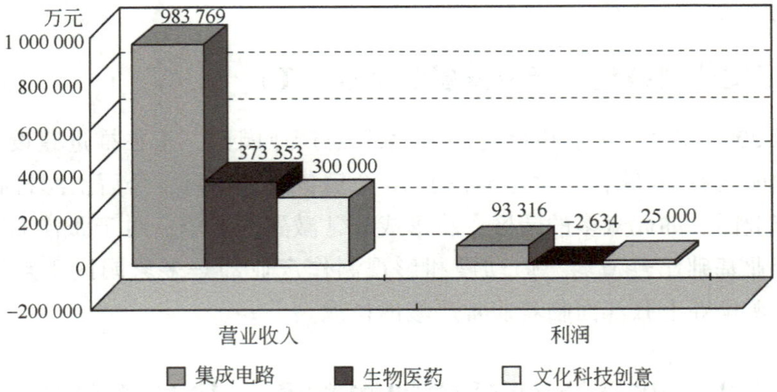

图 9-1　2005 年园区三大产业营业收入与利润比较

注：集成电路和生物医药产业为 2004 年数据

资料来源：上海张江高科技园区 2005 统计年报

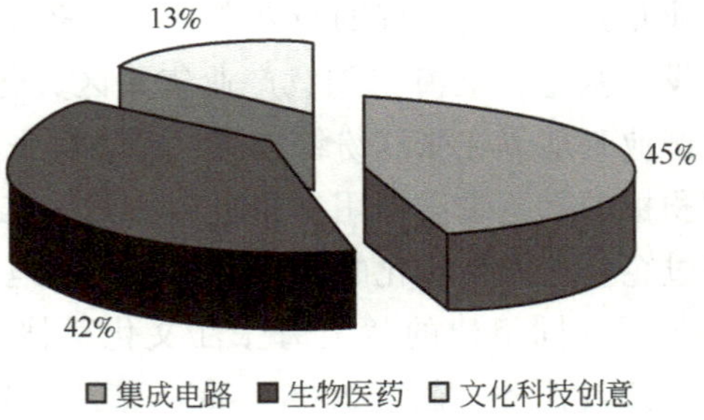

图 9-2　2005 年张江园区三大产业企业数比较

资料来源：上海张江高科技园区 2005 统计年报

（二）产业内部呈现网络游戏独大的局面

2005 年，张江文化科技创意产业的总产值中 90% 以上来自网络游戏产业。张江已经成长起了盛大、九城这样的国内顶尖网络游戏公司，他们是上海乃至全国网络游戏发展的领跑者。目前上海网络游戏的规模占到全国的 70% 以上，盛大和九城是其中流砥柱。根据 2006 年初 NASDAQ 披露的上市公司年报，盛大和九城在 2005 年的营业收入分别达到 23 500 万和 5760 万美元，二者总共贡献了 29 260 万美元，折合人民币约为 23.7 亿元，两家公司的收入已经超过了张江的 80%。

相比之下，张江的动漫产业还处在起步阶段，与国内动漫产业的发展状况相似，尚未找到类似网络游戏产业成功的商业模式（business model）。SJS 作为张江比较领先的公司，目前已经在动漫原创、海外合作、境外融资等方面做了一些比较有效的探索性工作，使张江的动漫产业发展往前迈出了坚实的一步。

根据《2006 张江企业名录》提供的信息，张江目前还没有任何企业从事影视后期制作的业务。因此，张江的影视后期制作产业目前还在规划阶段。

（三）初步形成三大产业集聚点

张江文化科技创意产业在产业空间布局上初步形成了三大产业集聚点（图 9-3），以此引入了首批项目，作为基地建设的启动步骤。

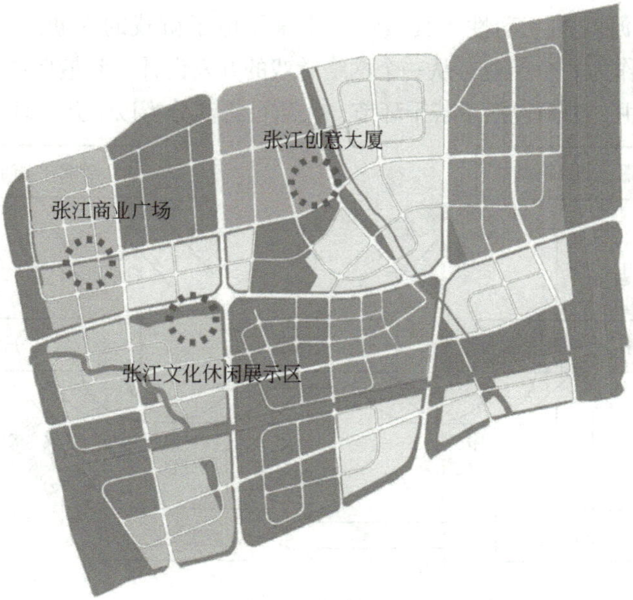

图 9-3　张江文化科技创意产业三大集聚点

张江商业大厦——位于地铁站附近，碧波路690号，共三号楼，主要以网络游戏公司为主，入驻企业有盛大、九城、JCC等。张江创意大厦——位于祖冲之路张江路，2006年投入使用，建筑面积达11 000m^2，将成为张江的创意产业孵化器和研发平台，目前仍在招商之中。张江文化休闲展示区——位于高科路金科路，为区内外企业提供文化休闲展示平台，以动漫及游戏产业为突破口，力争成为中国最大的各类文化产品及版权交易、贸易的集散地之一。

二、张江文化科技创意产业链与价值链分析

网络游戏、动漫以及影视后期制作产业三者虽有一定联系，但也有较大的独立性，产业链也有较大区别。由于张江的动漫以及影视后期制作企业较少，资料提供有限，且网络游戏产业在张江文化科技创意产业中具有举足轻重的作用，本书将着重分析张江的网络游戏产业链及其价值链。

（一）网络游戏产业链

“网络游戏”也就是人们一般所指的“在线游戏”，是通过互联网进行、可以多人同时参与的电脑游戏，通过人与人之间的互动达到交流、娱乐和休闲的目的。在互联网（局域网）技术出现之前，电子游戏都可以归于单机版游戏，即“人机对战”游戏，或最多是双人对战游戏。而随着互联网技术的出现，通过连接游戏服务器，使上百、上千、乃至上万的游戏玩家同时连线娱乐成为现实，这就大大增加了游戏的互动性、真实性，丰富了电子游戏的内涵。

网络游戏作为一个产业，从一个网络游戏的开发设计，到最后被装入玩家的电脑终端被运行使用，中间包括了若干环节，大致可将其分为以下几个环节（图9-4）。

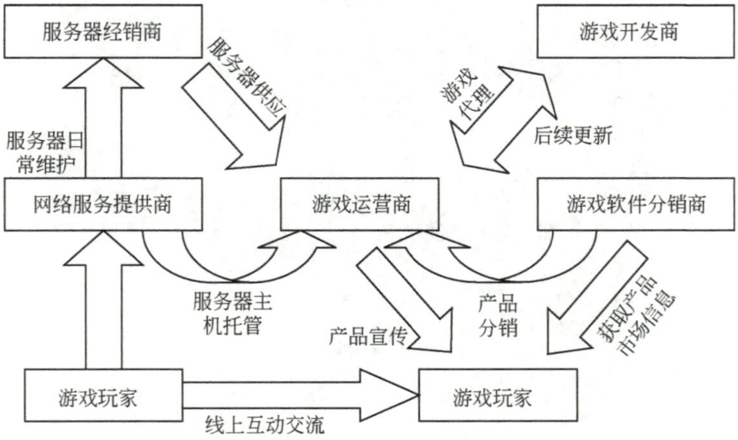

图9-4　网络游戏产业链示意图

游戏开发商指的是网络游戏的设计开发者。

游戏运营商是游戏开发商和游戏玩家之间的桥梁，是网络游戏实现其价值的重要环节。

(二) 张江网络游戏产业的商业模式

以 Soft Bank（软银，盛大的风险投资商）、香港晨星（九城的风险投资商）为代表的国际风险投资及以 Nasdaq 为代表的国际资本市场的资本输入，以传奇、魔兽世界等为代表的国外游戏产品的输入，再加上以盛大、九城为代表的国内游戏运营商所创造的成功的运营与收费模式，构成了张江网络游戏产业发展“资本、技术在外，劳动力、市场在内”的基本商业模式（图 9-5），同时这也是国内最成功、最具有代表性的商业模式。

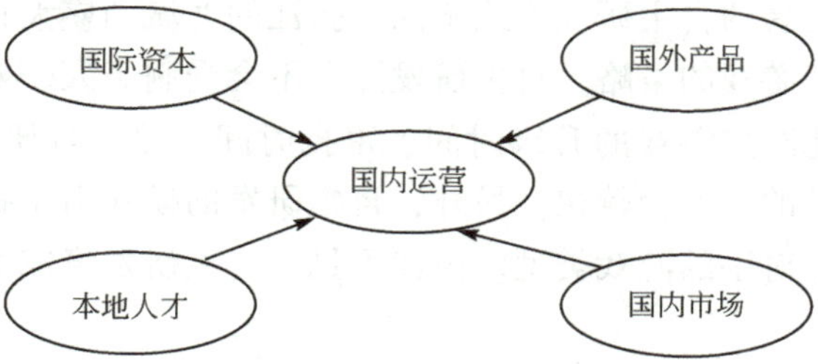

图 9-5　张江网络游戏产业的基本架构

(三) 张江网络游戏价值链分析

在网络游戏的价值链中（图 9-6），开发商是游戏程序的原始开发者，现在的韩美日可谓三足鼎立，牢牢地占据了价值链的上游，游戏的运营商就像盛大、九城这样的代理业者，处于价值链的中游，游戏通路主要是中国电信提供的线路接入和收取费用的通路，玩家是产业链中的最终消费者。

在整个产业链中，只有客户（玩家）贡献了正现金流，其余都是分享价值、增加价值。根据价值链的规律，链主（整个产业链中最有影响力的环节）是对客户最有号召力和影响力的环节。具体到网络游戏产业中，对客户最有号召力的是游戏的内容，比如“传奇”的巨大吸引力。运营商在整个产业中起到了承上启下的作用，是开发商、游戏通路和客户的交汇点，是产业链上一个重要的环节。可以说，正是运营商经营的成功，才有了中国游戏产业市场规模的逐渐扩大。但是游戏运营商又是产业链中最脆弱的一环。

虽说“渠道为王”或“运营为王”仍然是当前国内网络游戏产业的现实，但是“娱乐为王”或“内容为王”确已经昭示了产业的明天。在国内三大网络

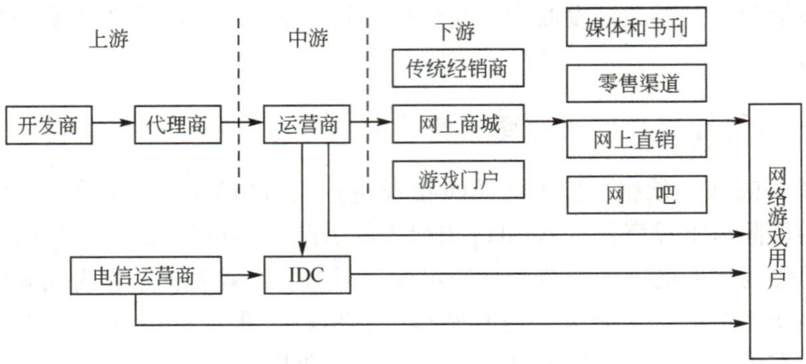

图 9-6 网络游戏价值链

游戏巨头中，与网易的自主研发模式不同，张江的九城和盛大目前还主要是采取代理国外大型品牌游戏的策略。自主研发除了不会受制于人、避免支付代理和分成等费用外，还能减少游戏的升级时间、审批时间，而一旦研发力量积累成型，其陆续推出新产品的节奏会较快。另外，自主研发的模式由于拥有主动权，能研发出直接针对竞争对手的游戏类型。由此可见，自主研发将成为中国网络游戏产业的主流。

目前，张江网络游戏产业向上游发展的趋势十分明显。一方面，盛大、九城等运营商借助上市融资后充裕的资金并购了部分开发公司和开发团队，着手开发自己的游戏产品。另一方面，一批境外的开发公司（EA、JCC、CORE）进驻张江，使得张江的网络游戏产业链更为完善。但部分境外开发公司更多的是帮助本地运营商进行运营方面的指导与后续更新，还没有真正启动游戏的本地研发工作，而国内的开发公司自行开发的游戏在市场上的表现也是差强人意。因此，张江目前在整个产业链上游环节的能力依然比较薄弱。

第四节 张江文化科技创意产业网络发展分析

一、张江文化科技创意产业网络的构架

（一）张江文化科技创意产业网络的主要结点

产业网络中的结点主要包括企业本身、大学和科研机构、政府管理部门以及中介服务组织 4 个方面。企业是产业网络中起主导作用的结点。大学和科研机构主要是指区域内各类大学、院校，如中国美术学院上海设计艺术分院、上海电影

艺术学院、上海戏剧学院创意学院等，科研机构有中国科学院计算技术研究所等。政府管理部门主要是指张江集团、张江文化科技创意产业发展有限公司等有政府背景的管理部门。中介服务组织主要是指区内的创业服务中心，创业“孵化器”，律师、会计事务所等中介结构。

（二）张江文化科技创意产业网络的主要关系链条

张江文化科技创意产业网络关系链条是由在网络中的各结点之间的正式和非正式联系所形成的关系链两个部分构成（图 9-7）。企业与上下游客户基于产品形成的联系以及与竞争者和合作者基于市场所形成的各种关系构成了产业网络的核心构架。企业与大学和科研机构、政府管理部门以及中介服务组织等的相互联系也是产业网络的主要关系链条。除了这些正式网络关系外，各结点之间建立的非正式联系，即社会关系网络和个人的人际关系网络往往在区域产业发展中发挥着巨大的作用。

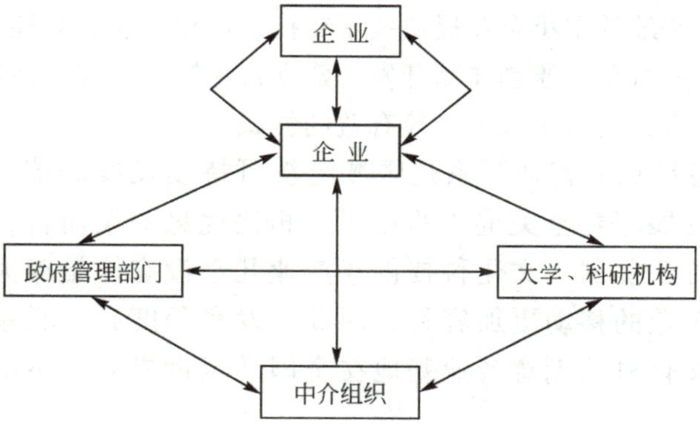

图 9-7　张江文化科技创意产业网络的主要关系链条

二、张江文化科技创意产业网络的发育

目前，张江文化科技创意产业网络的各个结点已经基本完备，但网络联系强度还处于非常微弱的阶段。

首先，张江文化科技创意企业基本还处于各自为政的局面，表现在企业的上下游客户多在区域外。如网络游戏产业的开发商与运营商基本没有合作关系，以盛大和九城为代表的运营商所代理运营的游戏多为国外引进的游戏，开发商都在区域外部，甚至是国外，其自主开发的游戏又全部由自己运营，因此开发与运营之间基本没有交集。又如目前市场上非常火爆的体育休闲类网络游戏——街头篮球的开发商——韩国的 JCE 选择的是区外的运营商——台湾天联世纪。而网络游戏的成功运营离不开开发商和运营商之间的通力协作。JCE之所以选择在中国成立全资子公司JCC，很大程度就是需要贴近中国市场，与运营商之间进行密切的合作，包括售后服务、后续更新等，但目前张江缺乏这种方面的合作联系。同样，在动漫产业也有相同的问题。动漫制作公司往往有很多制作环节需要外包给一些制作个人或工作室，但目前在张江还很缺乏。

其次，张江的大学与企业的互动联系显得更为缺乏。一方面，由于创意科技文化产业多是近年来出现的新兴产业，目前高校的研发设计能力还不足，无法和企业在同一水平上进行合作。另一方面，高校的专业设置和培养还跟不上企业的需求，在校学生离企业创意设计工作的要求还有一定的差距，导致张江文化科技创意产业目前的产、学、研体系一直无法真正建立。

张江文化科技创意产业的政、企联系相对紧密。包括张江集团和张江文化科技创意产业发展有限公司等园区开发公司多次深入企业调研，了解企业的各方面需求，同时张江还为区内企业提供了各种优惠政策，同时积极给予企业资金辅助，特别是由浦东新区政府、张江集团和上海电影学院共同投资组建的动漫研发平台，在为产业基地的中小企业提供技术支持、承担产业前瞻性研究工作和行业标准制定工作、进行动漫原创作品开发、建立自主知识产权、促进国际动漫产业界合作和交流等方面进行了较多、较有益的尝试。

产业网络各结点的密切联系是区域经济可持续发展的核心，它对企业长期根植于本地发展起着至关重要的作用。相比优惠政策而言，发育程度较高的网络联系更难于复制。文化科技创意产业几乎没有体量庞大、难于移动的机器、设备，企业的移动更加容易，因此，发育程度高、联系强度大的产业网络才是张江文化科技创意产业基地在全国乃至世界立于不败之地的核心竞争力。

第五节　张江文化科技创意产业的发展趋势

一、张江网络游戏产业的发展趋势

（一）世界与中国网络游戏产业规模增长趋势

2005年全球网络游戏产业快速发展，根据艾瑞（Iresearch）的研究分析（图9-8），产业规模达到48亿美元，比2004年增长33%。全球网络游戏产业在2004年增速达到顶峰，之后几年内增速将逐渐放缓。

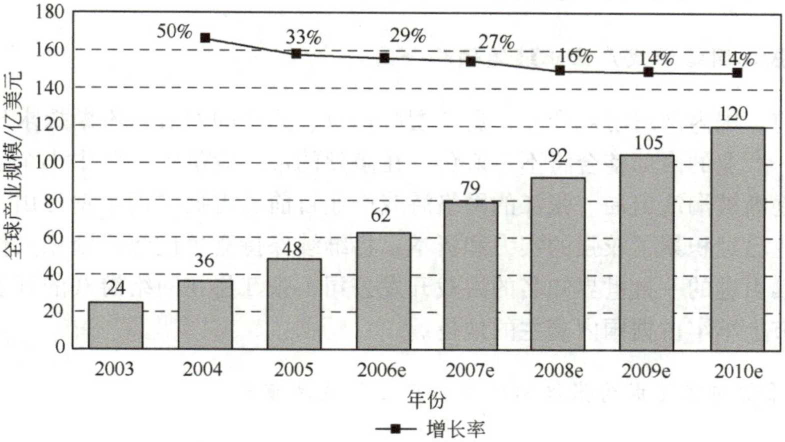

图 9-8　全球网络游戏产业规模及增长率预测（2003～2010 年）

资料来源：http：//www.iresearch.com.cn

2005 年中国网络游戏市场继续保持了快速增长的态势，在相关政府机构的政策引导、网民数量的增加和上网条件的改善、休闲网游的繁荣以及在家庭用户中的普及等多种因素共同作用下，网游产业整体规模突破 60 亿元大关，达到 61 亿元，比 2004 年增长 51%（图 9-9）。与全球网游市场相同，中国网络游戏产业在 2005 年增速达到顶峰，之后增速也将逐渐放缓。

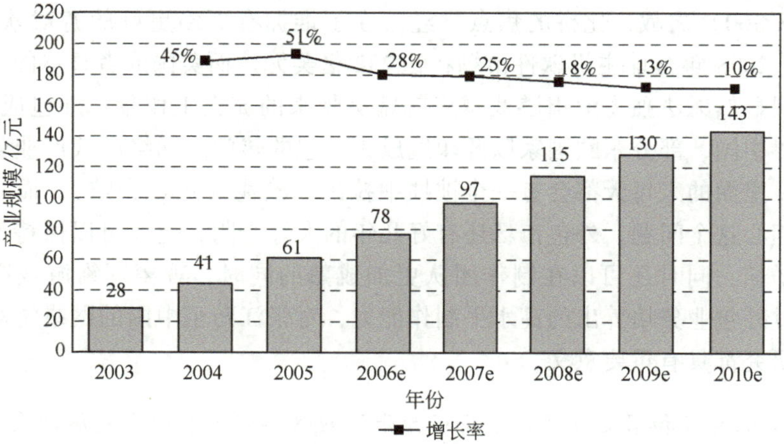

图 9-9　中国网络游戏产业规模及增长率预测（2003～2010 年）

注：网络游戏产业规模包括网络游戏运营商收入及代理商收入

资料来源：http：//www.iresearch.com.cn

（二）张江网络游戏产业的发展趋势

1. 张江网络游戏产业正继续领跑全国

目前，国内网络游戏产业正逐步摆脱盲目、无序的发展，不断探求理性的发展模式，产业的内部整合将不可避免。在激烈的市场竞争中一些中小企业惨淡经营，将逐渐被淘汰出局。张江的网络游戏产业目前已占据国内半壁江山，张江的网游企业已经积累了较强的实力和资本，将继续保持竞争优势不断做大做强，再加上陆续引进的一批世界知名的游戏开发公司，张江将在网络游戏的开发和运营两个环节上牢牢占据国内霸主的地位。

2. 原创内容将成为张江网络游戏产业的发展重点

人类社会已经步入了以网络为中心的时代，将来是以内容为中心的时代。“内容为王”已经是全球信息技术发展的未来。虽然张江的网络游戏产业发展正处于高速成长时期，但是产业链的上游环节即开发能力还很薄弱。张江的网络企业已经开始抓紧自主研发工作，大力投入原创网络游戏的开发，张江的网络游戏产业将逐步改变目前以运营商为主导的发展格局。

3. 网络游戏外包将是张江实现自主研发的重要途径

由索尼和微软两家巨无霸企业发起的下一代主机（尤其是索尼的 PS3 和微软的 XBOX 360）之战，比拼的焦点已经落在了谁拥有更多更好的游戏软件支持。据估计，2008 年全球主机软件市场将达 232 亿美元。而美国或者日本的本土游戏制作公司显然无法独力承担游戏越来越精美带来的庞大工作量，外包成为必需，而韩国、中国、部分东欧国家以及印度成为外包的热门。网络游戏产业就像一间黑屋子，里面的人每天都会有一个被抽中拉出去枪毙（运营失败），而只做外包就不用担心这个问题。外包市场还有好几年的大好光阴，企业可以保持没有风险的高速增长，同时还可以在制作团队更加成熟的同时，观望网络游戏产业的变化。通过外包业务培养出的高水平制作能力，对张江乃至中国的网络游戏产业实现自主研究都具有重要意义。

4. 手机游戏和家庭数字娱乐将成为张江网络游戏产业转型发展的重点

当前，3G 是个十分热门的话题，大容量音频视频文件的高速传输将成为可能。在三网合一、3C 融合的大趋势下，终端成为关键，手机和电视将作为网络游戏发展的新载体。

尽管中国计算机互联网发展很快，但其用户规模要大大逊色于手机和电视。

移动用户与互联网用户的比率为 3.4∶1。手机游戏和家庭数字娱乐将成为新的发展重点。

2005 年全球的手机销量有 8 亿部，预计 2009 年将有 10 亿部，由此带来的手机游戏用户增加，加上全球手机市场环境的不断发展和完善，手机游戏的市场收入发展迅猛（图 9-10）。

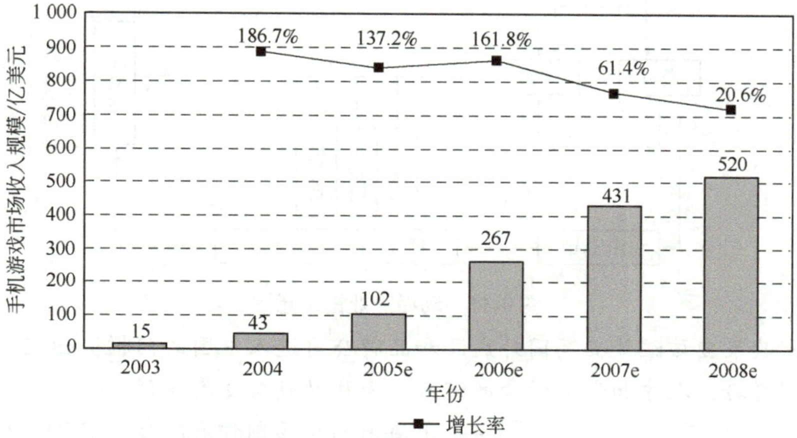

图 9-10　全球手机游戏市场收入规模预测

资料来源：http：//www.iresearch.com.cn

家庭数字娱乐通过对软件、硬件、内容、网络以及服务的整合，形成完善的解决方案，该方案集合电影、音乐、游戏、购物、生活资讯以及教育等最为普遍的现代家庭数字娱乐内容、应用与服务，通过简单易用的操作方式使用户在家中轻松掌握。

（三）张江动漫产业的发展趋势

“动漫产业内做加工的都还活着，做原创的基本都死了”，这基本反映了我国动漫产业的发展现状。动漫产业的生产过程包括原创（概念创意）、加工制作、发行和营销（市场营销）以及授权衍生产品开发等业务（图 9-11）。目前，绝大多数动画制作公司仍充当着海外产品来料加工的角色，前期创作能力与后期合成力量严重缺乏，中期的绘制加工业畸形膨胀，形成两头小、中间大这种缺乏自主知识产权、无法实现最大利润的产业畸形结构。

张江的动漫产业规模还很小，企业数量也不多，但以 SJS 为代表的张江动漫企业用实际行动生动地诠释了张江动漫产业未来的发展方向：即坚持原创，不断摸索出原创企业生存发展的成熟商业模式，同时，还要利用张江乃至上海的高校资源，将动漫人才的培养与企业发展相结合，建立比较成熟的动漫人才培养机制。

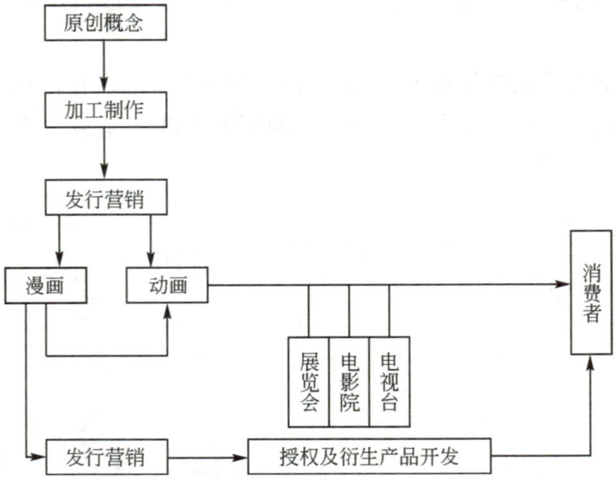

图 9-11　动漫产业链示意图

国家政策应该继续提高国外成品和品牌公司进入中国的门槛，但应该欢迎国外的原创经验、人才和部分资金的进入，来帮助我们发展原创。

——上海河马动画制作有限公司 CEO　徐克

继续扶持张江动漫研发公共服务平台（ASP）的建设，支持动漫原创项目的孵化，使其由动漫制作中心转变成创作中心，努力使张江成为中国的“动漫谷”。推广 ASP 与上海韬图动漫科技有限公司紧密合作制作完成“汉字赢”动漫化的软件产品的成功经验，由 ASP 的制作团队根据动漫剧本制作动漫，并进行后期配音及音乐、音效的合成。然后专业软件公司将动漫及汉字练习部分内容进行合成，最后完成整套动漫学习软件。由 ASP 成立项目团队，为团队提供资金、办公场所、设备、创意、设计制作、培训、研发、生产等支持服务，并跟踪、监督项目的执行。依托动漫技术平台先进的软硬件设备和已经成功搭建起的国内首个 3D 动画示范生产线，ASP 可以向全国的动漫企业提供流水线服务，与海内外著名动漫制作公司、影视制作机构及许多动漫潜在应用行业的客户合作。

ASP 今后应继续按照客户对动漫业务的不同需求，提供动漫设计及制作服务，包括应用于电影、电视剧特技特效制作、3D 网络游戏以及各种多媒体影像产品的设计制作等。通过动漫设计制作业务的展开，整合动漫中小企业的资源，进一步打造队伍，提高中国原创动漫的国际市场竞争力。

（四）影视后期制作及设计类

依托张江动漫研发公共服务平台（ASP）的强大技术力量，依靠园区内的网络游戏产业、动漫产业基础，充分利用上海电影艺术学院和上海美术学院的人才与智力资源，积极发展影视后期制作业。

与世博会紧密合作，发展直接服务于世博会的设计业务，并在此基础上实现快速成长。

第六节　张江文化科技创意产业发展的支撑体系

纵观世界各国（地区）的创意产业发展模式，政府主导型为多数国家（地区）所采用，尤其是以韩国、中国台湾、中国香港等为代表的国家和地区。张江文化科技创意产业的发展也离不开政府的大力推动。张江集团是张江高科技园区的主要开发主体，理应承担起张江文化科技创意产业发展的支撑体系建设。张江集团应主动提供专业化、市场化的服务，嵌入文化科技创意产业发展，将集团发展与产业发展的长期利益捆绑，以共同推动集团由土地开发向资产管理的顺利转型。

一、产业研究咨询服务

文化科技创意产业在国内还是一个新兴的产业，其内涵较为丰富，目前还没有十分成熟的发展模式。张江集团应该在目前现有的产业研究室的基础上，吸引一些优秀人才加入，并与张江文化科技创意产业基地公司进行协调、合作，专门从事产业研究工作，着重研究市场需求、追踪市场发展方向，其研究成果将成为园区内核心主体知识共享的信息来源之一。

张江现阶段的文化科技创意产业招商工作正如火如荼地进行，产业研究咨询服务将给招商工作提供更为准确、即时的产业信息，将为张江文化科技创意产业初期成长打下坚实的基础。

另外，除相关产业研究外，还可以从事研究成果的运用，如为政府制定政策提供解决方案，为园区内核心主体的发展战略提供解决方案，为风险投资机构的投资决策提供解决方案。

二、人力资源服务

文化科技创意产业是一个人力资本高度密集的产业，高素质、高水平的人力资源对于产业的发展有着不可替代的作用。如前所述，人才缺乏是张江文化科技创意产业发展的一大劣势。目前，张江集团以及园区的企业已经充分的认识到这一问题，集团公司也已经开始着手进行人力资源服务的调研工作，园区的企业也表达了极高的合作兴趣。

文化科技创意产业的人才培养在国内也仅仅处于探索阶段，市场上还没有成熟的专业培训机制与培训机构，张江集团应该抓住这个市场机遇，充分整合园区的高校理论课程资源和企业项目实践资源，集团公司可以提供培训场所，政、学、企三方共同打造国内领先的文化科技创意人才培训系统。该系统不仅为园区企业源源不断的输送人才，同时还能吸引更多的园区外企业入驻园区。

三、知识产权服务

文化科技创意产业实际就是版权产业，版权即知识产权，这是企业乃至产业发展的基本保证。张江集团应该主动为企业提供知识产权的综合服务，包括各种专利（包括软件著作权申请、版权等）注册与申请、国家专利政策咨询、已有专利成果查询、专利成果的交易、知识产权保护培训等，加强信息平台的建设，通过网络化加强对专利申请的管理；利用信息网络平台加强对知识产权的宣传力度，为张江文化科技创意产业健康、可持续的发展提供有力的保障。

四、设备租赁服务

文化科技创意产业对设备要求很高，昂贵的设备投入产生大量沉淀成本，企业不堪重负。

集团公司应根据产业发展需求及目前园区现有资源的现状，购买一批需求量大的专业化设备，从事专业化设备的管理与维护，为入驻园区内的企业提供租赁服务，还可以充当中介人，寻找高校或研究所的设备资源为企业服务。目前，张江已经建立了动漫研发平台，提供部分设备租赁服务（有些甚至是免费），但在实际调研中发现，研发平台和企业的沟通还不够，企业对研发平台所能提供的设备不了解，今后还应加大沟通，提高设备的使用效率。

第十章

衍生型集群：张江光电子产业发展

光电子技术是继微电子技术之后迅猛发展的又一高新技术，也是21世纪最具发展前景的新兴高技术领域之一。张江是国家半导体照明工程产业化基地之一，是国家上海半导体照明产业的核心基地。

在光电子材料及器件领域，张江处于半导体照明产业的上中游，即外延材料和芯片，发展非常迅速，拥有一批具有自主知识产权的企业，如上海北大兰和上海蓝宝光电材料。同时，从外部积极引进了GE、863上海光电子研究开发中心，费尼萨光、剑腾、深天马等高科技光电子企业和研发机构，形成了一定的规模优势。同时世界排名第四的高能量第三代同步辐射装置——“上海光源”落户张江，极大地推动了园区内光电子、生物医药和集成电路等的发展。在光显示和照明产业领域内，张江也形成了粗具规模的“上游”材料、“中游”芯片与器件、“下游”应用的产业链雏形，与张江的集成电路产业形成了较好的呼应和互动。总体上看，张江光电子产业集群的基本框架已经基本成形。

张江光电子产业集群的形成，是在上海光电子产业发展的基础上，紧密依托张江高科技园区内集成电路产业和生物医药产业的优势，通过培育具有自主知识产权的本土企业和建设光电子研发机构和研发平台，积极引进外部著名光电子企业而形成的，因而表现出衍生型产业集群的特点。作为张江园区IT、BT创新型产业集群的关联与衍生产业，光电子产业的发展，不仅能够有力促进两大主导集群的进一步发展壮大，形成关联性集群创新效应；而且其自身作为张江新型战略性主导产业，能够显著提升园区产业能级，成为园区内生增长新的战略支点。

目前，张江光电子产业集群正在充分利用集成电路产业和生物医药领域的优势，依托目前已经粗具雏形的产业链优势，重点发展LED（半导体光源）、LCD（半导体光源）、OLED（有机半导体发光器件）、光纤传感器及其检测系统和光纤陀螺、光集器件、同步辐射光源和生物光电子等，通过合资合作和自主创新，在光显示、光器件、光源应用领域进行重点突破。

第一节　张江光电子产业发展现状

近两年来，张江光电子产业取得了突飞猛进的发展。2006 年实现营业收入 32.22 亿元，是 2004 年的 25.8 倍，从占园区工业总产值的不足 1% 跃升为占园区工业总产值的 10.65%。随着几个大型项目的上马与即将投产，张江光电子产业即将进入新一轮的快速成长阶段。

一、企业结构

截至 2006 年底，园区光电子企业共 46 家，年收入 32.22 亿元，实收总资本 12.83 亿元，从业人员总数为 3840 人。

从企业类型看，生产类企业 36 家、服务类企业 10 家；10 家服务类企业中，研发型 6 家、贸易型 4 家。从企业性质来看，民营企业 16 家、国有企业 5 家、合资企业 4 家、独资企业 17 家、留学生企业 4 家。从产业分布看，生产制造领域中，光有源器件、无源器件企业 10 家，半导体照明企业 4 家，平板显示屏企业 3 家，光通信企业 4 家，传感器企业 6 家，光盘企业 1 家，生物光电子企业 2 家，其他光电子企业 6 家。且园区光电子企业在建项目多、发展潜力大，目前只有 18 家已投产，很多企业将在 2007 ~ 2009 年陆续投产，届时将会有较大的产业增量。

二、从业人员素质与结构

2006 年，张江光电子产业从业人员共 3840 人，占园区从业人员总量的 4.15%。从性别结构看，男性占 63%，女性占 37%；从年龄结构看，35 岁以下的员工占 80%，35 岁以上的占 20%；从学历看，张江光电子产业从业人员中本科以下学历者占 28%，本科学历者占 47%，硕士占 21%，博士占 4%；从职称构成看，拥有初级职称的占 17%，中高级职称的占 43%，无职称的占 40%，拥有社会职业资格证书的占 18%（表 10-1）。

表 10-1　张江光电子产业从业人员学历与职称结构状况

学历	本科	硕士博士	本科以下
比例/%	47	25	28
职称	初级职称	中高级职称	无职称
比例/%	17	43	40
社会职业资格证书	有	无	
比例/%	18	82	

资料来源：上海浦东新区光电子行业协会。

三、企业技术能级

截至2006年底，园区光电子企业中经认定的高新技术企业仅8家，占17.39%；同期园区经认定的高新技术企业共270家，占企业总数的24%；光电子高新技术企业比例有待增加。在知识产权方面，园区光电子企业拥有专利共105件，其中发明94件，占89.52%；在采标率上，执行国家标准的企业占11%，执行行业标准和企业标准的占38%。

张江不少光电子企业拥有雄厚的研发实力和多项自主知识产权。位于张江的光通信企业，如上海博为光电科技（863上海光电子研发中心），其所有技术均有自主知识产权；上海龙东光电子，有集成光学光纤陀螺多功能芯片、高速光波导调制器（10－40GB/S）和数字闭环光纤陀螺等多项自主研发产品。而金桥、外高桥的光电子企业多以生产制造为主。比较而言，张江在研发实力和自主知识产权的拥有上具有优势。

第二节　张江光电子产业SWOT分析

一、相关产业支撑与产业互动优势突出（S）

强大的IC产业为张江光电子产业的发展提供了有力支撑。半导体照明、TFT-LCD产业等光电子产业与IC产业有着与生俱来的联系（图10-1）。在配套材料的供应、人才结构的要求、创新条件和环境、上下游配套应用、工艺等方面，半导体照明产业与IC产业都存在着极强的关联性。就TFT-LCD产业来说，其前段阵列制程在工艺上与IC产业有惊人的相似之处，不同的是，它是将薄膜电晶体制作于玻璃上，而非矽晶圆上；其次，驱动IC是TFT-LCD屏的重要组成，TFT-LCD产业是IC产业链下游最大的链环之一。因此半导体照明、TFT-LCD产业的发展，在一定程度上直接或间接地受到IC产业的影响。

张江的IC产业占据国内半壁江山，在技术水平、工艺水平和量产能力上都居国内前列，龙头地位毋庸置疑。因此，可利用其在IC产业的优势，加速推进园区光电子产业的发展。

光电子产业的互动发展具有巨大的潜力。光电子产业某些领域间具有极强的关联性，如LED产业与TFT-LCD产业。LED是TFT-LCD面板的理想背光源，具有色彩饱和度佳等优点，随着欧盟2006年起对电子产品含汞量的限制，当今主流的TFT-LCD背光源——CCFL冷阴极管未来可能被限制，这将进一步推动白光LED成为LCD的主要背光源。日本某权威研究所的研究表明，与液晶面板厂商

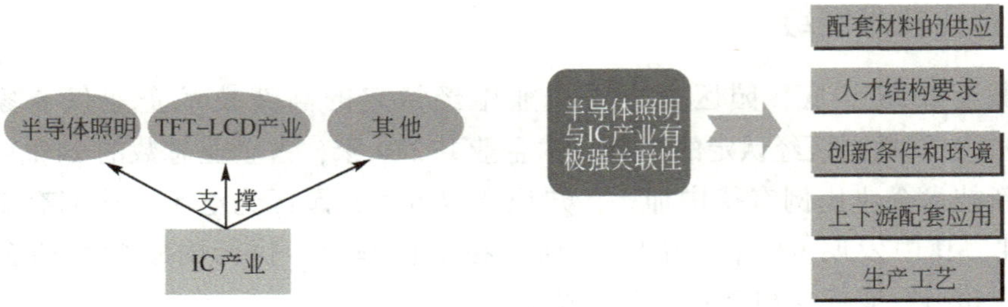

图 10-1 IC 产业与光电子产业的关联性示意图

距离很近的 LED 厂商，其市场地位将得到极大地提高。可见，TFT-LCD 面板对 LED 的带动作用不可低估。张江的 LED 和 TFT-LCD 面板产业都具备了良好的发展开端，促进两者的互动发展将激发巨大的潜力。

二、劣势较为明显（W）

（一）企业总体规模小且缺乏龙头企业

LED、TFT-LCD 面板等光电子产业规模效应明显。然而张江光电子企业大多处于投入期，规模小，如上海蓝光，虽技术水平在国内领先，自主创新能力强，但其规模在国内同类企业中最小，在国外同类大企业中只相当于中试线，导致企业竞争力不强；其次，张江缺乏对整个产业有带动和辐射作用的龙头企业。

（二）资源缺乏有效整合，平台建设落后

在光电子技术资源方面，园区内各机构缺少沟通，缺乏有效的互动联系。为改变此种局面，在市科委的领导下，由上海科学院等 12 个单位发起成立了上海半导体照明工程技术研究中心，通过产学研的紧密合作，整合技术、人才、设备、市场等资源，为科研、生产构筑高层次开放式的技术支撑服务平台，促进上海半导体照明产业的技术提升。然而，该中心落户张江以来，尚未正常运作，资源缺乏整合，重复建设的局面未得到有效改善。

（三）对光电子产业发展推进扶持力度不够

2010 ~ 2015 年，光电子产业将可能会取代传统电子产业，成为 21 世纪最大的产业，并成为衡量一个国家经济发展水平和综合国力的重要标志之一。然而园区对光电子产业的扶持力度和战略性政策倾斜，远不如对 IC、软件等产业，这与光电子产业的重要地位不相适宜。

三、发展机遇（O）

（一）世界光电子产业的良好市场前景为张江光电子的发展提供了广阔的空间

LED 应用相当广泛，可应用于图像显示、背景显示、汽车、电子设备显示、室内外照明、交通指示等领域，2008 年市场规模有望达到 250 亿元。

就 TFT-LCD 产业来说，全球销售额将从 2003 年的 332 亿美元猛增到 2008 年的 740 亿美元，增幅高达 120%，可以说，未来 5 ~ 10 年是 TFT-LCD 全面高速发展的黄金时代，任何其他平板显示都无法取代 TFT-LCD 在平板显示领域内的主导地位。液晶电视开启了 TFT-LCD 大型面板的一个新的巨大应用市场，同时由于手机、数码相机，车载显示等应用的快速膨胀，TFT-LCD 中小型面板的应用也将经历强劲的增长。

（二）国际产业转移为张江光电子产业的发展提供良好机遇

当前，光电子产业面临资本、技术向发展中国家转移的新趋势，国际光电子大集团纷纷来中国寻找投资合作机会，为张江光电子产业的发展提供了良机。

20 世纪 90 年代，由于我国台湾在半导体制造领域的经验和政府的支持，以及台湾 IT 产业对 LCD 显示器的需求，日本公司选择了台湾作为技术和产业转移的对象，实现了 TFT-LCD 产业的第一次转移。而今，由于我国市场的巨大吸引力以及低廉的劳动力成本等因素，TFT-LCD 产业正经历着向中国内地的第二次转移（图 10-2）。

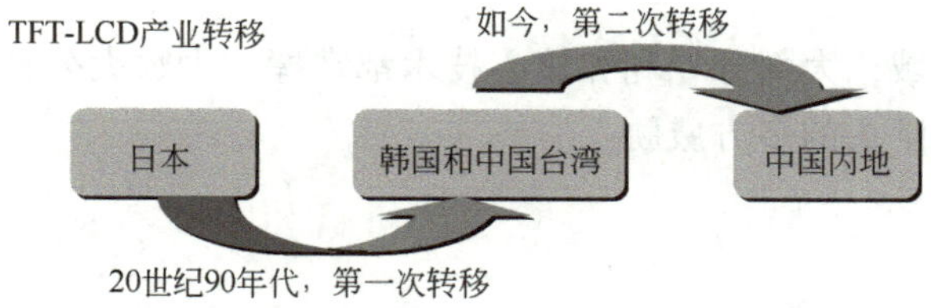

图 10-2　世界 TFT-LCD 产业的两次转移

对张江来说，除了市场吸引力外，丰富的半导体制造经验和雄厚的半导体产业基础是争取产业转移的重要砝码。如能把握住这一机会，平衡半导体和 LCD 领域，将取得巨大的发展。

（三）对传统产业的改造为张江光电子产业的发展提供了广阔的空间

信息技术改造传统产业是转变经济增长方式的主要途径，对传统产业结构调整与优化升级具有决定性的作用。光电子产业和集成电路产业是信息产业的基础产业，它们是实现以信息化带动工业化，实现社会生产力跨越式发展的主要途径。我国处在加速工业化的发展阶段，传统产业的改造和升级换代为张江光电子产业的发展创造了广阔的空间。

（四）张江园区世界先进的实验设施为光电子产业的发展提供了良好的平台

园区内在建的上海同步辐射光源将于2008年试运行，一方面，是光电子技术、微电子技术、纳米技术等领域强有力的研究工具，对提升园区各相关产业的研发实力和发展水平有着巨大的价值。另一方面，作为世界先进的研发和实验装置，其对全球相关领域的科研人员、学者有着巨大的吸引力，对园区来说，也是巨大的财富。

四、挑战（T）

（一）国内竞争激烈

张江光电子产业面临着较大的国内竞争压力，近者有金桥和外高桥，远者有国内其他光电子产业基地。加之张江土地资源紧缺，对企业设置门槛高，政策不具优势，使园区光电子产业承受了更大的压力，发展陷入艰难与尴尬境地。

（二）国际巨头的威胁

在光电子领域，大部分专利和核心技术都掌握在少数大公司手中，国内光电子产业面临国际巨头的多方威胁。

1. LED产业

半导体照明，是一种基于半导体发光二极管新型光源的固态照明，它正逐步替代传统照明，成为人类照明史上继白炽灯、荧光灯之后的又一次飞跃。发光二极管（light emitting diode，LED）诞生于20世纪60年代初，当时的LED由化合物半导体材料GaAsP制成，发红光。20世纪六七十年代，LED的发光效率非常低，且不能激发非常重要的原色——蓝光。在此阶段，LED主要作为信号指示灯，应用于各种昂贵设备。进入20世纪90年代，随着氮化物LED的发明，LED的发光效率有了质的飞跃，而组成白光的重要原色蓝光，也在1992年由日本著名半导体照明企业 Nichia 的中村修二发明。这样，整个可见光领域，单色 LED 已经完整，能够满足各种单色发光的应用场所。影响 LED 产业发展的最重大变化，莫过于高亮度白光 LED 的发明。自 1997 年白光 LED 发明后，专家对白光 LED 进入普通照明领域进行研究并取得成果，从而奠定了半导体照明产业的更具战略性的地位。

作为光源，LED 优势体现在 3 个方面：节能、环保和长寿命。LED 不依靠灯丝发热来发光，能量转化效率高，理论上只有白炽灯 10% 的能耗，相比荧光灯，也只有 50% 的能耗。中国绿色照明工程促进项目办公室做过一个专项调查，我国照明用电每年在 3000 亿度以上，用 LED 取代全部白炽灯或部分取代荧光灯，节省 1/3 的照明用电，就意味着节约 1000 亿度，相当于总投资超过 2000 亿的三峡工程全年的发电量。在使用寿命方面，LED 采用固体封装，结构牢固，寿命达 10 万 h，是荧光灯的 10 倍、白炽灯的 100 倍。在环保方面，用 LED 替代荧光灯，也避免了荧光灯管破裂汞溢出的二次污染。

按照颜色和亮度，LED 可分为可见光 LED 和不可见光 LED，在可见光 LED 方面，按亮度又可分为一般亮度 LED 和高亮度 LED；其中一般亮度 LED 用 Gap、GaAsP 及 AlGaAs 等材料做成，主要发黄光和红光；高亮度 LED 的发光范围较一般亮度广，用 AlGaInP 及 GaInN 等材料做成，主要发蓝光。

就 LED 产业来说，知识产权和行业标准是竞争的热点和关键。然而大部分专利技术掌握在以 Cree 、Lumileds、Nichia 、Toyoda Gosei 、Osram 为首的美国、日本、欧盟少数大公司手中，他们对核心技术有很强的保护措施，而且试图通过设置专利壁垒和制定行业标准来控制市场，限制和阻挠其他国家和企业的发展。与美国、日本、欧盟相比，我国半导体照明专利竞争力明显偏弱：上游衬底技术专利申请量虽多，但大都由高校、科研机构申请，离产业化有较大距离；上游外延和芯片申请数量少，且以外围发明专利为主；下游申请量虽大，但大多是实用新型专利（表 10-2）。在国际巨头专利技术壁垒和行业标准的束缚下，张江 LED 产业发展受限。

表 10-2　世界各国 LED 专利申请量对比

分支领域名称	衬底技术	外延技术	芯片结构	封装/荧光材料	封装技术	应用技术
我国申请量比例/%	7.86	1.3	0.6	3/6	1	7
日本申请量比例/%	76.2	82.2	64.21	83/51	81	43
美国申请量比例/%	8.33	9.2	19.43	5/11	8	14
中国台湾地区申请量比例/%	1.43	1.8	2.48	3/8	2	2.15
专利申请差距年数	6~19	11~17	5~15	20/10	7~24	11~17

资料来源：赛迪顾问，2005 年 2 月。

2. TFT-LCD 产业

同样地，我国 TFT-LCD 产业也面临技术、专利的限制，核心技术和专利都紧扣在日本、韩国手中。

另外，由于 TFT-LCD 的上游关键材料受到日本、韩国、中国台湾地区的垄断，我国大陆 TFT-LCD 中下游产业受到巨大的成本压力。与此同时，日本、韩国、中国台湾的生产线产能进一步扩大，成本优势更加明显，为国内 TFT-LCD 产业造成双重的压力。

如何摆脱技术和专利的困扰，如何摆脱刚刚进入量产，立即就因为价格的缘故将本就微薄的利润蒸发得无影无踪，这是张江 TFT-LCD 产业面临的严峻考验。

（三）张江集成电路产业迫切需要光电子产业的支撑

从技术的演进发展规律看，光电子与微电子技术是相互促进、相互依存、并行发展的。根据摩尔定律，预计 2010 ~ 2015 年集成电路技术将达物理极限，将需要光电子技术的介入和支持。

然而，张江光电子产业在技术水准和产业规模上与 IC 产业都相差甚远，一旦受到物理极限的制约，倘若又缺乏光电子的快速介入和支持，张江 IC 产业的发展将受到严重制约。因此，要保持 IC 产业的龙头地位，张江光电子产业必须迎头追赶，为其提供有力支撑。

第三节　张江光电子产业链与价值链分析

一、张江 LED 产业的产业链与价值链分析

（一）张江 LED 产业在全球产业链的位置

按照产业链环节，LED 产业链可以分为衬底材料、外延片、芯片、封装及产品应用。“衬底”环节：衬底材料是半导体照明产业技术发展的基石，不同的衬底材料，需要不同的外延生长技术、不同的芯片加工技术和不同的器件封装技术，衬底材料的选用直接决定了 LED 芯片的制造路线。目前，流行的衬底技术主要有氮化镓、碳化硅、蓝宝石头，其中氮化镓（GaN）材料是研发的重点。“外延片生长”环节：该环节是 LED 生产流程中的重要部分，MOCVD 外延片生长是其最为关键的工序。“芯片制造”环节：该环节是 LED 生产流程中的重要部分，生产过程包括光刻、刻蚀、测试、划片等多个关键工序。“封装”环节：将外引线连接到 LED 芯片的电极上，同时起到保护芯片、提高光取出效率的作用。

关键工序有贴片、引线、烘烤、检测等（图 10-3）。

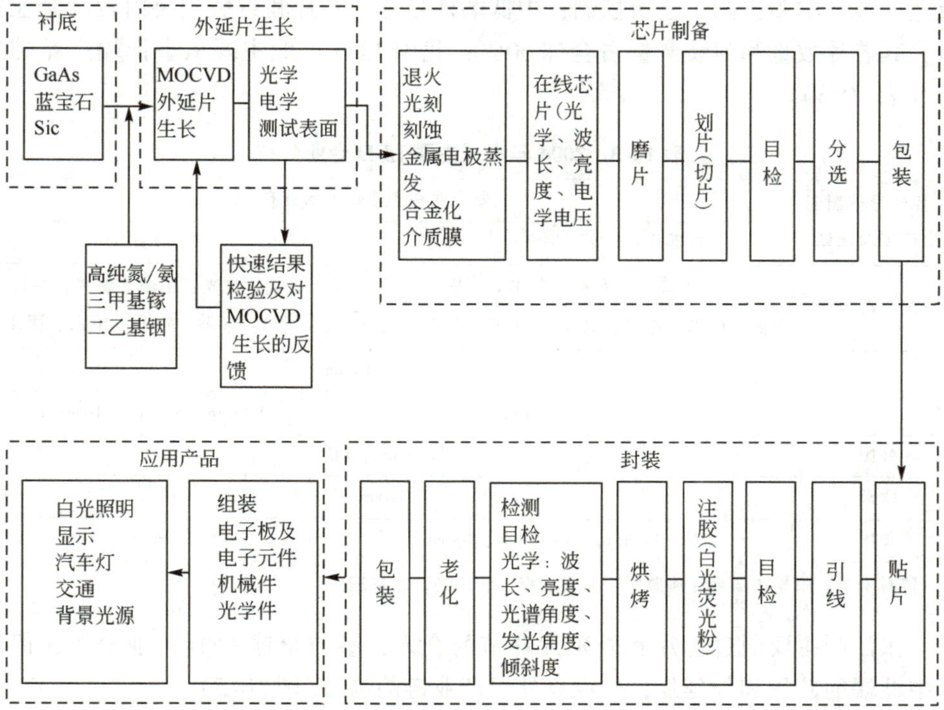

图 10-3　半导体照明产业制造流程

资料来源：中国半导体照明产业发展报告，2006

半导体照明（LED）产业链，从下游到中游再到上游，技术含量与难度逐渐加大，价值逐步增大（图 10-4）。

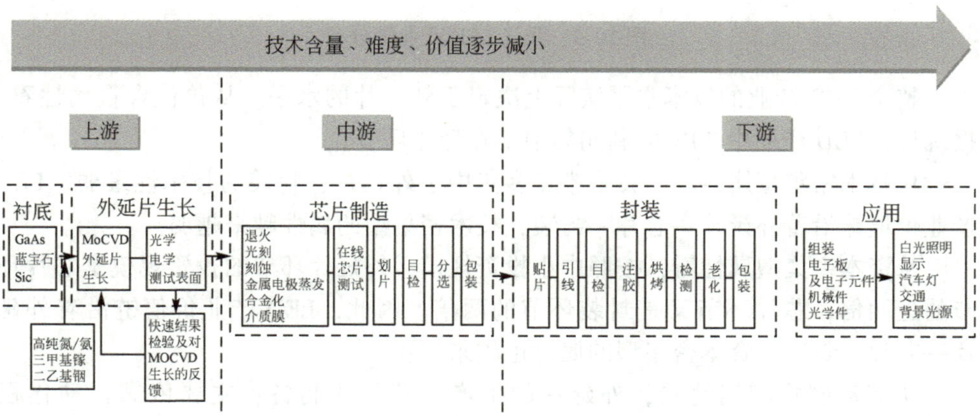

图 10-4　半导体照明（LED）产业链示意图

从国际半导体照明（LED）产业链分布来看，衬底、高端外延片、芯片技术及生产被日本和美国企业所控制；中低端外延片、芯片和封装主要由台湾企业供应，其芯片数量和封装产量占全球60%；我国LED产业主要从事低端产品的生产（表10-3）。

表10-3　2004年全球主要LED企业分布

<table>
<tr><th rowspan="2">主要半导体照明生产国及地区</th><th colspan="3">主要企业在产业链上的分布</th></tr>
<tr><th>外延片</th><th>芯片</th><th>封装</th></tr>
<tr><td rowspan="2">中国台湾地区</td><td colspan="2">晶电、璨圆、华上、广镓</td><td rowspan="2">光宝、亿光、佰鸿、宏齐、东贝、华兴、光鼎、恒嘉、莹宝、南亚</td></tr>
<tr><td>全新、信越、连威、联亚</td><td>光磊、鼎元、汉光</td></tr>
<tr><td rowspan="2">日本</td><td colspan="3">Nichia、Rohm</td></tr>
<tr><td colspan="2">Toyoda Gosei</td><td>Citizen、Stanley、Toshiba</td></tr>
<tr><td>韩国</td><td colspan="3">Samsung、LG</td></tr>
<tr><td>欧洲</td><td colspan="3">Osram</td></tr>
<tr><td>美国</td><td colspan="2">Cree Lighting、Lumileds、Gelcore</td><td>Agilent</td></tr>
</table>

资料来源：根据中国半导体照明产业发展报告，2006，经整理。

张江则主要通过芯片和外延片环节的介入，参与全球LED产业分工，但从事中低端的芯片和外延片，并没有处于产业链的高端(图10-5)。

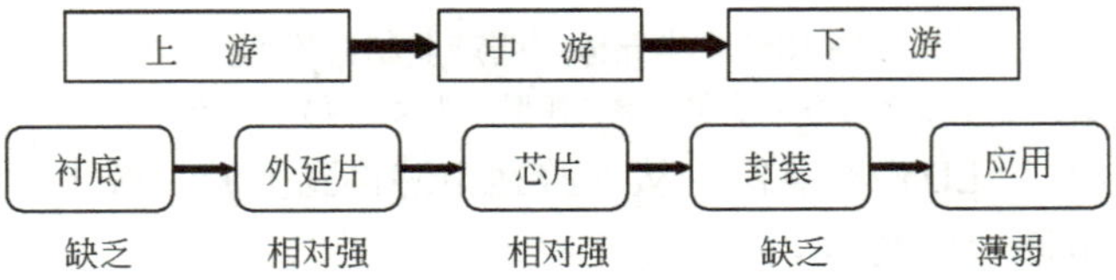

图10-5　张江LED产业链分布

整个LED产业的技术水平实际上决定于外延片的水平。从价值含量属性看，据统计，LED产业中70%的利润集中于外延片环节。

从技术密集型属性看，技术难点多集中于外延片，封装的技术性最弱。LED产业价值链沿着外延片—芯片—封装，技术密集型的属性越来越弱。

从资本密集型属性看，按照中小投资规模，外延片环节的投资规模是芯片环节的近两倍，芯片环节又是封装环节的两倍。因此，LED产业价值链沿着外延片—芯片—封装，资本密集型的属性也越来越弱。

从劳动密集型属性看，外延片的生产、芯片的制备，主要依靠自动化程度较高的机器和设备，对低端劳动力的需求量少，对精通生产工艺的高素质人才则有更多的需求；而封装，特别是低端封装，更依赖于大量的低端劳动力。因此，LED 产业链沿着外延片—芯片—封装，劳动密集型的属性越来越强。

从以上分析不难看出，外延片是半导体照明价值链中价值分布最高、进入壁垒最高的战略环节（图 10-6 和表 10-4）。

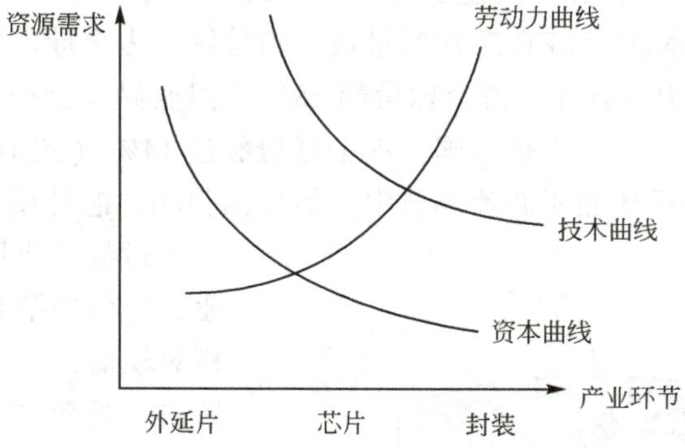

图 10-6　LED 产业价值链各环节剖析

表 10-4　LED 产业价值链各环节投资规模估算

产业环节	产品类别	投资规模
外延片	GaN 基外延片	1 亿元以上
	四元外延片	6 000 万元以上
芯片	蓝绿芯片	5 000 万元以上
	红黄芯片	3 000 万元以上
封装	—	2 000 万元以上

注：按目前中小投资规模估算。

资料来源：http：//www. ledcac. com。

从全球 LED 产业价值链的空间分布看，半导体照明外延片、芯片环节呈现出以日、美、德为第一方阵，中国台湾地区、韩国紧随其后，中国内地等国家和地区积极介入的梯次分布状况。日、美、德掌握着外延片和芯片的核心技术以及高端产品生产，外延片和芯片产品的中低端生产主要由中国台湾地区和韩国完成，中国内地只占据芯片量产的很小份额。

日、美、德以技术创新为突破口，通过其所控制的核心技术，周期性地提升芯片的性能，从而控制全球半导体照明产业的发展进程，同时也控制了整个市场的利润流向。2006 年日本外延技术和芯片结构专利申请量分别占全球的 82.25% 和 64.21%，美国分别占 9.2% 和 19.43%，德国占 2.1% 和 7.28%，中国台湾地区占 1.8% 和 2.48%，中国内地仅占 1.3% 和 0.6%。

中国台湾地区、韩国是全球 LED 外延片、芯片的量产大户。21 世纪以来，台湾地区、韩国得到日本、美国、德国领先公司核心专利的授权，以低廉的成本优势，使 LED 外延片和芯片产量显著提高。2004 年，中国台湾地区芯片月产量达 873kk，超过日本成为 LED 芯片产量最大的地区，占全球份额达 42%；其次是日本，芯片月产量达 581kk，占全球份额 28%，但业界人士一致认为，高质量的芯片多出自日本之手；再次是韩国，占全球份额达 14%（图 10-7）。中国内地也逐渐参与到全球半导体照明芯片环节中，但份额很小，芯片质量也不高。

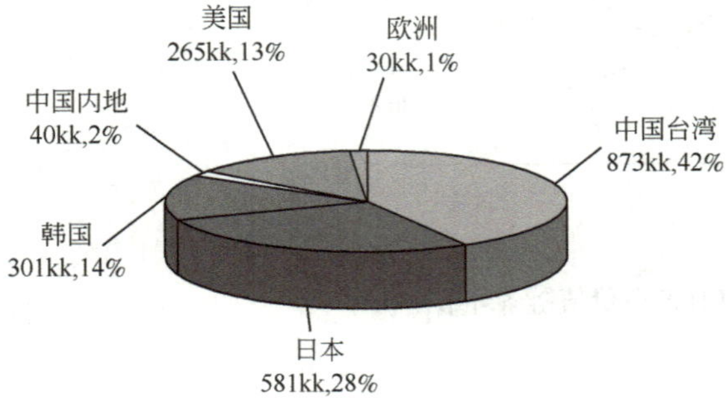

图 10-7 2004 年全球蓝光 LED 芯片月产能

资料来源：第二届光电子产业与知识产权国际论坛，浦东新区光电子学会，2006

封装产业属于劳动密集型产业，与市场结合紧密，技术含量相对较低，投资强度较低，收效较快。近年来，迫于成本压力，中国台湾地区和韩国等逐步将封装向中国内地转移，中国内地已成为全球 LED 封装业的主要地区，但大部分都是传统封装，功率型的批量封装仍然留在中国台湾地区和韩国。

总体看来，全球半导体照明产业价值链中，外延片和芯片的研发和品牌端主要分布在日本、美国、德国，外延片和芯片的生产主要集中于中国台湾地区、韩国等地，高端封装仍主要集中于台湾地区，低端封装则主要在中国内地完成（图 10-8）。

（二）张江 LED 产业链在国内的地位

2003 年以来，我国设立了上海（张江）基地、南昌基地、厦门基地、大连基地和深圳基地五个国家半导体照明（LED）产业化基地。比较五个基地的发展情况，上海基地主要呈现以下特点：①产值规模、企业数量远远落后于其他基地；②在交通信号灯、汽车照明、大屏幕显示等应用领域处于领先地位；③缺乏龙头企业，其他基地都至少拥有一两个龙头企业，如厦门基地的三安电子、深圳基地的世纪晶源、南昌基地的联创光电、大连基地的路明电子等，它们均在辐射、带动本基地 LED 产业的发展上发挥了巨大的作用；④核心区的建设进展中，

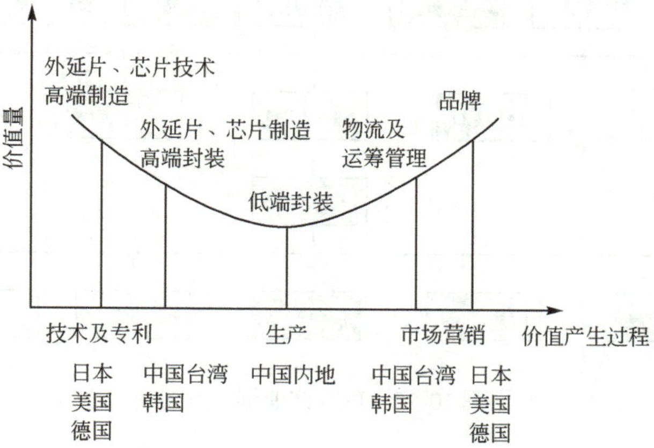

图 10-8　半导体照明产业价值链的全球分布

张江核心区基础明显薄弱，建设也较为滞后。

二、张江 TFT-LCD 产业链与价值链分析

（一）TFT-LCD 产业链与价值链

TFT-LCD 的制程主要有：前段阵列，制程与半导体制程相似，不同的是将薄膜电晶体制作于玻璃上，而非矽晶圆上，属于资金和技术密集型产业；中段 Cell，以前段阵列的玻璃为基板，与彩色滤光片的玻璃基板结合，并在两片玻璃基板间灌入液晶，属于技术密集型产业；后段 LCM 装配，将 Cell 制成后的玻璃与其他如背光板、电路、外框等多种零组件组装的生产过程，属于劳动力密集型产业（图 10-9 和图 10-10）。前段和中段是 TFT-LCD 产业链的高端环节。

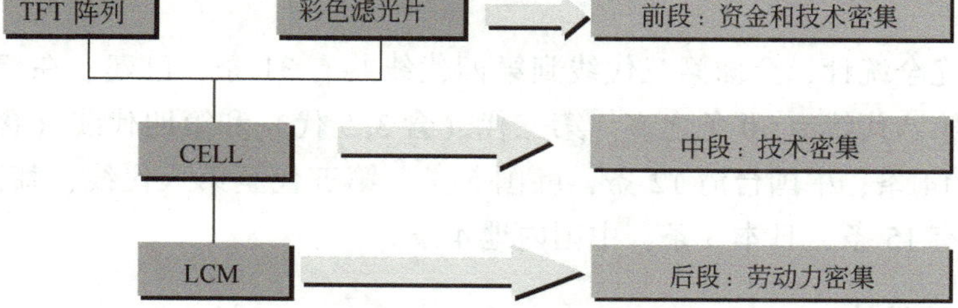

图 10-9　TFT-LCD 制造过程

在 TFT-LCM 模组生产中，TFT-LCD 屏占总成本的 70%，背光源、驱动 IC 等占 30%；TFT-LCD 屏生产中，材料和零组件成本占生产成本的 60% 以上。可见，

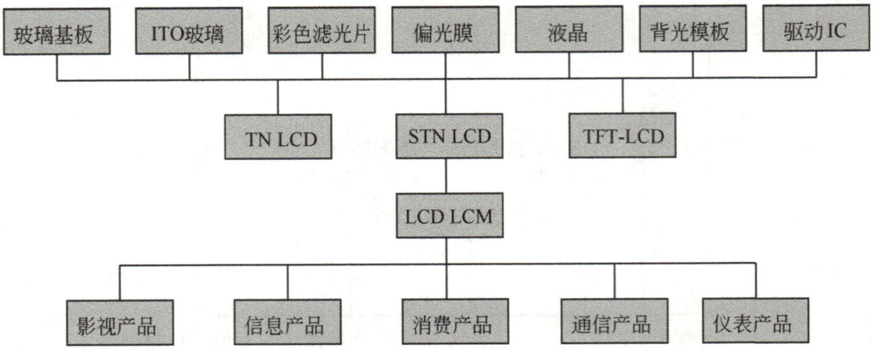

图 10-10　LCD 产业链示意图

上游材料环节是产业价值链的高端（图 10-11）。

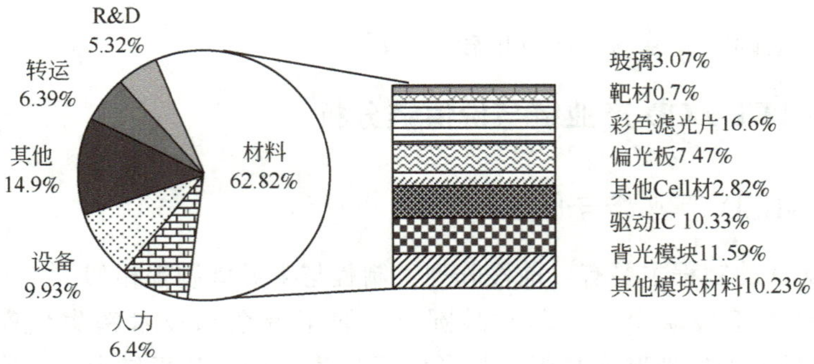

图 10-11　TFT-LCD 屏生产成本构成图

（二）TFT-LCD 的全球产业链分析

1. 中游面板

据不完全统计，全球第三代线到第四代线共有 31 条，已建、在建或规划的第五代至第八代线有 30 条之多。第三代（含 3.5 代）和第四代线（含 4.5 代），其中日本 14 条，中国台湾 12 条，韩国 5 条。第五代至第八代线，韩国有 8 条，中国台湾有 15 条，日本 3 条，中国内地 4 条。

2. 上游材料

上游关键原材料包括背光模组、彩色滤光片、驱动 IC、偏光板、玻璃基板，几乎全被日本垄断。背光模组主要包括背光源、导光板和光学膜，其中光学膜最为昂贵，占模组成本的 40% 左右，目前由美国 3M 和日本电工所垄断，3M 产品占全球市场80%左右，日本电工占近20%。彩色滤光片也全部由日本公司把持，凸版印刷占50%、大日本印刷占18%、东丽占16%等。全球只有4家厂商生产玻璃基板，美国康宁占近50%、日本旭硝子超过30%、日本电气硝子约10%、日本板硝子不到10%。

3. TFT-LCD及应用

全球前十位的TFT-LCD企业，几乎都将LCM的制造设在中国，且集中在以苏州和南京为主的长江三角洲地区。另外，我国也是世界TFT-LCD的应用大国。

张江通过中游面板和上游材料环节，参与全球产业分工，正积极向TFT-LCD产业链和价值链的高端攀登。

（三）张江TFT-LCD产业链在国内的地位

1. TFT-LCD面板

TFT-LCD面板是TFT-LCD的重要环节，它是拉动上游材料环节发展的关键。目前国内已建成多条TFT-LCD生产线，5代生产线有京东方、上广电、龙腾光电，另外京东方将介入聚龙光电，共同建设第一条6代线。

虽说TFT-LCD生产线的代数越高其技术水平越高，但并不是代数越高越能赢得市场，每一类产品都可以有较大的发展空间。5代以上线定位于大尺寸的产品，4.5代定位于中小尺寸。国内比较来说，深天马4.5代线更具比较优势。首先它技术风险小，相对于5代以上生产线来说，4.5代线所涉及的技术专利较少，一般工艺制造专利可由引进TFT-LCD的设备供应商授权，而且深天马在中小显示领域专注多年，本身就积累了不少与4.5代TFT相关的技术，大部分技术都已经掌握；其次是市场风险小，中小尺寸的TFT-LCD的周期性波动明显小于大尺寸，其价格相对稳定，企业承担的风险相对较小。

2. TFT-LCD上游

TFT-LCD产业上游包括玻璃基板、彩色滤光片、液晶、背光模组、驱动IC等多个环节，自上广电、京东方等生产线建成后，吸引了不少上游企业在其周围安营扎寨，如上广电通过合资、合作方式，吸引灯管、PCB、偏光板、背光源等配套企业就近设厂供货。日本、韩国、中国台湾的经验都表明，TFT-LCD产业上游材料与中游面板企业有强烈的空间临近性需求，一旦面板企业达到一定规模，定将吸引上游企业就近设厂。因此，张江4.5代线形成一定的规模后，上游材料环节定会在国内占有重要地位。

第四节　张江光电子产业的发展趋势及策略

地方产业的升级一般遵循“过程升级—产品升级—功能升级”的路径。嵌入准层级的全球价值链有利于实现过程升级和产品升级，但功能升级相对困难。就张江LED产业而言，过程升级表现为提高蓝光LED芯片的合格率、发光率和寿命；产品升级表现为从蓝光LED芯片向白光LED芯片升级；功能升级则表现为从外延片、芯片的生产到掌握外延片、芯片核心技术和品牌。张江LED产业要成功地实现“过程升级—产品升级—功能升级”，应分两步走，首先嵌入全球价值链，实现过程升级和产品升级；第二步，沿着全球价值链向上攀升，突破领先公司的锁定，实现功能升级。

一、重点发展LED产业

LED产业价值链由拥有外延片和芯片制造核心技术的领先公司所控制，属于生产者驱动价值链，治理结构是典型的半层级结构。GaN LED问世以来的10多年间，国际上形成了数家GaN外延片和芯片生产领先的厂商，如日本的Nichia、Toyota Gosei、Rohm，美国的Cree Lighting、Lumileds、Gelcore、LUMILEDS和德国的Osram Opto Semiconductor公司，它们掌握着LED外延片和芯片的核心专利，获取超额垄断利润，主导着产业的发展方向，它们是LED产业价值链的治理者（表10-5）。据中国光学光电子行业网报道，Nichia2004年税前利润率达到56%，Nichia生产的大功率白光LED的价格接近50元/只，美国的价格大约是近30元/只，中国台湾仅15元/只。

表10-5　LED产业领先公司概况

公司	产业化情况	市场应用
Nichia	1. 自制MOCVD设备近200台，主要是单片型； 2. 所用衬底主要是蓝宝石； 3. 生产蓝、绿、紫、紫外、白光小功率（<20mW）、中功率（20~50mW）以及大功率（>50mW）的LED产品； 4. 只出售LED以及后续产品，不出售管芯和外延片； 5. 荧光粉技术非常成熟	1. 产品应用广泛，几乎所有与GaN-LED相关的领域都有其产品。特别是户外全彩色大屏幕（这是对LED要求最严格的领域）方面，几乎被Nichia垄断； 2. 占有全球市场份额约20%~30%

续表

公司	产业化情况	市场应用
Toyota Gosei	1. 自制 MOCVD 设备，产量比 Nichia 大，产品质量比 Nichia 的产品略差些； 2. 蓝宝石衬底； 3. 只出售 LED 及后续产品，不出售管芯和外延片； 4. 生产蓝、绿、紫、紫外、白光小功率（<20mW）、中功率（20~50mW）以及大功率（>50mW）的 LED 产品	1. 产品应用广泛，几乎所有与 GaN-LED 相关的领域都有其产品，但在户外全彩色大屏幕无法与 Nichia 相比； 2. 占有全球市场份额约 20%
Cree	1. 既有市场上购买的 MOCVD 设备，也有自己研制和改进的 MOCVD 设备，主要是多片型 MOCVD 设备生产 GaN-LED； 2. 所用衬底是 SiC，有非常成熟的 SiC 单晶生产技术，容易获得 SiC 衬底材料； 3. 只出售 LED 外延片及管芯； 4. 可以生产蓝、绿、紫、紫外光小功率、中功率以及大功率的 LED 外延片	1. 产品应用广泛，几乎所有与 GaN-LED 相关的领域都有其产品； 2. 占有全球市场份额约 10%
Gelcore	1. 主要用 EMCORE 公司的 MOCVD 设备生产 GaN-LED 外延片； 2. 所用衬底主要是蓝宝石； 3. GELCORE 公司可以生产蓝、绿、紫、紫外、白光小功率、中功率以及大功率的 LED 产品，但大功率产品目前还相对不成熟； 4. 关注白光 LED； 5. 灯具设计方面有较强优势	产品应用广泛，几乎所有与 GaN-LED 相关的领域都有其产品。特别是高档的照明市场（如建筑轮廓装饰照明）
Lumileds	1. 主要是蓝宝石，也有用 GaN 衬底； 2. 只出售 LED 以及后续产品，不出售管芯和外延片； 3. 生产蓝、绿、紫、紫外、白光小功率、中功率以及大功率的 LED 产品，特别是它能生产功率达到 5W 的大功率 LED 产品； 4. 关注大功率白光照明	目前 LUMILEDS 公司的产品产量不是很大，但其大功率产品却供不应求

近年来，为达到迅速占领市场、提高市场控制力的目的，也迫于技术快速发展的压力，领先公司不约而同地放弃了独自发展的念头，一改以往专利诉讼的强硬态度，转而趋向多边技术合作，纷纷通过专利交叉授权结成联盟，更加巩固领先集团的优势地位。2002 年以前，Nichia 凭借 1991~2001 年取得的 74 件基本专

利，涵盖了 LED 结构、外延、芯片、封装制造的全过程技术及荧光粉等相关原材料技术，在半导体照明领域居于绝对垄断地位。这个时期，Nichia 主要依靠构建专利壁垒及专利诉讼阻止其他厂商进入市场与其竞争，以获取高额的独占市场利益。随着 Osram、Toyoda Gosei、Cree、Lumileds 等公司在 LED 领域拥有的专利数的增加，2001 年起 Nichia 在专利诉讼方面遭到挫败，使其不得不更改专利授权的态度，分别与上述公司达成了专利和解和授权协议。2002 年后，Nichia 先后与本土的 Toyota Gosei 和 Citizen、美国的 Cree 和 Lumileds、德国的 Osram 等半导体照明领域的领先公司进行专利交叉授权，企图共同垄断高端半导体白光照明市场（图 10-12）。最近其宣布放弃 404 专利，在很大程度上也是出于这种考虑。

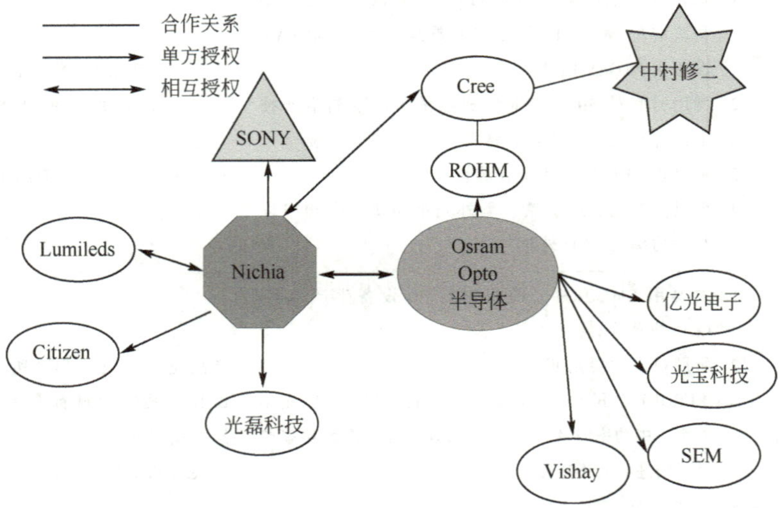

图 10-12　2004 年 GaN LED 专利授权关系图

资料来源：第二届光电子产业与知识产权国际论坛，浦东新区光电子学会，2006

与此同时，领先集团还一改以往专利封锁的做法，纷纷通过专利授权扩大半导体照明市场的影响力，通过台湾地区及韩国企业的授权代工，扩大产品的市场份额，获取“权利收入”，更加“理所应当”地控制整条价值链。以 Nichia 为例，2003 年前，Nichia 一直与中国台湾地区的 LED 芯片厂商——晶元光电以及模块厂商——亿光电子等发生专利纠纷，但迫于台湾地区、韩国等国家和地区半导体照明产业崛起的压力，2004 年后，在蓝光 LED 领域，专利授权和合作渐渐成为主流（图 10-12）。例如，2004 年 Nichia 宣布，考虑与部分制造蓝光 LED GaN 系发光二极管的台湾厂商进行合作，包括提供授权；2005 年，Osram 再度对台湾厂商授权，不过，首先必须先缴 2 亿元台币的授权金，而后在每个产品出货后，抽单价 4% ~ 7% 的权利金，再加上向欧司朗购买的荧光粉，Osram 获取了超额的“权利收入”。

（一）张江 LED 产业发展模式

1. 发展路线

LED 产业具有树型分布的特点，位于上中游的技术更新快，产品生命周期短，需要多种技术上的支撑和大规模资金的投入，一般由具有资金、技术和管理绝对优势的发达国家引导产业发展；发展中国家一般采取跟进战略，由低级到高级逐渐切入。这一特点也决定了该产业的发展路线，主要有两种：一种是以美国、日本为代表的技术领先发展路线，另一种是以中国台湾地区为代表的从下游发展，逐步带动整个产业链发展的路线（表 10-6）。

表 10-6　美国、日本、中国台湾产业发展模式对比

国家（地区）	LED 产业发展路线	组织结构	政府的扶持
美国	技术领先的产业发展模式，通过科技突破带动市场、加速市场渗透速度，集中力量进行技术开发和市场营销，从而获得产业链中 80% 的利润	垂直整合度高	在宏观规划、技术开发、政府采购、协会支持方面给予了强有力的支持
日本	同美国相似，采取技术领先的产业发展模式，通过专利权等方式设立壁垒，通过技术垄断优势获得超额利润	同美国相似，垂直整合度高，几家大型公司领导产业发展	使用大量特定的技术创新政策鼓励、刺激产业技术的发展，主要是经济资助政策和组织协调政策
中国台湾	从技术层级较低的下游封装开始发展，逐渐往中游芯片和上游外延、材料和设备生产发展	由高度垂直分工向垂直整合演变	—

产业发展路线是比较优势的体现。我国大陆地区的 LED 产业发展路线多与我国台湾相似，即以下游封装为主体和基础，带动产业链的发展。张江 LED 产业是技术领先的发展路线，充分发挥其国内技术领先的比较优势，引领国内 LED 产业的发展。

2. 组织结构

美国、日本 LED 产业始终贯彻垂直整合的组织模式。而中国台湾 LED 产业最初是形成了高度垂直分工的合作体系，然而随着 LED 外延片、芯片利润的逐年下滑，以及企业处于消化自身产品减少竞争风险的考虑，自 2003 年起 LED 产业的整合之势逐渐显现，诸多上中游厂商相继将业务延伸到下游，上游、中游和下游厂商相互持股的现象日趋明显。受第一和第二大 LED 企业国联与晶元的合并整合的影响，中国台湾其他厂商也都积极通过横向或纵向收购、合并的方式进行战略部署，以保证自身在未来市场中的地位。

美国、日本、中国台湾 LED 产业的发展思路是相类似的。先集中资源，立足于产业链的一个环节，研发、生产出具有本企业自主技术的产品，然后再进行产业链整合或战略扩张。这种发展思路是值得张江借鉴的。

（二）张江 LED 产业总体定位

张江 LED 产业应抓住世界照明工业的重大转型和半导体照明新兴产业崛起的机会，定位于上海和长三角半导体照明高新技术研发创新基地和高附加值产品的制造基地，外延片、芯片的研发与生产地，发挥对上海和长三角 LED 技术和产业的辐射带动作用。

（三）张江 LED 产业发展策略

1. 积极引进高技术水平企业

张江 LED 基础过于薄弱，需要引进一批技术水平高、自主创新能力强的企业，重点引进外延片、芯片企业，同时要吸引下游封装、应用企业的研发中心（生产布局于园区外）。与 IC 产业相比，LED 投资规模小，进入门槛低，发展难度小，关键是要把好技术关，引进技术水平高、自主创新能力强的企业。

2. 以应用促发展，LED 产业的发展要符合应用市场的演变趋势

LED 的应用市场广泛，可应用于显示屏、手机、指示灯、LCD 背光源、照明等领域，但不同的时期，其应用侧重点不同。2004 年，LED 以普通亮度 LED 为主，在指示灯领域应用最多；在高亮度 LED 应用市场，手机是最主要的应用领域，其次是小尺寸 LCD 背光源，再次是照明（表 10-7）。

表 10-7　2004 年 LED 应用分布

类别	销售额/亿元	增长率/%	市场份额/%
显示屏用 LED	27.2	12.9	23.6
手机用 LED	18.5	29.2	16.1
指示灯用 LED	46.2	34.7	40.1
LCD 背光源用 LED	15.4	27.3	13.4
照明市场用 LED	2.3	43.8	2

资料来源：赛迪顾问，2005 年 2 月。

2005～2010 年，LED 将逐渐往中大尺寸 LCD 背光源、汽车、照明等方向扩展应用。从全球高亮度 LED 各领域应用的成长率来看（图 10-13），LCD 面板独

树一帜，其成长率高达159%；另外在汽车、照明等领域的成长率也不低。当前，已有不少TFT-LCD厂商率先使用LED充当大面板背光源，但我国受LED成本与产品特性的限制，将以手机、数字相机、汽车等中等尺寸的应用为主，这与深天马的定位正相吻合。美国、日本、欧洲的一些高档汽车已经开始部分使用LED，随着国内汽车工业的发展、LED性能的提高，LED在国内汽车的应用指日可待。2010年后，LED将进入普通照明市场，再加上技术的成熟及规模化生产的实现，LED将进入通用照明市场。

LED应用虽不是张江的重点发展领域，但LED的外延片、芯片及封装要为应用服务，其在技术、规模、适用性上的发展一定要符合应用市场的演变趋势（表10-8）。

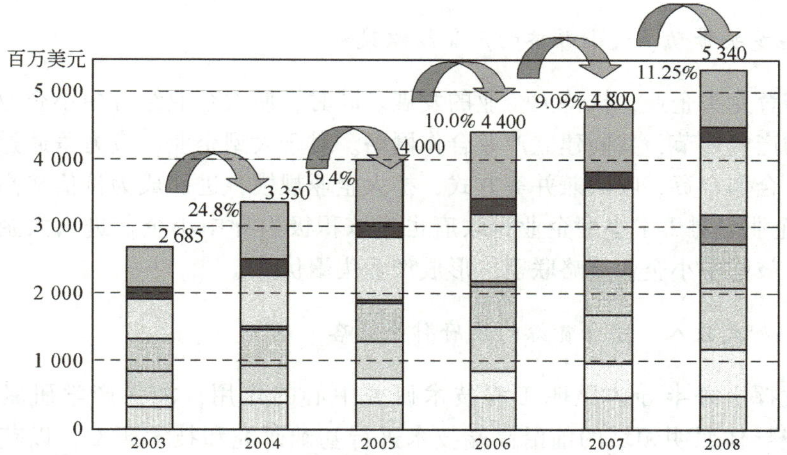

	2003	2004	2005	2006	2007	2008	14.7
手机按键	606	830	950	990	970	850	7.0
手机装饰	175	240	220	230	240	220	4.7
手机面板	569	780	930	980	1 090	1 080	13.7
LCD面板	0	10	30	100	190	450	159
显示屏	486	540	570	600	610	650	6.0
汽车	390	400	550	620	720	900	18.2
照明	135	150	350	400	500	700	17.6
其他	324	400	400	480	480	490	8.6

成长率/%

图10-13　全球高亮度LED各领域应用的成长率

资料来源：第二届光电子产业与知识产权国际论坛，浦东新区光电子学会，2006

表10-8　LED应用市场变化趋势

	初级阶段（2003～2005年）	中级阶段（2005～2010年）	高级阶段（2010年以后）
应用领域	全彩显示屏，景观照明，背光源（手机、LCD小尺寸面板），指示灯（交通信号灯、一般指示）等	背光源（LCD中大尺寸面板），汽车照明等	建筑物、室内外照明等

资料来源：赛迪顾问，2005.2。

3. 实施自主创新与技术引进相结合的技术发展策略

采取自主创新与技术引进相结合的发展方式，突破产业技术瓶颈。鼓励多种技术路线并存，以外围专利包围核心专利。上中游以开拓新的白光技术路线为主，同时不放松对上中游产业主流技术路线的外围专利技术开发。近期从中游切入，实现技术突破与产业升级；中远期培育具有核心知识产权、节能环保的白光LED普通照明新兴产业。

同时，鼓励有实力的企业和跨国公司建立联合的研发中心；鼓励企业走出去，在美国、日本、韩国等LED技术水平较高的国家建立研发基地，利用当地技术人才进行技术研究和新产品开发。

4. 实施龙头带动、大小并举的产业组织策略

重点培育龙头企业，扶持大企业的发展。同时，使大企业结合中小企业，分布在不同的产业环节，共同建立产业合作网络。对于大型企业，应力争通过核心技术研发、合作合资、收购兼并等方式，扩大企业规模，进而成为价值链高度整合的LED企业。对于中小型企业，政府也应该积极引导中小企业进入大企业的发展体系，鼓励中小企业策略联盟，形成产业集聚优势。

5. 实施加大投入、整合资源的政府引导策略

充分发挥上海半导体照明工程技术研究中心的作用，加强产学研紧密合作，针对半导体照明领域的前沿高端技术进行基础研究和技术研发，以获得核心专利技术，保障半导体照明产业未来拥有核心竞争力。此外，半导体照明产业涉及科技、城市规划、环保、交通、电力、建筑等多个部门，要实现生产要素的有效配置和高效协作，必须强化政府的宏观引导，统筹布局，集中资源，重点突破。

6. 实施以政府采购为重要引导的产业应用示范策略

充分利用上海世博会的契机，协调鼓励各企业积极参与半导体照明应用示范工程建设，在更大范围内推广应用半导体照明技术。重点选择一批有影响力的重大工程、著名建筑和景观以及公共场所，通过政府采购，开展半导体照明应用示范工程建设。对今后城市规划建设的重大标志性工程项目，积极引导推广应用半导体照明产品，通过示范工程营造市场环境，带动市场需求，同时积极引导技术创新，推动应用产品的技术集成。

7. 实施“外引内培”的人才策略

实施“外引内培”相结合的人才战略，即以蓝光科技、复旦大学等优势企业和科研院所为载体，瞄准国外高端研发团队，实施引挖战略，迅速在上海形成一批技术带头人，尤其要重视领军人物的培养和引进以及工程化技术人才的培养，以便尽快抢占技术高地。

鼓励企业与高校联合培养人才。建立光电子培训中心，定期对企业、研究机构人员进行技术培训，邀请知名专家讲课，培养专业人才。

二、重点发展 TFT-LCD 产业

（一）TFT-LCD 产业发展模式

TFT-LCD 将成为信息产业中继 IC 之后第二大支柱产业，其投入高，技术难度大，风险亦大。

中国台湾 LCD 之所以快速发展，主要原因是：其一，IC 产业的依循与延长，台湾以新竹科学园区半导体产业模式为模板，设立南部与中部科学园区，发展 LCD 产业；在 LCD 制造技术方面，几项基本的重要技术，如光罩、蚀刻、涂布、封装等均由 IC 产业延伸。其二，建立 LCD 企业策略联盟。

张江 TFT-LCD 产业可以以中游面板产业带动上游材料为突破，以 IC 产业的延伸促进 LCD 产业的发展，使其成为上海和长三角 LCD 上游材料和中游面板的研发和生产地。

（二）TFT-LCD 产业发展策略

1. 积极培育中游面板产业

中游面板产业是 TFT-LCD 的关键，要重点扶持以深天马为载体的中游面板环节，使其成为园区具有国际竞争力的龙头企业，成为长三角乃至全国 TFT-LCD 中小面板的供应地，成为我国 TFT-LCD 面板的重要研发中心。

对于高技术、高资本的 TFT-LCD 产业而言，合作、合并已成为业界的共识，不仅是京东方与韩国现代的合作、上广电与 NEC 的合作，日本、韩国、中国台湾等也已经抛弃了盲目扩建发展的冲动性，开始了合作合并之路。如三星与索尼的合作、LG 与飞利浦的合作，日立、松下、东芝共同投资的 LCD 公司 IPS Alpha 科技正式成立，富士通向夏普转让液晶面板业务；以友达合并广辉为标志，台湾面板厂商也掀起了合并之潮，以此来增强未来市场的竞争力。因此，深天马也要

加强国际合作，吸纳来自全球的资金、技术，补充新的血液，以保持可持续发展。

2. 积极发展上游产业的某些优势环节

张江应有选择地重点发展上游产业的某些优势环节，如驱动IC、背光源、彩色滤光片等。

驱动IC与面板的关联度紧密，驱动IC货源是面板厂商关心的重点。韩国、日本及台湾地区驱动IC厂商的组织形式各有不同。日本和韩国的TFT-LCD液晶面板厂商都拥有自己的驱动IC制造工厂，他们透过IN-house的方式强化面板在成本与性能上的优势，如三星、NEC、Sharp等。而台湾地区的厂商则利用台湾半导体业完整的垂直分工体系，凭借与台湾面板厂商的关系，形成除华邦是IDM厂商之外，其他驱动IC公司都属于IC设计厂商的现象。张江可以借鉴台湾的模式，以强大的IC设计与制造为依托，为深天马的驱动IC提供保障，同时使张江发展成为全国乃至世界重要的TFT-LCD驱动IC基地。

另外，依托园区LED的产业基础和国家LED产业化基地，积极吸引导光板和光学膜企业，形成完整的背光模组链，使张江成为全国乃至世界重要的TFT-LCD背光模组基地。一方面，为TFT-LCD面板提供了原材料；另一方面，也使LED产业的应用得到延伸和升级。

同时以剑腾为载体，积极培育彩色滤光片环节。

由此，园区TFT-LCD产业的配套环境将得到较大改善，也会逐步吸引更多、更齐全的上游配套企业入驻。

3. 促进IC与TFT-LCD产业的互动发展

除了驱动IC与TFT-LCD较强的关联性外，TFT-LCD产业还与IC产业有千丝万缕的联系，TFT-LCD几项基本的重要技术，如光罩、蚀刻、涂布、封装等，均可由IC产业借鉴延伸。因此两者应建立产业间良好的互动关系，以IC产业的延伸促进与TFT-LCD产业的互动，以实现共赢。

4. 加强产业链间的合作，建立战略联盟

TFT-LCD产业的竞争实际是产业链的竞争。要通过产业链各环节的战略联盟、技术合作、投资参股等方式进行整合，提高整体竞争能力。同时利用我国显示器和手机等整机广阔的市场来带动需求，并通过与厂商结成战略联盟共同发展。

三、积极培育其他产业

（一）积极培育 OLED 产业

OLED 是平板显示领域继 TFT-LCD 后的一颗新星，目前全球研发还处于起步阶段，因此应积极促使高校与企业合作进行开发，使其在前期的研发阶段就建立起良好的合作关系，以取得技术的突破。

（二）积极拓展光电子材料与器件产业

以上海加贝光电子产业研究有限公司和上海龙东光电子有限公司为龙头，逐步完善光纤传感器的产业链，带动周边应用领域的发展，同时使张江成为国防建设的新基地。

（三）积极培育生物光电子产业

生命科学是光电子的一个重要应用领域。激光医疗与生物光子学在 21 世纪的发展前景和重要性绝不亚于信息光电子技术。它涉及探测来自生物系统的光子以及这些光子携带的有关生物系统结构与功能的信息，利用光子学手段对生物系统进行研究与改造。张江可以依托自身雄厚的生物医药产业，促进光电子在生命科学领域的应用。

第十一章

现代科学城：
创新创业环境优化与产学研一体化

从发展条件和现有基础来看，张江高科技园区的发展模式定位应该是以自主创新为核心，以支柱产业链条的进一步完善为依托，以产学研一体化为牵引，是高新技术企业密集，高科技产业发达，研发实力雄厚，国内一流、国际知名的高科技园区，是集生活、教育、研发、高端生产、现代物流等为一体，以人为本的现代科学城。张江现代科学城的建设，需要以自主创新为核心能力，以产学研一体化为主线，以创新创业环境的优化为主体内容。

第一节 现代科学城内涵

科学城是科研机构和高等学府的集结地，是以研究、开发为主，兼具高技术生产、服务功能的新型的自主经济区。科学城的建立对所在地提高技术开发能力，促进产业升级换代，推动经济发展成效卓著（褚劲风，1998）。科学城在推动区域经济发展中显示出越来越强大的生命力，成为技术集聚与扩散的高点，并通过溢出效应带动周边区域的发展。特别是一些以高新技术研发为主的科学城，不仅在本国区域发展中起着至关重要的带动作用，而且在世界经济发展格局中也具有举足轻重的作用，成为影响世界经济发展的关键因素。

一、科学园的发展历程

从世界第一个科学园的建立开始，世界科学园经历了一个从形成到不断发展的过程，大致可以分为四个阶段：

第一阶段（1951～1980年）：以美国“硅谷”和英国剑桥科学园为代表的世界科学城应运而生，这是世界科学工业园区的起步、初创阶段。1951年美国斯坦福大学在校园内创办了世界第一个专门化的科学研究公园——斯坦福研究公园，同时，在其他工业化国家，如英国于1972年在赫利奥·瓦特大学建立了第一个科学园，法国于1969年建设了索菲亚·安蒂波利斯科学城。这一时期，科学城比较少，而且基本均位于发达资本主义国家。

第二阶段（1980~1990年）：科学园的快速发展时期。随着美国科学园建立后带来了经济的飞速发展，各个国家也相继通过兴建科学园区的形式来推动区域经济发展，到1989年底，美国已设立了141个科学工业园区，法国也在波尔多、里昂、图卢兹等地建立了科学园区。一些新兴的国家和地区也通过不同形式兴建了科学城市，如我国台湾、韩国、新加坡等创建了一批科学工业园区。这一阶段的主要特征有：科学园发展较快，发展中国家科学城发展的更为迅速，并且科学城在各国、各地区的经济发展和产业升级中发挥了极为的重要作用。

第三阶段（1990~2000年）：科学园的稳定发展时期。这一阶段，科学园在发展中国家和地区蓬勃兴起和发展，并且涌现了一批有相当知名度的科学园，科学园在世界范围内的数量和分布都扩大（钟坚，2000）。

第四阶段（2000年以后）：科学城的转型调整期。这一阶段，许多发展中国家兴建的工业园区不断走向衰落，一些科学园区发展处于停滞阶段，只有少部分科技园区保持着较强的创新能力和发展活力。如何培育持续创新的发展环境成为高科技园区不断探索的问题。

科学城在世界各国的发展，改变了以往世界城市的发展格局，使科学城地区成为世界经济增长中的重要推动点，不断推动经济向更高水平发展；同时，改变了传统的世界城市网络，使科学城成为世界网络中的重要节点。科学城的发展要求在创建科学城市的过程中，不断优化投资环境，培育科学城创新的氛围，实现科学城的持续发展。

二、科学城的类型

由于各国国情和发展环境不同，各国建立的科学城的具体功能和作用也存在一定差异，并且称呼也不同，如高科技园区、高新区、科学工业园等。它们都是具有某种共同特征的园区组合，依照曼纽·卡斯特尔斯（Manuel Castells）和彼得·霍尔（Peter Hall）的划分，大致分为三种类型。

第一种，自主型的科学城。这类科学城建立在良好的创新环境基础上，将研究、开发与生产联系起来，是实实在在的新产业的指令中心，其中，又可以分为两类：一是建立在全新的产业基础上的，经历了产业转移和后工业历程之后，建立起来的新的综合体，最大特点是将科研直接与产业相结合。如美国波士顿128公路高技术园区。

第二种，科研型的科学城。它是科学研究的综合体，设区早期没有与产业紧密地结合起来。注重基础科学的研究，以研究成果为基础产生新技术和新工艺，促使产业革命的变革。如韩国的大德高科技园区等。这类科学城的最大特点是注重基础研究工作，以研究为先导，逐步与实际产业相结合，服务于国民经济。

第三种，引进型科学园区。为了诱发新产业的增长，在特定的区域内，通过多种优惠政策与便利条件，引进外资，吸收高技术产业公司，组织科技队伍，从事研究、开发和生产。如中国台湾的新竹科学工业园区。这类科学城的最大特点是注重高科技人才的吸引与培养，在引进新技术和外资的基础上着力于新技术的研究与开发（褚劲风，1998）。

第二节　园区运营商的战略定位

园区发展需要与园区的合理规划运营相结合。对科学城的合理运作可以最大限度地发挥园区的优势，保障园区的持续发展。纵观世界科技工业园区的管理，可以看出，不同园区在经营运作发展时无不具有一个创新型的服务管理团队，支撑着园区的可持续发展。总体而言，世界各国科技工业园管理体制有两种基本类型：单一管理型和多元管理型。前者又可进一步分为政府管理型和大学管理型，后者可进一步分为公司管理型和基金管理型。

一、单一管理型

单一管理型是由单方面进行的管理体制，包括政府管理型和大学管理型两类。政府管理型，即由政府统一规划管理科学工业园区的运作，通过设立管理机构进行管理。例如，日本的筑波科学城是1965年在首相办公室指导下设立的“科学城推进本部”，由多个部门共同组成。其中，土地开发和公用设施建设项目由住宅和城市开发集团负责，科研和教育机构的建设有建设部负责，筑波新城开发公司负责建造和管理道路、公园和商业服务设施。韩国的大德也是仿照日本筑波科学城的模式，由国家来规划和管理的（陈益升等，1995）。政府管理型的科学园区可以最大限度地发挥政府的行政影响力，在较短时间内集聚起所需的资本、技术，兴建良好的基础设施，同时依托国家的宏观影响力，制定园区长远的发展规划和前景。大学管理型，即设立在大学校园内或校园附近的科学园或孵化器，由大学设立的专门机构和人员进行管理（张锐，尚蕾，1996）。对于单独规划和管理科学城的大学来说，条件要求很高，首先要有极强的理工科科研力量，其次要有广阔的校园或校园周围有发展建筑物的余地（陈益升等，1995）。例如，剑桥大学就是由院和系组成的，实行相对自由灵活的政策，为剑桥大学教师进入企业界兴办高技术公司创造了条件。剑桥大学自然成为高技术公司、人才、风险投资及房地产的主要来源。美国斯坦福科学园也是由斯坦福大学管理，其管理重点在出租土地上，为此，专设土地管理机构（郑世杰，1995）。大学管理型的园区可以充分发挥大学在科研方面的实力，同时，可以较快的实现产、学、研的有效结合，为研究成果向产业化转移构造了良好通道。

二、多元管理型

这种管理体制包括两种类型，即由各方组成的董事会领导下的公司管理，或由各方组成的基金会（管理局、协会）管理。公司管理型，即采用董事会领导下的经理负责的企业管理制度，也就是把科技工业园作为一个独立经营管理的公司。公司董事会一般由政府、企业、大学及当地有关人士组成，负责科技工业园发展方向等重大决策，一般不干预园区的具体业务。公司由专职经理和另聘请的职员负责，执行董事会确定的重大方针，进行科技工业园的日常工作，有的还对董事会各方面的职责范围进行了规定（郑世杰，1995）。这类科学工业园有英国阿斯顿大学科学园、日本的神奈川科技工业园等。日本神奈科技工业园是由日本民间按公司型经营管理的一个园区，其管理机构是由园区的主要投资者——通产省、神奈川县、川崎市、企业和当地有名望的人士共同组成的 KSP 社委会管理。这种公司管理模式以公司的形式来运营园区的发展，以实现利益最大化为目的，实现园区较快较好地发展。基金会管理型，这是一种综合管理体制，由政府、企业、银行、大学和其他机构分担义务，共同承担管理职能。如美国北卡罗莱那三角研究园、日本熊本技术城、法国西岛科学城等（张锐，尚蕾，1996）。

三、管理模式分析

科学城的这几种管理模式，各自具有本身的特性，适合于区域的发展特色与要求，就单一管理型而言，由于具有独立的服务组织和机构，同时具有较强的资源配置能力，能在较短时间内集聚区域所需的人力、物力资本，对于那些处于初创阶段的科学园区而言，政府的扶持发挥着重要作用，可以集中力量取得园区较快的发展。亚洲大部分国家的科学园区是以政府管理为主，民间机构一般不参与管理。随着科学城的进一步发展，一些民间机构开始涌入，形成了管、学、产共同管理的机制。政府参与园区的管理与运营，可以充分发挥政府的行政能力，实现区域基础设施的完善配套，同时，在硬件措施不断完善的过程中，为了推动园区的发展，政府必将在政策、土地、人才等方面给予园区发展优惠，实现园区相关配套政策的融合，同时，政府在企业与科研机构之间建立沟通桥梁，实现不同机构的共同合作。当然，这种模式也有其弊端，由于政府的参与过于强大，使得政府的行为没有机构来监督，政府行为也并没有完全按照市场经济规律来进行，可能对园区发展带来灾难性后果。一方面，资源的过度消耗并没有带来园区的进一步发展；另一方面，园区长远发展的要求与政府的短期利益间的冲突激生。所以政府应合理介入园区的发展过程中，通过服务于产业、服务于园区的形式来推动园区的较快发展更具有现实意义。

多元管理型的组织模式是官民联合型管理体制，它虽然不具有政府管理型模式的突出优点，但是具有自身灵活的运营能力。这种管理体制克服了政府影响过大的缺点，可以通过协商，对园区的相关配套设施进行监督和指导，有利于园区内各项事业有序地进行和发展。而且董事会的组织形式可以充分发挥董事会内部成员的协调共识能力，基于不同背景的董事会成员之间可以广泛讨论，制定出利于园区发展的政策。董事会各成员可以统筹各方观点，使管理权力和利益风险挂钩，做到责、权、利三者统一。同时，来源于大学、科研机构、企业等不同部门的成员可以在园区的未来发展上达成共识，增加了园区运营的科学性。

四、张江集团的战略定位

张江集团作为张江高科技园区的开发运营商，其未来发展战略与定位对促进园区发展的持续作用突出。在建设世界一流科学城的征程中，张江集团将在战略定位创新、营销模式创新、服务环境创新、规划建设创新、融资投资创新五个方面实施创新发展，以推动张江高科技园区的持续发展。

张江集团未来的三大战略定位集中在：①高科技园区的开发营运商；②高科技园区的创新服务集成商；③高科技项目的投资者。所谓高科技园区的开发运营商，主要指张江集团集中于空间产品的提供，这个空间产品主要包括土地的规划，为园区各类企业提供适合发展的办公楼、厂房、研发楼、孵化器等。将围绕空间产品的空间规划方面进行突破与创新，更好地扮演园区运营商的角色。作为开发园区的服务集成商，张江集团将致力于服务理念的提升，更深入细致地去发现客户和企业的需求，以提供适合客户需求的服务产品，提升客户的价值，打造创新服务链。通过创新型服务，不断嵌入企业发展过程中，为企业的技术升级和产品开发服务，通过服务理念的完善，实现张江集团作为创新服务集成商的作用的发挥。作为高科技项目的投资者，张江集团要集中于在客户服务过程中发现最有价值的企业，然后去投资，随着客户的成长而成长。集中力量去发现有潜力的企业类型，配以相关服务以实现对创新型企业的培育。三大主导战略的定位是基于张江集团本身的特点和发展状况而提出的，体现了政府价值取向和企业价值取向的重合。张江集团的战略优势突出，首先具有政策上和地理位置上的优势，所享受的政策和区位优势是其他科技园区无法相比的。其次集合了产业比较完整，梯度比较清晰的高科技产业客户群。完整的产业链条和不断成长的企业筑就了张江未来发展的蓝图。同时，张江园区还和一批高校、科研单位建立了广泛的联系，这些中介服务机构的落户和发展带动了整个张江产业的良好发展。而张江集团本身服务体系的不断完善，服务理念和服务水平的不断提升，更为张江未来的发展注入了活力。虽然张江园区优势明显，但是产业发展引发集团对未来的深层思考。在张江园区土地资源日益稀缺的现实下，实现集团由粗放式经营向集约式服务转化日益重要。在周边园区竞争压力持续增大的前提下，如何进一步提升园区的发展空间和发展活力更趋紧迫。因此，三大战略的提出是适应新时期发展要求和内外环境需要的。

基于张江特殊发展环境的三大战略定位，是对张江集团运营商未来发展定位的设定，也突显了张江集团未来的发展方向。①作为开发建设与环境营造者的身份没有变。张江集团承担着张江高科技园区基础设施建设和环境培育的任务，其本身要努力营造园区创新环境，构建适宜企业家和职工工作和休息的商务设施，以配合企业发展需要，同时，在基础设施建设不断完善同时，其主管园区产业引入与培育企业的功能越发重要，因此在打造园区优良的创新、创业环境，不断推进园区各方面建设上仍然发挥着重要作用。②客户维护与专业服务的功能发生了变化。园区由原来初创时期的客户群演变成现在具有高水平、高发展要求的客户群，数量不同，质量也不同。原来粗放式的服务很难满足现在企业对精细化服务的要求。张江集团作为运营商，必然要承担起服务职能，构建多层次的服务体系和服务网络，满足客户发展要求，保证客户稳定。③项目投资与价值提升发生了变化。开发公司在先前的投资项目中，缺少战略眼光，投资企业也缺乏活力，而且大部分不是高科技，需要突破投资的短期眼光，集中精力去发现一些有成长潜力的高科技企业，实现企业自身价值的提升。

第三节　园区创新环境优化

科学城的发展与园区的管理有很大的关系，而园区运营商在制定发展战略与目标过程中，无不希望通过科学的管理来实现园区的持续发展，因此培育园区创新环境，实现园区产业不断创新成为园区发展的关键。而智力密集、风险资本、基础设施、信息服务等因素并不与创新过程发生必然联系。所谓创新，是很多行为主体通过相互协同作用而创造（生产）技术的过程，因此要高度重视创新环境（innovative milieu）的建构。发达的区域存在着新的产业文化——创新主体相互依存的集体学习环境。越来越复杂的高技术产品需要产业融合和交叉繁殖。只有当相关学科进行交叉、相关产业进行融合、相关的科教机构和人员进行合作，以及产—供—销相关的企业发挥协同效应时，才能发展知识经济，发展真正的高技术产业，建立新的精神文明（王缉慈，王可，1999）。

科学城在重视发展园区产业的过程中，不断培育园区的创新环境，以期对产业发展起较强的推动作用。区域创新环境（regional innovative mel-lieu）的概念，是由1985年成立的欧洲创新研究小组（GREMI）率先提出的。他们将创新环境定义为，在有限的区域内，主要的行为主体（结点）通过相互之间的协同作用和集体学习过程，而建立的非正式的复杂社会关系。这种关系提高了本地的创新能力。有的学者（Aydalot，1986）则认为，本地环境（主要是指社会人文环境）作为创新的"温床"或孵化器，对于创新的产生具有决定性作用。区域创新环境是对区域环境与产业发展融合程度的鉴定，在区域"硬环境"不断优化的同时，"软环境"的建设更成为区域发展的决定力量。特别对于与高新技术联系紧密的园区而言，产业发展需要一个灵活、高效的发展环境，包括雄厚的技术和智力依托、资金、人才、信息、资源等的互动和高效流动、各种中介服务机构和政府的大力支持等（曾万平，唐冬，2006）。科学城的持续发展要求园区不同机构围绕产业发展实现自身功能的最大限度发挥，同时不同机构与组织通过密切的网络联系，形成园区不断发展的创新系统，使区域逐渐形成一个具有自我良性循环机制的创新系统，以应对急剧变化的外部环境的新挑战（刘伟，盖文启，2003）。世界上发展良好的科学城无不具有持续发展的创新能力和不断优化的创新环境，正是这种环境孕育了产业的文化特质，进而融合于产业发展的过程中，实现园区的不断发展。总结世界上典型园区成功的创新模式，可以发现，不断优化的创新环境具有显著的特点。

科学城创新环境的优化，是区域创新系统不断优化的结果。区域创新系统应以发展区域经济为目的，培育激发区域主体创新的欲望和创新机制，建立良好的创新环境，通过壮大创新能力和优化资源配置来促使区域经济发展（魏江，夏雪玲，2005）。区域创新系统是由区域内创新主体、创新要素和创新产生机制共同组成的。在创新主体要素中，创新系统要发展良好，必然与创新主体的能动性有很大关系，创新主体主要指区域内企业、政府和各种中介机构。就企业而言，不断推动自身发展成为企业在市场竞争中取胜的关键，企业处于创新系统的核心位置，不断衍生与推进自身技术的升级，而企业在调整与升级过程中，需要不断捕捉世界产业发展的信息和态势，特别需要与本身技术发展有内在联系的相关企业建立起不断沟通的平台，以实现现有技术的整体升级，进而带动园区产业整体能级的提升。当然企业在技术升级的道路上有不同的选择途径，可能通过自身的创新孵化，培育企业的研发团队，也可以通过引进世界领域的先进技术，通过消化、吸收，提升转化。不断将技术引进模式与园区发展阶段相结合，实现企业在创新系统中的最大功能发挥。

张江高科技园区与国内其他高科园一样，经历了不同的发展阶段（图11-1）。

自 1992 年 7 月至 1999 年 7 月是张江高科技园区的起步、孕育、探索阶段。园区的发展以土地、政策等要素的投入拉动为主。土地的需求刺激了张江高科技园区的发展，同时相应优惠政策的不断注入，为张江高科技园区的迅速发展注入了活力。1999 年 8 月到今是张江高科技园区高速发展的阶段，但同时也是面临结构升级、需要转型的阶段。从上海市委、市政府提出“聚焦张江”战略以来，上海市和国家不断加大对张江的资本投入，资本驱动型模式推动了张江的快速发展。但是，发展后劲不足，产业发展和园区环境都面临着不同程度的问题，特别是张江产业园区内产业能级仍然处在全球产业较低端。因此，如何推动园区今后的发展成为了张江目前迫切需要解决的问题。我们认为张江未来应该以服务驱动型为主，以创新服务，包括政府的创新服务、中介机构的服务和园区自身创新环境的培育等，来推动园区产业能力的提升，特别的通过优化张江高科技园区创新环境来实现园区的持续发展。

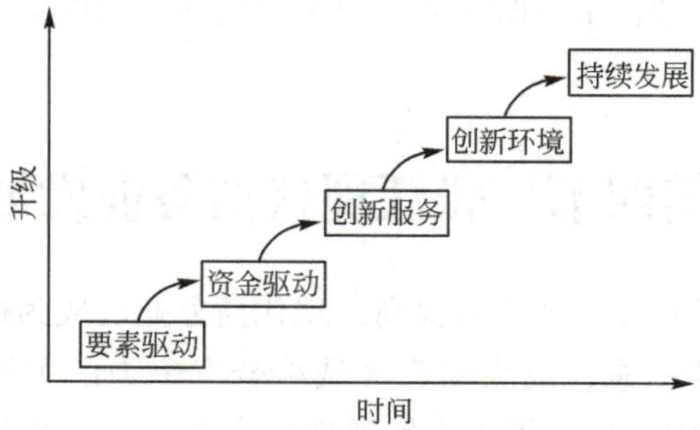

图 11-1　高科技园区发展阶段

张江高科技园区的发展与国内大多数高新区的发展一样，处在转型阶段。原来高新区主要依靠的优惠政策等“外力强力驱动”的要素集聚已经很难在新形式下发挥较大作用，靠土地开发、吸引企业入驻园区进行生产并没有从根本上推进园区的持续发展。张江园区的产业发展仍然处在全球价值链低端，仍然是以生产加工型的企业为主，而创新型企业和研发型企业仍然很少，在向全球价值链高端演进过程中困难重重，无法有效的实现产业升级，缺少行业领导企业和数量众多的中小企业。张江产业发展模式注重研发机构的导入，而知识创新转化机制有待加强，园区精力更加注重导入式的研发企业入注，而对本土企业的研发重视不够，无法有效推动中小企业创新，导致中小企业创新动力和创新环境相对较差，对于科研机构知识向生产转化的中间介质缺失，无法实现创新网络的整合。另一方面，重视行业领导企业的导入，而对本土创新型中小企业培育不够，整体创新能力不足。领导型企业对产业发展具有引领和带动作用，可以通过示范效应带动产业整体水平提高，但是，对于高科技园区，领导型企业虽然有其鲜明特点，但是数量众多的中小型、创新型企业的存在和发展对于园区的可持续发展更为重要。创新型的小企业通过基于创新网络之上的知识的获取，具有较强的知识创新能力，并且通过各种有效的激励机制，不断实现知识的转化和提升，进而实现本行业产业的升级更新。而处在竞争氛围中的其他企业必将努力打造自身创新体系，进而增强整个园区的创新动力，创新氛围也不断形成。对于张江而言，建设创新环境尤为缺乏的是对生活环境的重视，园区缺少非正式交流的场所和空间。非正式交流对于创新具有重要作用，企业职员可以在非正式交流过程中实现知识的共享，进而通过知识的碰撞激发创新灵感。培育一个良好的创新环境，需要园区构造各种类型、适宜不同品味人群需要的、完善的交流空间和场所，特别是适宜企业家居住的良好社区和生活环境，而张江目前仍然以园区企业发展为主，缺少对工作人群的生活环境质量的注重，在相当大的程度上对企业的根植性和企业家、职工的精神追求满足程度不高，制约了园区创新环境的发展。因此，张江园区创新环境优化的关键在于不断加强对园区现代商务业的重视，打造现代科技商务城。

第四节　张江现代商务业发展

随着经济的发展和社会文明的提高，现代商务业已成为衡量区域现代化水平和国际化程度的重要标志，成为提升区域综合竞争力的关键环节。上海在建设“四个中心”的过程中，提出了优先发展现代商务业，加快生产型经济向服务型经济转变的目标，把发展现代商务业放在更加突出的位置。浦东作为对外开放的前沿阵地，正在努力构筑现代商务业的新格局，张江高科技园区将成为浦东现代商务业发展的重要亮点，通过现代商务业的跨越式发展，实现园区产业结构的优化升级和经济、社会发展效率的提升，提高张江园区的国际竞争力。

一、张江现代商务业发展评价

（一）现代商务业的内涵

现代商务业是伴随着信息技术和知识经济的发展而产生的，主要指利用电子信息等高新技术、采用现代经营方式和组织形式而发展起来、链接和服务于各种制造业，以现代化的新技术、新业态和新服务方式改造和提升传统服务业，为社会提供高层次、高附加值、高生活体验的现代化服务，具有高技术性、知识性、高增值性等特点。根据按主要功能和对象分类、按现代服务领域科技的作用分类、借鉴国际产业划分标准的原则，现代商务业可划分为四大类：基础服务（包括通信服务和信息服务）、生产和市场服务（包括金融、物流、批发、电子商务、农业支撑服务以及包括中介和咨询等专业服务）、个人消费服务（包括教育、医疗保健、住宿、餐饮、文化娱乐、旅游、房地产、商品零售等）、公共服务（包括政府的公共管理服务、基础教育、公共卫生、医疗以及公益性信息服务等）。现代商务业的快速发展对经济增长和产业结构优化具有重要意义，突显了知识和技术的重要作用，具有巨大的发展潜力和无限的发展空间，能有力地提升园区的地位，改善投资环境，促进园区产业的良性发展。

（二）现代商务业发展趋势

进入21世纪以来，世界经济发生了重大而深刻的变化。一方面是全球化的发展对世界经济的重要影响，另一方面，世界主要经济重心开始转向服务业，全球产业结构呈现出由“工业型经济”向“服务型经济”转型的趋势。全球服务业比重逐年上升，国际服务贸易增长强劲，服务业的就业比重也不断增长，西方发达国家服务业的就业比重普遍达到70%左右，少数发达国家达到80%以上。现代商务业的发展进入高速期，表现出以下特点：

发展规模化。从20世纪60年代以来，主要发达国家的服务业在整个国民经济中的比重不断增长，在国内生产总值中，服务业的增加值占到70%左右。2000年，美国这一比重为74%，法国为71%，英国为70%。纽约、伦敦、东京与香港等国际大都市的比重更高，现代商务业经济总量呈现规模化发展趋势。

内部结构的高级化。世界服务业的发展由传统的劳动密集型的低端服务部门向人力资本和技术等高端服务部门转化，服务业中的金融、保险、房地产等信息、资本密集部门的比重不断提高。传统产业部门转向知识化、信息化、网络化，满足个人更高精神需求的现代消费性服务业蓬勃发展，服务业内部结构呈现高级化的特征。

服务开放化。服务业的对象由国内市场向全球市场拓展，全球范围内的服务贸易交流频繁，国际服务贸易增长强劲。1980～2000年，全球服务业增加值占GDP的比重由56%升至63%，主要发达国家达到71%左右，世界服务贸易额增长了近400%，年均增长率7.1%。高附加值的现代服务贸易在全球领域的竞争力得到提升。

功能布局的集群化。现代商务业伴随经济的发展而不断发展，城市内部经济结构的演变促使现代商务业向集群化发展。发达国家的现代商务业集群化发展趋势明显，主要发达国家形成了国际大都市中央商务区，促进了金融服务业和生产性服务业的集中，彼此之间通过紧密合作，开拓了现代商务业的服务领域。

总之，现代商务业是在工业化比较发达的阶段产生的，作为第三产业中高增长性和最具潜力的产业，可以有效地为发展新技术产业提供创业的氛围，与制造业形成互补的机制，通过产业之间的互动，拉动经济的持续发展，充分发挥现代商务业在知识经济和经济全球化的环境下对一国竞争力的提升作用。

二、张江园区发展环境 SWOT 分析

（一）优势（S）

1. 政策优势

上海在建设国际化大都市的过程中，提出了优先发展现代商务业，在未来5～10年里，加快构筑与现代化国际大都市相适应的“高增值、强辐射、广就业”的现代商务业体系目标，把现代商务业的发展作为提升都市地位的重要产业，在政策上给予倾斜。而浦东将为现代商务业格局体系中的重要节点。张江成为浦东加快发展现代商务业的六大集聚区域之一，上海海关已出台5项配套措施助推浦东现代商务业的发展，其中对张江的政策优势将为张江发展现代商务业提供支撑。因此，政策优势将为张江现代商务业快速发展提供条件。

2. 广阔的市场空间

作为最具经济活力的城市，上海的经济发展水平始终处在全国前列，经济结构迫切需要转型，依托信息技术发展起来的信息和知识相对密集的现代商务业的重要性开始显现；上海产业结构也在不断升级，生产要素聚集加快和消费结构改善，对现代商务业发展提出了更高的要求，产业结构的高级化过程需要与现代商务业发展形成良性互动，以提升产业的能级；现代商务业较高的投资回报率，也是资本投资的良好渠道，为制造业的剩余资本提供新的出路，促进现代商务业更快的发展。因此市场空间范围的拓展及市场需求结构的升级为张江现代商务业发展提供了广阔的发展市场。

3. 张江产业特色

以集成电路、生物医药、软件、文化创意等产业为特色的张江高科技园区，产业的高投资、高风险特性对现代商务业发展有着旺盛的需求，现代商务业可以解决制约产业发展的资金、信息等瓶颈，为产业向价值链的高端演进提供支持；良好的投融资机制、优质的管理咨询服务、发达的现代物流网络系统等现代商务业重要部门的发展，可以配套完善张江高科技产业链，构筑功能齐全的创新链，通过整合园区的资源，用创新链提升高科技园区的能级；张江要吸引跨国公司总部的迁入，留住更多知名企业的研发机构，现代商务业的发展是张江的必然选

择。张江高科技园区的产业特色需要相应的配套产业发展的服务氛围，为产业的发展、企业的孵化以及相关产业的衍生提供优质服务环境。

4. 低风险的商务环境

我国经济的持续快速发展和社会政治的稳定，是张江保持持续发展态势的重要支撑。国家良好的大环境，会吸引更多企业的目光，政策的连续性，减少了入驻企业的不信任因素，更多的资金投入到张江现代服务发展中。而就张江本身来讲，随着经济实力的增强，国际竞争力的提高，张江未来的发展将步入快车道。不断增强的竞争优势，张江美好的发展未来将是现代服务不断涌入的重要契机。国家经济和社会持续发展的大环境，张江跨越发展的继承性，是商务运作的最好氛围。

（二）劣势（W）

1. 张江产业高级化的需要与现代商务业发展不能满足其发展需求的矛盾

张江目前正处在从以生产制造为主、附加值低的产业向以知识型、创新型企业为主转型的阶段。通过自主创新吸引研发机构和跨国公司总部的集聚，带动相关产业的发展和园区产业的升级，能否提供高质量的服务以满足它们进驻成为园区产业结构调整的重要依据。张江园区现代商务业的发展滞后一定程度上放缓了研发中心和“地区总部”进入的步伐。另外，产业发展到一定程度，与产业相关的服务行业的发展成为产业进一步提升和能级提高的重要支撑，张江园区的产业发展已有一定的基础与规模，产业结构升级压力增大，而现代商务业的发展滞后更加剧了产业升级需要与升级环境不相适应之间的矛盾，一定程度上抑制了产业能级的提高。

2. 张江园区持续发展的态势与现代商务业发展缓慢矛盾

随着园区企业的不断入驻，园区内土地、劳动力等要素的价格上涨，可以发展的空间范围不断缩小，企业引入与现有土地资源稀缺的矛盾逐步体现，以产品价格为主要竞争力的众多企业可能因成本的提高而转移，导致园区的衰退，急需要新的动力保证园区的持续发展。张江园区目前处在全球价值链的附加值低端，园区制造业的发展很容易受高端决策的影响，产业发展有很大的脆弱性，影响园区自主创新能力的提高，单纯地通过发展制造业的现状与技术拥有国控制核心技术转移的双重压力来影响园区的可持续发展，使之成为发达国家企业外包的集中地，进一步恶化了园区整体功能的提升。

3. 张江园区企业对服务业差异化的需求与现代商务业结构不合理之间的矛盾

张江园区内企业的性质不同，规模不一样，所需求的服务水平与服务内容相差很大，不同企业之间的交流服务平台机制不一样，企业与研发机构之间的合作层次与合作方式不一样，客观上要求园区现代商务业差异化发展，以满足不同需求层次的企业的要求。就企业内部来说，企业不同机构对办公环境的需求有差异，职工对服务的品味存在差别，对服务业多元化的需求很大。而张江现代商务业结构不合理，服务层次只停留在对企业的引入服务，而对相应的跟踪服务和综合配套服务不重视，对园区环境的关注程度不高。并且，现代服务中仍以传统服务业占很大比重，现代商务业中与企业发展有关的各类中介很少，中介服务的欠缺导致创新动力不足，减缓了张江打造创新基地的步伐。

4. 张江园区现代商务业的发展要求与要素不丰裕矛盾

现代商务业所需的技术、知识等高级生产要素的不足，以及管理的低水平进一步制约了现代商务业的发展。张江虽然集聚了大量的人才，但是服务领域的人才比例不高，现有服务人员的素质与服务业发展的层次不相适应，难以形成先进的服务理念，服务业中信息技术的相对滞后很难满足服务业发展的需求。

（三）机遇（O）

国际上，以跨国公司为代表的外资企业开始纷纷进入张江服务业环节，凭借先进的技术、信息、人才、管理等经验开拓市场，为张江园区现代商务业的发展提供了借鉴，为张江园区服务业结构的改善带来了机遇；国家“十一五”规划中强调，要推进产业结构的优化升级，促进服务业的加快发展，大力发展金融、保险、物流、信息和法律服务等现代商务业，有条件的城市形成以服务经济为主的产业结构，国家宏观大环境为张江现代商务业的发展树立了目标。浦东走的是先行先试的创新之路，2010 年世博会是难得的机遇，成为浦东构筑现代商务业新格局的重要因素，而张江作为新格局中的关键节点，将成为浦东现代商务业中的重要环节。

（四）挑战（T）

国际上，现代商务业对外资的开放在带来机遇的同时，也带来了挑战。国外大的服务业巨头对中国市场觊觎已久，随着市场准入限制的逐步取消，外资企业可能凭借其高水平、高信誉的优势，开拓市场，排挤国内企业发展，占领服务业的高端，这就成为我国现代商务业发展中的巨大挑战，张江园区必将成为外资企业的重要目标，影响张江本身现代商务业机构的发展；国内来看，众多城市把发展现代商务业作为未来发展的重要产业，现代商务业的国内竞争日益加剧，各个城市对服务市场的争夺进入高潮，对自身服务业的保护也将影响服务业整体水平的提高，服务业资源有效配置机制将成为决定区域现代商务业发展的关键，张江必将承担国内服务业激烈竞争的巨大压力。

从对张江现代商务业进行的SWOT分析可以看出，张江现代商务业的发展有其发展的优势和竞争力，可以通过现代商务业的发展来提升张江园区的国际竞争力，为打造世界一流园区服务，但另一方面，也有其发展的劣势与问题，需要在大挑战与机遇并存的情况下，选择对高科技园区的发展起重要作用的现代商务业环节进行培育，同时注重园区商业服务的发展，形成知识创新服务和综合配套服务的完整服务体系，促进园区商务功能的发挥。

三、张江现代商务业发展的现状分析

（一）全球视野下的服务业价值链分析

从世界经济发展趋势看，现代商务业的快速发展已成为世界各国，尤其是国际大都市功能提升和经济增长的主要动力，在大都市发展中扮演着十分重要的角色。具有增加值低、乘数效应小和劳动力素质较差等特点的传统服务业日益向以高科技、知识性、高附加值性等为特点的现代商务业演进。金融、保险、证券、信息技术等高端服务业快速发展，在整个价值链中与现代服务相关的环节的价值含量增高。全球经济发展呈现出由“工业经济”向“服务经济”转变的趋势，服务业的价值越发体现在其提供服务的质量上，服务业尤其是现代商务业发展已经成为国家创造财富的重要产业，其在全球价值链中处于十分重要的地位。特别的，从20世纪90年代以来，传统制造业创造利润的空间已非常有限，制造业在产业链中的优势地位逐渐让步于服务和研发机构，服务业成为国家实现经济发展的重要部门，服务业嵌入产业链中为产业提供支撑（图11-2）。

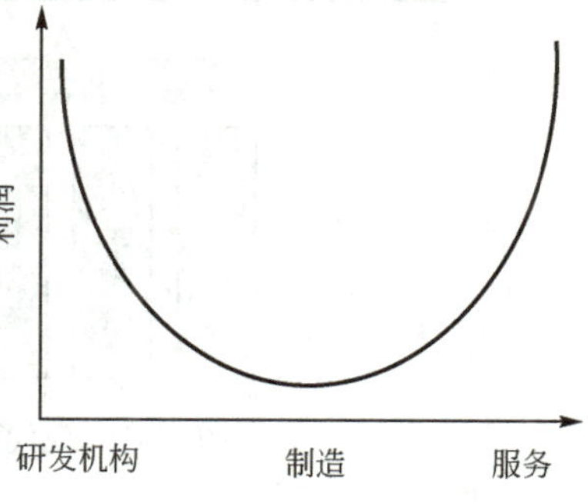

图11-2　20世纪90年代以后服务业在价值链中的位置

（二）张江现代商务业发展现状

世界知名高科技园区中，现代商务业发展对园区发展起着巨大的推动作用。尤其是与高科技发展密切相关的中介服务机构，它以专业化的知识、专门的技能以及有利于高新技术产业化的平台建设，为高科技园区技术的发展、产业结构的升级提供支撑性的服务，是科技应用、科技与经济、生产与消费不可缺少的服务纽带，具有服务、沟通、监督等方面的职能。同时，园区中的综合配套服务体系（包括物流服务、房地产服务、知识创新服务等）也是园区现代服务中的重要组成部分，主要是为园区建设营造一个良好的商业环境条件，包括与产业密切相关的知识转化服务功能和生产、生活配套服务功能等。中介服务机构是与产业密切相关的服务体系，而综合配套服务体系是与园区整体建设密切相关的服务，是提升园区整体形象的重要方面。因此中介以服务机构、综合配套服务体系等构成了高科技园区现代商务业的重要组成部分（图 11-3）。

1. 中介服务机构

从对高科技园区产业链的分析中可以看出，中介服务机构在构筑园区产业链中起着桥梁的作用。在基础理论研究中，中介服务机构把成果与产业化很好的结合起来，促进了理论成果向应用成果的转化，而在把产品推向市场的阶段，物流平台、营销服务等中介服务机构的功能的发挥，使产品的价值最终在市场中得到体现。

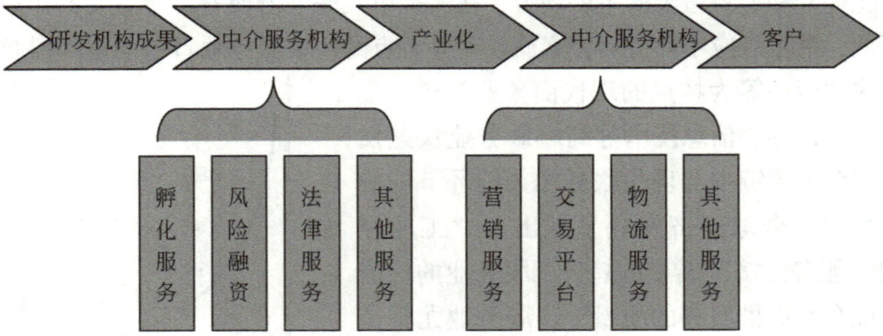

图 11-3　现代商务业在高科技园区产业链中的位置

近年来，为优化园区创新创业环境，促进主导产业集群的持续发展，张江中介服务机构呈现出快速增长的态势（表 11-1、图 11-4、图 11-5、图 11-6）。

表 11-1　2003～2005 年张江高科技园区中介服务体系机构数量变化图

类别	2003 年	2004 年	2005 年
投资管理与咨询	30	57	63
各级银行机构	11	11	14
行业协会	6	7	7
律师事务所	5	6	6

续表

类别	2003 年	2004 年	2005 年
注册登记代理	4	5	5
人事代理	4	5	5
担保机构	4	4	4
投资银行	4	4	4
财务代理	3	4	5
知识产权服务	3	4	5
技术转移	3	3	3
生物医药临床服务	2	3	5
咨询管理	2	3	5
综合类	2	3	5
融资租赁	2	2	2
总计	85	121	138

资料来源：上海张江高科技园区 2003 年、2004 年、2005 年统计年报。

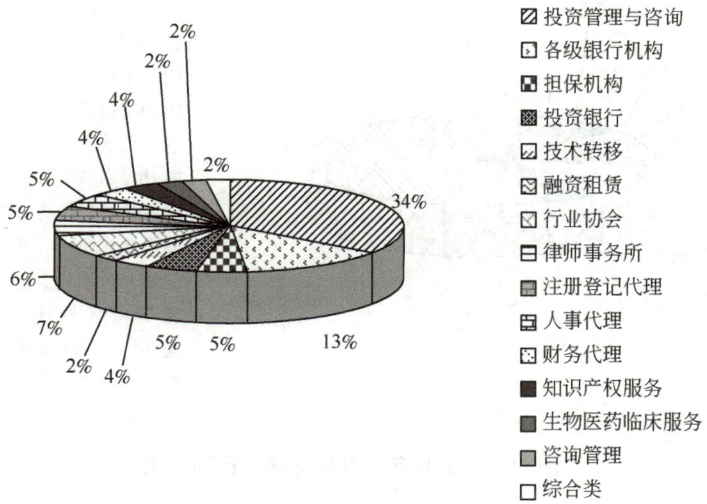

图 11-4　2003 年中介服务体系机构构成

就张江本身来讲，产业的发展是基于产学研驱动和产业驱动共同作用的过程，园区产业多集中在附加值低的环节，产学研之间的交流平台脱节，中介服务机构的发展迟缓，影响了园区创新能力的提高。张江园区中介服务机构的发展现状表现在：

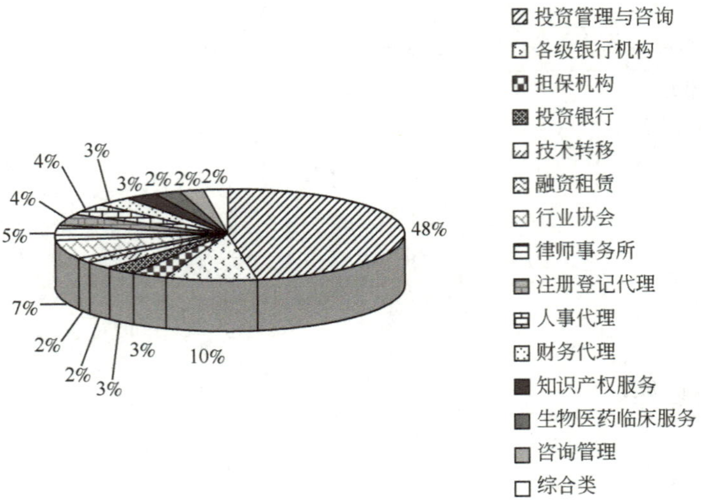

图 11-5　2004 年中介服务体系机构构成

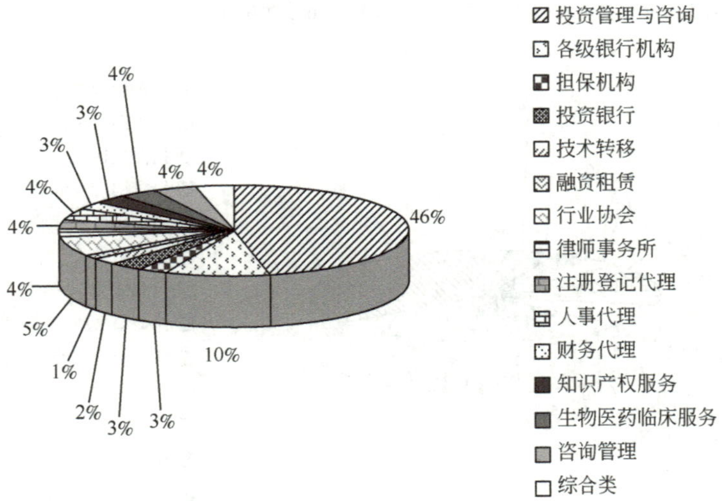

图 11-6　2005 年中介服务体系机构构成

第一，中介服务机构有所发展，但发展缓慢。

中介服务机构在张江不仅数量偏少，而且服务类型也较单一，高科技园区对中介服务机构的需求量是很大的，尤其是对于产业结构面临升级的园区来讲，服务类型多样、数量庞大的中介机构是园区发展的必要支撑。而张江园区中介机构发展缓慢在一定程度上阻碍了园区产业的升级。

第二，中介机构部门较少，有些关键性的部门缺失。

张江中介服务机构类型较少，专业化程度参差不齐，不能有效的满足发展的要求。特别是张江作为创新园区，风险资金是支撑园区快速发展的重要条件，而张江所依靠的风险资金距离张江较远，很难为企业提供现实所需。对于高新技术产业而言，融资渠道是产业发展的重要环节，园区虽然有比较多的投资管理与咨询服务机构，但就园区本身发展来讲，难以满足企业解决资金瓶颈的需求。另外，关键性的中介机构如信息服务机构、孵化器服务等缺失。对园区企业而言，需要通过对企业的培育将知识转化为生产力，而张江的孵化服务不足，中小企业孵化的服务环境不完善，创新的基地建设将缺少支撑。

第三，各类中介服务机构服务理念难以适应企业发展的需要。

张江已有的中介服务机构中，由于人员素质不高，为企业服务的理念不清晰，对企业的跟踪服务不到位，没有解决企业发展过程中出现的问题，中介机构没有真正发挥到桥梁的作用。另外，中介机构人员的缺少也在一定程度上影响了其功能的发挥。高校研究成果没有很好地与企业结合起来，多数服务主要靠张江集团本身来建立与企业的沟通。服务理念的落后很难与企业的发展相适应，将对产业的发展产生消极的影响。

第四，中介机构中风险资金没有充分发挥培育企业的目的。

高新技术园区中，风险资金的涌入是提升高新技术园区创新的重要支撑。虽然浦东正逐渐向中国金融中心建设，并已集聚了大量的风险资本。但是，风险机构的特点决定了其需要靠近园区，因此，陆家嘴的金融中心对园区的支持作用不够充分。而风险资金的缺乏挫伤了企业家创新动力，进而阻碍了园区的技术进步。

因此张江中介服务机构的数量少、类型少、服务层次低影响了张江整体功能的提升，致使张江产业链没有很好地发挥其主体的功能，产学研之间的发展缺少纽带，企业发展有力支撑不够，企业创新不足，减缓了园区产业的升级和结构转换的速率，也减缓了张江打造国际一流园区的步伐。

2. 综合配套服务体系

为满足张江产业不断升级的需要，营造张江园区良好的服务氛围，通过服务平台的建设包括交流平台、物流平台等建设，为园区发展提供好的生产、生活配套服务，形成科技与服务有机结合的商务区域，形成创新的服务体系。目前，张江综合配套服务体系还处在一个逐步发展的过程中，为生产配套的基础设施等发展良好，特别是2005年被称为张江园区的服务年，通过深入完善“新九通一平”，实施“十个一服务”工程，推进了园区生活配套实事项目工程，进一步提升了服务能力，优化了园区的综合环境。张江综合配套服务体系的发展情况如下。

第一，张江园区投入第三产业的固定资产投资额稳步增加，其中房地产投资变化较大。

从图 11-7 可以看出，2002～2005 年，园区对第三产业的投资呈现稳步增长的态势，投资的流向中，基础设施工程的建设占据了园区的较大部分，是园区综合配套服务体系中的重要组成部分之一。固定资产投资增长，反映了综合配套服务体系为产业发展服务的低层次的基础设施发展的不断完善。另一方面，房地产业的波动发展趋势表明，园区在发展高科技产业的过程中，虽然房地产业取得了较大的发展，但房地产业的作用并没有突显出来。房地产业是园区综合配套服务体系中重要的服务项目之一，在园区土地资源趋紧的情况下，提高土地利用价值成为土地进一步开发的价值所在。张江房地产中介机构的缺失，在一定程度上影响了房地产业的发展，加之与房地产密切相关的高档写字楼和外销公寓等房地产的高端服务不完善，限制了房地产业向价值链高端演进。

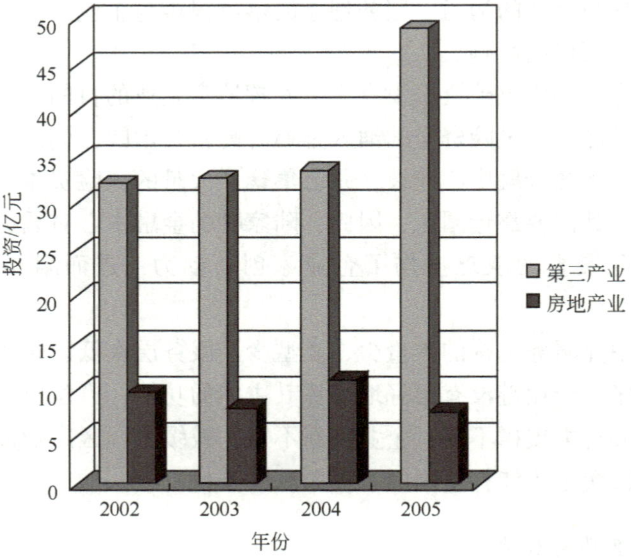

图 11-7　张江园区固定资产投资变化图

第二，从服务业的内部结构来看，服务业内部结构不合理，综合配套服务体系的发展仍处在低端水平。

从图 11-8 和图 11-9 可以看出，张江服务内部结构的变化趋势，房地产业在 2004 年出现高峰以后回落，而传统服务业如批发、住宿、零售等仍然占有较大比重。作为现代物流业的重要组成部分——仓储业所占比例很小，2005 年仓储企业只有 2 家，表明张江现代物流业的发展才刚刚起步，物流业没有很好的融入张江园区的经济发展过程中。物流平台发展的滞后会影响产品到达最终用户的时间，导致产品的积压。现代物流业是用户与企业沟通的重要渠道，也是张江园区企业产品迅速扩张市场，提高生产效率的重要产业。园区周围便捷的交通体系与园区现代物流业发展缓慢的现实相悖，影响了企业效率的提高。

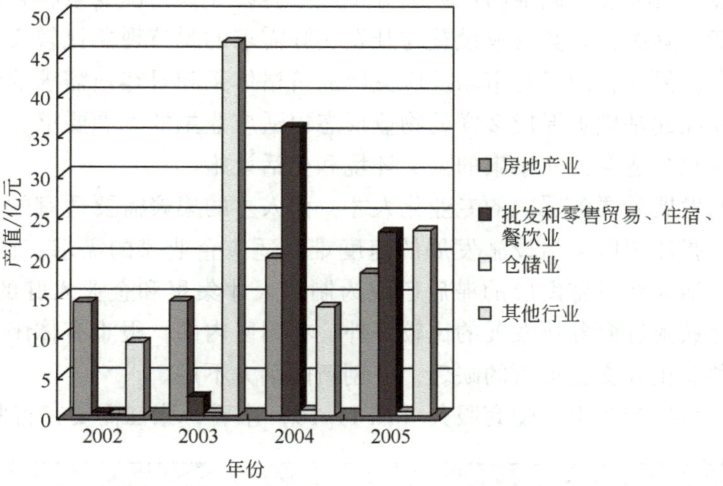

图 11-8　2002 ~ 2005 年张江园区各服务行业产值变化图

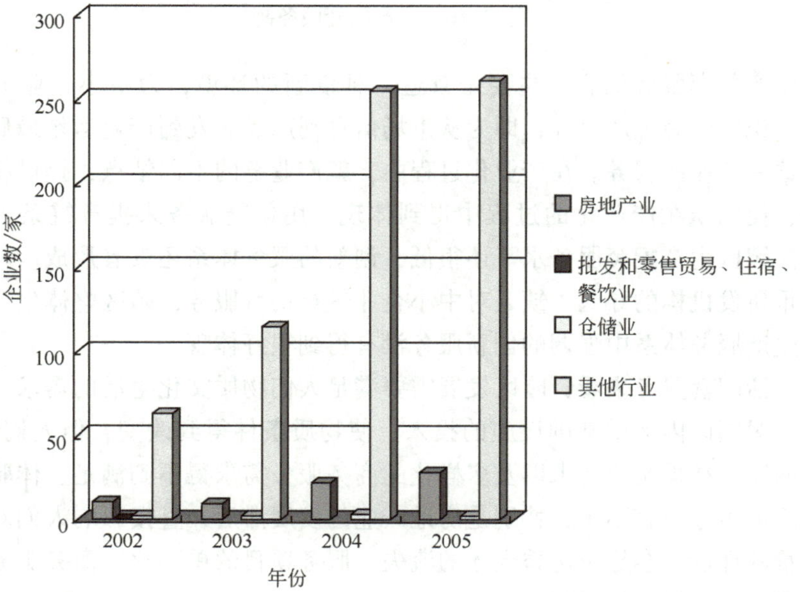

图 11-9　2002 ~ 2005 年张江园区各服务企业数变化图

第三，多元化的物业形态有待深化。

园区为企业发展提供了标准厂房、孵化楼、办公楼和研发楼四种物业类型，一定程度上满足了客户的需求，但是也存在诸多问题。首先，同类物业的竞争明显，产业分区界限日渐模糊。以研发楼为例，目前就存在SOHO一期、SOHO二期、SOHO三期、领袖之都、生物医药基地研发A/B区、创新园等物业类型，同构趋势明显，目标客户瞄准与产业细分不足。容易导致内部竞争不合理，造成稀缺资源浪费。其次，各类物业设置与开发实际需求的脱节现象比较突出，研发楼空置率较高。另外，缺乏对市场反应灵敏的价格体系和对客户需求的细分的完整规范。需要在此基础上形成多样的物业形态以适应业主的发展要求。

第四，缺少适合人才集聚的人文环境和生活设施。

园区的发展需要各层次的专业化人才，而人才的集聚需要适宜的人文环境和生活环境，张江园区生活设施发展的速度难以适应企业家的需求。调研中可知，张江园区生活配套设施发展的滞后已成为制约人才集聚和企业入驻的重要原因。除了张江地铁附近商务业发展的比较好外，在园区内部，很难有休闲、娱乐等的场所。这种非正式交流场所的缺乏，使创新的动力不足。

第五，从生产和生活配套服务（图11-10）来看，张江需要完善服务体系。

图11-10　生产配套服务链

就生产配套服务而言，主要是营造一种创新的环境，为中小企业的孵化服务，为知识转化为生产服务，即为从市场信息到产品研发到产业运作最后到达最终用户这一产业链服务。在产业化过程中，就产业链的不同结点，提供相应的配套服务，使创新在产业化的过程中得到体现，用创新服务来提升链条主体的能级。张江园区生产配套服务水平还很低，创新的服务体系还没有形成。张江产业发展注重研发机构的导入，缺乏对中小企业进行培育服务，园区整体生产服务水平低。生产服务体系中强调的创新服务没有得到很好体现。

从生活配套服务来看，园区发展需要满足人们物质文化生活的需求，园区虽然加强了对园区内物质基础设施的投入，使物质条件得到改变，但人们的休闲、娱乐、购物等精神文化需求以及多样化的商务服务需求得不到满足，体验园区环境与乐趣的服务内容不足，特别是房地产业的发展滞后，直接影响人们对于园区环境质量的评价，会导致优秀人才的流失。服务项目的单一化、商务服务的落后是张江需要迫切解决的问题。

总之，张江现代商务业的发展还处在初级阶段，现代商务业的功能和价值还没有充分体现，与张江园区发展密切相关的中介服务机构仍难以为企业发展提供足够的支撑，中介机构为产业服务的功能没有得到真正体现；在园区土地资源趋紧的条件下，房地产业的发展不足，将使有限资源配置不合理，园区已有写字楼价值得不到充分发挥；现代物流业的发展严重不足，难以为企业的发展提供便捷通达的物流服务。中介服务机构发展滞后以及综合配套服务发展结构不合理，影响了园区整体服务功能的提升。张江现代商务业的发展主要是以围绕招商引资为主的服务，而对企业的跟踪服务、企业的技术、工艺创新等服务较少。

第五节　产业互动效应分析

现代商务业与产业的发展相关，园区内不同的行业是现代商务业直接服务的对象，建立在服务平台基础上的企业通过网络联系起来。张江现代商务业的发展以企业为主体和以消费人群为主要服务对象。

一、与企业为主体的互动分析

张江现代商务业的主要服务对象是企业。通过与企业的沟通，为企业发展支撑服务。张江现代商务业与企业的互动效应（图 11-11）表现在张江现代商务业的发展需要与企业之间建立联系以满足企业发展不同阶段的服务要求。对于高科技集中的张江园区来讲，高科技本身的特性，决定了企业从诞生到快速发展过程中都要提供适应的服务。尤其是对于以生物医药、集成电路、软件为主要性质的产业来讲，服务从开始就与企业产生互动，如企业创业期间的风险投资服务、各式各样的中介服务和物流服务等，嵌入到企业发展的过程当中，形成从企业招商引入服务到跟踪服务，再到为企业提供即时服务等的服务链条。在为企业提供服务的同时，通过提升服务的等级，形成创新的服务，打造创新的服务体系。基于创新服务体系之上的服务水平提升促进了企业的发展，使得企业利润的空间增大，导致技术和知识的创新力度加大，提升了整个产业的能级。基于服务平台上的企业，可以在中介服务等服务类型的桥梁作用下，形成密切的网络关系，这种网络关系是产业发展到一定程度的高级产物，网络化的发展将促进企业与企业之间知识技术的交流，减少因知识的单一流动所产生的知识创新不足的问题。知识和技术的频繁交流进一步促进了产业能级的提高。就园区外部资源整合而言，因为张江园区是以多文化的外部人才集聚和资源与市场两端在外为显著特征的，园区与外部的联系比较紧密，因此有效的服务平台可以吸引外部技术与知识的融入，形成创新的空间。而企业可以通过物流服务的平台，把园区产业的成果输送出去，即建立起一种不拘泥于园区同时又创新于园区的产业发展态势。

服务业在为企业发展提供平台服务的同时，企业也通过扩散效应影响现代商务业的发展，企业发展水平的提高过程，是整个产业结构优化的过程，初始阶段的服务水平也随着企业需求的不断提高而升级，服务业的服务水平与服务层次会因此而提高。园区高科技产业升级，成为高端技术服务的科技服务业，形成园区开发服务和创新服务的品牌。

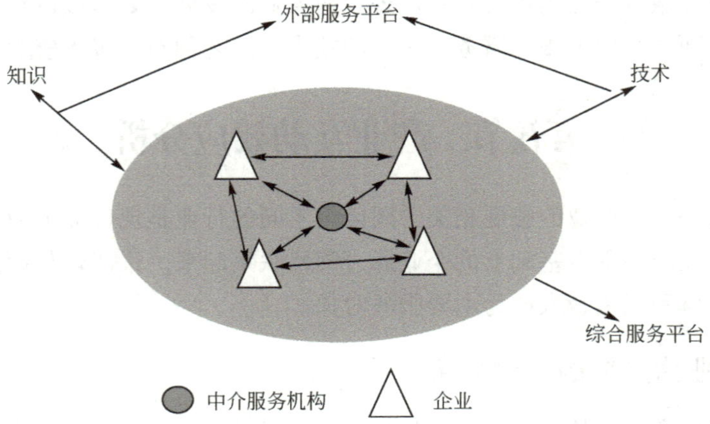

图 11-11　现代商务业与企业形成的网络图

二、与消费者互动

张江园区的发展不仅仅是园区本身产业的发展，更多的是人与产业和谐的发展。随着园区产业的不断发展，园区人才不断涌入，生活配套服务发展水平的高低成为衡量园区整体水平的又一重要参考，服务业的发展可以满足不同需求层次的人才的发展需要，为其提供适宜的工作和生活环境。通过规划建设商务中心，形成不同种类的商务功能，满足商业服务、餐饮服务、旅游服务等生活服务职能，以及文化活动、教育培训、医疗保健等社会生活服务职能，满足不同学历、不同收入、不同年龄层次的品位，以此提升居住产品品质，聚集人气。在为消费者服务的配套服务产业中，房地产业的发展会带动相关产业的集聚，进而促进消费者办公环境与生活环境的变化，形成多元、共生的园区文化，消费者需求的满足会激发其潜能，以创新思维投入到企业发展当中。相应地，消费者服务的不断满足，进一步刺激了人们对高品位生活质量的需求，提升了生活配套服务的水平。而才能的充分发挥，会促使知识创新，提升企业的竞争力，形成创新的氛围。人才之间的互动是服务与消费群体的互动（图 11-12），是服务业嵌入生活配套服务领域的重要手段。

总之，张江现代商务业的发展可以很好的嵌入产业活动中，与产业形成联动效应，彼此之间通过互动，促使产业和服务业向结构高级化方向发展和演进。在现代商务业高速发展的支撑下，张江园区产生的集聚效应，将促进人才、资金、技术涌入园区，通化消化吸收，创新园区环境，打造有竞争力的国际一流的园区服务。

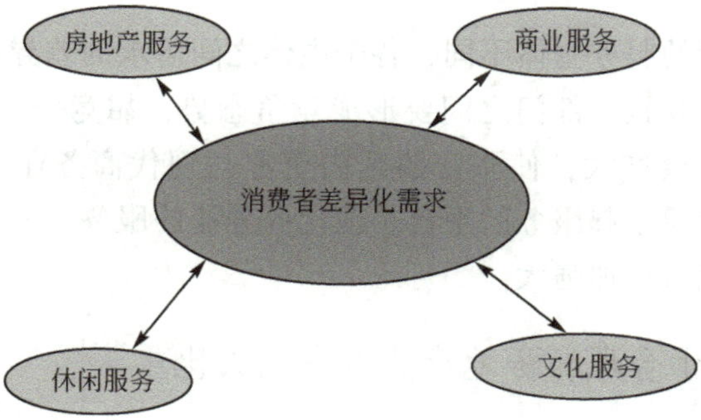

图 11-12　现代服务业与消费者的联动效应图

第六节　张江现代商务业的发展趋势、重点发展领域和支撑体系构建

一、发展趋势

随着张江园区土地资源、开发资金等资源趋于紧张，园区发展速度减缓。传统的依靠固定资产投资等粗放型发展模式难以适应外部环境变化的挑战。而现代商务业因其强劲的发展势头、高的投资回报率而逐渐成为经济发展的引擎。尤其是对于高科技园区来讲，现代商务业发展成为推动高科技发展的动力，可以有效地解决制约张江发展的瓶颈问题，未来张江现代商务业的发展将进入高速区，其发展趋势如下。

（一）产业规模将大幅度扩张

张江产业发展对现代商务业有着旺盛的需求，突显了现代商务业在产业升级过程中的地位。园区产业的特色决定了现代商务业必须与产业相适应，防止出现"短腿"现象，高科技产业的性质，客观上要求现代商务业不能停留在低水平的发展阶段；张江园区在全球价值链中的地位，需要现代商务业的快速发展。张江园区是典型的两头在外的制造业基地，对外部资源的引入，需要发挥现代商务业的物流服务和其他一些中介服务，这在一定程度上加大了对现代商务业的需求，张江园区产业升级需要现代商务业的快速发展。张江园区面临着很大的升级压力，产业升级的过程是现代商务业较好地融入产业化过程中的过程，升级需要现代商务业的高速发展。

(二) 门类将更加齐全，服务功能将提升

企业和消费者的服务主体不同，各个主体之间需求的差异要求张江现代商务业发展多种部门，并且，部门之间要形成竞争态势，靠竞争来提高服务的质量，服务的科技含量将会增大，使张江园区内企业与现代商务业的沟通交流作用显现，服务业为企业建立起服务的平台。现代商务业的服务内容将更加丰富，为整个园区服务的功能将更加强大。

(三) 结构将趋于合理，房地产业将占很大比重

张江在保持传统服务业发展的同时，现代商务业的其他方面将逐步完善，原来房地产业和传统服务业占较大比重的服务结构将向多元化结构转化，物流服务的比重将提高，通过招商引进部分物流企业，促进物流企业的服务能力，改变园区物流效率不高的现状。房地产业作为园区的重要产业，在园区资源紧张的条件下可以发挥其效用，使土地资源得到合理利用，房地产业等行业部门进入快速发展期。房地产业将在现代商务业中保持较高的比重。

二、重点发展领域

(一) 中介服务

中介组织具有服务、沟通、协调、自律、监督等方面的职能。随着市场经济的发展，中介服务的内容更加丰富和多样化，中介服务业在高科技园区发展中的作用与日俱增。首先，可以调整经济结构，促进现代商务业的发展，满足企业发展对信息、技术、市场开拓、融资等方面的需求，进而推动政府职能向服务化转变。中介组织的发展壮大将成为沟通产学研之间、企业之间联系的重要通道，有助于研究成果快速地转化为生产，避免高校与企业联系的脱节。其次，内容丰富。诸如风险投资、法律、金融服务、协会、会计、评估机构等中介部门的发展，将为高科技园区产业链整个过程提供多种服务。张江园区应重视对中介服务机构的培育，发挥中介服务机构作为桥梁的沟通和推动作用，通过引入相关机构，给企业提供多种服务。

(二) 房地产业

房地产业是一个具有高度综合性和关联性的行业，是国民经济中各行业相互集中、联系的重要枢纽，具有很大的带动作用，可以带动相关产业的发展。包括

与房地产业发展相关的信贷等中介机构的发展。随着张江园区经济的持续发展，人才的不断涌入，收入水平的提高，居民对于住宅以及与住宅有关的租赁服务关注的更多，房地产业将成为影响居民生活满意度的重要产业。张江建设国际科技商务中心为房地产业的迅速发展提供了市场，房地产业可以进入高档写字楼市场，并且通过整合资源，带动物业测量、价值评估等中介服务市场和中低档住房市场的发展。房地产业的发展将为张江商务中心的建设以及园区优良环境和社区的建设发挥重要作用。

（三）物流服务

现代物流业的发展作为现代商务业的重要组成部分，可以提高企业的运作效率，其通过发达的物流网络，为资源和产品快速进入市场提供便捷的服务。对于张江园区来讲，物流服务对园区内企业与园区外企业的交流起着重要作用。张江园区要融入全球价值链中，必然需要与区外的知识与技术进行交流，并且，张江园区仍然是以制造为主的园区，产品迅速的占领市场、实现零库存是企业的目标之一，物流服务正好可以嵌入企业对外的知识技术的交流中，为信息在园区内外的流动服务。另外，张江园区目前的生活环境发展相对滞后，商业设施较少，大部分员工都不住在张江园区内，但随着生活设施的改善，居住人员的增多，将对生活物流服务有更高的需求。所以，通过吸引物流企业入驻，能够整合资源，促进物流服务有效的切入到整个园区的创新服务价值链中，达到园区运行效率提高的目的。

三、支撑体系

（一）加强综合服务平台建设和建立良好的管理机制

张江园区的发展现在处在一个调整的过程中，打造多层服务平台，包括建立创新服务平台、客户服务平台、企业孵化平台等，形成网络化的服务模式，使服务的体系更加完善，增强服务的全面性和服务的针对性，在此基础上，通过创新，建立起创新型的服务链，促进服务与企业的互动发展，园区的现代服务体系将趋于合理。同时通过整合服务资源，加强对服务平台的运营和科学管理，开拓新的服务资源，在机制创新的基础上，对服务平台进行统筹、配置、整合，以更好地为园区服务。

（二）打造创新型服务链

现代商务业融入园区的发展中去，与产业之间建立起密切的联系，使服务业的价值更能体现在企业运作效率的提高上，服务业的发展不仅停留在为企业支撑服务的价值层面上，而是通过创新型的服务，使知识与技术融入企业发展的过程中，通过知识的创新，促使现代商务业的价值链升级，并且在知识创新服务的基础上，通过培育出具有本土气息的、竞争力强的知名服务企业，在其带动下，形成园区现代商务业集聚的效应，进而形成现代商务业持续发展的势头，并为园区服务，由“园区自我服务”向“区域服务”扩张。因此，要打造创新型服务链，支撑现代商务业向高知识创新服务和企业孵化服务的高层次发展。

（三）吸引现代服务企业涌入和加强高素质人才培养

通过制定相应的引入机制，吸引知名企业的入驻，形成现代服务企业集群化的发展模式，形成企业之间的网络化组织，基于网络化组织之上的企业的不断涌入和发展，使服务的理念与水平都有很大提高。通过示范效应，带动服务业的持续发展，形成园区服务业的强大竞争力。企业数量和服务水平的提高，吸引高素质的人才涌入，人才吸引与人才培养相结合，进一步提升服务的管理水平，并通过运用现代信息成果，提高服务的信息化水平。现代服务企业的集群化和人才队伍的不断壮大，提升了服务行业的整体水平。

（四）张江集团功能应从园区开发向园区服务转化

随着园区建设的不断发展，张江集团作为张江高科技园区的主要开发商，其功能应从原先的园区开发的粗放式发展向为园区产业服务的服务型功能转化，通过资源的整合，形成创新的服务和服务的创新。通过与企业建立联系，为企业发展服务，并整合服务资源，精心培育服务链条，为园区产业的升级服务。同时，剥离某些非主业功能，通过市场机制，促进主体功能的完善。将开发与服务相结合，使创新型服务业成为集团未来主要的业务增长点。通过张江集团服务体系的健全，引领现代商务业的快速发展。

第七节　产学研一体化战略与模式

一、产学研中的知识溢出效应类型

在高校的知识溢出过程中，按照高校与企业在知识溢出过程中的参与程度，可以将知识溢出模式粗略的分为内向型、外向型、合作型三种。

内向型。在这种模式下，知识溢出的三个阶段均由高校完成，表现为高校衍生企业应用技术直接创造效益。高校衍生企业，按照比较宽泛含义的界定，是指由高校投资兴办或高校为第一大股东的企业，包括以高校的科技成果投入的生产制造型企业和以高校的智力投入的中介或服务性的企业，高校衍生企业的典型代表有依托清华大学的清华紫光集团、清华同方股份有限公司以及依托北京大学的北大方正集团。

外向型。在这种模式下，知识溢出的第一个阶段，即实验室阶段由高校独立完成，而产品化和商业化及产业化阶段则由企业来实现。具体表现为，高校将自己的研发成果通过技术市场直接转移给企业，技术的供需方是一种交易关系。就国际上这种形式的知识溢出实践来看，多表现为专利转让；从我国目前的情况看，通过这种方式转移和扩散的技术逐年增多，但其转移效果并不特别显著。

合作型。在这种模式下，知识溢出的前两个阶段由高校和企业合作完成，最后一个商品化、产业化阶段由企业独立完成。在这种合作模式下，双方从技术开发阶段就交流切磋、合作研究，共同完成技术开发和生产过程，有时双方甚至建立长期合作关系，如建立联合技术开发中心、研究所等，更为直接的方式则是双方共同组建企业，这种合作方式越来越受到企业和高校的欢迎。

二、产学研中的知识溢出效应模式

将以上三种基本类型具体细化，可以总结出以下 8 种高校（科研院所）知识溢出模式。

（一）专利许可型

1. 模式的特征

高校将科研成果以技术专利许可的形式转让给企业，企业投入资金、设备、场地等，与高校中的科研人员合作，在此基础上开发出实用产品，并成为企业的主营业务，实现科研成果的转化。

北大方正集团在其创业伊始，就采用这种模式。北京大学计算机科学技术研究所王选教授在 20 世纪 80 年代初成功主持开发了具有世界领先水平的中文激光照排系统。为了把它推向市场，该研究所开始以技术转让的方式与山东潍坊计算机厂协作生产“华光”电子出版系统，但是这种松散的合作方式很快走到了尽头。不久，北京大学决定向北京大学新技术公司（即北大方正集团的前身）转让研究所的技术，北京大学新技术公司和计算机科学技术研究所紧密合作，由公司负责技术服务、销售和培训，研究所负责新技术的开发，这样北京大学“有市场头脑的科学家”和“有科学头脑的企业家”两支队伍走到了一起，新诞生的北大方正开始走上了发展的快车道。

这种模式下建立的企业的优点在于，社会上的已有企业往往已经积累了较为丰富的经营管理经验，而高校的技术成果又使新的产品具有较高的技术优势，两者如能很好地结合，则新生企业往往能够生存下去并得到较好的成长。

2. 模式存在的主要问题

第一，技术专利许可的形式决定了高校和企业的合作是短期的，研究人员没有进入企业，或只是浅层的介入到后续技术开发中，使得企业难以进行产品的进一步创新，从而限制了企业的长期持续发展。

第二，技术专利的作价没有一定的标准，是校企合作中争议的焦点，往往会造成合作双方的分歧，进而影响到校企合作的进一步深入和持续的发展。

（二）知识产权入股型

1. 模式的特征

以高校单项科技成果及相关的知识产权为基础，以参与研究开发的关键人员为骨干，与社会上已有的企业合作，组建新的科技型企业，实现成果的转化，近年来，很大一部分企业是高校以技术入股的形式参与创办起来的。

清华阳光公司是这一类型的典型代表，全玻璃真空太阳能集热管是由清华电子系一位教授及其研究小组发明的太阳能选择性吸收涂层专利技术转化形成的产品，学校以这一成果入股与北京玻璃仪器厂联合组建清华阳光公司，公司注册资本为100万元，经过5年的发展，已具备年产集热管800万支的生产能力，总资产已超过1亿元。产品的年生产量及集热效率等技术指标都达到国际最高水平，成为名牌产品，荣获国家发明三等奖。企业为了不断开发新的产品系列，加强产品的推广应用，以专利发明人为首，电子系相关人员参加组建了校企联合研究所，使企业不断得到后续的技术支持，增强企业发展的后劲。目前该公司除了生产集热管外，还具备年产30万m^2太阳能热水器、100万台太阳能开水器的生产能力。

相比专利许可型，这种模式中的学校和企业合作更加紧密，有利于校企双方相互沟通，发挥合作双方的技术和经营管理优势。

2. 模式存在的主要问题

第一，在某些新办企业中，技术成果仅仅作为股权作价入股，但相关的技术骨干人员并未进入企业，或没有较深的介入企业的后续技术开发中，新办企业往往在技术和产品的后续运作活动中出现障碍。从我们所了解的情况看，高校的技术骨干介入企业的技术开发和经营运作越深，该类问题就越少，因此，创办该类企业，相关的技术骨干应尽可能地介入新办企业的开发和运作过程中。

第二，由于技术成果的垄断性和对未来市场的不同判断，技术股权的作价评估往往是合作双方争议的焦点。从我们调查的情况来看，合作企业对入股技术成果的相关知识了解得越少，则该类争议越多。解决的方法是，合作企业应是该技术领域或相关技术领域的经营者，应具备相关的技术知识，这样有利于达成共识。

（三）“带土移植”型

1. 模式的特征

以高校具有实力的主骨干公司作为平台，将学校的专利或专有技术、参与研发的骨干技术人员以及由他们组成的研究开发群体连同相关设备仪器等，整体移植到公司内，与公司分离出的相关资产一起，组建新的经济实体。

“带土移植”模式是高校的龙头企业——清华同方集团对孵化新兴企业运营模式所作的大量前瞻性探索。清华同方将自己定位为一个孵化器，它不仅能够将学校的一些创新成果尤其是高技术成果迅速地转化为现实的生产力，而且能够充当高校科技成果向社会企业转移的接口。清华同方有一支专门的队伍，从高校已有的科技成果中发现、筛选能和市场结合较好、有良好市场前景的项目，将通过募股所获得的和在资本市场上通过配股所筹集的部分资金注入创新小组来启动孵化项目，进行拟风险投资的运作，二次开发并孵化成新的产品或者新的企业，而这些新的产品、新的企业既可以充实到清华同方的产业领域，也可以通过各种有效的方式如技术转让、企业购并等转移到社会中去。

大型集装箱检查系统是清华“八五”攻关的高技术项目，涉及加速器、核探测、电子、自动控制、计算机网络等学科，主要用于加强海关的监控，打击走私犯罪活动。这项技术在国内还属空白，国际上也只有极少数发达国家能够掌握。国家和学校投入上千万元的研究经费，经过清华专家三年多的攻关，取得了初步的技术成果，但产业化还需要几千万元的资金和大批技术人员的再投入。就在该项目的产业化遇到困难的关键时刻，清华同方公司董事会决定由公司投资实施该项技术的产业化，为此专门成立了清华同方核技术公司，首期投资 3000 万元。为保证产业化的顺利进行，聘任年轻专家、参与攻关的主要技术骨干担任核技术公司的总经理，产业化过程由校企联合施行，并约定以产品销售收入的 5% 作为技术使用费用回报学校。经过两年的努力，该项技术已经成功地实现了产业化，第一台同方威视固定式大型集装箱检查系统于 1999 年 11 月在天津港建成并正式投入使用。批量生产经营固定式检查系统已经开始，清华的八五攻关项目汉字识别系统（OCR）技术、国家重点产学研项目功能结构陶瓷技术等，通过清华紫光公司创办新的企业进行产业化，也属此类模式。

“带土移植”模式是一种较好的模式，它既能使原有项目组的技术优势和潜能得以充分发挥，又能充分利用高校骨干企业较强的市场和资本运作能力，这样产生出来的新企业一般都能很快解决生存问题，并能较快地成长。

2. 模式的局限性

由于高校的研究领域非常广泛，而高校的骨干企业只在某些领域的运作能力较强，并且取得研究成果的教授们和研究开发小组并不都想进入企业，因此，该种模式的适用范围相当有限。

（四）改制型

改制型即用股份制改造工程研究中心（ERC），进行企业化运作，进而衍生出新的科技型企业。工程研究中心是一种新型的科技开发实体，其宗旨是将有市场价值的重要应用科技成果进行后续的工程化研究和技术组装，从而开发出有较大经济规模的共性技术和主导产品。从现实情况看，ERC 在运行中有以下一些问题，如过分依赖大学、与企业的接触仅停留在点接触、资金来源渠道单一、运行机制不健全等。为了解决以上的问题，各所大学先后对校内工程研究中心进行了股份制改造，其目的是建成研究开发、中试生产、人才培养三位一体的新型科技开发和经济运作实体。

华中科技大学激光国家工程研究中心是经国家计委批准设立的研发机构，专门从事激光技术及其设备的研究和开发，拥有多项国内领先技术。为促进工程研究中心研究成果的产业化，华中科技大学在 1997 年对激光国家工程研究中心进行了改制，成立了武汉华工激光工程有限责任公司（“华工激光”）。华工激光以激光技术国家重点实验室为技术源头，主要从事大型激光成套设备、中小型激光加工应用设备及医疗激光设备的研发、生产与销售。

此种模式可在更大范围内把研究开发和生产经营结合起来，使创新成果和市场紧密结合。这类企业一般可成为股份有限责任公司，高校的有形投入和无形资产均化为股份，成果完成人可持有无形资产中的一部分股权，企业内职工也可参股，以保证企业领导和职工拧成一股绳。科研机构不必撤销，继续研究开发，作为企业的后援。企业对科研机构做适当支持，学校对科研机构也保留一部分事业性支持。这样，把学校利益、企业利益和职工利益捆在一起，课题更接近市场，科技人员的积极性更高，研究、开发、生产的周期更短，这种有较大生产能力并有科技支撑的企业，容易做大，其中少数有显著成效的股份合作企业可争取上市。

（五）嫁接型

嫁接型模式的特点是选择合适的国有中小型企业，在进行吸收兼并、资产重组、技术改造的同时，找到技术的切合点，依托国有企业的生产管理能力、职工队伍、厂房设备，注入学校的人才、技术及融资能力，既盘活了国有企业的生产性资源，也形成了新的高新技术企业。

1. 兼并江西无线电厂（713 厂）

713 厂为国有军工企业，职工 2000 余人，总资产 15 亿元，负债 14 亿元，银行欠款 9800 万元，多年亏损。清华同方公司对其实施整体兼并，投入资金 2000 余万元，把该厂改造为 PC 机、光盘设备和数据库的生产基地。1999 年实现总产值 12 亿元，为兼并前的 4 倍；利润 400 万元，实现了扭亏为盈；职工收入增加了一倍；税金大幅增长。目前 713 厂已被认定为高新技术企业。

2. 组建江西诚志股份有限公司

以清华同方公司作为主发起人，与江西合成洗涤厂和江西草珊瑚集团联合组建了诚志股份公司，用同方公司所拥有的精细化工和医药专业技术对原有的产品进行结构调整，促进技术优势与产业能力的结合，带动日化行业的发展。与此同时，同方公司也实现了非主营业务的剥离，进一步突出主业。1999 年，经江西省政府推荐，已正式上报国家证监委申请诚志公司发行股票，并在国内 A 股股票市场上市。

3. 吸收合并山东鲁颖电子公司

鲁颖公司为一家生产中高压瓷介电容器的国有企业。同方公司基于要进入新型电子元器件领域的发展战略的需求，以增资扩股方式对该企业实施吸收合并。合并后，同方公司利用研究型大学开发的电子陶瓷材料技术，为鲁颖公司开发新型片式电感器，并注入 5000 万元资金扩建中试和批量生产基地。该种模式需要注意的一个重要问题是，选取嫁接对象必须慎重，必须弄清对象的优劣势、自身的优劣势、双方的互补性等。

（六）学生创业型

学生创业型模式的特点是以学生创业大赛为契机，允许少数创业冲动强烈又具有某种创业特长的学生，采取休学创业等方式组建学生公司，将有良好市场前景的科技成果自行转化，学生公司可以入驻科技企业孵化器进行孵化，孵化器为其提供基本商务服务、中介增值服务和融资咨询服务等。这个类型的科技成果的知识产权大多归属于学生个人（发明人）。

这种类型是随着近两年的学生创业计划大赛应运而生的，创业大赛在大学校园里引发起一股创业的热浪，学生们不再满足于作单纯的技术人员，把自己的科技成果直接转让给企业，而更渴望自己主宰自己的命运——融资、办公司、自主经营开发。通过创业大赛，一些在校学生通过停学创业或在读兼职，自愿合伙注册高新技术企业，将自己的科研成果转化为实际的生产力。

视美乐科技发展有限公司是其中最具代表性的一个。1997 年清华第二届创业大赛中，清华材料系三年级学生邱虹云发明的多媒体超大屏幕投影电视技术，是一种光学、电子学、机械等多领域专利技术合成的结果，该技术具有清晰度高、性能齐全、材料价格低廉的特点，是影音界具有革命意义的科研成果，具有极其可观的市场应用前景。1999 年 5 月，参加创业大赛的清华学生王科、邱虹云、徐中等开创了我国大学生在校创业的先河。7 月，由清华兴业投资顾问公司作为中介，“视美乐”从上海一百货股份有限公司成功争取到 250 万元的首期研发投资。双方协议规定，上海一百在首期投入 250 万元风险投资后占项目收益 20% 的股份，二期投入 5000 万元中试费用后占到 60%，之后，专为与清华有关的中小高科技企业提供孵化服务的科技企业孵化器——“清华创业园”开园，“时越网络”、“易得方舟”等由清华学生创办的公司成为入驻创业园的首批企业。学生创业的优势一方面在于大学生们拥有创业的激情，愿意为自己的理想奉献青春与热血，另一方面在于大学生们有机会接触并掌握世界前沿领域的技术，在第一时间把握稍纵即逝的机遇。但是学生创业也有着天生的劣势，那就是大学生们的管理经验和社会资源都比较欠缺，面对复杂多变的社会，在碰到各种意想不到的困难时，大学生们往往缺乏应变能力，这使得目前许多由学生创办的企业由于管理问题，都在不同程度地陷入了经营困境。

（七）创办企业模式

北大方正是高校自办科技产业的成功典范，并成为其他高校推崇的楷模。北大方正集团依托北京大学计算机研究所雄厚的技术实力，开发、生产、经营方正电子出版系统，引发整个印刷出版行业的革命，其经济效益和社会效益非常显著。

通过创办企业来转化科技成果，这一模式的优点是比较明显的，可以从以下几个方面得到证明。第一，科技成果转化迅速，所耗时间短。高校本身就是科技成果的创造者，是第一知情人，对科技成果的了解要比企业清楚得多，因此，在科技成果鉴定的转化过程中，行动也会比较快。第二，能为科技成果转化提供足够的技术支持。有些技术含量非常高的科技成果，和社会、企业现有技术水平之间的落差比较大，社会一时难以承受。相对而言，高校拥有尖端的科技设备和雄厚的科研实力，有能力解决生产过程中的技术问题。并且，如果由高校转化科技成果，就会有很多参与科技成果创造的人加入到知识溢出过程中，因而可以为科技成果的转化提供更多的背景资料和可衔接的知识，加大科技成果转化成功的可能性。第三，有利于科研成果的后续开发。任何一个高科技产品之所以被称为高科技，都具有时间性，都需要再开发。由于高校本身的科研力量比较强大，如果科技成果的转化在高校人力资源系统内进行，有可能进行再开发，开发成功的可能性也较大。而且，如果科研产品的开发、转化和再开发都在同一组织系统内进行，科研人员和生产人员之间的交流相对密切，人员之间的利益相互协同，各方面的人员就更有可能相互合作，从而有利于产品的再开发。第四，高校自己创办科技产业，拉近了高校科研活动与市场的距离，对高校的科研活动能起到一定的示范和激励作用。

高校自办企业模式造就了一批成功的校办企业，但这一模式在推广过程中却并没有取得预想中的普遍成功，因此我们就不得不探寻这一模式的缺陷和不足。

首先是资金问题。高科技产业发展的瓶颈始终是资金短缺，一项技术能否转化为产品关键在中试阶段，中试阶段需要很多资金，且风险很大，银行和风险投资一般不愿介入。高校本身的办学经费就比较有限，仅凭高校有限的资金，难以支撑起高科技产业的迅速发展。

第二是管理问题。校办企业中存在的管理问题很多，有人认为，正是管理上的缺陷造成了高校科技产业的先天不足，北大方正集团也不例外，不过这一不足被它创办初期所拥有的绝对技术优势所掩盖了，而后来许多校办企业却被绊倒在这个问题上。管理上的问题可以从一个简单的类比中看出，这就是：高校与校办企业的关系就类似国家与国有企业的关系。大家熟悉的国有企业存在的问题在校办企业里都有反映，如资产流失、人才流失、管理混乱、人浮于事、责任主体缺失等。

第三是高校角色定位问题。高校办企业的初衷是增加学校收入以优化教学和科研环境，但这一目标达成的前提是所创办的企业能够成功。但市场总存在着风险，高科技产业的风险更大。如果企业运作不成功，投资收不回来，则会拖垮学校。此外，如果大学直接为利润过分操心，将会对教学与科研产生误导，这种短期行为将可能影响原始科研成果的产生。

（八）建立科技园

当创办企业这一模式难以胜任转化科技成果的使命时，人们就会寻找其他方式，创办科技园就被作为利用市场力量转化科技成果的成功模式从国外引进来，并且在中国的土地上普遍开花。目前已建立起来的科技园大致可分为三类：一是高校依托自己力量独立创办，二是几所高校联合创办，三是高校与政府联办。尽管各种类型之间存在着一定的差异，但与创办企业模式相比，它们都具有以下的共同特点。

第一，功能定位上，其核心功能是孵化而非直接运作高科技企业。大学科技园是孵化器，大学科技园的重点是技术研究与成果转化，并不是完全追求产业化、商业化。大学科技园联结着高校、社会和政府，通过为高科技企业的成长和发展提供多功能平台来促进科技成果转化。大学科技园的价值就在于通过为科技园提供管理服务，使高校的科技成果和高素质人才、社会和市场上的资金力量以及政府的政策支持这三方面因素优化组合。

具体来说，主要表现在以下三个方面：①为科技成果转化寻找资金，在技术和资金之间发挥桥梁与纽带作用。当前，影响技术方和资金方合作的主要因素，首先是高科技产业本身存在的风险问题，其次就是双方之间的信用问题。科技园可以通过对入园科技成果的科学性和可行性进行审核，以减少高科技产业本身的风险，并增强技术方的可信度。同时，科技园还可以汇总入园的科技成果，进行大规模的招商引资，扩大引资范围、创建风险投资资金、协助申请国家、省、市支持科技发展的有关资金；争取其他风险投资资金的引入。科技园并不排挤学校用自有资金投资建厂办公司，而只是以一种更合理的方式进行，以更有利于吸取社会多方面资金的形式进行。②为入园企业提供政策优惠。大学科技园一般都能获得国家的政策支持，入园企业也有许多诸如税收减免等方面的优惠。③为企业提供各种咨询、代理等服务。协助做好高新技术企业认定、技术产品评审、专利申请，办理高新技术产品、科技发展计划等项目，为企业提供法律服务，进行无形资产评估以及提供人事、财务等代理服务。

第二，按市场方式而非行政方式运作科技园和企业。在创办企业模式下，高校与校办企业之间是隶属关系，高校对校办企业具有基于隶属关系之上的管理权，并为校办企业承担连带责任。而在科技园模式下，不管是高校独办、联办，还是高校与企业合办，科技园与高校之间存在的是基于股权之上的管理和收益权，园区企业是按照现代企业模式运作的独立的法人实体。企业与高校之间的联系，或是通过科技园以股权关系间接构架起来，或是直接以股权关系构架起来。学校不再包办企业，而是按照资金、人才、技术、厂房等入股获取收益。

第三，创办科技园模式还继承了创办企业模式的一些优点，如大学科技园一般都离学校较近，与学校保持着密切联系，因而在产品的开发和再开发过程中能够获得大量的人力和技术支持，大学科技园还可以把各种市场信息、科技信息反馈给大学，使大学的教育和科研能够适时地朝着适应市场经济发展、满足社会需求的方向调整和改革，以加快大学自身的良性发展等。

在大学科技园里，类似北大方正这样依靠高校全资投入的企业依然能够诞生，而且还将发展得更好，但是更多在传统的自办企业模式下，由于高校无力投资而难以诞生的企业也能在大学科技园里得以建成并获得健康发展。因而，从创办企业模式到创办大学科技园模式，科技成果转化模式的演变并不意味着两种模式之间的生死竞争，而是从一种狭隘模式向另一种更具兼容性、更合理的模式发展。高校知识在溢出过程也就是企业与高新的互动过程中，可以最大限度推动高校与园区企业的合作，通过知识的转移和转化，使知识转化为生产力。基于高校知识溢出模式的不同，科学城可以充分的利用知识溢出模式间的差异，在科技园区内满足不同要求的产学研一体化模式，进而实现园区产学研一体的发展。对于高科技园区而言，知识溢出的强大功能为产学研一体发展起到了巨大的推动作用，使科技成果转化为商品，进而实现规模化生产，产业化运作。科技开发公司依托学校技术资源，在开发新产品、提升新技术方面，与大学充分合作，共同研究开发优势技术，使学校的人才和智力优势转化为生产优势。

三、张江高科技园区产学研一体化战略模式

作为中国高科技园区的典型代表，张江高科技园区在产业不断发展过程中也努力推动园区向产学研一体化方向发展，以期实现园区中企业与高校、研究机构的长期合作，实现园区内知识溢出与知识向产业化方向转化的功能，实现园区自主内生型增长。具体而言，张江产学研一体化战略模式的形成应主要基于以下几个方面的工作。

（一）打造两个链条

打造两个链条即打造专业型知识创新服务链条和综合配套创新服务链条。产学研一体化过程本身就是知识扩散过程，在这个知识共享的体系中，实现知识功能的最大限度发挥，专业型的知识创新服务链条就是在知识向产业化方向转化的过程中，张江园区本身提供的相对完善的服务水平和能力。包括企业科研院所认为具有开发和应用价值的项目，科技园区可以通过创新型服务实现项目向企业的转化，也可以通过建立孵化器的方式孕育新知识和新技术的出现，在推动高校知识转化的过程中，创新型服务链需要贯穿于知识流动全过程，有力地支持产学研一体模式的形成。针对产品生产过程，创新型服务链嵌入到产业发展过程中，通过孵化基地建设、科技人才培训、科研机构等技术与知识交流中心的平台，打造技术高端和服务高端，形成高校知识与科研在园区内的不断流动，诱发创新的产生。综合配套服务链条主要是指与生产和生活密切相关的服务，是推动产学研一体化进程的服务要素，是适合创新型人才和园区内企业与职工交流的环境。产学研一体化的科技园区本身就应成为创新型人才生活的区域，是产生创新灵感与激情的地方，不论是在工作过程中还是在生活服务中，都要充分发挥工作者的创造

性。在生产配套服务方面，主要是为企业提供一些注册服务、物业服务和咨询服务等，包括采取建设高水平的写字楼、商业中心和适合企业生产特点的厂房等措施，切实推动企业发展，为产学研一体化提供生产支持。在生活配套方面，产学研一体化过程是知识交流的过程，必然在商业服务方面具有特点，以适合商业人才发展之需，形成人才的不断集聚，进而在非正式交流中体现知识溢出和知识功能放大。

（二）实现三个聚焦

实现三个聚焦，即在产学研一体化过程中的要素聚集，包括高端产业聚焦、高端人才聚焦和高端研发聚焦。产学研一体化过程就是产业不断升级优化的过程，必然要求在科学城内加强对研发型机构的重视，特别要针对产业本身的升级前景，打造产业的未来发展模块。由产业发展价值链条可知，高端研发环节是最具有竞争性，也是最有潜力的关键环节，能掌握核心的竞争优势，具有核心竞争力，更具有承上启下的作用，也是产学研一体化最终的目标所在，使科学城产业成为全球同类行业中最具竞争力的产业，引领世界产业发展潮流。高端研发的不断聚集，会带动整个产业的发展，也会使高端产业具有生命力。产学研一体化过程要求研发成果较快的转化为生产力，这种成果的表现形式就是产业升级，也即产业高端的不断聚集。高端研发聚焦是高端产业聚焦的前提，大量研发机构不断为产业输入动力，推动产业不断发展与升级；而产业的发展无不需要高素质的人才，创造适合高素质人才发展要求的环境才能留住人才，进而发挥人才专长，为科学城产业发展服务。

（三）建设四个体系

建设四个体系即人才引进培训、资本市场、知识产权和创新孵化。人才高地的聚集，人才的不断涌入，有力地推动了知识的传播与扩散，产业发展对综合性人才的需求日益明显地体现在人才质量的培养上。人才引进中进行必要的培训，使之在这较短时间内掌握行业知识，把握产业发展动态，进而提高自身专业化水平，构筑产学研一体化结构合理的人才体系。产学研一体化的高科技园区需要强大的资本市场支持，而众多小型创新型公司的发展壮大更需要风险资本的支持，不断完善与发展的资本市场可以为高科技产业这种资本需求量大的产业类型提供服务，对于发展和壮大潜力企业、鼓励研发意义巨大。在资本市场不断壮大的同时，法律服务要相应发展，高科技园区内不断涌现研究成果，需要保护知识人才和研究机构的智力成果，知识产权的维护特别重要。特别对于张江高科技园区而言，许多企业并没有意识到知识产权的重要性，知识产权的保护在一定程度上缺失，应提高企业的知识产权保护意识，运用法律来维护企业利益。保护知识产权也是为培育科学城创新环境服务的，在诚信的环境中实现园区的可持续发展，也会刺激企业对创新的追逐，通过创新孵化实现产学研一体化过程中知识功能的放大。

（四）树立五种价值观

树立五种价值观，即创新、执行、共享、客户和诚信。张江高科技园区的价值理念是园区的精神动力所在，也是科学城不断拼搏、勇于进取的精神动力所在，五种价值观是张江人创新精神的缩影。通过创新来实现园区的可持续发展，深入贯彻执行园区的发展战略，同时企业共享张江集团所推动的相关服务，以客户发展为目标，在相互信任的基础上实现园区的发展和壮大。

（五）增强六种能力

增强六种能力，即创新的战略思维能力、创新的空间配置能力、创新的机制改革能力、创新的资源统筹能力、创新的系统服务能力、创新的战略协同能力。这六种能力的组合是产学研一体化深入发展的结果，也是科学城创新发展的要求。在科学城运行机制上创新，在资源组合能力上突破，在系统服务上升级，在空间配置上合理，在思维方式上创新，在发展目标上协同，共同推动科学城创新环境的培育，使科学城成为产学研一体化的科学园区。六种能力是创新对科学园区发展的要求，也是打造现代科学城的创新动力。

主要参考文献

北京麦肯桥资讯有限公司 . 2004. 浦东半导体照明产业总体发展规划 . 31 ~ 46

蔡翔，严宗光，易海强 . 2000. 知识供应链：概念• 特征• 主体 . 科学管理研究，18 (6)：12 ~ 14

陈益升，陆容安，欧阳资力 . 1995. 国际科学城（园）综述 . 科学对社会的影响（中文版），(3)：1 ~ 13

褚劲风 . 1998. 世界科学城市的类型、政府决策过程与区位选择分析 . 上海师范大学学报（社会科学版），(2)：136 ~ 139

杜国珍，肖广岭 . 2006. 构建传统产业集群共性技术供给机制———项对比研究 . 科学学与科学技术管理，241 (9)：71 ~ 76

冯德连 . 2006. 经济全球化下产业集群的创新机制研究 . 产业经济研究 . 22 (3)：18 ~ 26

盖文启 . 2002. 创新网络——区域经济发展新思维 . 北京：北京大学出版社

盖文启，王缉慈 . 1999. 论区域的技术创新型模式及其创新网络——以北京中关村地区为例 . 北京大学学报（哲学社会科学版），36 (5)：29 ~ 37

盖文启，张辉，吕文栋 . 2004. 国际典型高技术产业集群的比较分析与经验启示 . 中国软科学，(2)：102 ~ 108

辜胜阻 . 2005. 加强自主创新，实现高技术开发区的二次创业 . 中国科技产业，(5)：48

郭建国，孔凡娜 . 2007. 国内外发展高科技园区金融支持体系的比较 . 商业研究，6：147 ~ 149

国家新材料行业生产力促进中心，国家半导体照明工程研发及产业联盟 . 2006. 中国半导体照明产业发展报告 . 北京：机械工业出版社 . 174 ~ 203

韩伯棠，朱美光，孙长森等 . 2005. 高新区“二次创业”发展途径研究 . 中国科技论坛，(1)：8 ~ 11

胡彬 . 2007. 创意产业价值创造的内在机理与政策导向 . 中国工业经济，(5)：22 ~ 30

胡恩华，刘洪 . 2006. 集群创新理论研究动态及启示 . 预测，25 (5)：6 ~ 11

黄坡，陈柳钦 . 2006. 产业集群与企业技术创新 . 新疆社会科学，(1)：16 ~ 21

姜继娇，杨乃定 . 2004. 基于 Multi-agent 的区域产业集群模块化升级研究 . 产业经济研究，10 (3)：28 ~ 35

雷霆 . 2003. 第七届北京生物医药产业发展论坛——融合与发展 . 北京：军事医学科学出版社

李琳 . 2004. 创新集群、合作网络与地区竞争力 . 云南财贸学院学报，20 (5)：99 ~ 103

李宗品 . 2006-05-04. 中国劳动力成本为美国 1/10，医药市场外包升温 . 新京报

刘锦英，聂鸣 . 2006. 产业集群的创新动力及其形成机制分析 . 经济经纬，(3)：40 ~ 43

刘伟，盖文启 . 2003. 从区域创新环境视角看北京市高新技术产业的竞争力 . 北京社会科学，(2)：3 ~ 12

刘小龙 . 2007. 张江集团的创新发展和美好未来 . 张江新经济，38 (1)：4 ~ 11

陆利华，张克俊 . 2007. 我国与国外高新科技园区的比较研究 . 中国科技论坛，(3)：127 ~ 128

吕斌超，任荣明 . 2001. 全球产业链与我国高技术产业发展思路 . 探索与争鸣，(11)：23 ~ 26

吕政，张克俊 . 2006. 国家高新区阶段转换的界面障碍及破解思路 . 中国工业经济，(2)：5 ~ 12

马颂德 . 2006. 加强创新集群培育，实现高新区新跨越 . 中国高新区，(10)：24 ~ 28

曼鹿，杨智华.2007. 研发外包：医药企业的新契机．医药世界，(1)：44~47
牛庆，张旭梅.2005. 供应链企业间的知识共享机制研究．科技管理研究，25（10）：69~71
潘锡辉，魏谷.2007. 关于当前国家高新区发展若干问题探讨．经济问题探索，(3)：179
浦东新区光电子学会.2003. 浦东新区光电子产业现状和发展趋势研究报告.46~59
浦东新区光电子学会.2006. 第二届光电子产业与知识产权国际论坛.80~101
丘海雄，徐建牛.2004. 产业集群技术创新中的地方政府行为．管理世界，(10)：36~45
邱家学，刘丽娜.2006. 新加坡生物医药产业的发展及其启示．上海医药，27（2）：87，88
任家华，王成璋.2005a. 嵌入全球价值链：中国高新技术产业的升级路径——以联想收购IBM个人电脑事业部为例．科学学与科学技术管理，(6)：97~101
任家华，王成璋.2005b. 我国高新技术企业集群嵌入全球价值链的演进与升级——以中关村电子信息企业集群为例．科技进步与对策，(10)：5~7
任胜钢.2004. 集群的分类研究．软科学，18（5）：5~10
上海市经委.2005. 上海市2004年生物医药产业发展报告
上海市软件协会.2006. 上海市软件行业协会五年工作回顾2001~2005. 北京：百家出版社
上海市信息化委员会.2006~2005年上海软件产业发展研究报告．上海：上海教育出版社
上海张江（集团）有限公司.2001. 上海市张江高科技园区2000统计年报
上海张江（集团）有限公司.2002. 上海市张江高科技园区2001统计年报
上海张江（集团）有限公司.2003. 上海市张江高科技园区2002统计年报
上海张江（集团）有限公司.2004. 上海市张江高科技园区2003统计年报
上海张江（集团）有限公司.2005. 上海市张江高科技园区2004统计年报
上海张江（集团）有限公司.2006. 上海市张江高科技园区2005统计年报
上海张江（集团）有限公司.2007. 上海市张江高科技园区2006统计年报
苏晓艳，范兆斌.2004. 高新技术产业区位聚集的动因及对策选择．经济论坛，23：30~32
唐风泉，王昌林.2002-12-24. 全球制造业转移与高新技术产业开发区的发展．科技日报
汪涛，Ingo Liefner，曾刚.2006. 西方集群和集群政策的研究及其对中国的借鉴意义．人文地理，(5)：74~79
王春梅，袁继祖.2006. 高新技术产业集群创新体系框架模型实证分析．科技进步与对策，(7)：124~126
王缉慈.2001. 创新的空间——企业集群与区域发展．北京：北京大学出版社
王缉慈.2004a. 关于发展创新型产业集群的政策建议．经济地理，24（4）：433~436
王缉慈.2004b. 关于地方产业集群研究的几点建议．经济经纬，(2)：53~57
王缉慈.2006. 在全球视野中探索产业创新之路．北京：第二届中国高新区创新集群论坛论文集，(9)：10~22
王缉慈等.2006. 关注文化创意产业（续）．前线，(4)：24~27
王缉慈，王可.1999. 区域创新环境和企业根植性——兼论我国高新技术企业开发区的发展．地理研究，18（4）：357~362
王珺.2001. 广东专业镇经济的类型与演进．广东商学院学报，(4)：35~40
王力军.2004. 嵌入全球价值链：全球化时代的地方产业集群升级策略．特区经济，(10)：

16～18
王琳，曾刚.2006. 浦东新区中小高新技术企业创新合作网络构成特征研究. 地域研究与开发，25（2）：35～38
王树海.2007. “十五”期间国家高新区发展情况综述. 中国科技产业，（1）：48～58
王玉梅.2002. 中国医药产业发展趋势. 北京：第二军医大学出版社
魏江.2004. 创新系统演进和集群创新系统构建. 自然辩证法通讯，26（1）：48～51
魏江，叶波.2002. 企业集群的创新集成：集群学习与挤压效应. 中国软科学，（12）：38～42
魏江，夏雪玲.2005. 区域创新系统的结构与系统演变. 科技管理研究，（3）：46，47
文嫮，曾刚.2004. 嵌入全球价值链的地方产业集群发展——地方建筑陶瓷产业集群研究. 中国工业经济，195（6）：36～42
文嫮，曾刚.2005. 上海浦东新区信息产业集群的升级研究. 经济问题探索，（1）：72～77
翁海涛，张玉臣.2003. 对上海生物医药产业发展现状及策略的思考. 内蒙古科技与经济，（11）：4～7
巫英坚，李楠林.2004. 高新区二次创业与区域创新体系. 中国科技产业，（8）：7～12
徐冠华.2005－08－27. 提升自主创新能力，开创国家高新区建设和发展的新局面. 中国高新技术产业导报
叶建亮.2001. 知识溢出与企业集群. 经济科学，（3）：23～30
易华，诸大建.2006. 创意经济理论研究述评. 经济学动态，（9）：91～95
于培友，奚俊芳.2006. 各国高新区产业集聚的成功经验、差异与借鉴意义. 生产力研究，（8）：161～162
曾刚.2004. 科技中介服务机构在区域技术创新中的作用. 载：姜玉峰. 纵横长三角——2004年东方科技中介论坛论文集. 上海：上海科学普及出版社.64～98
曾刚.2007. 张江高科技园区建筑空间产品研究报告.2～35
曾刚，文嫮.2004. 上海浦东信息产业集群的建设. 地理学报，（S1）：59～66
曾刚，丰志勇.2006. 德国巴登－符腾堡地区科技中介服务机构对创新型区域建设的影响. 中国高校科技与产业化，（10）：29～31
曾万平，唐冬.2006. 高新技术产业集群创新体系的构建研究. 沿海企业与科技，77（10）：17～19
张海生.2007.《火炬纲要》和《高新区纲要》：为企业的自主创新战略导航. 中国高新区，（5）：21～23
张辉.2006. 全球价值链下地方产业集群转型和升级. 北京：经济科学出版社
张锐，尚蕾.1996. 世界科技工业园：发展与启示. 国际经济合作，12（8）：55～57
张向阳，朱有为.2005. 基于全球价值链视角的产业升级研究. 外国经济与管理，27（5）：21～27
张振刚，薛捷.2004. 中国生物医药科技园区建设现状及发展对策分析. 工业技术经济，23（2）：15～18
郑海涛，林珊莉，吴翠玲.2004. 产业集群导向的生物医药招商引资策略. 中国生物工程杂志，24（4）：86～88
郑世杰.1995. 浅析世界科技工业园的管理体制. 软科学，9（2）：23～25
中国生物工程学会.2003. 中国生物技术产业发展报告（2002）. 北京：化学工业出版社

中国产业地图编委会 . 2004. 上海产业地图 . 上海：上海人民出版社

中华人民共和国国务院新闻办公室 . 2004- 12- 27. 中国的国防 . www. china. com. cn/ch-book/20041227

钟坚 . 2000. 世界科学工业园区发展状况与运行模式 . 特区经济，(8)：47 ~ 50

周元，王维才 . 2003. 我国高新区阶段发展的理论框架 . 经济地理，23 (4)：451 ~ 455

Alexandra Waluszewski. 2004. A competing or co-operating cluster or seven decades of combinatory resources? What's behind a prospering biotech valley? Scandinavian Journal of Management, 20 (1 ~ 2): 125 ~ 150

Anna Nosella, Giorgio Petroni, Chiara Verbano. 2005. Characteristics of the Italian biotechnology industry and new business models: the initial results of an empirical study. Technovation, 25: 841 ~ 855

Asheim T, Isaksen A. 2002. Regional innovation systems: the integration of local sticky and global ubiquitous knowledge. Journal of Technology Transfer, 27: 77 ~ 86

Asheim T. 1998. Interactive, innovation systems and SME policy. EU Commission on the Organization of Industrial Space Residential Conference, Gothenburg, Sweden

Audretsch D B. 1998. Agglomeration and the location of innovative activity. Oxford Review of Economic Policy, 14 (2): 18 ~ 29

Bair J, Gereffi G. 2001. Local cluster in global chains: the causes and consequences of export dynamism in Torreon' s blue jean industry. World Development, 29 (11): 1885 ~ 1903

Baptista R, Swann P. 1998. Do firms in clusters innovate more? Research Policy, 27: 525 ~ 540

Barjak F. 2004. Analyse der innovations-und Wettbewerbsf, higkeit von Branchenclustern in der Schweiz-State of the Art. Reihe A: Discussion Paper 2004 ~ 2007, Schweiz: Fachhochschule Solothurn-Nordwestschweiz

Bathelt H. 2002. The re-emergence of a media industry cluster in Leipzig. European Planning Studies, 10: 583 ~ 611

Bathelt H. 2005. Cluster relations in the media industry: exploring the "distanced neighbour" paradox in Leipzig. Regional Studies, 39 (1): 105 ~ 127

Bathelt H, Malmberg A, Maskell P. 2004. Clusters and knowledge: local buzz, global pipelines and the process of knowledge creation. Progress in Human Geography, 28 (1): 31 ~ 56

Bazan L, Navas-Alemán L. 2003. Upgrading in global and national value chains: recent challenges and opportunities for the Sinos Valley footwear cluster, Brazi. Paper presented at the ESDI's Workshop, Cluster and Global Value chains in the North and the Third World, Novara

Boschma R. 2005. Proximity and innovation: a critical assessment. Regional Studies, 39 (1): 61 ~ 74

Bresnahan T, Gambardella A, Saxenian A. 2001. "Old economy" inputs for "new economy" outcomes: cluster formation in the new Silicon Valleys. Industrial and Corporate Change, 10 (4): 835 ~ 860

Brown R. 2000. Cluster dynamics in theory and practice with application to Scotland. Regional and Industrial Policy Research Paper, 38. UK: European Policies Research Centre, University of Strathclyde

Bruce F, Charles A, Fleischmann et al. 2005. Job hopping in silicon valley: some evidence concerning the micro-foundations of a high technology cluster. Working Paper, 11710

Chiesa V, Chiaroni D. 2005. Industrial Cluster in Biotechnology—Driving Forces, Development Processes and Management Practices. London: Imperial College Press

CITF (Creative Industry Task Force) . 1998. http: //www. clutrue. gov. uk. /creative/maping. html

Cooke P, Memedovic O. 2003. Strategies for regional innovation systems: learning transfer and applications. Policy Papers, Vienna: United Nations Industrial Development Organization

Cooke P, Schienstock G. 2000. Structural competitiveness and learning regions. Enterprise and Innovation Management Studies, 1 (3): 265 ~ 280

Cooke P. 2002. Regional innovation systems: general findings and some new evidence form biotechnology clusters. Journal of Technology Transfer, 27: 133 ~ 145

DeBresson C, Amesse F. 1991. Networks of innovators: a review and an introduction to the issue. Research Policy, 20 (5): 363 ~ 379

DeBresson C. 1989. Breeding innovation clusters: A source of dynamic development. World Development, 17 (1): 1 ~ 16

Enright M J. 2003. Regional clusters: what we know and what we should know. *In*: Brŏcker J, Dohse D, Soltwedel R. Innovation Clusters and Interregional Competition. Berlin: Springer. 99 ~ 129

European Commission. 2002. Regional cluster in Europe. http://europa. eu. int/comm/enterprise/enterprise_ policy/analysis/doc/smes_ observatory_ 2002_ report3_ de. pdf

Feldman M P, Francis J L et al. 2003. Fortune favours the prepared region: the case of entrepreneurship and the capitol region biotechnology cluster. European Planning Studies. 11: 765 ~ 788

Fiorenza B, Giorgio G, Enzo R. 2003. The Technological Evolution of Industrial Districts. USA: Kluwer Academic Publishers

Florida R. 2004. Cities and the Creative Class. New York: Rouledge

Florida R. 2002. The Rise of the Creative Class. New York: Basic Books

Freeman C. 1991. Networks of innovations: a synthesis of research issues. Research Policy, 20: 499 ~ 514

Fuchs G. 2001. Introduction: biotechnology in comparative perspective—regional concentration and industry dynamics. Small Business Economics, 17: 1 ~ 2

Fujita M, Krugman P. 1995. When is the economy monocentric? Von Thunen and Chamberlin unified. Regional Science and Urban Economics, 25: 505 ~ 528

Gereffi G, Korzeniewicz M. 1994. Commodity Chains and Global Capitalism. Westport: Praeger

Gereffi G. 1999. Industrial upgrading in the apparel commodity chain: what can Mexico learn from East Asia? International Conference on Business Transformations and Social Changes in East Asia

Gereffi G. 2003. The Global Apparel Value Chain: What Prospects for Upgrading by Developing Countries? Austria: UNIDO

Goel C. 2004. Technology Transfer—Strategic Management in Developing Countries. London: Sage Publications Inc

Gordon I, Mocann P. 2003. Innovation, agglomeration and regional development. Journal of Economic Geography, 5 (5): 523 ~ 543

Heidenreich M. 2000. Erfolgsfaktoren und Unterstützung skonzep teregionaler Netzwerke und Kooperationen für denMittelstand. http://www. uni-bambergde/sowi/europastudien/clusterpolitik. htm

Hendry C, Brown J, Ganter H D et al. 2003. Facilitating innovation in opto-electronics in a national, global and regional context. Environment and Planning C, 21 (1): 53 ~ 70

Hobday M. 1995. Innovation in East Asia: the Challenge to Japan. Cheltenham: Edward Elgar

Howkins J. 2001. The Creative Economy: How People Make Money from Ideas. Allen Lane: the Penguin Press

Howkins J. 2001. The Creative Economy. London: Penguin Press

Hsien-Chun M. 2005. Innovation cluster as the national competitiveness tool in the innovation driven economy. Int. J. Foresight and Innovation Policy, 2 (1): 104 ~ 108

Humphrey J, Schmitz H. 2001. Governance in global value chains. IDS Bulletin, 32 (3): 153 ~ 170

Humphrey J, Schmitz H. 2002. How does insertion in global value chains affect upgrading in industrial clusters. Regional Studies, 36 (9): 1017 ~ 1027

Humphrey J, Schmitz H. 1995. Principles for promoting clusters & networks of SMEs. Paper commissioned by the Small and Medium Enterprises Branch

Kaplinsky R, Morris M. 2002. A handbook for value chain research. Paper for IDRC

Kaplinsky R. 2000. Spreading the gains from globalization: what can be learned from value chain analysis? Journal of Development Studies, 37 (2): 117 ~ 146

Kogut B. 1985. Designing global strategies: comparative and competitive value-added chains. Sloan Management Review , 26 (4): 15 ~ 28

Krugman P. 1991. Increasing returns and economic geography. Journal of Political Economy, 99: 483 ~ 499

Krugman P. 1998. What's new about the new economic geography . Oxford Review of Economic Policy, 14 (2): 7 ~ 17

Krugman P. 2000. Where in the world is the "New Economic Geography" . *In*: Clark G L, Feldman M P. The Oxford Handbook of Economic Geography. Oxford: Oxford University Press. 49 ~ 60

Leadbeater C. 2004. Britain's creativity challenge, creative and cultural skills. London Centre for Arts and Cultural Enterprise, Transcript of Panel Discussion Paper. 27

Liefner I. 2004. Technologies und Gründerzentren und regionales Wissenspotenzial. Raumforschung und Raumorderung, (4 ~ 5): 290 ~ 300

Lublinski A E. 2003. Does geographic proximity matter? Evidence from Clustered and Non-clustered Aeronautic Firms in Germany. Regional Studies, 37: 453 ~ 467

Lundvall B A. (ed.) 1992. National system of innovation—towards a theory of innovation and interactive learning. London: Pinter Publisher

Malmberg A, Maskell P. 2002. The Elusive concept of localization economies: towards a knowledge-based theory of spatial clustering. Environment and Planning A, 34 (3): 429 ~ 449

Markusen A. 1996. Sticky places in slippery space: a typology of industrial districts. Economic Geography, 72: 293 ~ 313

Martin R, Sunley P. 2003. Deconstructing clusters: chaotic concept or policy panacea. Journal of Economic Geography, 3 (1): 5 ~ 35

Meyer-Stamer J. 1999. Strategien lokaler/regionaler Entwicklung: cluster, Standortpolitik und systemische Wettbewerbsf higkeit. http: //www. meyer-stamer. de/1999/nsa. pdf

Mizzo M, Soete L. 2001. Internationalization of services: a technology perspective. Technological Forecasting and Social Change, 67 (2 ~ 3): 159 ~ 185

Nelson R. (ed.) 1993. National Systems of Innovation: a Comparative Study. Oxford: Oxford University Press

Nunzia C. 2004. Innovation processes within geographical clusters: a cognitive approach. Technovation, 24: 17 ~ 28

OECD. 1999. Boosting innovation: the cluster approach. Paris

OECD. 2002. Dynamising national innovation systems. Paris

OECD. 2001. Innovative clusters-drivers of national innovation systems. Paris

Padmore T, Gibson H. 1998. Modelling systems of innovation: a framework for industrial cluster analysis in regions. Research Policy, 26: 625 ~ 641

Paivtt K. 1982. Technical Innovation and British Economic Perfermance. London: Macmillan. 197 ~ 206

Patel P, Pavitt K. 1994. National innovation system: why they are important and how they might be measured and compared. Economics of Innovation and New Technology, 3: 79

Payer H. 2002. Wieviel organisation braucht das Netzwerk? —Entwicklung und Steuerung von Organisationsnetzwerken mit Fallstudien aus der Cluster-und Regionalentwicklung. Österreich: Universität Klagenfurt

Phillips F Y. 2001. Market Oriented Technology Management. New York: Spring-Verlag. 247

Pietrobelli C, Rabellotti R. 2004. Upgrading in Cluster Value Chains in Latin American the Role of Policies. Washington D C: Inter-American Development Bank

Poon T S C. 2004. Beyond the global production networks: a case of further upgrading of Taiwan's information technology industry. Technology and Globalization, 1 (1): 130 ~ 145

Porter M E. 1998a. Clusters and the new economics of competition. Harvard Business Review, 76: 77 ~ 90

Porter M E. 1998b. clusters and competition: new agendas for companies, governments and institutions. *In*: Porter M E. (eds.). On Competition. Boston: Harvard Business Review Books. 197 ~ 287

Porter M E. 1998c. Clusters and new economics of competition. Harvard Business Review

Porter M E. 1990. Competitive Advantage: Creating and Sustaining Superior Performance. New York: The Free Press

Porter M E. 1985. The Competitive Advantage: Creating and Sustaining Superior Performance. New York: Free Press

Porter M E. 1990. The Competitive Advantage of Nations. New York: The Free Press

Prevezer M. 1997. The dynamics of industrial clustering in biotechnology. Small Business Economics, 9 (3): 255 ~ 271

Raines P. 2003. Cluster behaviour and economic development new challenges in policy evaluation. Int. J. Technolo Management, 26 (2 ~ 4): 91

Richard E Caves. 2000. Creative Industries: Contracts between Art and Commerce. Cambridge: Harvard University Press

Rosenfeld S A. 1997. Bringing business clusters into the mainstream of economic development. European Planning Studies, 5 (1): 3 ~ 23

Rosenfeld S A. 2002. Creating smart systems: a guide to cluster strategies in less favored regions, 6 ~ 7. http://www.rtsinc.org/publications/EU%20guide.pdf

Rothewell R. 1994. Industrial Innovation: Success, Strategy, Trends. The Handbook of Industrial Innovation. Cheltenham: Edward Edgar

Rothwell R, Dodgson M. 1993. Technology-based SMEs: their role in industrial and economic change. Int. J. of Technolo Management, Special Publ. in Small Firms and Innovation: 8 ~ 22

Ryan C D, Phillips P. 2004. Knowledge management in advanced technology industries: an examination of international agricultural biotechnology clusters. Environment and Planning C: Government and Policy, 22 (2): 217 ~ 232

Schmitz H. 1995. Small shoemakers and Fordist giant: tale of a super cluster. World Development, 23 (1): 9 ~ 28

Schmitz H, Knorringa P. 2000. Learning from global buyers. Journal of Development Studies, 37 (2): 177 ~ 205

Schumpeter J A. 1912. Theorie der Wirtschaftlichen Entwicklung. Berlin: Duncker & Humblot

Scott A. 1993. Technopolis: High Technology Industry and Regional Development in Southern California. Oxford: University of California Press

Singapore, Economic Review Committee. 2002. Chapter one: the rise of the creative cluster

Sölvell O, Lindqvist G, Ketels C. 2003. The Cluster Initiative Greenbook. Gothenburg: Ivory Tower

Steinle C, Schiele H. 2002. When do industries cluster? A proposal on how to assess an industry's propensity to concentrate at a single region or nation. Research Policy, 31: 849 ~ 858

Sternberg R, Kiese M, Schätzl L. 2004a. Clusteransätze in der regionalen Wirtschaftsfärderung. Zeitschrift für Wirtschaftsgeographie, 48: 159 ~ 165

Sternberg R, Kiese M, Schätzl L. 2004b. Clusteransätze in der regionalen Wirtschaftsf ärderung. Zeitschrift für Wirtschaftsgeographie, 48: 165 ~ 176

Storper M. 1997. The Regional World. Territorial Development in a Global Economy. New York/London: Guilford

Tichy G. 1997. Cluster-konzepte: ihre bedeutung für die ŏsterreichische Wirtschafts-und Technologiepolitik. Wirtschaftspolitische Blŏtter, 44 (3 ~ 4): 249 ~ 256

Tichy G. 1998. Clusters, Less Dispensable and More Risky than ever. London: Pion Limited.

226 ~ 236

Tichy G. 2001. Regionale kompetenzzyklen-Zur Bedeutung von Produktlebenszyklus-und Clusteranstzen im regionalen Kontext. Zeitschrift für Wirtschaftsgeographie, 45: 181 ~ 201

Tilman A T, Jorg M S. 1999. How to promote clusters: policy experiences from latin america. World Development, 27 (9): 1693 ~ 1713

Toffler A. 1990. The Third Wave. Reissue edition. Toronto: Bantam Books

Tomokazu A, Philip M C. 2002. The spatial and hierarchical organization of Japanese and US multinational semiconductor firms. Journal of International Management, 8: 121 ~ 139

Torre A, Rallet A. 2005. Proximity and localization. Regional Studies, 39 (1): 47 ~ 59

United Nations Industrial Development Organization. 2004. Inserting Local Industries into Global Value Chains and Global Production Network. Vienna: UNIDO

Yusuf S, Nabeshima K. 2005. Creative industries in East Asia. Cities, 22 (2): 109 ~ 122